山东女子学院北大山成果文库

所得税制度对中国企业 OFDI 布局的影响

冯华 宋国敏 王凤燕 刘兰兰 ◎ 著

·北京·

图书在版编目(CIP)数据

所得税制度对中国企业 OFDI 布局的影响 / 冯华等著. -- 北京：中国经济出版社，2024.7
ISBN 978-7-5136-7731-8

Ⅰ.①所… Ⅱ.①冯… Ⅲ.①企业-对外投资-直接投资-研究-中国 Ⅳ.①F279.23

中国国家版本馆 CIP 数据核字(2024)第 076228 号

组稿编辑　崔姜薇
责任编辑　焦晓云
责任印制　马小宾
封面设计　任燕飞

出版发行	中国经济出版社
印 刷 者	北京鑫益晖印刷有限公司
经 销 者	各地新华书店
开　　本	710mm×1000mm　1/16
印　　张	21.25
字　　数	357 千字
版　　次	2024 年 7 月第 1 版
印　　次	2024 年 7 月第 1 次
定　　价	98.00 元

广告经营许可证　京西工商广字第 8179 号

中国经济出版社　网址 http://epc.sinopec.com/epc　社址 北京市东城区安定门外大街 58 号　邮编 100011
本版图书如存在印装质量问题，请与本社销售中心联系调换（联系电话：010-57512564）

版权所有　盗版必究（举报电话：010-57512600）
国家版权局反盗版举报中心（举报电话：12390）　服务热线：010-57512564

序 言
Preface

近年来,经济全球化程度的加深和价值链的重塑加速了资本的流动,世界主要经济体为了吸引海外投资,促进本国经济增长和拉动就业,纷纷围绕所得税制度进行了一系列改革和调整,进而发展为世界性的减税浪潮。这一减税浪潮进一步推动了全球资本的流动,改变了世界投资格局,也深刻影响着中国企业的对外直接投资(Outward Foreign Direct Investment,OFDI)布局,由此企业所得税制度成为影响企业 OFDI 的重要因素。

所得税制度对企业 OFDI 的影响研究是一项连续性的工作,本书基于全球减税这一背景进行分析,不仅是该项研究的阶段性成果,也为未来的研究奠定了基础。

从整体来看,中国企业 OFDI 布局虽然在发展过程中不断优化,但还存在区域分布不均衡、投资过于集中等问题。所得税制度的改革既是一个循序渐进的过程,也是世界主要经济体吸引海外投资的主要手段之一。因此,中国企业 OFDI 的布局特征、演变态势与所得税制度改革的深化密切相关。从母国所得税制度来看,母国的企业所得税名义税率、实际税负等所得税制度要素会直接影响企业的税后收益率,从而影响企业的 OFDI 布局;从东道国所得税制度来看,OFDI 企业在进行投资布局时,会综合考虑东道国的所得税税率、避免双重征税协定、税收征管效率等;从全球减税背景来看,减税浪潮会进一步降低企业的纳税成本,提高企业的税后收益率,从而影响企业 OFDI 的区位布局和规模。已有研究大多考虑单一所得税制度要素对企业 OFDI 布局的影响,或者单纯将税率作为所得税制度的替代因素,较少对多种所得税制度要素进行综合分析,考虑全球减税背景的研究则更少。

本书通过理论推演和实证检验得出结论:在全球减税背景下,所得税制度要素对中国企业 OFDI 布局具有显著影响,而且这种影响是复杂的,是多种所得税制度要素共同作用的结果。因此，融入全球减税背景，系统研究所得税制度要素对中国企业是否OFDI、OFDI区位布局、OFDI规模布局的影响，不仅有助于丰富和发展OFDI相关理论、检验相关理论的适用性，对促进所得税制度和OFDI理论研究的不断深入也具有重要的理论意义。

从实践意义来看，本书融入全球减税背景，揭示了所得税制度对中国企业OFDI布局影响的内在机理，既可以为国家和政府部门积极参与国际税收事务、优化税收征管服务、引导企业OFDI合理布局提供政策建议，也可以为企业全面了解国内外所得税制度、合理确定OFDI布局提供决策参考。

本书主要研究内容如下：

第一，分析全球减税背景下所得税制度对企业OFDI布局的影响机理，并构建概念模型。

第二，基于2008—2019年中国上市公司OFDI次数数据，运用Logit模型、固定效应模型，实证检验了全球减税背景下所得税制度对中国企业是否OFDI的影响。

第三，基于2008—2019年中国上市公司在不同税负国家（地区）的OFDI次数数据、不同收入国家（地区）的OFDI次数数据，以及2014—2019年中国上市公司在"一带一路"与非"一带一路"国家（地区）的OFDI次数数据，按东道国税负水平、收入水平、是否"一带一路"国家（地区）分组，再按是否制造业分组，运用Logit模型、固定效应模型、双重差分模型、计数模型等，综合检验了全球减税背景下所得税制度对中国企业OFDI区位布局的影响。

第四，基于2004—2019年中国31个省际的OFDI存量、流量数据，以及2008—2019年中国上市公司的OFDI存量和投资次数数据，运用系统GMM模型、计数模型、固定效应模型、双重差分模型、三重差分模型、因子模型等，实证检验了全球减税背景下所得税制度对中国企业OFDI规模的影响。

通过上述研究，得出以下结论：

第一，在全球减税背景下，所得税制度会显著影响中国企业是否OFDI。首先，母国所得税制度对中国企业是否OFDI具有显著影响。母国所得税税负越高，中国企业 OFDI 的概率越大。其次，东道国所得税制度对中国企业是否 OFDI 影响显著。东道国所得税税率与中国企业 OFDI 呈负相关关系；中国与东道国签订避免双重征税协定，可以显著促进中国企业进行 OFDI；税收征管效率对中国企业 OFDI 具有显著促进作用；税收饶让同中国企业是否 OFDI 的关系未得到验证。最后，在全球减税背景下，所得税制度对中国企业是否 OFDI 具有显著影响。双边税差越小，中国企业 OFDI 的概率越大；所得税减税程度越强，中国企业 OFDI 的概率越大。

第二，在全球减税背景下，所得税制度对中国企业 OFDI 的区位布局具有显著影响。首先，当不同税负的东道国实施减税措施时，中国企业 OFDI 偏好流入低税负国家（地区）。东道国所得税税负越低，中国企业 OFDI 流向低税负国家（地区）的概率越大，但东道国所得税税负对中国企业在低税负国家（地区）开展 OFDI 次数具有负向影响（并不显著）；实际税差越小，中国企业 OFDI 流向低税负国家（地区）的概率越大、次数越多；所得税减税程度越强，中国企业 OFDI 流入低税负国家（地区）的概率越大、次数越多。其次，当不同收入的东道国实施减税措施时，中国企业 OFDI 偏好选择高收入国家（地区）。所得税税负越低，越会提高中国企业 OFDI 流向高收入国家（地区）的概率，OFDI 次数越会显著增多；实际税差越小，中国企业 OFDI 流向高收入国家（地区）的概率越大，OFDI 次数也会相应增加；所得税减税程度越强，中国企业 OFDI 流入高收入国家（地区）的概率越大、OFDI 次数越多。最后，中国企业偏好流入实施减税的"一带一路"国家（地区）。所得税税负越低，中国企业 OFDI 流向"一带一路"国家（地区）的概率越大，所得税税负对中国企业 OFDI 流向"一带一路"国家（地区）次数的影响方向与假设一致，但并不显著。实际税差越小，中国企业 OFDI 流向"一带一路"国家（地区）的概率越大、次数越多；所得税减税程度越强，中国企业 OFDI 流向"一带一路"国家（地区）的概率越大、次数越多。

第三，在全球减税背景下，所得税制度对中国企业 OFDI 规模布局具有显著影响。首先，母国所得税制度对中国企业 OFDI 规模布局具有显著影响。母国所得税税负越高，中国企业 OFDI 存量规模、流量规模越大。其次，东道国所得税制度对中国企业 OFDI 规模布局具有显著影响。东道国所得税税率与中国企业 OFDI 存量规模、OFDI 次数具有显著负相关关系；中国与东道国签订避免双重征税协定，可以有效扩大中国企业OFDI存量规模、增加OFDI次数；东道国的税收征管效率越高，越会促使中国企业扩大OFDI存量规模、增加OFDI次数；税收饶让与中国企业OFDI规模的关系未得到验证。最后，在全球减税背景下，所得税制度对中国企业OFDI规模具有显著影响。实际税差对中国企业OFDI规模的影响得到部分验证，所得税减税幅度对中国企业OFDI存量规模、OFDI次数具有显著正向影响。

与以往研究相比，本书的主要创新点如下：

第一，融入全球减税背景，揭示了所得税制度对中国企业OFDI布局影响的内在机理。通过理论推导、演绎与实证检验发现：在全球减税背景下，所得税制度对中国企业OFDI布局具有显著影响。本书在阐释所得税制度对企业是否OFDI、OFDI区位布局、OFDI规模布局影响机理的基础上进行实证检验，回答并验证了中国企业"是否进行海外投资、到哪里投资、投多少"三个经典问题。这与以往研究较少考虑全球减税背景下所得税制度对中国企业OFDI布局的影响不同。

第二，综合考虑所得税制度要素，验证了全球减税背景下所得税制度对中国企业OFDI布局具有显著影响。在验证和分析所得税制度对中国企业是否OFDI、OFDI规模布局的影响时，综合考虑了母国所得税实际税负、东道国所得税税率、税收饶让、避免双重征税协定、税收征管效率、所得税双边税差、所得税减税程度等所得税制度要素；在实证检验所得税制度对中国企业对外直接投资区位布局的影响时，在高低税负、高低收入、是否"一带一路"国家（地区）分组的基础上，按是否制造业分组，综合考虑了多种所得税制度要素，这与以往研究只从单一因素分析所得税制度对OFDI布局的影响不同。

第三，综合采用多种估计方法进行实证检验，发现所得税制度是全球减税背景下中国企业OFDI布局的重要影响因素。首先，运用Logit模型、固定效应模型估计了全球减税背景下所得税制度对中国企业是否OFDI的影响，发现母国所得税税负显著促进了中国企业OFDI；东道国企业所得税税率越低、税收征管效率越高、与母国签订避免双重征税协定、实施所得税减税措施，越能吸引中国企业OFDI。其次，运用Logit模型、计数模型、固定效应模型、DID模型等，估计了全球减税背景下所得税制度对中国企业 OFDI 区位布局的影响,发现中国企业 OFDI 倾向于流入实施所得税减税措施的低税负国家(地区)、高收入国家(地区)及"一带一路"国家(地区)。最后,运用 GMM 模型、固定效应模型、计数模型、三重差分模型、因子模型等,估计了全球减税背景下所得税制度对中国企业 OFDI 规模的影响,发现母国所得税税负会显著促进中国企业 OFDI 规模的扩大;东道国所得税税负越低、税收征管效率越高、签订避免双重征税协定、实施所得税减税措施,越能显著扩大中国企业 OFDI 规模。

目 录
Contents

第1章 绪论 ⋯⋯⋯⋯⋯⋯⋯⋯⋯⋯⋯⋯⋯⋯⋯⋯⋯⋯⋯⋯⋯⋯⋯⋯⋯⋯ 001

  1.1 研究背景与研究意义 ⋯⋯⋯⋯⋯⋯⋯⋯⋯⋯⋯⋯⋯⋯⋯⋯⋯⋯ 001

    1.1.1 研究背景 ⋯⋯⋯⋯⋯⋯⋯⋯⋯⋯⋯⋯⋯⋯⋯⋯⋯⋯⋯⋯⋯ 001

    1.1.2 研究意义 ⋯⋯⋯⋯⋯⋯⋯⋯⋯⋯⋯⋯⋯⋯⋯⋯⋯⋯⋯⋯⋯ 003

  1.2 研究范围 ⋯⋯⋯⋯⋯⋯⋯⋯⋯⋯⋯⋯⋯⋯⋯⋯⋯⋯⋯⋯⋯⋯⋯⋯ 004

    1.2.1 所得税制度 ⋯⋯⋯⋯⋯⋯⋯⋯⋯⋯⋯⋯⋯⋯⋯⋯⋯⋯⋯⋯ 004

    1.2.2 OFDI 布局 ⋯⋯⋯⋯⋯⋯⋯⋯⋯⋯⋯⋯⋯⋯⋯⋯⋯⋯⋯⋯ 006

  1.3 研究框架与研究内容 ⋯⋯⋯⋯⋯⋯⋯⋯⋯⋯⋯⋯⋯⋯⋯⋯⋯⋯ 008

    1.3.1 研究框架 ⋯⋯⋯⋯⋯⋯⋯⋯⋯⋯⋯⋯⋯⋯⋯⋯⋯⋯⋯⋯⋯ 008

    1.3.2 研究内容 ⋯⋯⋯⋯⋯⋯⋯⋯⋯⋯⋯⋯⋯⋯⋯⋯⋯⋯⋯⋯⋯ 008

  1.4 研究方法与研究思路 ⋯⋯⋯⋯⋯⋯⋯⋯⋯⋯⋯⋯⋯⋯⋯⋯⋯⋯ 011

    1.4.1 研究方法 ⋯⋯⋯⋯⋯⋯⋯⋯⋯⋯⋯⋯⋯⋯⋯⋯⋯⋯⋯⋯⋯ 011

    1.4.2 研究思路 ⋯⋯⋯⋯⋯⋯⋯⋯⋯⋯⋯⋯⋯⋯⋯⋯⋯⋯⋯⋯⋯ 012

  1.5 创新点 ⋯⋯⋯⋯⋯⋯⋯⋯⋯⋯⋯⋯⋯⋯⋯⋯⋯⋯⋯⋯⋯⋯⋯⋯⋯ 012

第2章 文献述评 ⋯⋯⋯⋯⋯⋯⋯⋯⋯⋯⋯⋯⋯⋯⋯⋯⋯⋯⋯⋯⋯⋯⋯ 015

  2.1 税收与 OFDI 理论模型的研究 ⋯⋯⋯⋯⋯⋯⋯⋯⋯⋯⋯⋯⋯ 015

    2.1.1 新古典投资模型 ⋯⋯⋯⋯⋯⋯⋯⋯⋯⋯⋯⋯⋯⋯⋯⋯⋯ 015

    2.1.2 Q 模型 ⋯⋯⋯⋯⋯⋯⋯⋯⋯⋯⋯⋯⋯⋯⋯⋯⋯⋯⋯⋯⋯⋯ 017

    2.1.3 边际有效税率模型 ⋯⋯⋯⋯⋯⋯⋯⋯⋯⋯⋯⋯⋯⋯⋯⋯ 018

    2.1.4 所得税与 OFDI 的博弈论模型 ⋯⋯⋯⋯⋯⋯⋯⋯⋯⋯ 019

  2.2 所得税制度与 OFDI 布局的研究 ⋯⋯⋯⋯⋯⋯⋯⋯⋯⋯⋯⋯ 026

    2.2.1 所得税税率对 OFDI 布局影响的研究 ⋯⋯⋯⋯⋯⋯⋯ 026

2.2.2　税收饶让对OFDI布局影响的研究 …………………………… 035
2.2.3　税收优惠对OFDI布局影响的研究 …………………………… 038
2.2.4　避免国际双重征税方法对OFDI布局影响的研究 …………… 045
2.2.5　税收协定对OFDI布局影响的研究 …………………………… 048
2.2.6　税收征管效率对OFDI布局影响的研究 ……………………… 050
2.2.7　其他制度要素对OFDI布局影响的研究 ……………………… 052
2.3　对现有研究的总结与评述 ………………………………………………… 053

第3章　所得税制度和中国企业OFDI布局刻画及演进态势 ………… 056

3.1　所得税制度梳理 …………………………………………………………… 056
3.1.1　所得税税率 ………………………………………………………… 056
3.1.2　税收饶让 …………………………………………………………… 057
3.1.3　税收优惠 …………………………………………………………… 058
3.1.4　避免双重征税方法 ………………………………………………… 063
3.1.5　税收协定 …………………………………………………………… 065
3.1.6　其他制度要素 ……………………………………………………… 066
3.2　中国企业OFDI的布局刻画 ……………………………………………… 069
3.2.1　第一阶段减税浪潮及OFDI布局刻画 ………………………… 069
3.2.2　第二阶段减税浪潮及OFDI布局刻画 ………………………… 072
3.2.3　第三阶段减税浪潮及OFDI布局刻画 ………………………… 075
3.3　中国企业OFDI布局的演进态势 ………………………………………… 079
3.3.1　中国企业OFDI布局的整体演进态势 ………………………… 079
3.3.2　中国企业OFDI布局在高低税负国家(地区)的演进态势 …… 081
3.3.3　中国企业OFDI布局在高低收入国家(地区)的演进态势 …… 084
3.3.4　中国企业OFDI布局在"一带一路"国家(地区)的演进态势 …… 088
3.3.5　中国企业OFDI布局在流量前20位国家(地区)的演进态势 … 091
3.4　小结 ………………………………………………………………………… 092

第4章　所得税制度对企业OFDI布局的影响机理及概念模型构建 … 094

4.1　所得税制度对企业OFDI布局影响机理的理论模型 …………………… 094
4.2　所得税制度对企业是否OFDI的影响机理 ……………………………… 096
4.2.1　税负规避论 ………………………………………………………… 097

4.2.2　税收激励论 ··· 097
　　4.2.3　模型构建 ··· 098
　　4.2.4　机理分析 ··· 101
4.3　所得税制度对企业 OFDI 区位布局的影响机理 ················· 109
　　4.3.1　模型构建 ··· 109
　　4.3.2　机理分析 ··· 112
4.4　所得税制度对企业 OFDI 规模布局的影响机理 ················· 118
　　4.4.1　模型构建 ··· 119
　　4.4.2　机理分析 ··· 121
4.5　所得税制度对企业 OFDI 布局影响机理的概念模型 ············ 129
4.6　小结 ·· 131

第5章　所得税制度对中国企业是否 OFDI 的影响 ············ 132

5.1　理论假设 ·· 132
　　5.1.1　母国所得税制度与中国企业是否 OFDI ················· 132
　　5.1.2　东道国所得税制度与中国企业是否 OFDI ·············· 133
　　5.1.3　全球减税背景下所得税制度与中国企业是否 OFDI ····· 134
5.2　实证分析 ·· 135
　　5.2.1　变量和数据来源 ··· 135
　　5.2.2　模型设定 ··· 137
　　5.2.3　实证结果分析 ·· 138
5.3　小结 ·· 165

第6章　所得税制度对中国企业 OFDI 区位布局的影响 ······· 167

6.1　理论假设 ·· 167
　　6.1.1　中国企业在不同税负国家(地区)的 OFDI 区位布局 ··········· 167
　　6.1.2　中国企业在不同收入国家(地区)的 OFDI 区位布局 ··········· 167
　　6.1.3　中国企业在"一带一路"与非"一带一路"国家(地区)的 OFDI
　　　　　区位布局 ·· 168
6.2　实证分析 ·· 169
　　6.2.1　变量说明及数据来源 ······································ 169
　　6.2.2　模型设定 ··· 170

6.2.3　实证结果分析 ·· 172
　6.3　小结 ··· 214

第7章　所得税制度对中国企业OFDI规模布局的影响 ············ 216
　7.1　理论假设 ··· 216
　　　7.1.1　母国所得税制度与中国企业OFDI规模布局 ·········· 216
　　　7.1.2　东道国所得税制度与中国企业OFDI规模布局 ······· 216
　　　7.1.3　全球减税背景下所得税制度与中国企业OFDI规模布局　218
　7.2　实证分析 ··· 219
　　　7.2.1　变量说明及数据来源 ································· 219
　　　7.2.2　模型设定 ··· 221
　　　7.2.3　实证结果分析 ·· 223
　7.3　小结 ··· 266

第8章　中国企业OFDI合理布局策略 ····························· 268
　8.1　研究结论 ··· 268
　　　8.1.1　所得税制度对中国企业是否OFDI的影响 ············ 268
　　　8.1.2　所得税制度对中国企业OFDI区位布局的影响 ········ 270
　　　8.1.3　所得税制度对中国企业OFDI规模布局的影响 ········ 272
　8.2　应对策略 ··· 275
　　　8.2.1　国家积极参与国际税收事务，引导企业OFDI合理布局 ··· 275
　　　8.2.2　政府部门优化税收征管服务，保障企业OFDI合理布局 ··· 284
　　　8.2.3　企业全面认知国内外所得税制度，合理确定OFDI布局　291
　8.3　研究不足及未来展望 ·· 298

参考文献 ··· 299

绪 论

1.1 研究背景及研究意义

1.1.1 研究背景

近年来,经济全球化程度的加深和价值链的重塑加速了资本的流动,使企业所得税制度成为影响企业对外直接投资(Outward Foreign Direct Investment, OFDI)的重要因素[①],为了刺激经济增长,拉动本国就业,吸引海外投资,世界主要经济体纷纷围绕所得税制度进行了一系列改革和调整,进而演变为世界性的减税浪潮。全球减税浪潮促进了全球资本的流动,改变了世界投资格局,也深刻影响着中国企业的 OFDI 布局。进入 21 世纪以来,全球主要经济体经历了三次减税浪潮,中国企业 OFDI 也随着所得税制度的改革不断发展。

第一轮减税浪潮出现在 21 世纪初期。受"9·11"事件的影响,以美国为代表的西方国家经济增长乏力,发展中国家也被波及,有的国家甚至出现负增长,造成以 OFDI 为主的国际资本流动呈现下降趋势。在此背景下,各国为了吸引海外投资,刺激本国经济增长,纷纷推出减税措施。世界银行统计数据显示,2003—2008 年,有 47 个国家下调了所得税税率,全球平均所得税税率从 29.42% 降到 25.66%。在第一轮减税浪潮中,中国企业 OFDI 获得了快速稳定的发展,OFDI 流量从 2004 年的 55.3 亿美元增至 2008 年的 559.1 亿美元,低税率国家和地区(如中国香港、开曼群岛等)成为中国企业 OFDI 的主

---

① HRISTU-VARSAKELIS D, KARAGIANNI S, SARAIDARIS A. Equilibrium conditions in corporate tax competition and foreign direct investment flows[J]. Economic modelling, 2011, 28(1): 13-21.

要流向。

第二轮减税浪潮出现在2008年全球金融危机之后，当时全球主要金融市场出现流动性不足。为了应对金融危机的影响，奥巴马政府在2010年、2013年先后通过两项减税法案，英国、日本等国家纷纷下调所得税税率。2010年，全球OFDI流量从下滑转变为缓步提升，增长到14675.80亿美元，同比增长25.30%。在此轮减税浪潮中，中国企业OFDI迎来了高速发展：2012年，中国企业OFDI达到了878亿美元，居全球第三位；2013年，中国企业OFDI流量突破千亿美元，中国连续两年位居全球第三大对外投资国。在第二轮减税浪潮中，所得税制度改革促进了中国企业OFDI的高速发展，而低税率国家（地区）仍然是主要的投资目的地。

第三轮减税浪潮主要集中在2014—2019年。自2014年开始，面对经济增长动力不足、对外贸易增速放缓等局势，许多国家（地区）为了刺激经济增长，吸引资本要素流入，开启了新一轮的减税。日本连续4年下调企业所得税税率，从2013年的38.01%降至2016年的30.86%；2015年，西班牙将企业所得税税率从30%降至25%，英国将企业所得税税率从21%降至19%；2016年，12个OECD（经济合作与发展组织）成员国降低了企业所得税税率；2017年底，美国通过了减税法案，将企业所得税税率从35%降至20%。但是，第三轮减税浪潮并未改变世界经济持续低迷的情况，同时，由于单边主义和保护主义的盛行，各国家（地区）贸易壁垒不断增加，许多国家（地区）加大了对海外投资的审查力度，导致2017年以后世界OFDI流量连续3年呈下降趋势。受此影响，中国企业OFDI逐步由高速增长进入减速降温和转型调整阶段。2018年，在世界经济增长动力不足、货物贸易增速放缓、全球OFDI流量持续萎缩的情况下，中国企业OFDI流量达到1430.37亿美元，占全球流量总额的14.1%，投资流量位居全球第二，且投资存量的全球占比进一步提高。与高速发展阶段相比，这一轮的中国企业OFDI更加注重投资效率和投资布局，进一步优化了投资结构，投资质量不断提升。

纵观全球减税浪潮和中国企业OFDI的发展历程，所得税制度在其中发挥了重要作用，在国际资本流动频繁的情况下，企业OFDI布局受到东道国、母国所得税制度要素的双重影响（Janeba，1995）。实践证明，中国企业OFDI的发展史与母国、东道国所得税制度的改革历史息息相关。在全球减税背景下，国际税收规则不断调整，加上各国家（地区）所得税制度的改革，加速了国际资本的流动，同时，所得税制度对中国企业OFDI布局的影响也更加深刻（张述存，2017；庄序莹等，2020）。那么，在全球减税背景下，所得税制度对中国企业 OFDI 布局的影响机理是什么？所得税制度如何影响中国企业的 OFDI 布局？面对全球减税浪潮，国家、政府相关部门和 OFDI 企业将如何应对？这些都是本书要研究的问题。

1.1.2 研究意义

1.1.2.1 理论意义

本书研究的理论意义体现在以下两个方面：

第一，综合多个所得税制度要素，丰富企业 OFDI 理论研究。已有研究大多探讨税率、税收饶让、税收优惠等单一所得税制度要素对 OFDI 布局的影响，或者单纯将税率作为所得税制度的替代因素，而较少对这些所得税制度要素进行综合分析。然而，现实中往往是多个所得税制度要素并存，并且这些要素之间会相互影响、相互制约，结果比较复杂。本书融合了管理学、经济学等学科的理论和方法，在阐释全球减税背景下所得税制度对企业 OFDI 布局影响机理的基础上，综合检验了税率、税收饶让、避免双重征税协定等所得税制度要素对中国企业 OFDI 布局的影响，有助于进一步丰富和发展 OFDI 的相关理论，对所得税制度的完善和 OFDI 理论研究的深入具有重要意义。

第二，聚焦全球减税背景，拓展企业 OFDI 的理论研究。近年来，随着经济全球化的深入以及国际资本流动的加速，所得税制度要素的作用逐渐凸显，成为影响企业 OFDI 布局的重要因素。实践证明，中国企业 OFDI 的发展史与所得税制度的改革史息息相关。在全球减税背景下，所得税制度对中国企业是否 OFDI 的影响主要体现在减税政策方面。已有文献对所得税制度对企业 OFDI 布局影响的研究主要集中于所得税税率、税收饶让、税收优惠等单一因素，较少结合全球减税这一背景进行综合分析。本书聚焦全球减税背景，在阐释所得税制度对企业 OFDI 布局影响机理的基础上，采用了宏观和微观数据，从静态和动态两个方面综合验证了所得税制度对中国企业 OFDI 布局的影响，进一步拓展了企业 OFDI 的理论研究。

1.1.2.2 实践意义

本书研究的实践意义体现在以下三个方面：

第一，增强国际影响力，提升国家引导能力。近年来，中国企业 OFDI 步伐不断加快，但国际所得税税收问题始终困扰着中国企业 OFDI 的发展。本书通过分析、论证所得税制度对 OFDI 布局的影响，锁定影响企业 OFDI 布局的关键所得税制度要素，并围绕这些要素提出针对性的对策建议，有助于我国把握全球减税浪潮下国际税收规则转型升级的契机，积极参与国际税制体系改革和税收合作，提升我国在国际税收规则制定中的话语权，促进各个国家（地区）税收规则的协调与统一，为保障中国企业 OFDI 合理布局提供参考。

第二，完善征管服务，提升部门保障能力。本书通过系统梳理现阶段的所得税制度，刻画中国企业 OFDI 布局特征，揭示所得税制度对企业 OFDI 布局的影响机理，实证检验所得税制度对中国企业 OFDI 布局的影响，并对全球减税背景下所得税制度对中国企业 OFDI 布局的影响进行了较为系统的分析。本书研究有助于政府部门着眼新发展阶段、坚持新发展理念、服务新发展格局，加强对中国企业 OFDI 布局的引导和监督，提供所得税风险指导、增强所得税税收智力支持、化解税收争端，以及出台导向性所得税激励制度。

第三，提供决策依据，提高企业国际竞争力。在全球减税背景下，世界主要国家（地区）税率降低，所得税税收优惠政策密集更新，以及国际税收规则的重构等所得税制度要素对中国企业 OFDI 布局的影响越发深刻。从企业的视角看，本书研究一方面有助于企业综合分析所得税税率、税收优惠等所得税制度要素，实现 OFDI 区位和规模的合理布局，另一方面有助于企业结合中国对外开放战略、所得税的导向政策、反避税的规定及国际税收协定的新动向等，对 OFDI 布局进行综合考量，做到知己知彼、扬长避短，同时充分发挥自身比较优势，增强融入国际产业链的底气，提高国际竞争力。

1.2 研究范围

1.2.1 所得税制度

企业所得税也称"公司税"或"法人税"，是世界范围内的基本税种，是各国（地区）税收收入的主要来源之一。经济合作与发展组织（以下简称"经合组织"）对企业所得税的定义是，对企业的净利润（总收入减去允许的税收减免）征收的税款，包括对企业资本收益征收的税款。从企业所得税诞生的社会背景来看，其诞生并非偶然，而是工业革命背景下社会经济发展、生产力快速提升和人口增长等经济社会结构性变化的必然。在国际税收领域，企业所得税制度改变了跨境税收体系的内在逻辑关系和理论基础，被认为是国际税收制度产生的真正逻辑起点。近年来，贸易壁垒的减少和跨国资本流动的加速，导致以企业所得税为主的国际税收规则从相对边缘的地带逐渐走向更加中心的位置，主要体现在跨境税收规则变化和国际税收竞争方面(高阳，2020)。

从国际税收体制来看，企业所得税制度的类型主要包括适度集权型附加税制、分权型共享税制、集权型比例分享税制等。①适度集权型附加税制。采用此税制的典型国家是日本，其企业所得税制度体现了适度集权的特征，除中央法人税外，还包括法人居民税和事业税等地方附加税，这使日本的所得税计算过于烦琐，增加了税收管理成本。此外，法人居民税和事业税这两种附加税还可能重复征收，导致企业税负过重。②分权型共享税制。以美国为例，美国各州拥有相对完整的所得税立法权，因此，地方性税收竞争的工具是税率和税收征管权(谢贞发和范子英，2015)。这种税制也存在一些不足，如美国各州相对独立的税收立法权和征收权，会使不同区域在所得税征缴方面存在较大差异，进而使区域之间产生不良税收竞争的情形，从而不利于税收的统一管理。③集权型比例分享税制。以德国为例，企业所得税是联邦和州两级共享税，即立法权在联邦政府，企业所得税按照既定税率、税基进行收入分配，联邦和州各占一半。比较而言，中国的所得税制度是中央集中制的，地方政府只拥有非常有限的征管权，因而，地方税收竞争的主要工具是税收征管效率。

由于政治、文化的差别和经济发展程度不同，世界各国(地区)的所得税制度存在较大差异。从税率来看，大多数国家(地区)实行比例税率，也有一些国家(地区)采用累进税率。从内容和范围来看，企业所得税制度涉及的内容较广，主要包括企业所得税基本法、征收管理、优惠政策、行业规定、利息税和有关补充说明等。例如：美国联邦税收制度规定的企业所得税制度条款，包括税率、税收抵免、折扣扣除等；日本的法人税制度包括税率、税收抵免、亏损结转、准备金制度、留存利润征税制度、征税办法等；在德国现行税制中，企业所得税制度包括税率、税收优惠(加速折旧、投资扣除、免税投资补助、研发补贴等)、纳税申报管理等；澳大利亚的企业所得税制度包括税率、税收优惠、税收抵免、所得来源地的判定标准、预提所得税等；英国的法人税制度除了对税率做出明确规定外，还包含对税收优惠的规定，具体包括折旧政策、投资优惠、专利盒(patent box)制度、双边税收协定等；法国的企业所得税制度包括所得税税率、税收优惠(研发费用税收优惠、创新性企业税收优惠、资本利得、区域税收优惠、股息红利优惠等)、税前扣除项目、预提所得税、税收征管、税收抵免政策等；加拿大的企业所得税制度包括税率[联邦所得税税率、省(或属地)所得税税率]、税收优惠(如小型微利企业、新闻业的优惠)、税收减免、预提所得税、税收征管以及税收协定等；新加坡的企业所得税制度包括税率、税收优惠(投资免税、研发优惠、知识产权发展优惠等)、境外税收抵免、反避税、预提所得税、亏损弥补、税收征管以及税收协定等；韩国的法人税制度明确规定了税率、税收抵免、股息所得避免重复征税、税收征管以及税收协定等内容；俄罗斯联邦的企业所得税制度包括税率(法定税率、特定类型所得税税率)、税收征管、税收优惠(弥补亏损、税率优惠、研发费用扣除优惠等)、税收协定等；荷兰的公司所得税制度包括税率、税收优惠(一般投资扣除、节能投资扣除、研发扣除等)、税收减免、预提所得税、亏损弥补，以及税收征管、税收协定等；瑞典的企业所得税制度规定了税率、亏损弥补、税收优惠、集团税收、税收征管以及税务协定等。由此可见，各国(地区)的所得税制度虽然存在许多差异，但都包括税率、税收优惠、税收征管、税收协定等内容[①]。

基于上述分析可知，所得税制度的范畴既包括税率、税收优惠等一般规定，也包括税收征管、税收饶让、税收抵免、税收协定等政策性文件。本书研究的所得税制度主要是指各级立法机关颁布的与企业开展 OFDI 相关的各项所得税制度，以及与其他国家(地区)以双边、多边协议形式达成的企业所得税制度，具体包括税率、税收饶让、税收征管效率、避免双重征税、减税政策等要素。

1.2.2　OFDI 布局

布局一般是指对某事物的规划和安排，投资布局则是指投资在一定地域内的分布与安排。关于 OFDI 布局的概念，目前国内外学者并没有明确地做出界定，存在多种不同的观点。不少学者认为，OFDI 布局主要是指对外投资的区域布局。从宏观上讲，它反映了对外投资在不同东道国之间的分布状态。例如：国外学者 Baltagi 等(2007)指出，OFDI 布局主要体现为对外投资的空间布局。国内学者李广杰和刘晓宁(2017)认为，OFDI 布局主要是指对外投资的

---

① 国家税务总局. 国别(地区)投资税收指南[EB/OL]. https://www.chinatax.gov.cn/chinatax/c102035/gbtzsszn.html.

空间布局，包括投资规模分布、投资行业分布、投资价值链分布等。张述存（2017）指出，OFDI布局即对外投资的空间布局，主要体现在投资存量分布、境外企业数量分布、投资行业分布等方面。张述存和刘晓宁（2019）将OFDI布局理解为对外投资的空间布局，主要包括投资规模分布、投资行业分布等。许唯聪（2021）从空间角度进行诠释，指出OFDI布局主要表现为对外投资的空间分布状态。从微观上讲，OFDI布局反映了跨国公司在不同国家（地区）的区位选址活动。例如：国外学者Buckley等（2007）基于国际折衷理论，认为OFDI布局主要体现为企业对外投资的地理布局。Kolstad和Wiig（2012）也将其界定为企业境外投资的区位布局。国内学者湛泳和薛毅（2016）基于投资动机视角，将OFDI布局解释为企业对外投资的空间布局。徐世腾和陈有志（2017）认为，OFDI布局主要是指企业对外投资的地理布局，并在此基础上，将其细分为中央企业与地方企业的投资布局。郭慧峰（2020）将OFDI布局理解为企业对外投资的区域布局，并进一步将其分为短期布局、中期布局和远期布局。郝身永（2021）指出，跨国公司全球投资布局呈区域化趋势，表现为近岸布局、在岸布局。

有些学者认为，OFDI布局的内涵包括区位布局和投资规模两个方面。例如：国外学者Aleksynska和Havrylchyk（2013）将OFDI布局解释为区位选择与投资规模。国内学者黎绍凯等（2018）从区位选择和投资行为两个维度诠释了OFDI布局，分别体现为对东道国是否投资以及投资规模大小。黎绍凯和张广来（2018）从广延边际与集约边际两个维度出发，认为OFDI布局的内涵包括区位选择与投资规模两大方面。许培源和刘雅芳（2019）基于新经济地理学视角，认为国际投资布局包括投资规模和区位布局两个方面。李保明（2020）也从投资规模和投资区位两个层面解释OFDI布局。王敏（2020）认为，OFDI布局的内涵包括两个方面，即投资区域布局和投资产业布局。

也有学者认为，OFDI布局的含义包括投资规模、投资区位、投资行业等方面。例如：陈衍泰（2011）认为，OFDI布局的内涵包括投资规模、投资区域和投资行业三个方面。周立群、李京晓（2011）指出，OFDI布局呈现多元化特征，包括投资主体、行业分布、区域流向和投资方式四个方面。李勤昌和许唯聪（2017）从空间效应的角度出发，认为OFDI布局的内涵包括投资规模、区域投资布局、行业投资布局等方面。刘琨和许建伟（2020）基于估值视角，认为OFDI布局的含义包括投资规模、投资区域、产业结构等方面。

基于上述分析可以看出，大部分学者从区位和规模两个视角对投资布局进行了研究，少数学者将产业或行业布局纳入投资布局的范畴。近年来，中国接连出台指导企业 OFDI 的政策性文件。例如：2017 年，国家发展改革委、商务部等部门发布《关于进一步引导和规范境外投资方向的指导意见》，限制和禁止了部分行业开展 OFDI，强化了中国对企业 OFDI 的分类指导，加强了 OFDI 的真实性、合规性审查；2021 年，商务部、生态环境部出台《对外投资合作绿色发展工作指引》，提出 OFDI 企业应提高绿色发展意识，严格保护生态环境，强化对部分行业的 OFDI 进行指导和服务。这些政策文件的发布给中国企业 OFDI 的产业和行业布局带来了一定影响。本书将 OFDI 布局界定为区位布局、规模布局两个方面。区位布局包括中国企业 OFDI 的国家（地区）分布和行业分布，规模布局包括 OFDI 存量、流量和次数。

1.3 研究框架与研究内容

1.3.1 研究框架

本书的研究框架如图 1-1 所示。

1.3.2 研究内容

本书共八章，在前人研究的基础上，系统梳理了现行所得税制度，揭示了中国企业 OFDI 的布局特征及演进态势，基于博弈论阐释了所得税制度对中国企业 OFDI 布局的影响机理，并在全球减税背景下综合考虑所得税制度要素，对中国企业是否 OFDI、OFDI 区位布局、OFDI 规模布局的影响进行了实证检验，最后提出中国企业 OFDI 合理布局策略。

第 1 章，绪论。本章主要阐述了全球减税背景下所得税制度对中国企业 OFDI 布局影响的研究背景、理论意义和实践意义，界定了所得税制度和 OFDI 布局这两个核心概念，并归纳了研究内容、研究方法、研究思路和创新点。

第 2 章，文献述评。本章综述了国内外学者有关所得税制度要素和 OFDI 布局相关的研究成果，为后文的研究奠定了基础。

第 3 章，所得税制度和中国企业 OFDI 布局刻画及演进态势。首先，本章对中国现行所得税制度进行了系统梳理；其次，采用 GIS 可视化方法对中国

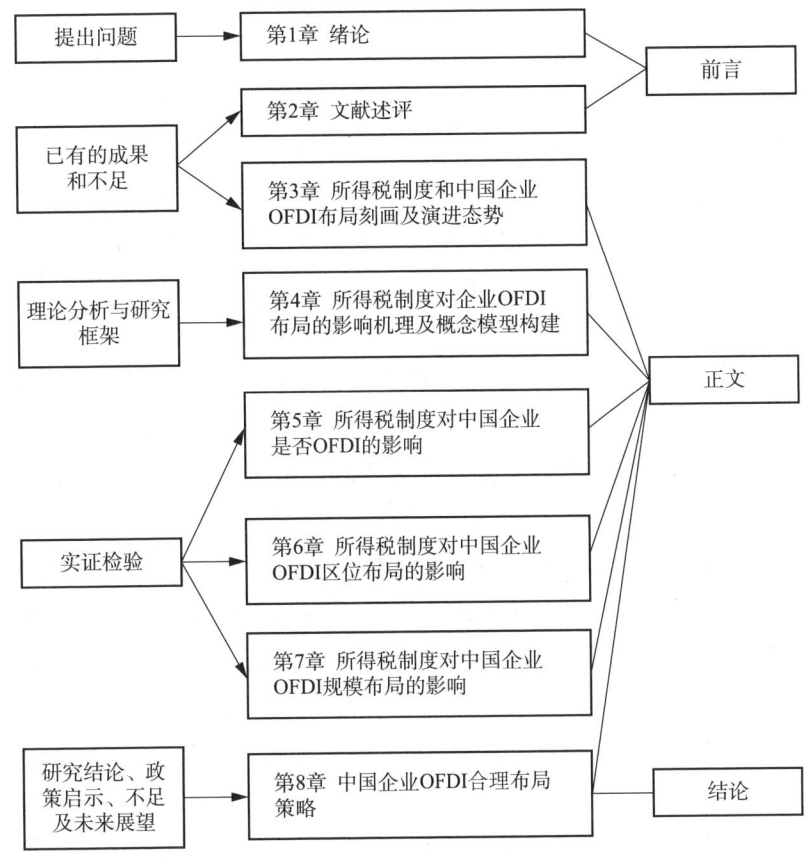

图 1-1 研究框架

企业 OFDI 的布局进行了刻画；最后，运用 Kernel 密度估计方法，从整体、高低税负、高低收入、是否"一带一路"国家（地区）、OFDI 流量前 20 位的国家（地区）等方面，揭示全球减税背景下中国企业 OFDI 布局的演进态势。

第 4 章，所得税制度对企业 OFDI 布局的影响机理及概念模型构建。首先，构建了"全球减税—所得税制度—企业 OFDI 布局"理论模型；其次，采用动态博弈方法，从是否 OFDI、OFDI 区位布局、OFDI 规模布局三个方面，模拟母国、东道国和 OFDI 企业的多方博弈过程，阐释了全球减税背景下所得税制度对企业 OFDI 布局的影响机理；最后，提出"全球减税—所得税制度—企业 OFDI 布局"的概念模型。

第 5 章，所得税制度对中国企业是否 OFDI 的影响。本章采用 2008—2019 年中国上市公司 OFDI 次数数据，运用 Logit 模型、固定效应模型揭示了全球减税背景下所得税制度对中国企业是否 OFDI 的影响。实证结果表明，所得税实际税负、所得税税率、避免双重征税协定、税收征管效率、所得税减税程度和双边税差对中国企业是否OFDI具有显著影响。但是，税收饶让的影响没有得到验证。

第6章，所得税制度对中国企业OFDI区位布局的影响。本章采用2008—2019年中国上市公司在不同税负国家（地区）的OFDI次数数据和不同收入国家（地区）的OFDI次数数据，以及2014—2019年中国上市公司在"一带一路"与非"一带一路"国家（地区）的OFDI次数数据，按东道国不同税负、不同收入、是否"一带一路"国家（地区）分组，再按是否制造业分组，运用Logit模型、固定效应模型、双重差分模型、计数模型等，综合检验全球减税背景下所得税制度对中国企业OFDI区位布局的影响。实证结果表明，中国企业OFDI更倾向于流入实施所得税减税政策的低税负国家（地区）、高收入国家（地区）以及"一带一路"国家（地区）。

第7章，所得税制度对中国企业OFDI规模布局的影响。首先，本章采用2004—2019年中国31个省份的OFDI存量、流量数据，运用GMM模型，实证检验了母国所得税制度对中国企业OFDI规模布局的影响，发现母国所得税税负越重，越会促使企业扩大OFDI规模。其次，采用2008—2019年中国上市公司的OFDI存量、次数数据，运用固定效应模型、计数模型，揭示了东道国所得税制度、所得税减税程度对中国企业OFDI规模布局的影响。实证结果表明，所得税税率、避免双重征税协定、税收征管效率、所得税减税程度均会显著影响中国企业OFDI规模布局，但实际税差对中国企业OFDI规模布局的影响得到部分验证，税收饶让的影响未得到验证。最后，采用2008—2019年中国企业OFDI存量数据，运用双重差分模型、三重差分模型、因子模型等进行减税政策效应检验，验证了所得税减税能够有效吸引中国企业扩大OFDI规模布局的假设。

第8章，中国企业OFDI合理布局策略。首先，本章系统总结了全球减税背景下所得税制度对中国企业OFDI布局影响的研究结论。其次，融合全球减税背景，借鉴主要经济体所得税制度改革经验，针对国家、税务等相关政府部门、OFDI企业三方，提出实现中国企业OFDI合理布局的"三位一体"的对策建议：国家积极参与国际税收事务，引导企业OFDI合理布局；政府部门完善税收征管服务，保障企业OFDI合理布局；企业全面认知国内外所得税制度，合理确定OFDI布局。最后，指出全球减税背景下所得税制度对中国企业OFDI布局影响研究的不足，并对未来研究进行了展望。

1.4 研究方法与研究思路

1.4.1 研究方法

本书综合分析了所得税制度对中国企业 OFDI 布局的影响，从总体来看，各部分主要采用了以下研究方法：

第一，归纳法与演绎法相结合。本书既有从所得税制度要素角度对中国企业 OFDI 布局理论研究的分析，系统归纳了国内外学者的相关研究成果，以及全球减税背景下所得税制度如何影响企业 OFDI 布局，也有从所得税制度对企业 OFDI 布局影响的规律出发，演绎分析全球减税背景下所得税制度对中国企业 OFDI 布局的影响机理，还结合不同国家（地区）的所得税制度改革经验提出有针对性的对策建议。本书将归纳法与演绎法相结合，实现了二者的辩证统一。

第二，定性分析法与定量分析法相结合。在定性分析法方面，系统分析了全球减税背景下所得税制度对企业是否 OFDI、OFDI 区位布局、OFDI 规模布局的影响机理，并提出实现中国企业 OFDI 合理布局的"三位一体"的对策建议；在定量分析法方面，采用 GIS 空间可视化方法分析了全球减税背景下中国企业 OFDI 的布局特征，采用 Kernel 密度估计方法揭示全球减税背景下中国企业 OFDI 布局的演进态势，同时使用面板数据、时间序列数据的计量模型进行实证分析。

第三，规范分析与实证分析相结合。本书采用规范分析阐释了全球减税背景下所得税制度对企业 OFDI 布局的影响机理，为实证分析奠定了基础。在影响机理分析的基础上，采用了合成控制、系统 GMM 估计、双重差分倾向得分匹配和三重差分倾向得分匹配等方法进行实证分析，并进行了稳健性检验，增强了实证结果的稳定性，较好地实现了规范分析与实证分析的结合。

第四，静态分析与动态分析相结合。本书从静态和动态两个方面对全球减税背景下所得税制度对中国企业是否 OFDI、OFDI 区位布局、OFDI 规模布局的影响进行了实证分析，很好地反映了所得税制度对中国企业 OFDI 布局的影响。静态分析与动态分析相结合，使估计结果更加可靠、稳健。

1.4.2 研究思路

本书按照"现状刻画—机理阐释—实证检验—对策建议"的思路展开研究。

首先，基于全球减税背景，采用 GIS 空间可视化和 Kernel 密度估计等方法，以全球三次大的减税浪潮为划分依据，揭示中国企业 OFDI 的布局特征及演进态势。

其次，采用动态博弈方法，构建博弈模型，阐释全球减税背景下所得税制度对企业是否 OFDI、OFDI 区位布局、OFDI 规模布局的影响机理，并提出"全球减税—所得税制度—企业 OFDI 布局"的概念模型。

再次，采用系统 GMM 估计、双重差分倾向得分匹配、三重差分倾向得分匹配、合成控制等方法，通过构建 Logit 模型、固定效应模型、计数模型、因子模型等，实证检验全球减税背景下所得税制度对中国企业是否 OFDI、OFDI 区位布局以及 OFDI 规模布局的影响。

最后，根据实证结果，借鉴主要经济体所得税制度改革经验，融合全球减税背景，针对国家、税务等相关政府部门、OFDI 企业三方提出国家积极协调、政府部门合力保障、企业主动作为的"三位一体"的应对策略。

具体研究思路如图 1-2 所示。

1.5 创新点

本书的创新点主要表现在以下三个方面：

第一，融入全球减税背景，揭示了所得税制度对中国企业 OFDI 布局影响的内在机理。由理论推导、演绎与实证检验可以发现，在全球减税背景下，所得税制度对中国企业 OFDI 布局有显著影响。本书通过实证检验，回答了中国企业"是否海外投资、到哪里投资、投多少"三个经典问题。这与以往的研究较少考虑全球减税背景下所得税制度对中国企业 OFDI 布局的影响不同。

第二，综合考虑所得税制度要素，验证了全球减税背景下所得税制度对中国企业 OFDI 布局有显著影响。在验证和分析时，综合考虑了母国所得税实际税负、东道国所得税税率、税收饶让、避免双重征税协定、税收征管效率、所得税双边税差、所得税减税程度等所得税制度要素；在实证检验时，在高低税负、高低收入、是否"一带一路"国家（地区）分组的基础上，再按是否制

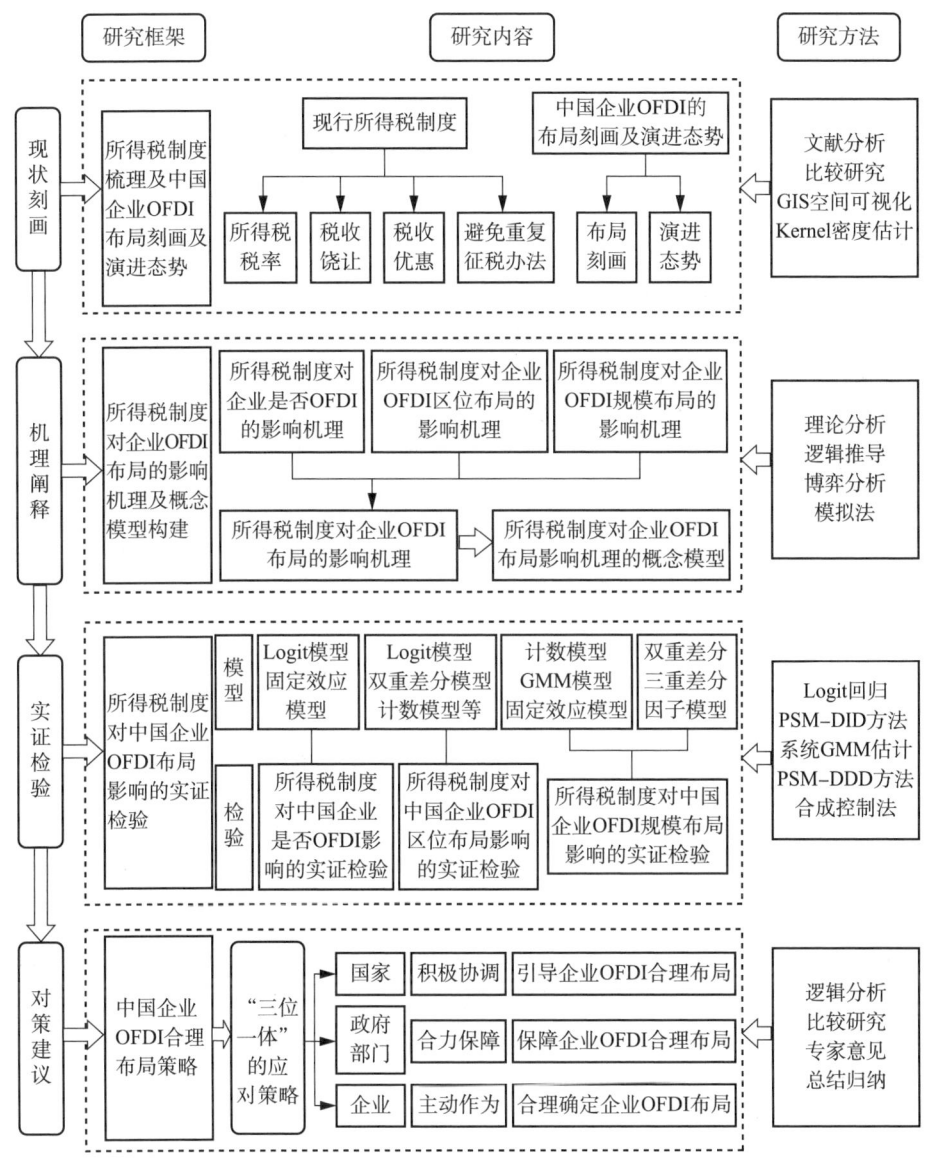

图 1-2 研究思路

造业分组,综合考虑了实际税负、实际税差、减税程度等所得税制度要素。这与以往研究只从单一因素分析所得税制度对 OFDI 布局的影响不同。

第三,综合使用多种估计方法进行实证检验,发现所得税制度是全球减税背景下影响中国企业 OFDI 布局的重要因素。首先,运用 Logit 模型、固定效应模型估计了全球减税背景下所得税制度对中国企业是否 OFDI 的影响,发现母国所得税税负显著促进了中国企业 OFDI；东道国企业降低所得税税率、提高税收征管效率、与母国签订避免双重征税协定、实施所得税减税政策，能够吸引中国企业开展 OFDI。其次，运用 Logit 模型、计数模型、固定效应模型、DID 模型等，估计了全球减税背景下所得税制度对中国企业 OFDI 区位布局的影响，发现中国企业 OFDI 倾向于流入实施所得税减税政策的低税负国家（地区）、高收入国家（地区）及"一带一路"国家（地区）。最后，使用 GMM 模型、固定效应模型、计数模型、三重差分模型、因子模型等估计了全球减税背景下所得税制度对中国企业 OFDI 规模布局的影响，发现母国所得税税负显著促进了中国企业 OFDI 规模的扩大；东道国降低所得税税负、提高税收征管效率、签订避免双重征税协定、实施所得税减税政策，都能显著扩大中国企业 OFDI 规模。

第2章
Chapter 2

文献述评

目前,国内外学者对所得税制度与OFDI布局问题进行了多方面的研究,并且取得了较为丰硕的研究成果。本章主要包括以下两方面内容:第一,回顾有关学者对税收与OFDI理论模型的研究,这些研究主要包括新古典投资模型、Q模型、边际有效税率模型以及博弈论模型等;第二,系统梳理了税率、税收饶让、税收优惠、避免双重征税协定、税收征管效率等所得税制度要素对OFDI布局影响的文献,为后文研究奠定了基础。

2.1 税收与OFDI理论模型的研究

在企业开展OFDI的过程中,税收是重要的影响因素(Haufler and Wooton, 2006; Davies and Ellis, 2007; Braymen et al., 2016)。在现有研究中,许多学者基于不同的理论模型阐释税收如何影响企业投资行为,主要包括新古典投资模型、Q模型、边际有效税率模型以及所得税与OFDI的博弈论模型。

2.1.1 新古典投资模型

20世纪60年代,美国经济学家乔根森(Jorgenson)从企业微观决策出发,引入新古典理论,探讨了税收对投资的作用。Jorgenson(1963)以新古典的最优资本积累理论为基础,假设经济人具有完全预见性,运用价值最大化理论推导出资本使用成本的表达式,并且假定生产函数是C-D函数,提出了乔根森资本需求函数。他认为,资本成本是影响企业投资的主要因素,而资本成本取决于投资品的价格、收益率、折旧率、价格增长率和税收结构。在此基础上,Jorgenson和Hall(1967)引入资本使用成本的概念,构建了资本成本理论模型，分别考虑了有、无税收两种情形对资本租赁价格、资本收益的影响，从实证角度探究了税收对企业投资决策的作用，正视了税收效应。他们指出，企业使用固定资本的成本取决于收益率、投资品的价格和税后利润，并根据经验确定了使用资本设备的成本与投资支出水平的关系。他们认为，税收政策变化对投资行为的影响主要体现在三个方面，即加速折旧、折旧政策和投资税收抵免。其中，加速折旧对投资结构的影响尤其明显，折旧政策的影响仅限于设备投资，而投资税收抵免的影响较为显著。他们研究发现，税收政策在改变投资支出的水平和时间上是高度有效的，并且对投资结构具有重要影响。

在新古典投资模型中，投资被认为是包含预期收益率、价格、税收等多个变量的函数。其中，税收的增加会导致投资收益率的降低，从而在一定程度上抑制企业的投资行为。政府通常允许税前资本扣除，使资产的实际有效价格降低，由此导致企业资本使用成本减少，刺激企业增加投资。在该理论框架下，很多学者对税收影响投资行为的作用进行了研究。例如：Sandmo（1974）分析了企业所得税对投资激励的影响，并且在折旧处理、不完全利息扣除和资本收益处理方面寻求税收扭曲的原因。他指出，企业所得税可能改变短期或长期资本品的相关价格。Bond 和 Guisinger（1985）分析了投资激励对国际资本流动的影响，认为投资激励能够取代关税保护，刺激企业增加投资。Chirinko 等（1999）基于 1981—1991 年美国 4095 家公司的经营数据，估计了税收政策对资本存量的影响。他们发现，税收减少可以降低资本使用成本，促进企业增加投资，并且资本利得税减少对长期资本存量的影响较小，而恢复 10% 的投资税收抵免或实行单一税将会产生更大的影响。

新古典投资模型是早期研究税收制度对投资行为影响时使用的经典模型，后期研究中使用的许多模型也是由该模型衍生出来的。该模型较好地阐释了税收因素如何影响资本成本，并通过资本成本进一步影响企业的投资决策。然而，由于新古典投资理论的假设条件过于严格，投资波动很难通过实证得到较好的解释，从而影响了该理论的应用。20 世纪 60 年代至 80 年代，有关学者不断寻求更加切合实际的假设，对新古典投资模型进行了扩展和完善。比如：Auerbach（1989）将生产力冲击和调整成本引入生产函数，运用欧拉方程推导出投资率与使用者资本成本之间的关系；后来，Auerbach 和 Hassett（1992）又提出了评估税收政策对投资波动性影响的方法。

2.1.2 Q 模型

Q 模型源自投资的 q 理论，是由 Brainard 和 Tobin(1968)、Tobin(1969)提出的，后经 Hayashi(1982)发展而成。20 世纪 60 年代末，美国学者 Brainard 与 Tobin 提出 q 投资理论，动态地反映了投资与资本成本的关系。在模型中，q 被定义为资产的市场价值与其重置成本的比率，用于衡量企业的投资机会。他们认为，企业投资是 q 的递增函数：当 $q>1$ 时，企业市场价值超过资本的重置成本，增加资本投资有利可图，企业投资活动将会增加；当 $q<1$ 时，企业市场价值低于资本的重置成本，企业价值不被认可，投资活动将被抑制。20 世纪 80 年代初，Hayashi 进一步发展了 q 理论，并将研究范围扩展到税收与投资领域。他对边际 q 与平均 q 的关系进行了理论推导，指出在生产和安装规模报酬不变的条件下，只有当企业是价格接受者时，边际 q 才等于平均 q。在托宾 q 模型的基础上，Hayashi 引入税率、投资税收抵免、加速折旧等税收政策参数，得出了税收调整后的 q 值公式，即 $\tilde{q}=(h-a)/(1-k-z)$。其中，h 为平均 q，a 为折旧扣除额现值，k 为资产的重置成本，z 为新投资抵税的贴现值。

20 世纪 80—90 年代，Q 模型被广泛用于研究税收激励投资问题。比如，美国学者 Summers 等(1981)将税收参数引入 Q 模型，并利用 1932—1978 年美国非金融企业的投资数据进行计量分析，发现税收政策对企业投资的影响显著，并且其长期效应明显。Salinger 和 Summers(1981)以道琼斯 30 家上市公司为样本，实证估计了税收政策对企业投资的影响。研究结果表明，税收指数化、降低税率等政策能够激励企业增加投资。Cummins 等(1994)基于美国 1962—1988 年的公司层面数据，分析了税收改革对投资的影响。研究发现，税收调整后的 q 值在税改年份对投资具有显著正向影响，而在非税改年份则没有显著影响。由此表明，税收对企业投资行为具有明显的激励作用。随后，Cummins 等(1996)以 14 个 OECD 国家的面板数据为样本，检验了固定投资对税收改革的反应。实证结果显示，有 12 个国家的 Q 系数估计值具有统计显著性，并且投资对边际投资成本的变化影响显著。研究表明，公司税收政策变动对投资具有显著影响。

与新古典投资模型相比，Q 模型将投资与市场价值有效结合，反映了企业投资的动态波动，并且能够通过可观察的变量进行实证检验。然而，Q 模型建立在资本市场完善的前提下，这意味着要素市场与产品市场处于完全竞争状态，企业投融资决策相互独立。这些假设在实践中很难得到完全满足，因此该模型的应用受到了一定限制。另外，该模型融入了所得税税率、投资税收抵免及折旧津贴等税收政策，但并未考虑税收制度的其他因素。

2.1.3 边际有效税率模型

1984年，King和Fullerton在新古典投资模型的基础上，考虑了个人所得税和企业融资形式的影响，建立了边际有效税率模型。他们指出，在估计税收与投资的关系时，可以通过计算税收楔子来确定。税收楔子是指投资税前收益率与储蓄者税后收益率之间的差额，即$w=p-s$。其中，w为税收楔子，p为投资税前实际收益率（扣除折旧），s为储蓄者税后实际收益率。在此基础上，他们提出了边际有效税率的概念，并将含税的边际有效税率t定义为税收楔子与投资税前收益率的比值，而不含税的边际有效税率t_e为税收楔子与储蓄者税后收益率之比，即$t=w/p=(p-s)/p$，$t_e=w/s=(p-s)/s$。King和Fullerton(1984)认为，投资的最低税前收益率即资本成本，主要取决于投资的资产、行业、融资形式、所有者类型等，同时阐明了资本成本(c)与市场利率(r)的关系，即$p=c(r)$。在该概念框架下，他们以美国、英国、瑞典和西德为研究对象，估算了这四个国家的边际有效税率，这种估算方法被称为"King-Fullerton方法"。

在King-Fullerton研究的基础上，Boadway(1988)构建了"向后看"的边际有效税率模型，通过投资的税前收益率与储蓄者实际的税后收益率之差来估算边际有效税率，即$t=r_g-r_n$。Boadway(1988)是在开放的资本市场内，使用不同的套利假设，利用回报率和预期通胀率的实际数据估算实际的而非假设的边际有效税率。Boadway还将分析扩展到了除可折旧资本之外的投资决策。后来，McKenzie等(1997)基于基本价格理论，将资本与其他生产要素的税收相结合，提出边际生产成本的有效税率模型，即通过统计各种投入的有效税率，计算边际生产成本的有效税率。在该模型中，边际生产成本的有效税率主要受企业生产要素、生产技术、所征收税种等因素的影响，它等于含税与不含税的边际生产成本差额除以边际生产成本税后净额。与以往的方法相比，在多种投入的情况下，边际成本的有效税率能够确定税收对生产和选址决策的影响。

20世纪80年代以来，边际有效税率模型引起了学者的广泛关注，研究领域也不断扩展。比如，Spengel(1999)针对制造企业，将五种不同资产与三种融资来源组合，采用 King-Fullerton 方法计算其边际有效税率，探究德国税收制度对美国跨国公司投融资决策的影响。Lester 等（2007）以 OECD 国家、新兴和转型经济体为例，比较分析了大型盈利公司 R&D 投资的边际有效税率。Fabling 等（2013）利用新西兰企业层面数据，结合股东层面的税收，估算了各种资产类型的边际有效税率。在实践中，边际有效税率模型得到了美国、加拿大等国家（地区）的高度重视，被广泛应用于税制改革、税制评价等方面。比如，1989 年，加拿大财政部运用边际有效税率模型对 1987 年税改前后各省企业边际有效税率进行了测算，以探究税制改革的影响。2005 年，加拿大财政部又对美、加两国不同辖区企业投资的边际有效税率进行了估算，分析了不同税收制度对投资的影响。

与新古典投资模型相比，边际有效税率模型能够将税收因素从众多因素中分离出来，有利于区分税收因素与非税因素对投资的影响。随着个人所得税、通货膨胀等因素的融入，边际有效税率模型越来越接近现实情况。在实际应用中，如果不考虑假定条件，可能导致边际有效税率的估算不准确。另外，该模型只考虑了边际有效税率对企业投资行为的影响，而未考虑税收制度的其他因素。

2.1.4 所得税与 OFDI 的博弈论模型

20 世纪 80 年代以来，博弈论被广泛应用于经济学、管理学等领域。在国际投资中，各国之间是既竞争又合作的关系，而博弈论正是研究这类问题的有效方法。近年来，许多学者基于博弈论模型阐释税收对企业对外投资的影响，构建的博弈模型主要有静态博弈模型、动态博弈模型、混合博弈模型等。

2.1.4.1 所得税与 OFDI 的静态博弈模型

对于税收与 OFDI 的静态博弈，国内外学者大多围绕税收减免、税率、税收协定等方面展开研究。从博弈主体来看，主要有东道国政府之间的博弈、东道国与母国之间的博弈、企业与政府之间的博弈、企业之间的博弈等，涉及的模型有完全信息静态博弈模型、不完全信息静态博弈模型。

（1）东道国政府之间的博弈研究

关于东道国政府之间的博弈，国外学者主要从税收减免、税收协调等方面进行研究。Haufler 和 Wooton（2006）通过对比欧盟内部两个成员国与欧盟以外的第三个东道国对垄断公司的竞争，研究了区域协调的税收政策和税收补贴对吸引外商直接投资(Foreign Direct Investment,FDI)的影响,三个国家之间的部分均衡模型表明,联盟内区域税收协调和税收补贴会通过转移租金与利益内化的方式增加福利。随后,Slemrod 和 Wilson(2009)通过建立企业层面的税收模型,推导了每个国家的均衡税收政策,论证了消除避税地可以提高公共利益水平、改善社会福利及部分消除避税地的问题,分析了税收执行活动的低效性等,认为避税地通过降税收和公共物品供应的次优水平来减少福利等。Hristu-Varsakelis 等(2011)基于 1982—2005 年来自 12 个 OECD 国家的经验数据,结合 FDI 流入和税率差异等因素构建博弈模型进行研究后指出,在连续的、非合作的税收政策博弈中,考虑国内生产总值等影响因素,参与者会通过改变有效平均税率优化企业税收收入,以便在有利情况下吸引更多的 FDI 等。

国内学者主要从税收激励等方面进行研究。刘建民(2006)运用囚徒困境博弈模型,研究了中国和印度实施税收激励政策对吸引美国投资的影响。博弈矩阵显示,虽然实施税收优惠政策存在成本,但两国博弈均衡的结果是都实施税收优惠。随后,苑新丽(2007)也借助囚徒困境博弈模型探讨了税收激励是否会影响 FDI,并进一步分析了投资环境相同的两个国家分别实施税收激励政策和不实施税收激励政策对吸引外资的影响,得出了与刘建民(2006)相似的结论,即虽然税收激励存在成本,但各国为了避免外资流向其他国家还是会选择实施税收激励。王逸和姚涛(2007)利用囚徒困境博弈模型,分析了两个东道国分别实施标准税率政策和优惠税率政策的税收收入情况,结果表明,采用优惠税率是吸引 FDI 的最优策略,但是当面临较高的税收成本时,该策略需要进行调整。

(2)东道国与母国之间的博弈研究

关于东道国与母国之间的博弈,国外学者主要从税收抵免、免税期、税收协定等方面进行研究。Janeba(1996)在古诺框架下将双重税收减免与外商直接投资相结合,研究了不完全竞争行业完全税收抵免、部分税收抵免、存在免税期时的税基变化和利润转移机制,同时将研究扩展到完全竞争行业,对比了价格竞争和产量竞争的区别。结果表明,产量竞争下完全税收抵免使母国税率低于东道国税率,而价格竞争下母国倾向于采取部分税收抵免。Egger 等(2006)运用一般均衡模型分析了税收协定对福利和 OFDI 存量的影响,结果表明,两国在福利增加时会实施税收协定,但税收协定对 OFDI 的影响并不明确。Krautheim 和 Schmidt-Eisenlohr(2011)以 Slemrod 和 Wilson(2009)的模型为基础,提出了一个异质企业税收竞争的基准模型。他们通过关注"非常"不对称的国家,即一个大国和一个避税地,考虑企业生产率与规模等异质性因素,指出企业异质性越强,税收竞争程度越高。

(3)企业与政府之间的博弈研究

关于企业与政府之间的博弈,国外学者主要从税率、税收差异等方面进行研究。Bond 和 Samuelson(1989)通过构建关于 FDI 的决策模型,推导在有和没有承诺的情况下,企业与国家间关于谈判过程的纳什均衡结果,指出当资本的税收待遇和该国进入资本市场的不完善机制造成的扭曲不太大时,该国对未来税率的承诺是最理想的。Qian 和 Lahiri(2009)运用博弈的理论研究跨国公司在东道国投资的区位选择。他们分别计算了东道国国内公司出口和不出口时的利润函数,并考察了技术和市场结构对区位选择的作用,结果表明,当国内公司出口时,东道国之间的技术、税收差异对跨国公司的区位选择影响不大。国内学者主要从税收优惠等方面进行研究。牛晓健和郑祖玄(2005)分别运用本国政府与国内企业之间的完全信息静态博弈和不完全信息静态博弈研究国内投资和资本外逃之间的关系,发现税收优惠政策是最直接的影响因素,需要统一内外资税率。

(4)企业之间的博弈研究

关于企业之间的博弈,国外学者主要从税率、税收管理效率等方面进行研究。Devereux 和 Griffith(1998)构建了跨国公司对生产力资本定位决策的静态模型,重点关注边际有效税率和平均有效税率的影响,比较公司与对手进行古诺竞争后的最大利润,并运用美国企业投资到欧洲市场的面板数据进行模型验证。结果表明,两种税率都会影响跨国公司的战略决策,边际有效税率主要对最优产出水平产生间接影响,平均有效税率则主要通过影响净利润对区位选择产生直接影响。

2.1.4.2 税收与 OFDI 的动态博弈模型

对于税收与 OFDI 的动态博弈,有关学者主要从税率、税收优惠、税收抵免、税收协定等方面进行研究。从博弈主体来看,主要有东道国政府之间的博弈、东道国与母国之间的博弈、跨国公司与东道国政府之间的博弈等,涉及的模型有二阶段动态博弈模型、三阶段动态博弈模型和多阶段动态博弈模型。

(1)东道国政府之间的博弈研究

关于东道国政府之间的博弈,国外学者主要从税率等方面进行研究。

Haufler 和 Wooton(1999)研究了规模不同的国家在吸引对外直接投资时的税收竞争，由于考虑了贸易税，博弈模型扩展为各国设定所得税税率、跨国公司选择东道国以及进口国选择最优关税三个阶段。均衡分析发现，所得税的竞争对规模较大的国家更有利。Ferrett 和 Wooton(2010)也考虑了国家规模的差异，博弈模型的三个阶段分别是两个国家同时宣布税收补贴、公司在两个东道国之间选择投资地点、公司进行古诺竞争。当东道国规模相同时，通过比较所有地点选择下的利润，可得到完全利润提取(FPE)均衡；当东道国规模不同时，得出了与 Haufler 和 Wooton(1999)相同的结论，小规模的国家会提供补贴，大规模的国家会在保留海外投资的同时征收所得税。与以往研究不同，Fatica(2010)考虑了制度质量，研究税收政策和制度质量对 OFDI 区位选择的影响。其中，第一阶段是国家 1 选择制度质量，第二阶段是国家 2 选择制度质量，第三阶段是两个国家同时设定税率。他们通过理论和实证分析发现，当企业利润对制度质量敏感时，高制度质量的国家可以征收较高的税，同时吸引更多的生产性投资。比较而言，税收在低制度质量国家对 OFDI 存量的影响更显著。Haufler 和 Stähler(2013)构建了一个两阶段动态博弈模型，求解出纳什均衡的条件，并确定东道国市场潜力对税率及税收的影响。其中，第一阶段为东道国政府确定税收政策，第二阶段为跨国公司确定投资区位。结果显示，低成本的公司投资低税收的国家，东道国市场潜力的增大会导致税收竞争的加剧。Amerighi 和 De Feo(2017)考虑了企业性质(公共或私人)的影响，构建了三阶段动态博弈模型，探讨不同规模国家之间的税收/补贴竞争如何影响跨国公司的投资决策。其中，第一阶段是两国政府同时不可逆转地发布税收/补贴政策进行投标，第二阶段是跨国公司决定在哪个国家投资设厂，第三阶段是外国跨国公司与现有上市公司在区域市场上进行竞争。研究表明，税收/补贴竞争的积极效应很大程度上取决于国内企业的性质，对于福利最大化的上市公司，政策竞争不会影响跨国公司的投资决策。

国内学者主要从税收优惠等方面进行研究。范小军和杨舟(2006)针对跨国公司的投资区位选择，构建了完全信息动态博弈模型，在加入税率因素后，发现东道国提供税收优惠可以吸引跨国企业的投资。

(2)东道国与母国之间的博弈研究

关于东道国与母国之间的博弈，国外学者主要从税收抵免、税收扣除、税率、税收协定等方面进行研究。Bond 和 Samuelson(1989)对比了税收抵免与税收扣除两种制度下的税率，运用重复博弈的子博弈完美均衡揭示了税率对资本区位决策的影响。两种制度会产生不同的税收优惠效果，而税收扣除制度能够产生更多的福利，因此资本进出口国都倾向于选择税收扣除制度。Janeba(1998)基于税收竞争理论和战略贸易理论，运用多阶段动态博弈模型研究不完全竞争市场中的税收竞争。当公司不进行OFDI时，重构的战略贸易模型分为政府选择税率、公司选择产量两个阶段，均衡结果表明，两国政府都会支付补贴；当公司进行OFDI时，构建的税收竞争模型在上述两个阶段之间加入公司选择生产地址的阶段，表明公司会选择低税收的国家，唯一的子博弈均衡是零税收。Ottaviano等(2005)运用二阶段动态博弈模型，采用倒推的方法研究税收竞争对企业选址的影响。在第二阶段，企业和消费者根据财政政策选择税率，通过求税收差异函数的均衡解验证了一个国家较高的税率会阻碍公司的选址；在第一阶段，政府同时设定税率，并预测税率对第二阶段企业选址的影响。结果表明，提高税率会减少消费者剩余，增加国内经营利润。

在三阶段动态博弈模型方面，Chisik 和 Davies(2004)研究了双边税收协定对不可逆的对外直接投资的影响，模型中所设的三个阶段分别是政府公布税率、投资者设定投资水平、政府设定实际税率。他们通过计算均衡条件确定帕累托最优税率，结果表明，适度减税可以增加不可逆的外国直接投资，而且不可逆性会影响减税的幅度。Egger 和 Raff(2015)构建了外商直接投资中税率与税基竞争的序贯博弈模型。其中，第一阶段为母国和东道国分别选择政策工具，第二阶段为跨国公司确定投资国，第三阶段为跨国公司进一步确定产量。结合实证分析可以得出结论，当竞争国出台降税政策时，该国会采取降低法定税率、提高折旧津贴的措施，以平均有效税率吸引跨国公司，以较低的边际有效税率扩大跨国公司的投资规模，从而实现福利最大化。

(3) 跨国公司与东道国政府之间的博弈研究

关于跨国公司与东道国政府之间的博弈，国外学者主要从税率、免税期等方面进行研究。Doyle 和 Wijnbergen(1994)考虑跨国公司进入东道国之后发生的沉没成本，并基于此构建跨国公司与东道国之间谈判的重复博弈模型，还引入了第三个博弈主体，即其他东道国。结果表明，东道国应针对跨国公司在初始期发生的固定成本提供免税期，并逐渐提高税率，当税率达到最高时，就表示达到了均衡。Chen 等(2014)考虑了税收优惠、外部技术溢出和竞争效应等因素，构建了外国投资与政府之间的重复动态博弈模型，探讨主权风险条件下技术外溢等对OFDI的动态影响。结果表明，东道国将对外国直接投资给予特定的税收优惠,一旦达到稳定状态,将对外国直接投资征税。在免税期间,投资者的投资决策会受到技术溢出效应的影响,技术溢出越大,投资存量增长越慢。

国内学者主要从税收优惠等方面进行研究。宋敏和丁浩(2008)从跨国公司撤资的角度,建立了东道国政府与跨国公司两个利益主体之间的三阶段动态博弈。假定将东道国出台的优惠政策折算为税收优惠,第一阶段是跨国公司结合东道国的劳动力、税收优惠、市场等因素选择正常经营还是撤资,第二阶段是东道国针对跨国公司的决策选择不理会还是继续降低税收,第三阶段是跨国公司根据东道国的决策进一步做出撤资还是不撤资的决策。杨玉明(2013)研究了跨国公司和东道国在实现投资与引资利润最大化时的完全信息动态博弈,在衡量跨国公司的收益时,主要考虑东道国环境和政策优惠,而东道国的收益视跨国公司投资规模而定,最终求得博弈均衡解。结果表明,东道国环境越好、资金缺口越大,跨国公司投资规模越大。

2.1.4.3 税收与 OFDI 的混合博弈模型

对于税收与 OFDI 的混合博弈,有关学者主要从税收激励等方面进行研究。从博弈主体来看,主要有东道国政府之间的博弈,跨国公司与东道国政府之间的博弈,跨国公司与东道国、母国的多方博弈等,涉及的模型既有静态博弈模型,又有动态博弈模型。

(1)东道国政府之间的博弈研究

关于东道国政府之间的博弈,国内学者进行了相关探讨,主要集中在税收激励等方面。陈斌(2007)分别运用囚徒困境模型和完全信息动态博弈模型分析了东道国实施税收激励政策对外国直接投资影响的有效性。囚徒困境博弈矩阵表明,技术先进国和技术落后国都会选择"过度优惠",降低税收激励的有效性;而完全信息动态博弈结果表明,税收激励的影响比投资环境显著。何斌锋(2008)从中国出台激励政策吸引外资的角度出发,分别运用完全信息静态博弈和完全信息动态博弈研究中国东部与中西部地区实施激励政策对吸引外资的影响。结果发现,实施激励政策是各地区的博弈均衡战略,但这一均衡会受到政府的干预,当各地区的区位条件有所改善时,政府会相应降低激励政策的力度。

(2)跨国公司与东道国政府之间的博弈研究

关于跨国公司与东道国政府之间的博弈,国外学者主要从税率、税收补贴、税收协定等方面进行研究。Davies 和 Ellis(2007)通过构建静态博弈求解出税后收益的均衡条件，表明东道国会通过提供税收补贴吸引跨国公司，并基于有竞争力的税收政策获取社会福利收益。此外，他们还运用四阶段动态博弈模型研究了存在研发溢出时两个古诺竞争公司的决策问题。结果表明，为了提高效率，跨国公司可以将研发需求与产出需求相结合。Braymen 等(2016)在 Haufler 和 Wooton(2006)研究的基础上，引入四阶段动态博弈模型和比较静态分析，研究 RTAs(区域贸易协定)对跨国公司 FDI 决策的影响。他们在设定国外利润汇回的税率、设定关税税率、公司根据两种税收确定投资区位、公司在各个市场中确定产量的古诺竞争四个阶段，通过比较不同情形下跨国公司的税后利润和东道国政府的福利得出结论，工资不对称时，FDI 有利于改善福利，RTAs 的签订也会改善高工资国家的福利。国内学者主要从税收优惠等方面进行研究。邱晓明(2004)构建了地方政府和外商投资者之间的静态博弈与动态博弈模型，探究地方优惠政策对外商投资区位选择的影响。地方政府和外商投资者之间的博弈模型表明，政府之间的竞争会给外商投资者带来好处，外商投资者在区位选择中主要考虑政策优惠程度。

(3)跨国公司与东道国、母国的多方博弈研究

关于跨国公司与东道国、母国的多方博弈，国内学者主要从税收激励等方面进行研究。王逸(2008)分别分析了跨国投资者对所得税激励的需求以及东道国、母国提供所得税激励的成本收益，并在此基础上构建了多个参与方博弈的模型进行分析：一是东道国与投资者的完全信息静态博弈模型，表明东道国在存在资本缺口时，为了实现引资收益，会提供所得税激励引进外资；二是东道国之间的静态博弈和动态博弈模型都表明，东道国对 FDI 的税收激励与其他投资环境因素存在一定的替代关系；三是母国与投资者之间的博弈模型，表明母国对本国企业的税收激励能够促进该企业进行海外投资。

综上所述，博弈论模型更加重视市场主体之间的决策行为分析，拓宽了新古典投资模型、Q 模型以及边际有效税率模型的分析思路，能够模拟母国、东道国之间的税收竞争过程，解决现实经济领域复杂税收制度对投资的影响问题。然而，现有研究主要考虑税收制度对 OFDI 企业选址、产量、进入方式等方面的影响，并关注企业进入东道国前后的福利变化以及在东道国市场中的竞争优势，较少结合全球减税背景，采用博弈论方法阐释所得税制度对企业 OFDI 布局的影响。

2.2 所得税制度与 OFDI 布局的研究

早期研究大多认为所得税制度对 OFDI 布局的影响非常有限。20 世纪 80 年代以来，学者逐渐意识到所得税制度对 OFDI 布局影响的重要性。目前，国内外学者主要从所得税税率、税收饶让、税收优惠、避免国际双重征税方法、税收协定、税收征管效率、其他制度要素等方面对所得税制度与 OFDI 布局进行研究。

2.2.1 所得税税率对 OFDI 布局影响的研究

对于所得税税率对 OFDI 布局是否有影响以及影响程度如何，目前国内外学者尚未达成共识。有关学者主要从是否 OFDI、OFDI 布局（投资区位、投资规模）等方面进行研究。

2.2.1.1 所得税税率对是否 OFDI 的影响研究

学者大多认为，所得税税率对企业是否 OFDI 具有重要影响。Boskin 和 Gale(1987)考察了税收政策对国际投资的影响，指出国内税收政策变化会影响税后收益率，进而对国际投资产生重要影响。他们利用 1956—1984 年美国 FDI 数据和 OFDI 数据，同时采用 Feldstein 和 Jun(1987)修正后的税率与收益率，重新估计了美国税后收益率变化对国际直接投资的影响。实证结果表明，美国税后收益率对企业国内投资具有正向影响，而对企业 OFDI 具有负向影响，并且用税后收益率解释留存收益融资的海外投资更加合理，但对于资本转移融资的投资，并未得出具体的结论。Gordon 和 Hines(2002)认为，跨国投资集中在所得税税率较低的国家和地区，投资率随当地所得税税率的下降而降低，跨国企业会通过迁移总部来逃避母国的高税率。Sudsawasd(2007)通过对 1990—2004 年 OECD 国家数据进行计量分析，发现较高的母国企业所得税税率对跨国公司 OFDI 具有推动作用。Egger 等(2009)以 OECD 国家 1991—2002 年的对外投资数据为样本，并引入有效税率，考察了公司税对海外投资的影响。研究发现，母国有效税率对 OFDI 具有显著正向影响，这表明较高的母国税率能够有效推动企业的 OFDI。

2.2.1.2 所得税税率对 OFDI 布局的影响

(1)所得税税率对 OFDI 区位的影响

关于所得税税率对 OFDI 区位的影响,国内外学者从不同角度、不同方面展开研究,主要有以下两种观点。

第一,所得税税率对 OFDI 区位的影响显著。

国外学者大多基于东道国视角,认为跨国公司 OFDI 更倾向于流向低税负的国家(地区)。Root 和 Ahmed(1978)以 41 个发展中国家为样本,并将其划分为缺乏吸引力、适度吸引力和极具吸引力三个组别,考察了税收因素对跨国公司 OFDI 的影响。他们基于 1966—1970 年的数据,选取了 44 个经济、社会、政治和政策方面的变量进行测试。研究表明,所得税税率是影响 OFDI 区位的重要因素。Kemsley(1998)基于 1984—1992 年美国制造业数据,考察了税收对跨国公司区位的影响。研究发现,税收影响跨国公司区位决策,较低的东道国税率促使企业倾向于选择 OFDI。Dreßler(2012)基于 1996—2008 年德国的 OFDI 数据进行计量分析,发现跨国公司倾向于选择公司税率较低的国家(地区)进行投资。

国内学者进行的相关研究,也得出了类似的结论。沈小燕等(2011)基于 2004—2008 年中国地级城市的数据,运用多元线性回归模型,实证研究了中国企业所得税改革对跨国公司 OFDI 区位决策的影响。实证结果表明,在中国中西部地区,企业所得税税率变动对跨国公司 OFDI 区位选择具有显著影响。张晓涛等(2014)以 2010 年中国对 17 个东道国的 300 家 OFDI 企业为样本,运用 Logit 模型实证估计了东道国政府行为对不同规模中国企业 OFDI 决策的影响。研究发现,东道国所得税税率越低,中国企业进行投资的可能性越大,并且这种可能性与企业规模大小无关。王永钦等(2014)基于 2002—2011 年中国 842 笔 OFDI 交易数据,采用条件 Logit 模型和混合 Logit 模型,实证检验了东道国的制度性因素对中国 OFDI 区位选择的影响。结果表明,中国企业 OFDI 存在明显的避税动机,更倾向于流入税率较低的国家(地区),并且低税率在一定程度上可以抵消东道国较差制度环境的不利影响。史本叶和张超磊(2015)基于 2005—2010 年中国对东盟国家直接投资的存量数据,运用空间滞后模型,考察了中国 OFDI 区位决策的主要影响因素。结果表明,中国企业更愿意到税率较低的东盟国家进行直接投资。彭继增等(2017)基于 2004—2015 年中国对"一带一路"沿线 47 个国家(地区)的 OFDI 流量数据,运用固定效应模型,对中国企业 OFDI 的区位决定性因素进行回归分析。研究发现,中国企业倾向于选择税率较低的国家(地区)开展 OFDI 活动。刘晓宁(2018)利用 2001—2009 年中国 1569 家企业的 OFDI 项目数据,采用条件 Logit 方法构建数理模型,考察了东道国因素与企业异质性对中国企业 OFDI 区位选择的影响。结果发现,中国企业 OFDI 倾向于流向税率水平较低的东道国,并且劳动密集型企业、出口企业对东道国的税率水平更敏感。高玉强等(2021)基于中国对"一带一路"沿线 34 个国家(地区)的 OFDI 存量数据,通过实证研究发现,中国企业 OFDI 倾向于流向税收竞争力强、税负低的东道国。

一些学者的研究验证了东道国法定税率对 OFDI 区位选址的影响。国外学者 Egger 和 Raff(2015)基于 1982—2005 年 43 个经合组织及新兴市场国家的公司税制数据,考察了东道国所得税税率及税基变化对 OFDI 的影响。研究指出,各国政府在制定税收政策时要考虑战略性,降低法定所得税税率能够有效吸引海外投资者。国内学者那力和叶莉娜(2013)结合税制改革实践,比较了公司股权津贴和综合经营所得税两种方式对投资区位选址的影响。研究发现,在公司股权津贴方式下,法定税率提高会导致投资收益率下降,从而促使资本流向法定税率较低的国家。

东道国有效税率的降低也会有效吸引跨国公司 OFDI。国外学者从不同方面进行了探讨。Loree 和 Guisinger(1995)基于邓宁的区位优势理论,结合 1977 年和 1982 年美国对外投资流量基准调查数据,引入投资激励、有效税率等政策变量,以及政治稳定性、文化距离等非政策变量,运用 OLS 回归模型,实证估计了跨国公司对外投资选址的决定因素。实证结果表明,跨国公司更愿意到有效税率低的国家开展对外投资。Grubert 和 Mutti(2000)从国家层面,基于美国 500 多家制造业企业对 60 个国家(地区)的 OFDI 数据,实证研究了东道国税收政策对 OFDI 区位选址的影响。结果发现,跨国公司 OFDI 更倾向于流入平均有效税率较低的东道国。Bellak 和 Leibrecht(2009)以 1995—2003 年欧盟、美国对中东欧国家的 OFDI 数据为样本,考察了有效税率对 OFDI 的影响。研究发现,东道国有效税率对跨国公司 OFDI 区位选址具有显著影响,但也不能过分强调税收的作用。

有些学者比较了东道国法定税率与有效税率对 OFDI 区位选址的影响。德国学者 Buettner 和 Ruf(2007)认为,东道国税收在跨国公司 OFDI 区位选择决策中发挥着决定性作用。他们利用 1996—2003 年德国跨国公司的 OFDI 数据,通过控制东道国区位特征和公司特定区位偏好,运用 Logit 模型,实证分析了东道国税率对企业 OFDI 区位选址的影响。结果表明，东道国法定税率对企业 OFDI 区位选择具有显著影响，与法定税率相比，平均有效税率对企业 OFDI 区位的影响较小。

有些学者比较了边际有效税率与平均有效税率对投资选址的影响。美国学者 Devereux 和 Griffith(1998)采用标准 OLI 方法，构建概念模型分析跨国公司的区位决策。同时，结合 1980—1994 年美国企业对欧洲直接投资的数据，引入边际有效税率和平均有效税率，实证估计了企业 OFDI 区位选择的决定因素。结果发现，边际有效税率作用于资本成本，对美国企业在欧洲投资选址的影响并不显著，而平均有效税率对投资选址具有显著影响。Buettner 和 Ruf(2007)通过对 1996—2003 年德国的 OFDI 数据进行计量分析，探讨了东道国税率对跨国公司 OFDI 区位选择的影响。研究发现，边际有效税率对 OFDI 区位决策几乎不产生影响，但平均有效税率对 OFDI 区位选址具有显著影响。

除单边税率外，有学者探讨了双边税率对 OFDI 区位选择的影响。国内学者应涛和计金标(2020)综合考虑了东道国与母国的税收因素，并引入综合有效税率，运用条件 Logit 模型，实证检验了税负对中国企业 OFDI 区位选择的影响。研究表明，中国企业倾向于选择对外投资综合税率较低的国家(地区)。

第二，所得税税率对 OFDI 区位的影响不显著。

在早期的研究中，国内外学者大多认为所得税税率对 OFDI 区位的影响非常有限。国外一些学者采用问卷的方式展开调查，认为税率并不是影响企业 OFDI 区位选择的关键因素。Barlow 和 Wender(1955)针对美国 247 家企业开展问卷调查，发现仅有 10% 的企业认为东道国税收政策是决定 OFDI 区位决策的重要因素，更多的受访企业认为，与政策稳定性、所有权保护强度、货币的可兑换性等因素相比，东道国税收政策的影响并不明显。Robinson(1961)的研究进一步支持了 Barlow 和 Wender(1955)的结论。Robinson 通过调查发现，在 OFDI 区位选择的影响因素中，税收排在东道国政治稳定性、经济金融稳定性、对外商企业的有利态度等因素之后。20 世纪 90 年代中期，联合国贸易和发展会议对发展中国家进行了专项调查，发现跨国公司在进行 OFDI 区位选择时，首先考虑的并不是税收因素，而是东道国的政治经济稳定性、投资法规完善程度、市场规模、生产成本等因素。同一时期，日本外贸组织、安永等围绕税收对 OFDI 区位的影响展开了调查，调查结果表明，所得税税率并不是最重要的影响企业 OFDI 区位选择的因素。

除调查研究之外，国外不少学者还采用计量分析方法验证了税率对投资选址的影响不显著。Coughlin 等(1991)基于美国 1981—1983 年的制造业数据，实证估计了跨国公司 OFDI 区位选址的决定因素，发现税率并不是影响跨国公司 OFDI 区位选择的决定性因素。Wheeler 和 Mody(1992)则通过对美国 1982—1988 年制造业相关数据进行计量分析，发现集聚经济、劳动力成本和市场规模对 OFDI 区位选址具有重要的积极影响，而公司税率的影响并不显著。随后，Kemsley(1998)基于 1984—1992 年的美国制造业数据，分别从公司层面和国家层面考察了税收对国际区位选择的影响。研究发现，母国与东道国的公司税率差异能够激励企业到低税率国家(地区)投资，但这种激励作用并不显著。Jones 和 Temouri(2016)从公司层面，基于 2002—2010 年 12 个 OECD 国家的 OFDI 数据，实证估计了影响跨国公司到国际避税地开展 OFDI 的决定性因素。研究发现，当母国与国际避税地的税率存在显著差异时，母国法定税率的降低对 OFDI 区位选址的影响并不显著。

国内有些学者认为，税率对企业 OFDI 区位的影响并不显著。鲁明泓(1999)通过对 1994—1996 年 114 个经济体相关数据进行计量分析，发现跨国公司 OFDI 区位分布主要受经济制度、国际经济制度安排、法律制度等因素的影响，而与东道国税率的高低关系不大。李雪松等(2017)对 2010—2014 年中国 A 股上市公司数据进行了计量分析，发现所得税税率对企业 OFDI 区位决策的影响并不显著。李潇等(2019)对"一带一路"沿线 43 个国家(地区)的 OFDI 存量数据进行了实证研究，发现东道国资本边际有效税率的空间效应并不显著。

(2)所得税税率对 OFDI 规模的影响

关于所得税税率对 OFDI 规模的影响，国内外学者从不同角度、不同方面展开研究，主要有以下三种观点。

第一，所得税税率对 OFDI 规模具有正向影响。

不少学者从母国角度进行研究，认为母国税率越高，越能促进跨国公司扩大 OFDI 规模。

国外学者从不同方面进行了诸多研究。Hartman(1981)考察了国内税收政策与国际直接投资的关系，通过对 1965—1979 年美国对外投资相关数据进行回归分析，发现国内有效税率对 OFDI 规模具有正向影响。Hartman(1984)将外国直接投资分为留存收益融资和资本转移融资两种，考察了税收政策对 FDI 的影响。研究显示，留存收益融资形成的 FDI 与国内生产总值的比值随税后收益率的提高而增大。研究发现，无论投资资金形式如何，税收都会显著影响 FDI 规模。不少学者对 Hartman 模型进行了发展和完善。Boskin 和 Gale（1987）基于 1956—1984 年的美国 FDI 数据与 OFDI 数据，重新估计了 1982 年美国税制改革的影响。研究发现，美国企业边际有效税率的降低会导致企业 OFDI 减少。然而，他们的研究并不能明确区分税收因素与非税因素的影响，并且研究结果不能反映税收变化的长期动态影响。为了排除非税因素的干扰，Gropp 和 Kostial（2000）利用 1988—1997 年 13 个 OECD 国家的 OFDI 相关数据，并按外国来源收入是否豁免进行划分，实证研究了税收对 OFDI 的影响。研究发现，国内法定所得税税率与 OFDI 流出显著正相关。

国内部分学者探讨了母国税率对 OFDI 规模的影响。尹飞霄和朱英明（2017）以 2004—2015 年中国 27 个省份的 OFDI 数据为样本，采用系统 GMM 估计方法，构建动态面板数据模型，实证估计了宏观税负对中国企业 OFDI 的影响。研究发现，母国宏观税负的上升明显促进了中国企业 OFDI 的增长，验证了母国税负提高会导致 OFDI 增加这一观点，也反映出中国企业 OFDI 存在避税的动机。韩沈超和徐姗（2019）的研究得出了不同的结论。他们结合 2007—2016 年中国企业的 OFDI 数据，采用双向固定效应模型研究了母国税收政策对中国企业 OFDI 规模的影响，认为企业所得税比重对中国企业 OFDI 存量规模具有显著的负向影响。应涛和计金标（2020）通过对 2005—2017 年来自 79 个国家的对华投资数据进行回归分析，发现"一带一路"国家（地区）的法定税率越高，它们对中国的直接投资越多。

第二，所得税税率对 OFDI 规模具有负向影响。

国内外学者大多基于东道国视角，认为较低的税率能够有效促进跨国公司扩大 OFDI 规模。

国外学者从不同方面进行了验证。Dreßler（2012）利用 1996—2008 年德国 OFDI 数据，考察了企业所得税税率对 OFDI 的影响。研究发现，所得税税率的提高会导致对外投资额明显降低，这表明东道国所得税税率对企业 OFDI 规模具有显著的负向影响。Azémar 和 Desbordes（2013）基于 2003—2010 年 OECD 国家制造业双边 FDI 数据，运用泊松回归固定效应模型，实证估计了所得税税率对境外直接投资的影响。研究发现，东道国所得税税率对 OFDI 规模具有显著的负向影响，并且受特定行业外部融资依赖性的影响，所得税税率的影响也有差异。对于非外部融资依赖企业，较高的东道国所得税税率会导致跨国公司 OFDI 明显减少。Obeng（2014）基于 1986—2012 年加纳对外投资流量数据，采用 Johansen 协整估计方法，实证研究了企业所得税税率对 OFDI 的影响。研究结果表明,从长期来看,东道国所得税税率对服务业、制造业和采矿业跨国公司的 OFDI 规模具有显著负向影响,并且服务业的 OFDI 规模受税率的影响比制造业和采矿业企业显著。Baltas 等(2018)基于 1980—2012 年 24 个 OECD 国家的对外投资数据,考察了跨国公司 OFDI 的决定因素。研究发现,东道国较高的所得税税率对跨国公司 OFDI 规模具有明显的抑制作用。他们进一步发现,由于东道国对企业 OFDI 的吸引力不同,所得税税率的影响也会有差异。

国内有些学者也探讨了东道国所得税税率对 OFDI 规模的影响。邹忠全等(2020)通过对 2007—2018 年中国对东盟的 OFDI 存量数据进行计量分析,发现东道国税负水平对中国 OFDI 具有明显的负向影响,表明东盟国家较低的税负水平会促进中国 OFDI 的增长。

一些学者考察了东道国法定税率对 OFDI 规模的影响,认为东道国法定税率的降低可以有效促进 OFDI 增加。国外学者 Azemar 和 Corcos(2010)基于 2001 年日本跨国公司对新兴国家的 OFDI 存量数据,结合法定税率考察了东道国税收对 OFDI 的影响。研究表明:东道国法定税率对 OFDI 规模具有显著负向影响;与合营企业和低研发企业相比,法定税率对海外全资子公司和高研发企业投资额的负向影响更显著。国内学者余振等(2019)基于 2001—2012 年 OECD 国家双边投资数据,考察了东道国税收环境对跨国公司 OFDI 的影响。研究发现,东道国法定税率降低,跨国公司 OFDI 规模会明显扩大。

此外,不少学者探讨了东道国有效税率对 OFDI 规模的影响。国外学者从不同方面进行了研究。Slemrod(1990)首次引入边际有效税率,综合考察了东道国和母国税收制度对外国直接投资的影响。在控制大量非税因素的基础上,Slemrod 发现,边际有效税率对跨国公司 OFDI 具有显著的负向影响,并且通过进一步分解 OFDI 变量,指出边际有效税率与资金转移融资的 OFDI 显著负相关,而与留存收益融资的 OFDI 相关性不大,这与以往的研究结论并不相同。Swenson(1994)从行业层面出发,基于 1979—1991 年对美国 OFDI 流量数据进行分析,实证检验了税率变动对外国直接投资的影响。研究表明,有效税率对跨国公司 OFDI 规模具有明显的负向影响。Egger 和 Raff(2015)基于 1982—2005 年对经合组织及新兴市场国家的 OFDI 数据进行计量分析,发现东道国边际有效税率的降低能够有效促进对外直接投资额的增长。Melo-Becerra 等(2017)借鉴了 De Mooij 和 Ederveen(2008)的做法,基于哥伦比亚 2003—2014 年的企业层面数据,引入边际有效税率,考察了公司税收变动对海外投资的影响。研究发现，当边际有效税率增加时，对外投资会减少，表明企业所得税税率对跨国公司 OFDI 规模具有负向影响，与大中型企业相比，小企业的负向影响更显著。国内学者也进行了相关研究，验证了有效税率对 OFDI 规模的负向影响。苑新丽和王春雷等（2008）基于全球与中国视角，分别运用统计分析法和回归分析法检验了企业所得税税率对跨国公司 OFDI 规模的影响。研究发现，实际税负与 OFDI 规模呈负相关关系，表明东道国所得税税率上升将会导致跨国公司 OFDI 规模的明显缩小。乐为和钟意（2008）利用中国 1985—2006 年的对外投资数据，考察了跨国公司 OFDI 对有效税率的敏感性。研究发现，跨国公司 OFDI 对有效税率具有显著的敏感性，即中国有效税率越低，跨国公司直接投资越多。李潇等（2019）基于"一带一路"沿线 43 个国家（地区）的面板数据，构建空间计量模型，实证检验了资本边际有效税率对中国 OFDI 的影响。实证结果表明，当东道国资本边际有效税率降低时，中国 OFDI 规模会显著扩大。汤贡亮和王越（2019）基于 2005—2016 年中国对 44 个东道国的面板数据，采用 OECD 前瞻性测算法测算出边际有效税率，实证分析了税制竞争力对中国 OFDI 的影响。研究发现，边际有效税率对中国 OFDI 规模具有显著的负向影响，表明东道国边际有效税率越低，中国对其直接投资越多。

也有学者比较了东道国法定税率与有效税率对 OFDI 规模的影响。国外学者 De Mooij 和 Ederveen（2003）采用元分析方法，对 25 项有关税收与 OFDI 的实证研究进行了分析，得出东道国税率下降会导致跨国公司 OFDI 规模显著扩大的结论。他们还指出，与法定税率相比，有效税率（边际税率、平均税率）对跨国公司 OFDI 规模的影响更显著。Wijeweera 等（2007）基于 1982—2000 年 9 个国家对美国投资的调查数据，引入法定税率、平均有效税率和边际有效税率，实证考察了企业所得税税率对跨国公司 OFDI 的影响。研究发现，企业所得税税率对跨国公司 OFDI 规模具有显著的负向影响，法定税率比有效税率得出的结果显著。

除单边税率之外，双边税率对 OFDI 规模也具有显著的负向影响。国外学者从不同方面进行了研究。Egger 等（2009）基于 1991—2002 年 OECD 国家的 OFDI 存量数据，引入边际有效税率和平均有效税率，实证估计了税收对国际直接投资的影响。研究发现，双边有效税率对 OFDI 规模具有显著的负向影响。Bellak 和 Leibrecht（2009）基于 1995—2003 年欧盟与美国对中东欧国家的国际直接投资数据，引入双边平均有效税率，运用面板引力模型，实证估计了税收对OFDI的影响。实证结果表明,双边平均有效税率对外国企业OFDI流出量具有显著的负向影响,双边有效平均税率得出的研究结果比法定税率显著。

除此之外,一些学者在研究中还考虑了东道国与母国税率差异对OFDI规模的影响。Benassy-Quere等(2003)基于1984—2000年11个OECD国家的国际直接投资流量数据,采用法定税率、平均有效税率、边际有效税率和税后有效税率测度了税收差异对OFDI的影响。研究发现,当东道国税率高于母国税率时,跨国公司OFDI规模明显下降,表明东道国与母国的正向税率差异对企业OFDI规模具有显著的负向影响。Sudsawasd(2007)基于1990—2004年OECD国家相关数据进行计量分析,也发现税率差异对企业OFDI规模具有显著的负向作用。

第三,所得税税率对OFDI规模的影响不显著。

在早期研究中,国内外学者大多认为所得税税率对OFDI规模的影响甚微。国外学者从不同角度进行了诸多研究。有些学者基于东道国视角进行了验证,如Newlon(1987)修正了美国BEA发布的1965—1973年的国际直接投资数据,并构建了更恰当的模型,对Hartman、Boskin和Gale的研究结果进行了重新审视。然而,该模型并不能很好地解释留存收益融资的国际直接投资,并且当样本数据统计期间扩大到1956—1984年时,研究得出了与以往不同的结论,并没有发现能够显著解释资金转移融资的国际直接投资估计系数。Jun(1994)基于1980—1989年10个国家对美国的投资数据,实证估计了税率对OFDI的影响,得出与以往不同的结论,即东道国税率对OFDI规模的影响并不显著。Dreßler(2012)以1996—2008年德国国际直接投资数据为样本,实证研究了税收对OFDI的影响。研究发现,对于亏损结转企业,当企业所得税税率提高时,对外投资额会减少,但并不明显,这表明税率对亏损结转企业OFDI规模的影响不显著。Azémar和Desbordes(2013)进一步发现,东道国税率的变动对外部融资依赖企业OFDI规模的影响不显著。

此外,国外不少学者从母国角度进行了验证。Hartman(1985)将外国子公司划分为成熟和不成熟两类企业,通过构建计量模型进行实证分析,发现母国税率对成熟子公司的投资规模没有影响。Slemrod(1990)基于7个发达国家对美国OFDI的调查数据,并将投资国分为实行税收豁免国家和外国税收抵免国家两个组别,考察了母国税率对国际直接投资的影响。然而,研究并没有找到足够证据证明这两组国家的国际直接投资在税收敏感度方面存在显著差异。研究发现，母国税率对 OFDI 规模的影响并不显著。Wijeweera 等（2007）基于 1982—2000 年 9 个国家对美国的 OFDI 数据进行了实证分析，发现母国所得税税率对本国企业 OFDI 具有正向作用，但并不会推动 OFDI 大量流出。研究表明，母国税率对 OFDI 规模的影响不大。Azémar 和 Desbordes（2013）基于 2003—2010 年 OECD 国家制造业的对外投资数据进行实证研究后发现，母国税率对企业对外投资额没有显著影响。

国内有些学者也认为，税率对企业 OFDI 规模的影响不大。张阳和刘慧（2006）基于中国 2003 年的省际横截面数据，考察了税收因素对外国直接投资的影响。结果表明，所得税税率并不是影响跨国公司 OFDI 规模的关键因素，经济发展水平、地区开放程度的影响更大。王鑫和刘楠楠（2017）基于 1980—2016 年 157 个国家的面板数据进行实证分析，发现东道国所得税税率与企业 OFDI 规模呈负相关关系，但并不显著。研究表明，所得税税率对企业 OFDI 规模的影响不大。

综上所述，国内外学者对税率与 OFDI 布局进行了大量研究，取得了丰硕的研究成果，但并未形成统一的结论。税率对区位选择既有显著影响，也有不显著影响；税率对投资规模既有正向影响、负向影响，也有无影响的情况。从早期研究来看，学者大多认为所得税税率对 OFDI 的影响微不足道。自 20 世纪 80 年代以来，学者越发意识到税收对 OFDI 的重要性，所得税税率逐渐成为影响跨国公司 OFDI 决策的重要因素。近年来，主要经济体所得税税率的变化对 OFDI 布局的影响越发深刻，但现有研究较少探讨税率的降低如何影响中国企业 OFDI 布局。

2.2.2 税收饶让对 OFDI 布局影响的研究

关于税收饶让是否以及如何影响 OFDI 布局，目前国内外学者依然存在较多争论，没有形成统一的结论。相关学者从投资区位、投资规模等方面展开了研究。

2.2.2.1 税收饶让对 OFDI 区位的影响

关于税收饶让对 OFDI 区位的影响，国内外学者从不同角度和不同方面进行了研究，形成了以下两种观点。

第一，税收饶让对 OFDI 区位的影响显著。

学者大多认为，跨国公司倾向于选择签订税收饶让的国家（地区）进行

OFDI。国外学者从多方面进行了验证。Hines(1998)通过对1990年美国和日本对67个国家的OFDI存量数据进行计量分析,发现在与日本签订税收饶让协议的国家中,日本企业的OFDI比例明显高于美国。研究表明,税收饶让能够显著影响OFDI区位选择,跨国公司更愿意投资与母国签订税收饶让协议的国家(地区)。Laurey(2000)的研究进一步证实了Hines(1998)的结论。他以美国和日本的跨国公司为研究对象,考察了税收饶让在国际投资选址中的作用。研究指出,在其他条件一定时,日本企业承担的税负在理论上应当高于美国企业。但是,由于日本签订了税收饶让协议而美国未签订,日本企业的实际税负低于美国企业,从而使日本企业更倾向于选择与母国签订税收饶让协议的东道国开展OFDI活动。Azémar等(2007)通过对日本1989—2000年的OFDI流量数据进行计量分析,发现税收饶让会显著影响发达国家的OFDI区位选址,并且有税收饶让的发展中国家对跨国公司OFDI的吸引力更大。Azémar和Delios(2007)基于1990—2000年日本、法国对54个发展中国家的OFDI数据,实证研究了税收饶让对企业OFDI区位选择的影响。研究结果表明,税收饶让对OFDI的激励效果与母国避免双重征税方法的选择有关。当母国采用抵免法时,税收饶让对企业OFDI区位选择具有显著影响。Knoll(2008)考虑了税收管辖权的影响,发现当母国实行全球税制时,税收饶让对企业OFDI区位决策具有显著影响。Azémar和Dharmapala(2016,2019)得出了与以往研究不同的结论:无论母国采用全球税制还是领土税制,税收饶让都对跨国公司在发展中国家的投资选址具有显著影响。

国内学者也进行了相关研究,得出税收饶让会显著影响OFDI区位选址的结论。例如,邓力平等(2019)通过对2005—2016年中国OFDI交易数据进行实证分析,发现当东道国税负水平较高时,税收饶让条款对中国企业OFDI区位选择具有显著影响。

第二,税收饶让对OFDI区位的影响不显著。

有学者认为,税收饶让在国际投资选址中作用不大。国外学者从不同方面进行了研究。Azémar和Delios(2007)基于1990—2000年54个发展中国家的面板数据,实证分析了税收饶让对企业OFDI区位选择的影响。研究发现,当母国采用免税法时,税收饶让对企业OFDI区位选址的影响并不显著。Knoll(2008)在税收管辖权的基础上,考察了税收饶让对OFDI的影响。研究发现,当母国实行属地税制时,税收饶让对OFDI区位选择没有影响。Brooks(2009)研究指出,税收饶让在低收入国家吸引外国直接投资方面并不十分有效,是一项不恰当的机制,可能造成税收制度滥用、税收流失等不良结果。

2.2.2.2 税收饶让对 OFDI 规模的影响研究

关于税收饶让对 OFDI 规模的影响,国内外学者从不同角度和不同方面进行了研究,形成了以下三种观点。

第一,税收饶让对 OFDI 规模具有正向影响。

大多数学者认为,税收饶让能够显著促进企业 OFDI 规模扩大。当东道国与母国签订税收饶让条款时,跨国公司可以充分享受东道国提供的税收优惠,从而减轻海外投资的税收负担,降低企业经营成本,扩大 OFDI 规模。

国外不少学者从不同方面进行了验证。Hines(1998)基于 1990 年美国、日本对 67 个国家的 OFDI 存量数据,分析了税收饶让对 OFDI 以及东道国政府政策的影响。研究发现,税收饶让协议生效后,对外投资额会明显增加,表明税收饶让对企业 OFDI 规模具有显著的正向作用。在此基础上,Azémar 等(2007)对 Hines(1998)的研究做了进一步扩展,探讨了税收饶让对跨国公司到发展中国家投资的影响。他们基于 1989—2000 年日本的 OFDI 流量数据进行实证分析,发现在税收饶让协议生效后,日本每年的 OFDI 活动明显增加,对外投资额明显增长。研究表明,税收饶让能够显著激励发达国家 OFDI 增长。Azémar 和 Dharmapala(2016)认为,税收饶让能够有效提高发展中国家对跨国公司 OFDI 的吸引力。他们基于 2002—2012 年 23 个 OECD 国家对 113 个发展中国家的 OFDI 存量数据,实证估计了税收饶让对 OFDI 规模的影响。研究结果显示,在税收饶让协议有效时,对外投资额明显增加,表明税收饶让对 OFDI 规模具有显著的激励作用,这与 Hines(1998)、Azémar 等(2007)得出的结论相似。

国内不少学者从不同角度进行研究,也证实了税收饶让的积极作用。李枫(2003)分析了税收饶让的合理性,认为税收饶让对投资国、东道国以及 OFDI 企业都具有积极作用,但同时要注意防止税收饶让的滥用。詹正华和陈星汝(2012)比较了税收饶让与延期纳税对 OFDI 的影响。实证结果表明,税收饶让能够有效促进中国 OFDI 增加,在一定程度上缓解抵免法造成的 OFDI 激励不足问题。李娜(2016)重新审视了税收饶让制度的本质,指出税收饶让对企业 OFDI 增长具有积极影响,并提出应加快重构税收饶让制度,严格限定税收饶让条件和存续期限,提高中国企业 OFDI 竞争力。随后,计金标和应涛(2017)通过横向比较中国与主要资本输出国之间的税制竞争力差距,指出中国税收饶让条款较少，导致税收激励竞争力不足，不利于 OFDI 增长，并提出继续保持税收饶让。尹淑平和尹超（2018）基于"一带一路"倡议，对中国现行税收饶让制度进行分析，从反面论证了税收饶让的缺失不利于中国 OFDI 增长。

第二，税收饶让对 OFDI 规模具有负向影响。

税收饶让在国际税收实践中并未获得一致认可，有的国家（如美国）坚决反对采用税收饶让。国内有学者也不支持对海外投资提供税收饶让。例如，中国学者邓力平等（2019）在考虑东道国税率的基础上，利用中国对"一带一路"沿线 60 个国家（地区）的 OFDI 交易数据，考察了税收饶让对中国企业OFDI 的影响。他们的研究得出了与以往不同的结论，即在低税负东道国，税收饶让条款对中国企业 OFDI 的规模具有显著的负向影响。

第三，税收饶让对 OFDI 规模的影响不显著。

有学者认为，税收饶让对 OFDI 规模的影响不明显。国外学者从不同角度进行研究，证实了税收饶让的作用不大。20 世纪 90 年代末，OECD 提出限定税收饶让的范围和程度，对税收饶让激励措施持怀疑态度，认为税收饶让可能侵蚀税基，并且对跨国公司在发展中国家的投资没有明显的刺激作用。Kaewsumrit（2004）通过 1980—1998 年 4 个发达国家对 32 个发展中国家的OFDI 数据进行实证分析，发现税收饶让对英国、德国和意大利 OFDI 增长的影响并不明显。

国内学者进行了相关研究，也得出税收饶让的影响不显著的结论。肖学旺等（2019）使用 2007—2016 年中国对"一带一路"沿线 57 个国家（地区）的OFDI 存量数据进行了实证分析，结果发现，税收饶让抵免义务的承担一定程度上增加了中国的 OFDI 规模，但这种影响并不显著。研究表明，税收饶让对中国 OFDI 的激励效果并不明显。

综上所述，国内外学者从多方面、多角度研究了税收饶让对 OFDI 布局的影响，但目前尚未得出统一的结论。早期研究大多认为，在 OFDI 决策中，税收饶让的影响不大。随着经济全球化的深入，税收饶让的作用不断增强，逐渐成为影响 OFDI 决策的重要因素。近年来，主要经济体税收饶让条款的变化对 OFDI 布局的影响越发重要，但现有研究较少探讨税收饶让的签订对中国企业 OFDI 布局的影响程度。

2.2.3　税收优惠对 OFDI 布局影响的研究

对于税收优惠能否有效影响 OFDI 布局，国内外学者主要从投资区位、投资规模等方面展开研究。

2.2.3.1 税收优惠对OFDI区位影响的研究

关于税收优惠对OFDI区位的影响,有关学者从多角度、多方面进行了探讨,形成了以下两种观点。

第一,税收优惠对OFDI区位的影响显著。

大多数学者认为,税收优惠是影响OFDI区位选址的重要因素,跨国公司OFDI更倾向于流入给予税收优惠的国家(地区)。多数学者基于东道国视角,探讨了税收优惠对OFDI区位的影响。国外学者从不同方面进行了验证。Morrisset和Pirnia(2000)研究指出,当基础设施、政治经济稳定性等条件不变时,税收激励措施对OFDI区位决策具有重要影响。Tung和Cho(2000)考察了中国税收优惠政策对跨国公司OFDI的影响。研究发现,跨国公司OFDI倾向于流向中国特别税收优惠区。国内学者也探讨了税收优惠对OFDI区位选择的影响。孙俊(2002)基于中国1985—1999年的省际数据构建计量模型,实证估计了企业OFDI选址的决定因素。研究发现,税收优惠政策是影响企业OFDI区位选择的重要因素,资本趋向于流入税收优惠的地区。李宗卉和鲁明泓(2004)基于1989—1993年中国68个城市的面板数据,运用固定效应模型,实证检验了税收优惠政策对外商直接投资的影响。研究表明,跨国公司OFDI倾向于流向所得税减免更多、实行再投资退税、关税减免更优惠的中国地区。钟炜(2006)基于税收优惠信号理论,利用中国1986—2004年省际面板数据进行了实证分析,发现税收优惠是影响跨国公司OFDI区位选择的重要因素,且其影响力会随时间的推移以及地区市场化程度的提高而减弱。张述存(2017)基于全球视角考察了中国企业OFDI的空间布局,发现中国企业OFDI主要聚集于香港地区,以及英属维尔京群岛和开曼群岛等国际避税地。研究表明,东道国提供的税收优惠会显著影响中国企业OFDI的区位选择。

部分学者基于母国视角,考察了税收优惠对OFDI区位的影响。国外学者从不同方面进行了验证。Hines(1994)考察了税收激励措施对跨国公司OFDI区位决策的影响。研究发现,当母国提供延期纳税等优惠措施时,跨国公司更倾向于选择低税收国家进行投资。Hines(1999)基于福利经济学角度,分析了延期纳税对OFDI的影响。研究表明,跨国公司的OFDI决策受母国延期纳税的影响较大,资本更容易向低税国流动。

第二，税收优惠对OFDI区位的影响不显著。

在早期研究中，国内外学者大多认为，税收优惠对OFDI区位的影响并不显著。国外不少学者采用访问、问卷调查等方式进行了研究，得出税收优惠并不是影响OFDI区位选择的重要因素的结论。Barlow和Wender(1955)最早采用公司调查评估法，对美国247家跨国公司展开调查研究。结果显示，在进行OFDI区位决策时，考虑东道国税收优惠政策的跨国公司仅占10%，另有11%考虑东道国政府给予外国企业的鼓励措施，而考虑货币的可兑换性、政治稳定性等因素的占绝大多数。由此表明，东道国税收优惠政策对企业OFDI区位选择有一定影响，但并不是决定性因素。Robinson(1961)选取了205家跨国公司，对其在67个国家的投资项目进行了调查，进一步验证与发展了Barlow和Wender(1955)的研究结论。他发现，大多数OFDI企业认为，与东道国的政治稳定性、对外商企业的有利态度等因素相比，税收优惠对OFDI区位选择的影响并不显著。Aharoni(1966)考察了影响美国制造业企业OFDI区位决策的决定性因素，发现东道国税收优惠对企业OFDI区位选择没有显著影响。进入21世纪，Simmons(2000)针对全球600多家跨国公司的一项调查显示，在影响企业OFDI区位选址的众多因素中，税收仅排第8位，远在政治稳定性、市场规模、生产成本等因素之后。可见，税收优惠对OFDI区位选择的影响有限。Wunder(2001)选取了美国75家500强跨国公司，对其OFDI区位决策的影响因素进行了调查。结果发现，有5.3%的企业认为税收是影响OFDI区位决策的首要因素，有1.3%的企业肯定了税收激励的决定作用，绝大多数企业强调运输成本、法律制度、经营环境等非税因素在OFDI区位选址中的重要性。这表明，税收优惠虽然影响企业投资区位决策，但并不具有决定性作用。Tuomi(2011)对南非的73家跨国公司展开了调查和访谈，考察了南非税收激励对跨国公司OFDI区位决策的影响。调查结果显示，在影响OFDI区位选择的因素中，大多数被调查企业认为，东道国的市场规模、市场增长率以及辐射能力是主要因素，仅有4%的企业将税收激励作为重要影响因素。我们从对一些决策者的访谈中得知，税收激励并不具有决定性作用，企业更关注东道国的投资潜力。这表明税收激励在跨国公司投资选址中的作用并不明显。

除此之外，一些国外学者还采用计量分析方法进行了研究。Kinda(2016)利用2000—2006年对30个SSA(撒哈拉以南非洲)国家的企业层面调查数据，实证分析了东道国税收对跨国公司OFDI的影响。研究发现，与基础设施、人力资本等投资环境因素相比，东道国税收优惠政策在企业 OFDI 区位选址中的作用并不显著，并且无论所有权结构如何，税收优惠的作用都非常有限。因此，东道国应尽量避免使用税收优惠措施，更多关注投资环境的作用。Hsu 等（2019）以 1998—2008 年中国省际数据为样本，实证估计了跨国公司 OFDI 区位的决定因素。实证结果表明，中国税收优惠政策对跨国公司 OFDI 区位选择没有产生显著影响，这表明税收优惠并不是影响 OFDI 区位决策的重要因素。

国内学者进行了相关研究，也证实了税收优惠对 OFDI 区位的影响不显著。魏后凯等（2001）以 1999 年秦皇岛市主要外商企业为样本，采用问卷调查法、因子分析法等，考察了外国投资者对中国直接投资的动机及区位选择因素。结果显示，利用税收优惠政策动机排在利用当地廉价劳动力、扩大和占用中国市场、确保原材料和零部件供应之后。这表明，税收优惠政策并不是影响跨国公司 OFDI 区位决策的决定性因素。

2.2.3.2 税收优惠对 OFDI 规模影响的研究

关于税收优惠对 OFDI 规模的影响，国内外学者从不同角度和不同方面展开了研究，形成了以下三种观点。

第一，税收优惠对 OFDI 规模具有正向影响。

国内外学者大多认为，税收优惠政策具有激励作用，能够有效促进 OFDI 增长。多数学者基于东道国视角，探讨了税收优惠对 OFDI 规模的影响。国外学者从不同方面验证了税收优惠的有效性。Mintz 和 Tsiopoulos（1994）基于来自中东欧国家的对外投资数据进行计量分析，发现东道国税收激励措施的有效性取决于母国对跨国公司境外所得是否免税。当母国提供税收饶让抵免时，东道国税收优惠措施对跨国公司 OFDI 规模具有显著的正向影响，否则，东道国给予的税收优惠将被母国税收抵销，从而对跨国公司 OFDI 的吸引力不足。Tung 和 Cho（2000）基于中国外商投资数据进行了计量分析，发现东道国税收优惠措施实施后，外商投资额明显增加，并且某种投资形式的税收优惠力度越大，越会吸引更多的外国投资流入。Parys 和 James（2010）最早估计了发展中国家特定行业税收优惠政策对跨国公司 OFDI 的有效性，基于 1997—2007 年跨国公司对 7 个 ECCU 国家旅游业的 OFDI 调查数据，采用倍差法进行计量分析。研究发现，东道国延长税收优惠后，旅游业吸引的直接投资明显增长，这表明税收优惠政策对跨国公司 OFDI 规模具有显著的正向影响。Olaleye 等（2016）以尼日利亚 74 家制造业上市公司为研究对象，考察了所得税优惠政策对 OFDI 的有效性。通过问卷调查，发现有六成以上的受访者对减少公司所得税能否有效吸引对外投资问题做出了肯定回应，认为免税股息、损失结转减免、免税期等优惠措施能够增加对外投资。另外，通过对这 74 家企业的数据进行回归分析，发现所得税优惠对跨国公司 OFDI 规模具有显著的正向影响，跨国公司应充分利用东道国政府提供的税收优惠实现投资最大化。Munongo 等(2017)在总结前人研究的基础上，考察了税收优惠政策对跨国公司 OFDI 的有效性。研究表明，税收优惠能够有效扩大跨国公司 OFDI 规模。此外，与宏观经济环境、基础设施等非税因素结合，税收优惠对跨国公司 OFDI 规模的激励效果更显著。

国内不少学者基于东道国视角，也证实了税收优惠对 OFDI 规模的积极作用。马拴友(2001)引入乡村企业享受的税收优惠比率，基于 1983—1998 年各国对中国的 OFDI 数据进行实证分析，发现中国税收优惠政策对跨国公司 OFDI 规模具有显著的激励作用。樊丽明(2002)在系统分析中国各阶段税收优惠政策的基础上，指出中国税收优惠政策能够促进跨国公司 OFDI 增长。李宗卉和鲁明泓(2004)基于 1989—1993 年中国 68 个城市的面板数据进行计量分析，发现地区税收优惠措施增加时，跨国公司 OFDI 会显著增加。苏建华(2006)采用税收优惠的弹性系数，建立模型测算跨国公司 OFDI 对税收优惠政策的敏感度，通过对 1996—2003 年浙江省某市的相关数据进行实证分析，发现跨国公司 OFDI 会随着地区税收优惠的增加而增加。陈斌(2007)以中国 1989—2003 年的经济特区、沿海开放城市和省会城市数据为样本，考察了税收优惠政策在跨国公司 OFDI 中的作用。实证结果表明，当地区税收优惠措施增加时，跨国公司 OFDI 会明显增加。

一些学者比较了东道国不同税收优惠措施对 OFDI 规模的影响。国外学者从不同方面进行了研究。Amuka(2017)引入公司所得税和投资补贴变量，实证估计了尼日利亚税收优惠政策对跨国公司 OFDI 的影响。研究发现，当公司所得税减少时，跨国公司 OFDI 明显增加；当投资补贴增加时，跨国公司 OFDI 也有所增加。与投资补贴相比，公司所得税对 OFDI 规模的影响更显著。在具体优惠措施选择上，政府应慎重选择投资补贴。Munongo 和 Ribinson(2017)基于 2004—2013 年 13 个南部非洲发展共同体(南共体)国家的面板数据，并依据资源丰裕程度将这些国家划分为四个组别，考察了不同税收优惠政策对跨国公司 OFDI 的影响。研究发现：在资源匮乏的东道国，免税期的延长明显促进了跨国公司 OFDI 规模的扩大；在资源丰富的东道国，特定行业所得税减免对跨国公司 OFDI 规模具有显著的激励作用。Azevedo 等(2018)考察了免税期对跨国公司 OFDI 的影响。研究发现，当东道国提供更长的免税期时，跨国公司会扩大 OFDI 规模。

此外，不少学者基于母国视角，考察了税收优惠政策对 OFDI 规模的影响。国外学者进行了相关研究，证实了母国税收优惠的正向影响。Hines(1994)基于 1984 年美国跨国公司 OFDI 数据，实证估计了美国税收激励政策对 OFDI 的影响。研究发现，当母国采用延期纳税措施时，跨国公司会尽可能将利润留存海外子公司进行再投资，从而扩大对外投资。国内学者从不同方面进行了验证，也得出母国税收优惠有利于促进 OFDI 增长的结论。詹正华和陈星汝(2012)比较了税收饶让、延期纳税对 OFDI 的影响。研究发现，当母国税率高于东道国税率时，延期纳税对 OFDI 规模具有显著的正向影响；反之，延期纳税的激励效果不明显。陈志勇和夏晶(2014)选取了 1985—2010 年中国企业 OFDI 流量数据，引入 OFDI 企业国有化程度作为财税激励政策的替代变量，实证检验了中国财税激励政策对 OFDI 的有效性。结果发现，当 OFDI 企业国有化程度降低时，中国 OFDI 规模会明显扩大，这表明母国财税激励政策对 OFDI 具有显著的促进作用。蓝相洁和蒙强(2017)基于"一带一路"倡议，指出高新技术产业在境外投资税收优惠政策上存在诸多不足，通过加大研发环节税收支持力度、缩短加速折旧年限等优惠措施，能够促进高新技术企业 OFDI 规模的扩大。

第二，税收优惠对 OFDI 规模具有负向影响。

国内外不少学者认为，税收优惠不利于 OFDI 规模增长。国外学者从不同方面进行了验证。Peters 和 Kiabel(2015)基于尼日利亚 1980—2011 年的计量经济数据，运用引力模型实证研究了东道国税收优惠对跨国公司 OFDI 的影响。研究得出结论：当东道国税收优惠增加时，跨国公司 OFDI 会明显减少，这表明东道国税收优惠对跨国公司 OFDI 规模具有显著的阻碍作用。因此，东道国应减少对税收优惠的依赖，鼓励更多采用经济改革等激励措施。Huang 等(2015)基于 1998—2008 年中国台湾企业 OFDI 数据，实证研究了台湾所得税制度对 OFDI 的影响。研究发现：较高的股息所得税抵免，会使企业资本成本降低，台湾对外投资减少；较高的未分配盈余率，会导致企业税收负担增加，台湾对外投资减少。研究表明，来源地税收优惠政策对 OFDI 规模具有显著负向影响。

国内学者也进行了相关探讨，认为税收优惠不利于 OFDI 规模增长。左大培(2000)基于总收入效应和资源配置效应,运用数学模型分析了税收优惠政策在跨国公司 OFDI 中的作用。结果发现,税收优惠具有非效率性,扭曲了资源配置,导致经济效率低下的资金在国内外过度流动,减少了本国总收入,降低了本国居民福利,也不利于 OFDI 增长。

第三,税收优惠对 OFDI 规模的影响不显著。

国内外学者认为,税收优惠对 OFDI 规模的影响不大。国外学者从不同方面进行了验证。Root 和 Ahmed(1978)基于 1966—1970 年 41 个发展中国家的数据,考察了东道国税收政策对跨国公司 OFDI 的影响。研究发现,税收激励措施无法区分发展中国家对跨国公司 OFDI 是否具有吸引力,各东道国之间的国际投资竞争对税收激励具有抵消作用,并不能增加跨国公司 OFDI。Agodo(1978)基于美国 33 家制造业企业对非洲 20 个国家的投资数据,实证估计了美国企业 OFDI 的决定因素。研究发现,东道国 GDP、政治稳定性、发展前景等对 OFDI 决策具有显著的正向影响,而东道国税收优惠、关税保护等对 OFDI 决策的影响不显著。Chai 和 Goyal(2008)以东加勒比货币联盟为例,探讨了税收优惠政策对跨国公司 OFDI 的影响。他们通过对 1991—2003 年的国际投资数据进行回归分析,发现税收优惠对跨国公司 OFDI 规模没有显著影响,而较低的法定所得税税率、OFDI 限制缺失以及良好的制度质量是决定跨国公司 OFDI 规模的重要因素,因而提出东道国应减少对税收优惠政策的倚重。

国内部分学者也进行了相关研究,得出税收优惠的影响非常有限的结论。胡再勇(2006)结合中国实际构建计量模型,实证考察了跨国公司 OFDI 的决定性因素。研究结果表明,中国的市场规模、借款利率等经济基础变量对跨国公司 OFDI 规模具有显著影响,关税低税率、双边投资协定等激励政策的影响也很显著,但政府给予外资企业的税收优惠对 OFDI 规模并没有显著影响。潘一鸣(2006)基于中国 1995 年工业普查数据,实证研究了税收优惠对跨国公司 OFDI 的影响。研究发现,税收优惠对跨国公司 OFDI 规模扩大有一定促进作用,但并不显著。可见,东道国税收优惠并不是决定跨国公司 OFDI 规模的重要因素。史振华和李树(2015)基于 2000—2011 年中国 38 个工业行业数据,运用固定效应和随机效应面板模型,实证检验了税收优惠、财政支出对跨国公司 OFDI 的影响。实证结果表明,中国的财政支出政策显著促进了跨国公司 OFDI 增长,但税收优惠对跨国公司 OFDI 规模的影响并不显著。

有些学者探讨了不同税收优惠政策对 OFDI 规模的影响。Parys 和 James（2010）基于 1994—2006 年 12 个非洲金融共同体（CFA）国家的数据，评估了税收优惠政策变化对跨国公司 OFDI 的影响。结果发现，免税期变化对跨国公司 OFDI 规模没有显著影响，而降低税收激励的复杂性会明显增加对外投资。研究表明，在发展中东道国，税收优惠政策并不是影响跨国公司 OFDI 规模的决定性因素。Munongo 和 Ribinson（2017）基于 2004—2013 年 13 个南共体国家的数据，考察了东道国税收优惠政策对跨国公司 OFDI 的影响。研究发现，亏损结转对跨国公司 OFDI 规模的影响并不显著，并且免税期虽然阻碍了跨国公司扩大投资，但这种作用并不显著。

综上所述，国内外学者关于税收优惠对 OFDI 布局影响的研究，并未得出统一的结论。在早期研究中，学者大多认为税收优惠是影响 OFDI 决策的众多因素之一，但不是决定性因素。20 世纪 90 年代以来，随着经济全球化的发展，税收优惠逐渐成为影响 OFDI 决策的重要因素。近年来，在全球减税背景下，主要经济体税收优惠政策的变化对 OFDI 布局的影响越发凸显，但已有研究较少结合这一背景探讨税收优惠政策变化如何影响中国企业 OFDI 布局。

2.2.4 避免国际双重征税方法对 OFDI 布局影响的研究

现行避免国际双重征税的方法主要有抵免法、免税法和扣除法。目前，国内外学者对这些方法在 OFDI 布局中的作用仍然存在一些争议。针对避免双重征税的方法，相关学者从多角度、多方面展开了研究。

2.2.4.1 抵免法更有利于促进 OFDI 发展

不少学者认为，实行抵免法更有利于促进 OFDI 发展。国外学者从多个方面进行了验证。Haag 和 Lyon（2004）比较了分国限额抵免法与综合限额抵免法对资本配置的不同影响。研究发现，当低税负国家与高税负国家同时存在投资机会时，分国限额抵免法会导致资本配置的低效率，而综合限额抵免法在不存在超额抵免时会实现资本的最优配置。Bénassy‐Quéré 等（2005）基于 1984—2000 年 11 个 OECD 国家的国际直接投资流量数据，考察了对外直接投资对税收差异的反应。研究发现，在免税安排下，税收差异与 OFDI 呈线性关系。但在税收抵免安排下，OFDI 对税收差异的反应是非线性的，当税负差异较大时，企业 OFDI 明显增多。研究表明，来自抵免法国家的企业 OFDI 对较大的税收差异更敏感。Herger 等（2011）基于 1995—2005 年美国对 18 个 OECD

国家的 OFDI 数据，考察了税收对跨国公司 OFDI 的影响程度。研究发现，考虑国际税收抵免时，所得税对 OFDI 的影响不显著，表明税收抵免减轻了公司税的影响。Herger 等(2016)基于 1999—2010 年 32 个国家的 OFDI 交易数据，全面分析了税收对跨国公司 OFDI 的影响，指出双重征税增大了税收对 OFDI 的不利影响，在抵免法下，母国给予企业外国税收抵免，减轻了 OFDI 的税收负担，有利于促进 OFDI 的发展。

2.2.4.2 免税法更有利于促进 OFDI 发展

有些学者认为，实行免税法更有利于促进 OFDI 发展。国外学者进行了相关研究。Hines(1996)基于 1960—1991 年美国各州的数据进行研究，他将美国各州分为高税率州和低税率州两组，比较了在投资国实行免税法与抵免法下，东道国税收对跨国公司 OFDI 的影响。结果显示，所得税税率与跨国公司 OFDI 显著负相关，在 1% 的税率差异下，与实行抵免法的投资国相比，实行免税法的投资国的对外投资额明显减少。研究表明，在实行免税法的国家，企业 OFDI 对东道国的税率变动更敏感。Siggelkow(2013)假设单向资本流动且不考虑绿地投资，运用一般均衡税收竞争模型，分析免税法、抵免法和扣除法对 OFDI 效率的影响。结果发现，在税收最大化的情况下，免税法将会导致低效率的低税率，而抵免法和扣除法可能导致低效率或高效率的高税率。在福利最大化的情况下，三种减免方法均有效，但限额抵免法会导致效率低下的高税率。研究表明，在税收最大化的情况下，三者都可取，但在福利最大化的情况下，免税法比抵免法和扣除法更优。

国内学者从不同方面进行研究，也得出类似的结论。宋小宁和葛锐(2014)指出，境外投资所得税采用抵免法或免税法都可以减轻国际双重征税，但抵免法计算较为复杂，而免税法带来的税负减轻效果更好，征税成本和纳税成本也大为减少，有助于促进本国企业的 OFDI 活动。他们还指出，免税法的实施并不会减少税收收入，但可以更有效地参与国际税收竞争，促进中国企业"走出去"，并提出中国转向免税法更有利。朱青(2015)认为，中国现行的抵免法对企业 OFDI 具有一定的负面影响。在税收抵免法下，中国 OFDI 企业实际上很难获得东道国给予的低税负好处，企业税负并未减轻，不利于企业"走出去"，因而应实行免税法，放弃抵免法。赵书博和胡江云(2016)认为，抵免法对中国企业 OFDI 具有一定的促进作用，但并不能完全消除重复征税等问题，而是会增加企业的 OFDI 成本。他们通过比较主要国家企业境外投资所得税制度，发现采用免税法或较低的所得税税率有助于提升国家税制竞争力，促进 OFDI 增长。计金标和应涛（2017）比较了全球 OFDI 存量排名前 5 国家的税制竞争力，发现与免税法相比，采用限额抵免法并不能消除国际双重征税问题，反而会增加 OFDI 企业的税负，因而应在现行抵免制的基础上，逐步引入免税法，缩小与主要资本输出国在税制竞争力上的差距，推动中国企业 OFDI 发展。霍志远等（2017）认为，当前中国的所得税抵免制度手续烦琐、计算复杂，增加了企业税负，不利于 OFDI 的发展，应将"参与免税"与综合抵免法相结合，促进中国企业 OFDI 的发展。

2.2.4.3　扣除法更有利于促进 OFDI 发展

有些学者认为，实行扣除法更有利于促进 OFDI 发展。国外学者从多个方面进行了探讨。Bond 和 Samuelson（1989）通过来源国与东道国的动态博弈分析，比较了抵免法与扣除法对国际资本流动的影响。研究发现，在抵免法下，两国为获取资本流动或税收的好处而竞相提高税率，导致国际资本流动减少甚至停止，而扣除法可以避免这种情况的发生。研究表明，与抵免法相比，来源国和东道国更倾向于选择扣除法。Janeba（1995）在 MacDougall-Kemp 模型的基础上，比较了免税法、抵免法和扣除法的影响。研究指出：在税率一定的情况下，东道国采用免税法将会导致净资本流动发生逆转，而抵免法或扣除法则不会导致这种结果；当母国与东道国税率统一时，母国采用抵免法或免税法可以提高资本配置效率，但会造成 OFDI 流动减少，而扣除法不会造成 OFDI 流动效率低下。Davies 和 Gresik（2003）分别对抵免法、免税法、扣除法下税收竞争博弈纳什均衡进行了理论推导，指出双重征税减除方法之间具有等效性，存在正资本流动均衡。研究指出，在税收竞争博弈中，母国虽有动机将税率设置在东道国税率之上，但并不会设置过高的税率，以至外国资本流动停止，这与 Bond 和 Samuelson（1989）的结论有所不同。研究发现：在抵免法和免税法下，较高的母国税率会导致企业 OFDI 活动增加而国民收入减少；当母国税率影响东道国要素价格时，母国采用扣除法略优于采用抵免法。

还有学者认为，避免双重征税方法的选择对 OFDI 的影响没有差异。国内学者曹小春和李宗卉（2008）以美国、德国等 9 个西方国家为样本，基于 1990—2004 年它们对中国的直接投资数据，比较了抵免法、免税法对 OFDI 的影响。研究发现：与实行免税法的国家相比，实行抵免法的美国对中国的直接投资并没有显著差异；无论母国实行抵免法还是免税法，该国对中国的直接投资都没有差异。

2.2.5 税收协定对 OFDI 布局影响的研究

对于税收协定如何影响 OFDI 布局,国内外学者对此争论不已,目前尚未达成共识。有关学者从投资区位、投资规模等方面展开了研究。

2.2.5.1 税收协定对 OFDI 区位影响的研究

关于税收协定对 OFDI 区位的影响,国内外学者从不同角度、不同方面展开研究,形成了以下两种观点。

第一,税收协定对 OFDI 区位的影响显著。

多数学者认为,跨国公司 OFDI 更倾向于流入与本国签订税收协定的国家(地区)。国外学者从不同方面进行了验证。Braun 和 Fuentes(2014)基于 1990—2011 年 38 个国家的面板数据,运用 Logistic 回归模型,实证估计了避免双重征税协定对奥地利 OFDI 的影响。研究结果表明,奥地利企业更可能选择与本国签订税收协定的东道国进行投资。Castillo-Murciego 和 López-Laborda(2019)基于 1993—2013 年西班牙与经合组织、欧盟等国家的面板数据进行计量分析,发现西班牙企业 OFDI 更倾向于流入与本国签订新的税收协定的发展中东道国。

国内有些学者从不同方面展开研究,也认为税收协定会显著影响 OFDI 区位选址。张晓瑜等(2018)基于 2004—2014 年中国 180 家上市企业的数据,考察了税收协定对中国企业 OFDI 的作用。研究发现,中国企业更可能选择到税收协定签约国进行 OFDI。与低税负国家相比,税收协定对中国企业到高税负国家投资的促进作用更大。邓力平等(2019)以"一带一路"沿线 64 个国家(地区)为样本,运用混合 Logit 模型对税收协定与中国企业 OFDI 区位的相关性进行了研究。结果发现,中国企业更倾向于选择税负水平较高、制度质量较差的税收协定签约国进行投资。庄序莹等(2020)结合微观企业行为,基于 2012—2017 年中国上市公司的 OFDI 数据,实证分析了税收协定对中国企业 OFDI 区位选址的影响。实证结果表明,税收协定对中国总体 OFDI 区位选择具有显著影响,不同行业对东道国税收环境的敏感性存在差异。

第二,税收协定对 OFDI 区位的影响不显著。

有些学者认为,税收协定对 OFDI 区位选择的影响不大。国内学者从不同方面进行了验证。邓力平等(2019)基于 2005—2016 年中国 A 股上市公司和新三板公司的OFDI数据进行计量分析,发现在低税负、制度质量较好的东道国,双边税收协定对中国企业OFDI区位选择并未产生显著影响。庄序莹等(2020)以中国170家上市公司为研究对象,通过实证研究发现,税收协定对批发和零售业、制造业企业OFDI区位选址的影响并不显著。

2.2.5.2 税收协定对OFDI规模影响的研究

关于税收协定对OFDI规模的影响,国内外学者从不同角度、不同方面展开研究,形成了以下三种观点。

第一,税收协定对OFDI规模具有正向影响。

国内外学者大多认为,税收协定的签订可以有效促进跨国公司扩大投资。国外学者从多个方面进行了研究。Braun和Fuentes(2014)基于1990—2011年奥地利对104个国家(地区)的投资数据,运用计数模型,实证检验了税收协定对OFDI的影响。研究发现,奥地利对签订税收协定的发展中东道国的OFDI项目明显增加,表明税收协定能够显著促进OFDI增长。Daniels等(2015)基于1982—2007年美国OFDI流量数据,考察了双边税收协定对美国OFDI的影响。研究发现,东道国签订的税收协定总数对美国OFDI总额具有显著的正向影响。Castillo-Murciego和López-Laborda(2019)基于西班牙1993—2013年的OFDI流量数据,运用知识资本模型,实证评估了避免双重税收协定对西班牙OFDI的影响。研究发现,签订税收协定会对西班牙OFDI规模产生显著的促进作用。

国内学者也进行了相关研究,得出税收协定有利于OFDI增长的结论。卢进勇和李秀娥(2013)对避免双重征税协定等5种中国双边及区域投资制度进行了总结。研究指出,与东道国提供的单边优惠政策相比,双边及区域投资制度的可信度更高,可以更有效地降低OFDI企业的税收成本,促进中国企业OFDI的增长。崔晓静(2017)认为,国际税收协定能够有效消除双重征税问题,降低企业税负水平,促进中国企业"走出去"。潘春阳和袁从帅(2018)以"一带一路"沿线64个国家(地区)为样本构建计量模型,对2003—2016年中国OFDI数据进行实证分析。研究发现,税收协定实施后,中国人均OFDI显著增加。这表明,税收协定对中国OFDI规模具有显著的促进作用。肖学旺等(2019)基于2007—2016年"一带一路"沿线57个东道国的面板数据进行实证研究后发现:在中等收入以上的东道国,避免双重征税协定的签订明显促进了中国企业OFDI规模的扩大;税收协定签订越早,中国对东道国的直接投资越多。陈伟光等（2020）以区域全面经济伙伴关系协定（RCEP）国家为研究对象，考察了避免双重征税协定对中国企业OFDI的影响。研究发现，避免双重征税协定显著促进了中国OFDI的增长，这种促进作用在中高收入东道国更大。

第二，税收协定对OFDI规模具有负向影响。

部分学者认为，税收协定对OFDI规模具有不利影响。国外学者Daniels等（2015）基于1982—2007年美国OFDI流量数据，运用固定效应分位数回归模型实证估计了双边税收协定对OFDI的影响。研究发现，双边税收协定对美国OFDI总额具有显著的负向作用，即双边税收协定不利于促进美国OFDI的增长。

第三，税收协定对OFDI规模的影响不显著。

部分国内外学者认为，税收协定对OFDI规模的影响不大。国外有关学者进行了验证。Baker（2014）基于1991—2006年30个OECD国家的OFDI流量数据，采用PSM-DID方法，实证检验了避免双重征税协定对OFDI的影响。研究发现，避免双重征税协定的签订对OECD国家的OFDI规模并未产生显著影响。国内学者进行了相关研究，也得出了类似的结论。肖学旺等（2019）以"一带一路"沿线57个国家（地区）为研究对象，实证估计了避免双重征税协定对中国OFDI的影响。研究发现，在中等收入以下的东道国，税收协定对中国企业OFDI规模并未产生显著影响。

综上所述，国内外学者关于税收协定对OFDI布局影响的研究，并未得出统一的结论。随着经济全球化的发展，税收协定的作用逐渐凸显，成为影响OFDI决策的重要因素。近年来，在全球减税背景下，主要经济体税收协定的变动对OFDI布局的影响越发重要，但现有研究较少结合这一背景，探讨税收协定如何影响中国企业OFDI布局。

2.2.6　税收征管效率对OFDI布局影响的研究

对于税收征管效率如何影响OFDI布局，国内外学者存在许多争议，主要从投资区位、投资规模等方面进行研究。

2.2.6.1　税收征管效率对OFDI区位影响的研究

关于税收征管效率对OFDI区位的影响，学者从不同角度、不同方面进行了研究，形成了以下两种观点。

第一，税收征管效率对OFDI区位的影响显著。多数学者认为，税收征管效率是影响 OFDI 区位选址的重要因素，跨国公司 OFDI 更倾向于流入税收征管效率较高的国家（地区）。国内学者从不同方面进行了验证。刘蓉等（2017）以"一带一路"沿线 65 个国家（地区）为研究对象，分别从税负、征管效率和征管廉洁度三个方面，对税收征管竞争力进行了综合分析。研究表明，东道国税收征管效率越高，税收征管竞争力越强，越有利于吸引中国企业 OFDI。庄序莹等（2020）基于微观企业行为，结合 2012—2017 年中国对 77 个国家直接投资的数据，考察了税收征管效率对中国企业 OFDI 区位决策的影响。实证结果表明，中国企业总体倾向于向税收征管效率较高的国家进行投资，即税收征管效率较高的东道国对中国企业 OFDI 的吸引力更大。不同行业对东道国税收征管效率的敏感程度不同，批发和零售业企业更偏好选择税收征管效率较低的国家进行投资。

第二，税收征管效率对 OFDI 区位的影响不显著。有些学者认为，税收征管效率对 OFDI 区位选择的影响并不明显。国内学者庄序莹等（2020）基于 2012—2017 年中国 170 家上市公司的 OFDI 数据，采用混合回归方法，考察了不同行业对东道国税收环境的敏感度。研究发现，东道国税收征管效率对采矿业和制造业企业的 OFDI 区位选择并没有产生显著的影响。

2.2.6.2 税收征管效率对 OFDI 规模影响的研究

关于税收征管效率对 OFDI 规模的影响，国内外学者从不同角度、不同方面展开研究，形成了以下两种观点。

第一，税收征管效率对 OFDI 规模的影响显著。多数学者认为，东道国较高的税收征管效率可以有效降低 OFDI 企业的行政成本，促进 OFDI 增长。国内学者从不同方面进行了研究。张友棠和杨柳（2018）以"一带一路"沿线 44 个国家（地区）为研究对象，基于 2007—2015 年中国 OFDI 的存量数据，运用差分 GMM 模型，实证研究了税收竞争力对中国 OFDI 的影响。研究发现，税收管理竞争力指标与中国 OFDI 存量显著正相关。这表明，税收征管效率越高，中国对"一带一路"国家（地区）的直接投资越多。邓力平等（2019）运用引力模型对 2009—2017 年中国在"一带一路"国家（地区）的 OFDI 数据进行了计量分析，发现纳税次数与中国 OFDI 规模显著负相关。这表明，东道国的纳税次数越少，税收征管效率越高，越有利于促进中国 OFDI 增长。

第二，税收征管效率对 OFDI 规模的影响不显著。有些学者认为，税收征管效率对 OFDI 规模的影响并不显著。国内学者邓力平等（2019）将"一带一路"沿线国家（地区）划分为低收入和中低收入国家、高收入和中高收入国家两个组别，通过回归分析发现，在低收入和中低收入东道国，税收征管效率对中国 OFDI 规模并未产生显著影响。

综上所述，国内学者从东道国角度对税收征管效率与 OFDI 布局进行了相关研究，目前尚未得出统一的结论。近年来，在 OFDI 决策中，税收征管效率的影响逐渐凸显。在全球减税背景下，主要经济体税收征管效率的变化对 OFDI 布局的影响越发深刻，但现有研究较少考虑这一背景。

2.2.7　其他制度要素对 OFDI 布局影响的研究

除了所得税税率、税收饶让、税收优惠、避免国际双重征税、税收协定、税收征管效率，预提税等因素也会影响 OFDI 布局。关于预提税对 OFDI 布局的影响，目前学术界仍然存在不少分歧，主要从投资区位、投资规模等方面进行研究。

2.2.7.1　预提税对 OFDI 区位影响的研究

关于预提税对 OFDI 区位的影响，学者从不同角度、不同方面展开研究，形成了以下两种观点。

第一，预提税对 OFDI 区位的影响显著。学者大多认为，跨国公司更偏好选择预提税较低的国家（地区）进行 OFDI。比如，国外学者 Dreßler（2012）基于 1996—2008 年德国的 OFDI 数据，实证估计了预提税对 OFDI 的影响。研究表明，跨国公司 OFDI 更倾向于流入预提税较低的国家（地区）。

第二，预提税对 OFDI 区位的影响不显著。部分学者认为，预提税对 OFDI 区位的影响并不显著。国外学者 Barrios 等（2012）选取了 33 个欧洲国家作为研究对象，基于 1999—2003 年跨国公司 OFDI 数据，实证分析了预提税对 OFDI 区位选择的影响。研究结果表明，预提税对跨国公司 OFDI 区位选址并没有产生显著的影响。

2.2.7.2　预提税对 OFDI 规模影响的研究

关于预提税对 OFDI 规模的影响，学者从不同角度、不同方面展开研究，形成了以下两种观点。

第一，预提税对 OFDI 规模的影响显著。多数学者认为，东道国较低的预提税可以减轻跨国公司的税收负担，促进 OFDI 增长。国外学者从多个方面进行了研究。Egger 等（2006）基于 1991—2002 年 26 个 OECD 国家的 OFDI 存量数据，实证估计了所得税对 OFDI 的影响。研究发现，东道国预提税税率降低会导致跨国公司 OFDI 明显增加，这表明预提税税率对 OFDI 规模具有显著的负向影响。Dreßler(2012)基于 1996—2008 年德国的 OFDI 数据进行计量分析，发现东道国预提税税率下降时，企业对外投资额将会增加。这表明，东道国预提税税率的降低显著促进了企业 OFDI 规模的扩大。Weyzig(2013)基于荷兰企业微观数据，实证估计了跨国公司 OFDI 的决定因素。研究表明，东道国较低的股息预提税可以有效吸引跨国公司进入投资，但也会激励企业支付更多股息而减少再投资，导致未来投资减少。Herger 等(2016)基于 1999—2010 年 30 个国家的 OFDI 数据进行计量分析，发现预提税的弹性大约为-0.17。研究表明，东道国税收对跨国公司海外投资具有负向影响，而预提税显著增加了所得税对 OFDI 的负向影响。

第二，预提税对 OFDI 规模的影响不显著。部分学者认为，预提税对 OFDI 规模的影响不大。国外学者从不同方面进行了验证。Hartman(1985)认为，预提税对跨国公司投资决策的影响并不明显。Weichenrieder(1996)也发现，预提税对跨国公司的投资规模没有显著影响。在此基础上，Grubert(1998)进一步研究发现，利息、红利、特许经营权使用费等预提税对投资的激励作用也不大。Grubert 和 Mutti(2020)也得出了相似的结论。

综上所述，国外学者关于预提税对 OFDI 布局影响的研究，得出的结论并不统一，而国内学者的研究较少涉及预提税。近年来，主要经济体预提税的变化对 OFDI 布局的影响越发深刻，而现有研究较少结合全球减税背景探讨预提税如何影响企业 OFDI 布局。

2.3 对现有研究的总结与评述

关于所得税制度与 OFDI 布局，从国内外以往的相关研究来看，学者主要就以下三点达成了共识。

第一，所得税制度要素在企业 OFDI 中发挥着重要作用。近年来，随着经济全球化的不断深化，国际资本流动加快，所得税制度要素的作用逐渐凸显，成为影响企业 OFDI 布局决策的重要因素。在新兴市场国家，所得税制度要素的作用得到充分体现。当前，国内外学者大多意识到了所得税制度要素的重要性，如 Devereux 和 Griffith(1998)、王永钦等(2014)、许真和陈晓飞

(2016)、Baltas 等(2018)、肖学旺等(2019)、庄序莹等(2020)。

第二，所得税制度对 OFDI 的有效性与 OFDI 企业、东道国以及母国的所得税制度等有关。这种有效性会因投资选址、投资行业(Obeng,2014；庄序莹等,2020)、投资方式(Hines,1999)、投资动机(Reuber et al.,1973)等的不同而产生差异。从 OFDI 企业来看，企业规模大小(De Mooij and Ederveen,2003)、所有权性质(余官胜等,2023)、企业发展阶段(Rolfe et al.,1993)等，都会影响所得税制度对 OFDI 的有效性。从东道国方面来看，不同的所得税制度要素，如税率、免税期、税收减免等，对 OFDI 的影响程度不同。从母国方面来看，母国税率变动、是否给予税收饶让、避免双重征税的方法不同等，也会影响企业 OFDI 的效果。

第三，中国境外投资所得税制度有待进一步完善。当前，中国境外投资所得税制度存在诸多不足。比如：税收饶让制度安排滞后、有效性不足(李娜,2016)，饶让条款缺乏合理限制；税收优惠认定条件苛刻(蓝相洁、蒙强,2017)，普惠性和地域性激励措施不足(计金标、应涛,2017)，政策导向性不强(郭鸣,2021)；税收协定覆盖面不够(李俊,2020)、更新不及时(尹淑平、尹超,2018)；税收抵免层级受限、计算复杂(周梅锋、杨昌睿,2021)，政策更新迟缓(孙丽,2018)；国际税收服务不健全，税收征管制度滞后(曾文革、白玉,2017)等。这些不足不利于企业 OFDI 的发展。

总体来说，已有研究成果为本书奠定了较好的理论基础，但仍然存在一定的局限性，主要体现在以下三个方面。

第一，从所得税制度要素上看，已有研究大多探讨了所得税税率、税收饶让、税收优惠等单一所得税制度要素对 OFDI 布局的影响，或者单纯将税率作为所得税制度的替代因素，但较少对这些所得税制度要素进行综合分析。然而，现实中往往是多个所得税制度要素并存，并且这些要素之间会相互影响、相互制约。因此，仅考虑某一要素来分析所得税制度对企业 OFDI 布局的影响，可能使研究结果不够全面、客观。

第二，在全球减税背景下，主要经济体所得税制度的变化对 OFDI 布局的影响较为深刻，但已有研究在对所得税制度影响企业 OFDI 布局的机理进行推理，对所得税减税是否影响、如何影响中国企业 OFDI 布局进行检验时，较少考虑全球减税背景。

第三，从政策建议上看，已有研究大多从各自角度提出解决现存所得税制度问题的建议，较好地分析了如何促进企业 OFDI，但较少结合全球减税背景，全面、系统地提出促进企业OFDI合理布局、健康发展的对策建议。

基于此，本书综合考虑所得税税率、税收饶让、避免双重征税协定、税收征管效率、减税等多个所得税制度要素，构建博弈模型阐释所得税制度对企业OFDI布局的影响机理，并基于宏观、微观两个层面数据，实证研究全球减税背景下所得税制度对中国企业OFDI布局的影响，从国家、税务等政府部门、OFDI企业三个方面提出"三位一体"的对策建议，希望能够为中国企业合理做出OFDI决策提供参考，同时为丰富和发展OFDI理论做出一定贡献。

第3章 所得税制度和中国企业OFDI布局刻画及演进态势

本章在文献述评的基础上,对全球现行所得税制度进行了系统梳理;采用 ArcGIS 软件对全球减税背景下中国企业 OFDI 的布局进行了详细刻画,揭示了中国企业 OFDI 布局的特征;采用 Kernel 密度估计方法,系统分析了全球减税背景下中国企业 OFDI 布局的演进态势,为研究所得税制度对 OFDI 布局的影响机理和实证检验奠定了基础。

3.1 所得税制度梳理

与 OFDI 相关的所得税制度要素主要包括所得税税率、税收饶让、税收优惠、避免双重征税方法、税收协定等。

3.1.1 所得税税率

对于企业所得税法定税率,中国主要投资东道国之间差异较大(见表3-1)。大多数国家(地区)采用比例税率,从 0 到 55% 不等:税率为 0 的国家(地区)包括开曼群岛、百慕大群岛、英属维尔京群岛,税率大于 0 小于 25% 的国家(地区)包括瑞士、巴西、德国、中国香港、新加坡、卢森堡、英国、俄罗斯联邦等,税率为 25% 的国家(地区)包括印度尼西亚、荷兰、孟加拉国等,税率大于 25% 且小于等于 55% 的国家(地区)包括加拿大、法国、南非、澳大利亚、刚果(金)、印度、伊拉克、阿联酋等。有的国家(地区)采用累进税率,如中国澳门、韩国等。总体来看,主要投资东道国的法定所得税税率大多不超过25%，总体税收负担相对不高，有助于吸引中国企业到境外投资。

表 3-1　中国主要投资东道国的企业所得税法定税率（居民企业）

企业所得税税率（居民企业）		国家（地区）
比例税率	0	开曼群岛、百慕大群岛、英属维尔京群岛
	<25%	瑞士（8.5%）、巴西（15%）、德国（15%）、中国香港（8.25%/16.5%）、新加坡（17%）、卢森堡（17%）、英国（19%）、俄罗斯联邦（20%）、柬埔寨（20%）、越南（20%）、哈萨克斯坦（20%）、泰国（20%）、阿联酋（外国银行分支机构，20%）、老挝（20%）、沙特阿拉伯（20%）、美国（21%）、瑞典（21.4%）、日本（23.2%）、马来西亚（24%）、意大利（24%）
	25%	印度尼西亚、荷兰、孟加拉国
	>25%	加拿大（28%）、法国（28%）、南非（28%）、澳大利亚（30%）、刚果（金）（30%）、印度（本国公司30%/外国公司40%）、伊拉克（35%）、阿联酋（石油企业，55%）
累进税率		中国澳门（3%~12%）、韩国（10%~25%）

资料来源：根据德勤中国（http://dits.deloitte.com/#TaxGuides/）网站信息及"走出去"公共服务平台相关内容整理（2019年）。

注：主要投资东道国选取2019年中国OFDI流量或存量前30位的国家（地区）。

3.1.2　税收饶让

根据境外税收抵免规定，东道国税收优惠政策往往很难发挥实质作用，并不能减轻OFDI企业的税收负担。为鼓励和支持企业对外投资，一些国家（地区）通过税收饶让条款，将跨国公司在东道国享受的税收优惠部分视同已缴纳税款，不再按国内税法规定予以补征。因此，税收饶让是指母国承认对东道国的税收抵免，即给予对外投资企业的特殊优惠。

目前，中国企业所得税法尚没有独立的税收饶让相关规定，但在国际税收协定中设置了一些税收饶让条款。从具体形式来看，税收饶让可以分为两大类：一是单方面提供税收饶让，二是双方互相提供税收饶让。截至2019年10月底，中国与新加坡、阿联酋等4国的双边税收协定中规定了单边税收饶让抵免，即单方面给予来源于中国的所得税收饶让，而与马来西亚、泰国、越南、柬埔寨、印度、加拿大等26个国家的双边税收协定中规定了双边税收饶让抵免，见表3-2。

表 3-2　与中国签订的税收协定中有税收饶让规定的国家(地区)

饶让形式	国家(地区)
单边饶让	新加坡、波兰、匈牙利、阿联酋
双边饶让	马来西亚、泰国、斯洛伐克、波黑、保加利亚、巴基斯坦、科威特、塞浦路斯、奥地利、越南、牙买加、塞尔维亚、马其顿、塞舌尔、古巴、尼泊尔、阿曼、突尼斯、摩洛哥、埃塞俄比亚、柬埔寨、安哥拉、印度、日本、加拿大、毛里求斯

资料来源：根据《"走出去"税收指引》(2019 年修订版)、中国签订的避免双重征税协定等资料整理。

对于税收饶让，不同东道国的规定各不相同。美国等国家(地区)不赞同实行税收饶让，认为税收饶让违反了税收中性原则，会导致本国税收收入减少；而日本对税收饶让持积极态度，并在税法中对税收饶让条款做出了明确规定。日本会结合实际在税收协定中灵活使用税收饶让条款，但大多是单方面给予饶让承诺。马来西亚、新加坡等国家会根据实际情况在签订税收协定时，或单方面给予饶让抵免，或规定双方互相给予税收饶让。

3.1.3　税收优惠

为鼓励和支持中国企业"走出去"，中国政府陆续出台了一系列跨境投资税收优惠政策。与此同时，各东道国政府为吸引外国投资，也提供了一系列税收优惠政策。整体来看，所得税优惠政策主要有一般优惠政策、行业优惠政策、地区优惠政策等。从优惠方式来看，具体包括优惠税率、税收减免、加速折旧、投资税收抵免、亏损结转等。

3.1.3.1　优惠税率

优惠税率是指按照低于适用税率的税率临时或永久地对特定企业或项目征税。从形式上看，优惠税率主要表现为直接或间接降低税率，即从标准税率中直接扣除一定百分比，或者在标准税率中列入优惠低税率。

为了推动中国企业"走出去"，提高税收竞争力，中国政府在税率方面给予 OFDI 企业税收优惠。比如，依据《关于高新技术企业境外所得适用税率及税收抵免问题的通知》，对来源于境外的所得，符合规定的高新技术企业可享受 15% 的优惠税率。

为了吸引外国投资，各东道国政府也会为境外投资者提供优惠税率，一般包括两类：一类是针对某些特定行业(如高新技术行业、生物科技行业等)或投资项目提供的优惠税率(5%~20%)；另一类是针对特定地区(如经济特区、口岸经济区、高新技术开发区等)的优惠税率(0~15.5%),见表3-3。

表3-3 中国主要投资东道国优惠税率及具体适用情形

类别	优惠税率	国家(地区)	具体适用情形
特定行业或投资项目	5%~15%	新加坡	高新技术行业
	9%	柬埔寨	外国投资项目
	10%	英国	专利收入或利润
		越南	特别鼓励投资项目(4~15年)
	15%	越南	高科技项目、鼓励投资项目(2~10年)
	20%	马来西亚	生物科技行业(10年)
	13%~20%	加拿大	制造及生产行业(小型企业)
特定地区	0或12%	俄罗斯联邦	远东地区(第1~5年为0,第6~10年为12%)
	2%~15.5%	越南	经济特区
	10%	越南	高新技术开发区、沿海和口岸经济区
		新加坡	国际总部
	15%	新加坡	区域总部
		南非	经济特区

资料来源:根据"走出去"公共服务平台(http://fec.mofcom.gov.cn/article/gbdqzn/index.shtml)《对外投资合作国别(地区)指南》整理。

3.1.3.2 税收减免

作为税收优惠政策的重要方式之一,税收减免主要针对某些特定征税对象给予部分减征或免征全部税款。从减免形式上来看,主要有免税期、减半征收优惠等。

免税期是最常见的一种所得税优惠形式,主要针对某些特定地区或行业的投资。投资企业在免税期内可享受一定比例的所得税免税优惠,免税期过后则按适用税率全额纳税。不同的东道国向境外投资企业提供的免税期不同,从2年到15年不等,见表3-4。

表3-4 中国主要投资东道国免税期及具体适用情形

免税期	国家(地区)	具体适用情形
2年	老挝	三类地区
	越南	艰苦地区
	俄罗斯联邦	优先发展领域项目(外资占比>30%,投资额≥1000万美元)

续表

免税期	国家(地区)	具体适用情形
3年	泰国	机械及机械装备等行业(A4类)
4年	越南	高新技术行业、沿海和口岸经济区、特别艰苦地区
5年	老挝	二类地区
5年	印度	出口加工区、自由贸易区、特殊经济区
5年	泰国	高科技行业(A3类)
3~5年	印度尼西亚	纺织、钢铁、汽车零件等22个行业的新设企业
7年	老挝	一类地区
7年	法国	优先发展地区的新设工商企业
8年	法国	创新型新兴企业(科研开支比重不低于15%)
8年	泰国	设计和研发行业(A1类)、高科技行业(A2类)
3~8年	柬埔寨	外国投资
9年		特别经济区
5~10年	马来西亚	五大经济特区
5~10年	印度尼西亚	天然气、可再生能源、电信设备等5个工业部门(企业投资额>1万亿盾)
10年	马来西亚	信息与通信技术、生物科技行业,符合条件的运营总部等,马中关丹产业园
10年	俄罗斯联邦	远东地区
10年	哈萨克斯坦	纺织业、食品生产、旅游业等优先发展领域
10年	新加坡	出口企业(提供海外项目有关服务)、国际航运企业
15年	新加坡	先锋企业(先进制造业、高端服务业)
15年	印度尼西亚	钢铁工业和炼油厂

资料来源:根据"走出去"公共服务平台(http://fec.mofcom.gov.cn/article/gbdqzn/index.shtml)《对外投资合作国别(地区)指南》整理。

在税收减征方面,不同东道国的具体规定不同,见表3-5。

表3-5 中国主要投资东道国税收减征规定

国家(地区)	适用情形	具体减免规定
新加坡	所得税应税收入≤10万新元	给予75%的税收减免
新加坡	所得税应税收入≤19万新元	给予50%的税收减免
新加坡	新成立的公司	税额减征30万新元(3年)
马来西亚	获得新兴工业地位的企业	按法定收入的70%减征(5年)
英国	从事研发业务的企业	减免研发支出的30%(大型企业)
英国	从事研发业务的企业	减免研发支出的125%(小型企业)

续表

国家(地区)	适用情形	具体减免规定
俄罗斯联邦	优先发展领域项目(外资占比>30%,投资额≥1000万美元)	第3~4年分别减免60%、50%的所得税
越南	符合条件的外国投资企业	减征50%的所得税(第5~13年)
印度	落后地区合资企业	减征25%的所得税(10年)
孟加拉国	基础设施投资	最高可享受10年的税收减免
卢森堡	广播电视制作	最高可享受30%的税收减免
意大利	投资提高建筑能源效率的项目	最高可享受75%的税收减免
印度尼西亚	中、小、微型企业	减征50%的所得税
	边远地区投资项目	最多可获得30%的所得税减免
	经济特区(投资额>0.5万亿盾)	给予5~15年的减税或减征20%~100%
	经济特区(投资额>1万亿盾)	给予10~25年的减税或减征20%~100%
荷兰	节能项目投资	最高可减免41.5%的税额
	环境友好型投资	给予36%的税收减免
	研发活动收入和直接成本	分别给予15%、60%的税收减免
南非	制造业生产性资产投资	给予10%~30%的税收减免,但减免额最多不超过3000万兰特

资料来源:根据"走出去"公共服务平台(http://fec.mofcom.gov.cn/article/gbdqzn/index.shtml)《对外投资合作国别(地区)指南》整理。

3.1.3.3 加速折旧

不同东道国对加速折旧政策的具体规定不同。通常情况下,对于某些特定行业的投资,企业在初期对固定资产计提更多的折旧。比如,荷兰政府在节能环保方面给予税收支持,允许企业对环保创新项目进行加速折旧。依据俄罗斯联邦税法,对于特区内的工业生产型、旅游休闲型企业,可对固定资产进行加速折旧,但折旧率上限不得高于法律规定的2倍。依据意大利税法,对于新购置或新租赁的设备,投资额在150万欧元以下的,可按270%计提折旧,投资额在1000万欧元以下的,可按200%计提折旧,投资额在2000万欧元以下的,可按150%计提折旧。

3.1.3.4 投资税收抵免

投资税收抵免主要针对鼓励性投资行业或项目，允许企业按投资额的一定比例从应纳税额中扣除用于购置固定资产、研究与开发、资本存量等部分的资本支出，但不包括正常折旧和利息扣除。

不同东道国对投资税收抵免的规定也不同，主要体现在研发投资、固定资产投资等方面，具体见表3-6。

表3-6 中国主要投资东道国的投资税收抵免规定

类别	国家(地区)	具体规定
研发投资	新加坡	最多可按150%扣除研发费用
	泰国	允许按研发成本的2倍进行扣除
	俄罗斯联邦	优惠期内可将研发费用作为成本进行扣除(经济特区企业)
	意大利	给予50%的税收抵免(企业内部研发或委托大学、初创企业研发新增费用)
	意大利	给予25%的税收抵免(委托第三方研发)
	加拿大	准予在税前扣除研发费用(高科技研发投资)
	加拿大	最高按研发费用的35%抵扣(工业研发活动)
	加拿大	给予15%的税收抵免(符合条件的外国研发公司或研发部门)
	法国	按研发开支总额的30%进行抵免;若研发开支总额在100万欧元以下,给予35%的税收抵免
固定资产投资	加拿大	准予从应纳税所得额中直接扣除相应比例税款(厂房、机器设备);应纳税额不足以抵扣的,允许7年内继续抵免
其他	美国	给予30%的税收抵免(可再生能源项目,第1年)
	法国	按生产支出的20%进行抵扣(影视和多媒体行业、电视游戏行业)
	马来西亚	按资本支出的100%进行抵扣(清真食品生产企业,5年)
	马来西亚	按资本支出的60%进行抵扣(制造业、农业、旅游业等,5年)
	英国	可享受100%的税收抵扣(高端电视、视频游戏等行业)

资料来源：根据"走出去"公共服务平台(http://fec.mofcom.gov.cn/article/gbdqzn/index.shtml)《对外投资合作国别(地区)指南》整理。

3.1.3.5 亏损结转

与境内亏损类似，境外亏损可以向前结转，也可以向后结转。不同的东道国对亏损结转的规定各不相同。比如：法国对于企业亏损可以无限期向后结转，也可以向前结转；荷兰允许企业亏损向前结转1年，向后结转6年；新加坡税法规定，亏损弥补可无限期向后结转或者向前结转1年；依据印度尼西亚所得税优惠相关规定，企业新设或扩充投资可享受为期5~10年的亏损补偿；美国对所得税制度进行了改革，准予企业亏损向后无限期结转；依据日本税法，对于注册资本不高于10亿日元的企业，亏损可向前结转；沙特阿拉伯税法规定，企业亏损可向后无限期结转，但当年准予抵扣的亏损额不得超过纳税调整后利润的25%。

3.1.4 避免双重征税方法

目前，避免双重征税方法主要有扣除法、减免法、免税法、抵免法。

3.1.4.1 扣除法

在扣除法下，企业向母国汇总申报所得税时，将已在东道国缴纳的所得税税额作为费用支出项目进行扣除。因此，扣除法对消除重复征税的作用很小，故较少被采用。目前，实行扣除法的国家（地区）主要有泰国、西班牙等。另外，美国、英国、加拿大等国家（地区）将扣除法作为一种辅助方法。

3.1.4.2 减免法

在减免法下，母国对本国企业境外所得按低于标准税率的优惠税率征税，而对境内所得按标准税率征税。显然，减免法只是在一定程度上缓解了重复征税问题，但并没有消除。

3.1.4.3 免税法

在免税法下，母国政府仅对本国企业来源于国内的所得征税，而对其境外所得免于征税，即"东道国单征、母国豁免"。显然，免税法彻底消除了因税收管辖权冲突而带来的重复征税问题，有助于鼓励海外投资。然而，免税法放弃了对本国居民企业境外所得的征税权，不利于保护母国税收利益。

从具体形式上看，免税法分为全额免税法和累进免税法两种。这两者的区别主要在于适用税率的确定上。全额免税法仅考虑国内所得额，累进免税法则综合考虑国内外所得额。累进免税法只是消除了居民企业境外所得的重复征税问题，对于非居民企业，这一问题依然存在。从适用范围上看，累进免税法主要在一些采用累进所得税税率的国家实行。全额免税法对母国税收利益损害较大，因而采用该方法的国家并不多。在实际应用中，免税法通常会附加一些条款。比如，澳大利亚规定仅对境外经营所得适用，法国规定只对常设机构所得适用，瑞士规定仅对常设机构和不动产所得适用，新西兰规定仅适用于股息所得。

3.1.4.4 抵免法

在抵免法下，母国政府对企业境外所得征税时，允许其将已在东道国缴纳的税额从本国应纳税额中扣除，即"东道国先征、母国补征"。显然，与扣除法、减免法等相比，抵免法能够较为彻底地消除国际双重征税，有利于促进国际直接投资；同时，又能在一定程度上防止跨国公司逃税、避税，有利于保护母国税收利益。因此，世界大多数国家采用了抵免法。

在实际应用中，抵免法分为直接抵免法和间接抵免法两种。直接抵免法适用于企业总分机构之间的税收抵免，能够消除由税收管辖权冲突导致的重复征税；间接抵免法针对境外股息、红利等权益性投资收益所得，主要适用于母子公司之间的税收抵免，能够消除经济性重复征税。从计算方式上看，抵免法又有全额抵免法和限额抵免法之分。在全额抵免法下，企业可以全额抵扣境外已纳税额，没有限额；在限额抵免法下，母国政府允许企业从应纳税额中扣除已在境外缴纳的税额，但扣除额不得超过按母国税率计算的应纳税额。由此可见，全额抵免法简便易行，但可能造成母国税收利益流失、资本大量外流等问题，因此很少有国家单边采用。相比之下，限额抵免法有利于维护母国的税收利益，故而被大多数国家采用。

当前，中国主要采用抵免法解决国际重复征税问题。《中华人民共和国企业所得税法》等法律法规，允许企业对已在境外缴纳的所得税税额进行税收抵免。其中，抵免限额为按中国税法有关规定计算的所得税税额；对于超出当年抵免的部分，企业可在此后的5个年度内抵补。对于具体抵免方法，中国政府于2009年发布了相关政策文件，允许企业采用分国抵免法计算抵免限额。2017年，中国政府对此做了完善，允许企业根据自身实际情况，或者采用分国抵免法，或者采用综合抵免法进行计算。对于境外取得的股息所得，中国境外所得税抵免政策规定，居民企业直接或间接拥有外国公司的股份达到20%以上（税收协定一般规定为10%），才能实行间接抵免，并且抵免层级由三层扩大为五层。

为避免国际重复征税，目前大多数东道国采用了抵免法。不少国家在国内税法中对直接抵免做出了规定，允许居民企业将在境外已缴纳的税额从当期应纳税额中抵免，并且抵免额不得超过按本国税法计算的应纳税额。对于间接抵免，除老挝、南非、哈萨克斯坦、中国澳门等国家（地区）外，中国与大多数东道国在双边税收协定中做出了规定（见表3-7）。另外，目前刚果（金）、伊拉克、开曼群岛、百慕大群岛等国家（地区）尚未与中国签订双边税收协定，也未涉及间接抵免规定。在持股比例的要求上，美国、加拿大、新加坡、泰国、澳大利亚等国家（地区）规定，居民企业在外国公司拥有支付股息公司的股份必须达到10%以上，而荷兰、俄罗斯联邦、法国等国家（地区）则规定享受抵免的股权比例为20%以上。

表3-7 中国与主要投资东道国的间接抵免规定

间接抵免规定	持股要求	国家（地区）
有	持股10%以上	日本、马来西亚、美国、卢森堡、巴西、韩国、加拿大、印度、阿联酋、越南、瑞典、孟加拉国、新加坡、印度尼西亚、澳大利亚、柬埔寨、泰国、中国香港
	持股20%以上	法国、英国、德国、荷兰、瑞士、西班牙、俄罗斯联邦、意大利
无		老挝、南非、哈萨克斯坦、中国澳门、沙特阿拉伯
未签订协定		开曼群岛、英属维尔京群岛、百慕大群岛、伊拉克、刚果（金）

资料来源：根据国家税务总局网站（http://www.chinatax.gov.cn/n810341/n810770/index.html）相关资料整理。

3.1.5 税收协定

国家间通过签订税收协定，各自在一定范围内限制税收管辖权，以免发生冲突，这是当前消除国际重复征税的通行做法。目前，国际上比较有影响力的税收协定范本有OECD范本和联合国范本。各国结合实际情况，以这两个范本为指导对外缔结税收协定消除重复征税。

截至2020年4月，除伊拉克、刚果（金）、开曼群岛、英属维尔京群岛、百慕大群岛等国家（地区）之外，中国与大多数东道国签订了避免双重征税协定（107个，见表3-8），并且大都生效。从协定签订时间来看，20世纪80年代，中国与日本、美国、泰国等24个国家签订了税收协定；20世纪90年代，中国与瑞士、西班牙、巴西等39个国家签订了税收协定；进入21世纪以来，中国与南非、印度尼西亚、柬埔寨等44个国家签订了税收协定，并对旧的税收协定进行了调整，与新加坡、法国、英国等15个国家重新签订了税收协定。

表 3-8 中国签订的双边税收协定情况

签订时间	协定数量/个	国家(地区)
1980—1989 年	24	日本、美国、法国、英国、德国、马来西亚、新加坡、加拿大、瑞典、泰国、意大利、荷兰、澳大利亚等
1990—1999 年	39	瑞士、西班牙、巴西、阿联酋、卢森堡、韩国、俄罗斯联邦、印度、越南、孟加拉国、老挝等
2000—2009 年	31	南非、哈萨克斯坦、印度尼西亚、沙特阿拉伯、中国澳门、中国香港等
2010 年至今	13	柬埔寨、赞比亚、厄瓜多尔等

资料来源：根据国家税务总局网站(http://www.chinatax.gov.cn/n810341/n810770/index.html)相关资料整理。

3.1.6 其他制度要素

其他制度要素主要是指预提税。预提税主要针对外国企业境外投资所得在利润汇回时征税，具体包括股息预提税、利息预提税、特许权使用费预提税、租金及其他所得。通常情况下，各国按国内税法规定征收预提税，但如果符合特殊条件或签订了税收协定(双边或多边)，则按协定的预提税率进行征收。目前，中国与大多数投资东道国签订了税收协定，并在协定中给予对方预提税率优惠，具体包括股息预提税、利息预提税和特许经营权使用费预提税等，由此降低了预提税税率，在一定程度上减轻了 OFDI 企业的税收负担。

3.1.6.1 股息预提税

对于向境外企业支付的股息预提税，不同东道国的规定存在一定差异。为鼓励跨国公司进行股权投资，很多国家在税收协定中对股息所得规定了较低的税率(见表 3-9)。比如：俄罗斯联邦税法规定，对支付给外国公司的股息，按 15% 的税率缴纳预提税，而中俄税收协定中的股息预提税税率为 5% 或 10%；哈萨克斯坦对股息预提税在国内按 15% 的税率征收，但根据中哈税收协定，股息预提税税率为 10%；印度尼西亚在国内税法中规定的股息预提税税率为 20%，而在与中国签订的税收协定中，股息预提税税率为 10%；老挝国内法规定股息预提税按 10% 的税率征收，而与中国协定的股息预提税税率为 5%；柬埔寨税法规定，对外支付的股息按 14% 的税率征收预提税，而在与中国签订的税收协定中，股息预提税税率为 10%。

有些国家虽然在税收协定中对税率做了规定，但在实际中不征收股息预提税。比如：新加坡与中国协定的股息预提税税率为5%或10%，而新加坡税法规定股息收入免征预提税；马来西亚、印度与中国签订的双边税收协定中的股息预提税税率为10%，但马来西亚、印度在本国税法中规定，对支付给非居民企业的股息免征预提税；阿联酋与中国协定的股息预提税税率为7%，但阿联酋在股息方面未做出规定，不征收预提税。

此外，税收协定中往往会有持股比例要求。比如，中国与法国、新加坡、瑞典、荷兰等国家的双边税收协定规定，中国居民企业直接拥有支付股息公司25%以上资本的，可以按5%的税率征收股息预提税，而对其他情形，则按10%的预提税税率征收。

表3-9 中国与主要投资东道国协定的股息预提税

协定税率	持股要求	国家（地区）
5%	无	老挝、南非、沙特阿拉伯
5%	25%以上	法国、德国、英国、新加坡、瑞典、荷兰、瑞士、西班牙、卢森堡、韩国、俄罗斯联邦（持股金额≥8万欧元）、中国香港、中国澳门、意大利
7%	无	阿联酋
10%	无	日本、美国、马来西亚、印度、越南、孟加拉国、哈萨克斯坦、印度尼西亚、柬埔寨
10%	10%以上	加拿大
10%	25%以下	法国、德国、英国、新加坡、瑞典、荷兰、瑞士、西班牙、卢森堡、韩国、俄罗斯联邦、中国香港、意大利
15%	无	澳大利亚、巴西
15%	10%以下	加拿大
15%	25%以上	泰国
20%	25%以下	泰国

资料来源：根据国家税务总局网站（http://www.chinatax.gov.cn/n810341/n810770/index.html）相关资料整理。

3.1.6.2 利息预提税

根据国际惯例，跨国公司投资国债获得的利息，在汇回母国时需要缴纳预提税。对于利息预提税，各投资东道国在本国税法中的规定各不相同。另外，双边税收协定往往给予了较低的税率（见表3-10）。具体来看，马来西亚、哈萨克斯坦国内法对利息所得征收15%的预提税，而中马、中哈税收协定的利息预提税为10%。根据新加坡税法，利息收入的预提税税率为15%，而中加税收协定规定的利息预提税税率为7%或10%。根据俄罗斯联邦税法，对利息收入按20%的税率征收预提税,而根据中俄协定,利息预提税税率为5%。印度尼西亚、印度国内法规定按20%的税率征收利息预提税,而根据印度尼西亚、印度与中国签订的双边税收协定,利息预提税税率为10%。根据老挝国内法,利息预提税按10%的税率征收,而老挝与中国协定的利息预提税税率为5%。柬埔寨税法规定,对支付给非居民企业的利息收入征收14%的预提税,而与中国协定的利息预提税为10%。

此外,一些国家(地区)虽然与中国协定了利息预提税税率,但放弃对利息收入征税。因此,在海外经营过程中,中国OFDI企业应充分考虑各国相关政策,尽可能减轻税收负担。比如,阿联酋与中国协定的利息预提税税率为7%,但阿联酋不征收利息预提税。

表3-10 中国与主要投资东道国协定的利息预提税

协定税率	国家(地区)
<10%	俄罗斯联邦(5%)、老挝(5%)、中国香港(7%)、阿联酋(7%)、新加坡(银行或金融机构,7%)、中国澳门(银行或金融机构,7%)、意大利(金融机构,8%)
10%	日本、德国、荷兰、意大利、英国、瑞士、澳大利亚、西班牙、法国、卢森堡、瑞典、韩国、印度、越南、马来西亚、孟加拉国、泰国、沙特阿拉伯、南非、美国、哈萨克斯坦、新加坡、印度尼西亚、柬埔寨、加拿大、中国澳门
>10%	巴西(15%)

资料来源:根据国家税务总局网站(http://www.chinatax.gov.cn/n810341/n810770/index.html)相关资料整理。

3.1.6.3 特许权使用费预提税

依照国际惯例,海外子公司支付给母公司的特许权使用费允许在税前扣除,但需要向投资国缴纳预提税。在特许权使用费预提税方面,不同投资国在国内法中做出了不同的规定,并且在与中国签订的双边税收协定中对税率做出了规定(见表3-11)。一般而言,协定税率会低于国内预提税税率。比如:新加坡规定特许权使用费预提税税率为10%,而中国与新加坡协定的税率为6%;俄罗斯联邦税法规定,特许权使用费按20%的税率缴纳预提税,而中俄协定的特许权使用费预提税税率为6%;印度在本国税法中规定,对支付给非居民企业的特许权使用费按25%的税率征收预提税,而与中国协定的特许权使用费预提税税率为10%;印度尼西亚国内法规定的特许权使用费预提税税率为20%,而与中国签订的税收协定规定,特许权使用费预提税税率为10%;根据柬埔寨国内法,特许权使用费预提税税率为14%,而与中国协定的特许权使用费预提税税率为10%。

此外，有些国家虽然与中国协定了特许权使用费预提税税率，但放弃了征税权。比如，根据中国与阿联酋签订的税收协定，特许权使用费按10%的税率征收预提税，而阿联酋税法没有征收预提税的规定。

表3-11　中国与主要投资东道国协定的特许权使用费预提税

协定税率	国家（地区）
<10%	老挝(5%)、意大利(5%)、新加坡(6%)、俄罗斯联邦(6%)、德国(6%)、英国(6%)、荷兰(6%)、卢森堡(6%)、中国香港(7%)、南非(7%)、中国澳门(7%)、瑞士(9%)
10%	美国、日本、加拿大、韩国、法国、越南、孟加拉国、西班牙、哈萨克斯坦、马来西亚、印度尼西亚、澳大利亚、柬埔寨、阿联酋、印度、沙特阿拉伯、瑞典
>10%	泰国(15%)、巴西(15%/25%)、马来西亚(15%)

资料来源：根据国家税务总局网站（http://www.chinatax.gov.cn/n810341/n810770/index.html）相关资料整理。

3.2　中国企业OFDI的布局刻画

本书以进入21世纪以来全球主要经济体的三次减税浪潮为划分依据，采用ArcGIS软件对中国企业OFDI覆盖的国家（地区）进行空间上的统计描述，以刻画全球减税背景下中国企业OFDI的布局特征。

考虑到中国商务部网站自2003年起披露企业OFDI数据，对于所得税政策对中国企业OFDI的影响，本书基于2003—2019年数据进行对比分析。

3.2.1　第一阶段减税浪潮及OFDI布局刻画

21世纪初期，受"9·11"事件影响，以美国为首的资本主义国家经济增长乏力，发展中国家也受到波及，有的国家甚至出现负增长，造成以OFDI为主的国际资本流动呈现下降趋势。据世界银行统计，全球OFDI从2000年初的1.3万亿美元下降到2001年的7600亿美元，下降幅度接近40%。在此背景下，各国为了吸引海外投资，增加资本要素流入，以刺激本国经济增长，纷纷推出减税措施。世界银行统计数据显示，2003—2008年，有47个国家分别下调了企业所得税税率：日本在2005年将其所得税税率由42%下调至40.69%；德国在2004年将其所得税税率从39.58%下调至38.29%；希腊在2004—2006年连续三次下调所得税税率，从35%下降到25%；澳大利亚于2005年将所得税税率由 34% 下调到 25%；中国也在 2007 年将所得税税率由 33% 下调至 25%。从平均税率来看，世界平均税率从 2003 年的 29.42% 降到 2008 年的 25.66%，下降幅度达到 12.78%，减税趋势较为显著。从 OECD 国家来看，平均税率从 2003 年的 30.08% 降到 2008 年的 25.99%，下降趋势与世界平均税率基本持平，如图 3-1 所示。

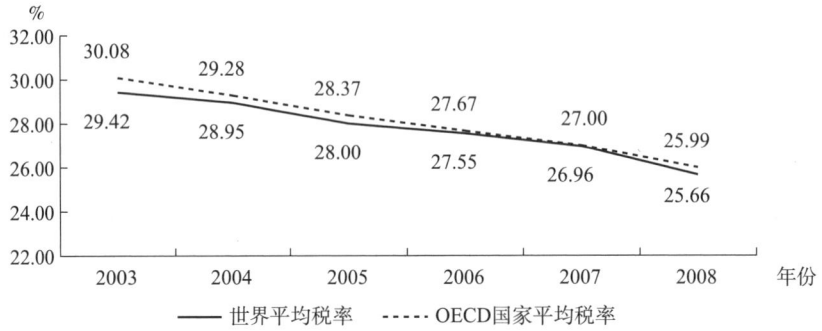

图 3-1　第一阶段减税浪潮企业所得税平均税率

资料来源：世界银行数据库。

经过此阶段减税，全球 OFDI 流量在 2005—2007 年迎来了持续增长，3 年间增长了 156.39%。2008 年，受到美国经济减缓及金融市场动荡的双重影响，全球主要经济体金融流量呈现下跌趋势，OFDI 流量出现短期下滑，如图 3-2 所示。

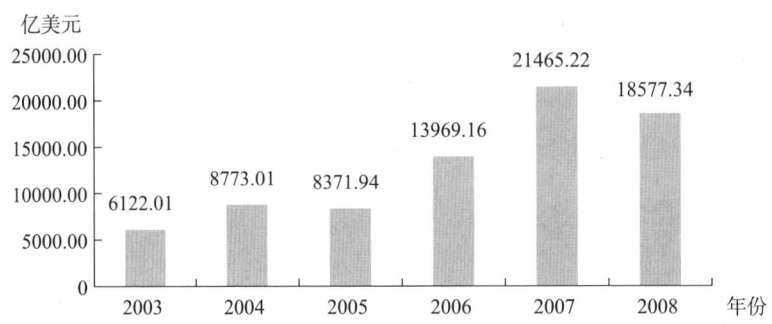

图 3-2　第一阶段减税浪潮全球 OFDI 流量变化

资料来源：世界投资报告（2004—2009）。

从图 3-3 中可以看出，在第一阶段减税浪潮中，中国企业 OFDI 获得了长足的发展，进入了稳步增长阶段。OFDI 流量从 2004 年的 55.3 亿美元增长到 2008 年的 559.1 亿美元，增长了约 9 倍，这标志着中国企业 OFDI 由平稳发展逐步迈入高速增长时期。2007—2008 年，在国际金融危机爆发的情况下，受减税浪潮以及世界主要经济体汇率波动和国外资产价格下跌的影响，中国企业开始了大规模的海外并购。典型的企业并购案例如下：2007 年，雅戈尔出资 1.2 亿美元收购美国 Kellwood 公司 100%股权；2008 年，中联重科以 2.7 亿欧元收购法国安迪苏集团。

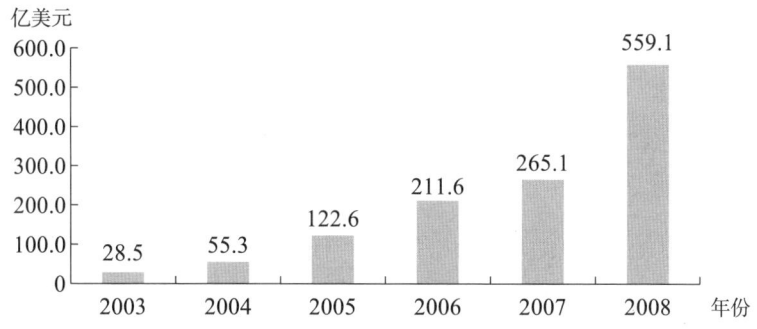

图 3-3　第一阶段减税浪潮中国企业 OFDI 流量变化

资料来源：商务部《中国对外直接投资统计公报》(2003—2008)。

从整体来看，中国企业 OFDI 流量在国家(地区)间的分布并不均衡，低税率或零税率的地区成为 OFDI 流入的热门区域，如中国香港，OFDI 流量平均值达到了 1108344.67 万美元，开曼群岛的 OFDI 流量达到了 320230.17 万美元，澳大利亚的 OFDI 流量为 47662.50 万美元。OFDI 流量超过 1 亿美元的国家(地区)还有南非、新加坡、俄罗斯联邦、美国、巴基斯坦、加拿大、韩国、哈萨克斯坦、尼日利亚、中国澳门、德国、英国、蒙古等。以 2008 年为例，高税负国家(地区)①的 OFDI 流量为 951332 万美元，占当年中国企业 OFDI 流量总额的 17.37%，低税负国家(地区)的 OFDI 流量为 4524797 万美元，占当年中国企业 OFDI 流量总额的 82.63%。从区位布局来看，中国企业在亚洲地区的投资占据主流，为 77.89%，主要分布在中国香港、越南、中国澳门、阿联酋、新加坡等国家(地区)，然后是非洲，占 9.82%，主要在南非、赞比亚、尼日利亚、阿尔及利亚、毛里求斯等国家(地区)，拉丁美洲、大洋洲、欧洲和北美洲分别占 6.58%、3.49%、1.57%和 0.64%，如图 3-4 所示。

---

① 本书将所得税税率高于 25%的国家(地区)视为高税负国家(地区)，所得税税率等于或低于 25%的国家(地区)视为低税负国家(地区)。

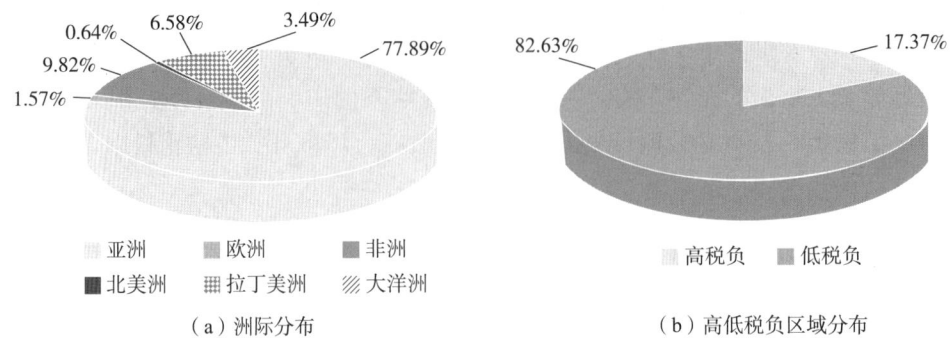

图 3-4 第一阶段减税浪潮中国企业 OFDI 流量分布

资料来源：商务部《中国对外直接投资统计公报》(2008)。

由此可见，在减税浪潮的第一阶段，中国企业 OFDI 进入探索性发展阶段，但 OFDI 流量在国家（地区）间的分布并不均衡，低税率和零税率的地区成为中国企业 OFDI 的热门区域。这说明中国企业 OFDI 在第一阶段减税浪潮中受到税率的影响较大，低税率国家（地区）成为中国企业 OFDI 的主要流向。

3.2.2 第二阶段减税浪潮及 OFDI 布局刻画

第二阶段的减税浪潮集中在 2009—2013 年。2007 年，美国次贷危机爆发，大量金融机构破产，并在 2008 年引发了全球性的金融危机，全球主要金融市场出现资本流动性不足的问题。为了应对金融危机的影响，奥巴马政府在 2010 年、2013 年先后通过两项减税法案，主要涉及企业所得税税率下调、雇员工资税率下调和延长创新及新能源领域的投资税抵免期限等，并配合宽松的货币政策。这些政策实施之后，美国经济得到了一定程度的提升，GDP 增速稳定在 2%~3%，失业率也持续降至 5% 以下。英国在 2011 年将企业所得税税率由 28% 降至 26%，2012 年又将企业所得税税率降至 24%。2013 年，日本将法人税从 30.0% 下调至 25.5%，并将中小企业优惠税率下调为 15%。从平均税率来看，世界平均税率从 2009 年的 25.32% 降到 2013 年的 24.15%。从 OECD 国家来看，平均税率从 2009 年的 25.64% 降到 2013 年的 25.32%，如图 3-5 所示。

在第二阶段减税浪潮中，受国际金融危机的持续影响，2009 年全球 OFDI 流量较上年下滑了 42.66%，在各国实施了包括减税在内的一系列经济刺激政策以后，2010年全球OFDI流量缓慢提升，增长到14675.80亿美元，比2009年增长了25.30%，但增长明显乏力，且在2012年又出现了缓慢下跌的趋势，如图3-6所示。

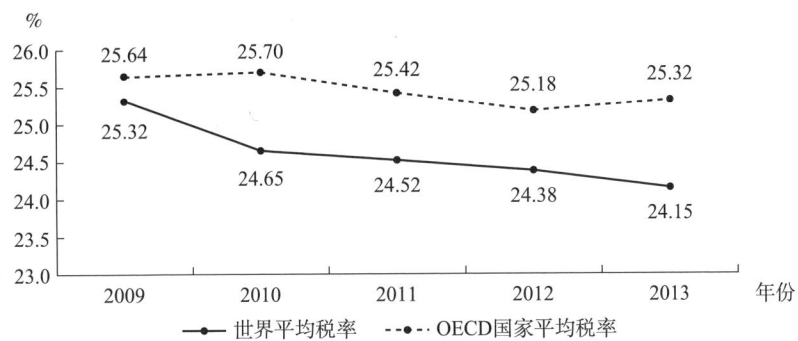

图3-5 第二阶段减税浪潮企业所得税平均税率

资料来源：世界银行数据库。

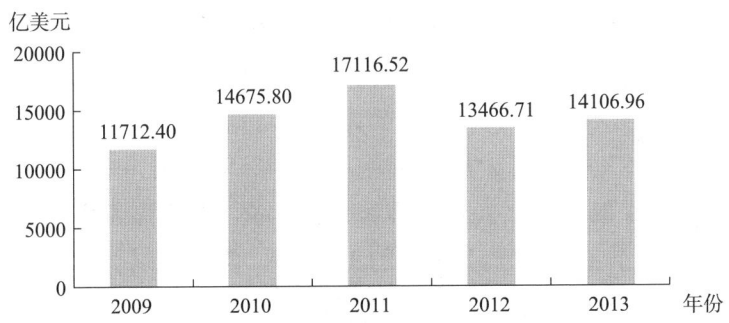

图3-6 第二阶段减税浪潮全球OFDI流量变化

资料来源：世界投资公报（2010—2014）。

在此阶段，中国企业海外投资逆势上扬，迎来了高速发展时期，OFDI流量从2009年的565.3亿美元增长到2013年的1078.4亿美元，5年间增长了近一倍。其中：2012年，中国企业OFDI流量达到878.0亿美元，居全球第三位；2013年，在全球OFDI流量增长0.83%的背景下，中国企业OFDI流量突破千亿美元，中国连续两年位居全球第三大对外投资国，如图3-7所示。

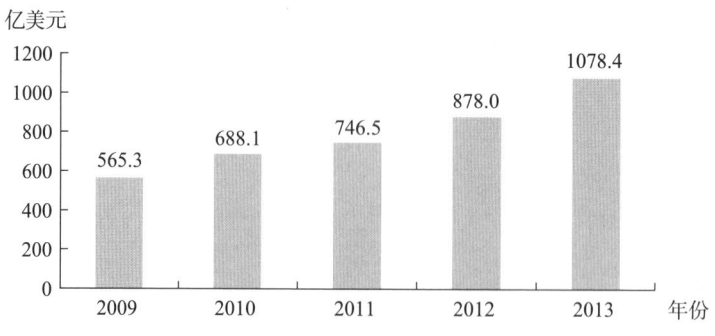

图 3-7　第二阶段减税浪潮中国企业 OFDI 流量变化

资料来源：商务部《中国对外直接投资统计公报》(2009—2013)。

在第二阶段减税浪潮中，得益于政府的扶持政策，中国企业 OFDI 大幅增长，进入高速发展阶段。从中国企业 OFDI 流量来看，1000 万～10000 万美元区域占主流，说明中国企业 OFDI 在此阶段趋于均衡投资，在世界各国的投资布局趋于合理；1 万～1000 万美元区域逐步缩小，说明中国企业海外投资规模在不断提升。截至 2013 年底，中国 OFDI 分布在全球 184 个国家(地区)，较上年增加 5 个。其中，中海油以 148 亿美元收购加拿大尼克森公司全部股权，是 2013 年之前中国企业海外并购金额之最。从地区税负分布来看，以 2013 年为例，低税负国家(地区)的 OFDI 流量为 8972556 万美元，占当年中国企业 OFDI 流量总额的 83.64%；高税负国家(地区)的 OFDI 流量为 1755202 万美元，占当年中国企业 OFDI 流量总额的 16.36%。除了中国香港、开曼群岛和英属维尔京群岛这几个避税地之外，澳大利亚、美国、新加坡、英国等地成为中国企业 OFDI 的主要聚集地。根据商务部《中国对外直接投资统计公报》(2013)数据，从区位布局来看，中国企业在亚洲地区的投资仍然占据主流，同比增长 16.7%，占当年 OFDI 流量总额的 70.1%，主要分布在中国香港、新加坡、印度尼西亚、哈萨克斯坦、泰国等国家(地区)；然后是拉丁美洲，占当年度 OFDI 流量总额的 13.3%，实现了 132.7% 的高速增长，主要流向开曼群岛、英属维尔京群岛、厄瓜多尔、委内瑞拉、巴西等低税负国家(地区)。其中，对"零税率"地区开曼群岛和英属维尔京群岛的投资为 124.75 亿美元，占拉丁美洲投资总额的 86.9%。中国对欧洲的投资为 59.5 亿美元，同比下降 15.4%，占 OFDI 总额的 5.50%；中国对非洲、北美洲和大洋洲的投资分别占 3.20%、4.50% 和 3.40%，如图 3-8 所示。

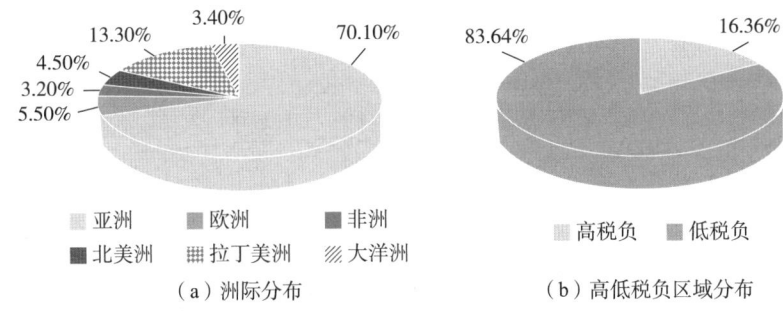

图 3-8　第二阶段减税浪潮中国企业 OFDI 流量分布

资料来源：商务部《中国对外直接投资统计公报》(2013)。

从第二阶段的分析来看，在减税浪潮和所得税制度改革的推动下，中国企业 OFDI 进入快速增长阶段，中国企业在低税负国家的 OFDI 流量显著增加，投资规模不断扩大，更加趋于均衡投资，区域分布更加合理，且在全球减税的政策效应下，中国企业大幅增加了对避税地的投资。这充分说明，在第二阶段减税浪潮中，所得税制度改革促进了中国企业 OFDI 的快速发展，而低税率国家（地区）仍然是中国主要的投资目的地。

3.2.3　第三阶段减税浪潮及 OFDI 布局刻画

第三阶段的减税浪潮本质上是第二阶段金融危机影响下世界各国减税政策的延伸，主要集中在 2014—2019 年。2008 年金融危机以后，全球经济复苏缓慢，欧美国家失业率居高不下，新型市场和发展中国家增速回落，国际金融市场波动明显，宏观调控局势复杂，全球经济面临下行压力。在此局势下，许多国家为了吸引资本流入，再次推出减税措施，开始了新一阶段的减税浪潮。例如：西班牙自 2015 年开始逐年下调所得税税率，从 30% 减至 25%；英国将其税率从 21% 降至 19%；日本连续四年下调所得税税率，从 2013 年的 38.01% 降至 2016 年的 30.86%；备受瞩目的特朗普政府于 2017 年底通过了减税法案，将美国的企业所得税税率从 35% 降至 20%，同时降低了美国企业的海外利润汇回税。从世界平均税率来看，从 2014 年的 23.85% 降到 2016 年的 23.58%，在 2017 年、2018 年又有小幅度的提升，但这并未改变世界平均税率逐步下降的趋势；从 OECD 国家来看，36 个国家的平均税率从 2014 年的 24.98% 降到 2019 年的 23.20%，下降幅度为 7.13%，主导了全球范围内企业所得税的减税步伐，如图 3-9 所示。

图 3-9　第三阶段减税浪潮企业所得税平均税率

资料来源：世界银行数据库。

本阶段减税政策使全球 OFDI 流量在 2015 年提升了 24.96%，达到 17080.88 亿美元。但是，由于全球经济宏观形势的影响和投资收益率的下降，OFDI 流量在税收政策的激励下得到短暂提升之后，在 2017 年和 2018 年仍然处于下降趋势，2019 年虽然有小幅度的提升，但整体下降趋势并未扭转。第三阶段的减税政策并未改变世界经济持续低迷的局势，同时，由于单边主义和保护主义的盛行，各国贸易壁垒不断增加，许多国家（地区）加大了对海外投资的审查力度，导致 2017 年以后世界 OFDI 流量持续低迷，如图 3-10 所示。

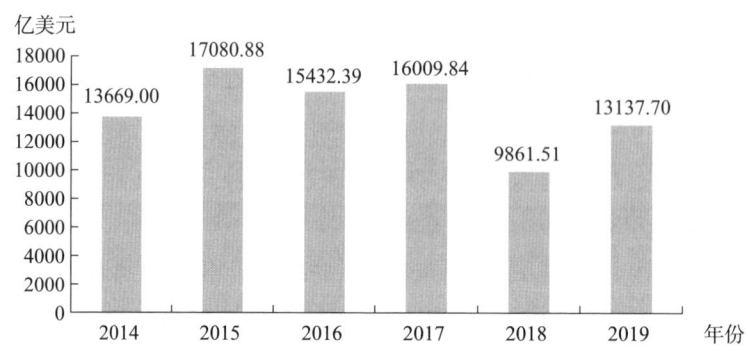

图 3-10　第三阶段减税浪潮全球 OFDI 流量变化

资料来源：世界投资报告（2015—2020）。

在第三阶段，中国企业的 OFDI 呈现出先升后降的趋势。一方面，受到国内政策的影响，2017 年，房地产、娱乐等行业在开展跨国投资方面受到限制；另一方面，受到全球宏观经济疲软和海外投资收益率下降的影响，2018 年，在世界经济增长动力不足、货物贸易增速放缓、全球 OFDI 流量持续萎缩的背景下,中国企业 OFDI 流量达到 1430.37 亿美元(如图 3-11 所示),占全球流量总额的 14.1%,投资流量位居全球第二,投资存量全球占比进一步提高。与高速发展阶段相比,这一阶段中国企业 OFDI 更加注重投资效率和产业结构重塑,进一步优化了投资结构,投资质量不断提升。值得注意的是,中国"一带一路"倡议的提出,使中国企业对"一带一路"沿线国家(地区)的 OFDI 流量大幅提升。2017 年,中国对"一带一路"沿线国家(地区)的 OFDI 流量为 201.7 亿美元,同比增长 31.5%,占 OFDI 总流量的 12.7%。2019 年,中国对"一带一路"沿线国家(地区)的 OFDI 流量为 186.9 亿美元,比 2018 年增长了 4.5%。

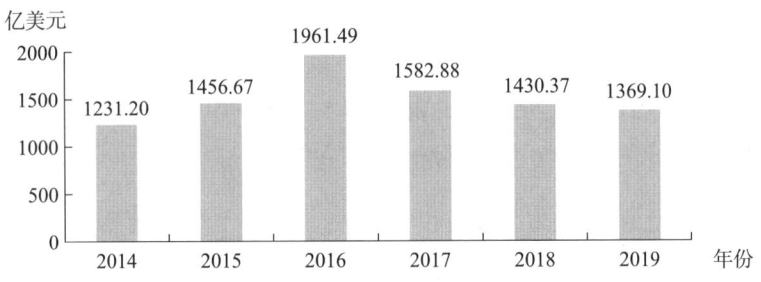

图 3-11　第三阶段减税浪潮中国企业 OFDI 流量变化

资料来源:商务部《中国对外直接投资统计公报》(2014—2019)。

从第三阶段的 OFDI 分布来看,有 13 个国家(地区)的 OFDI 流量超过 100000 万美元,有 51 个国家(地区)的 OFDI 流量为 10000 万~100000 万美元,有 50 个国家(地区)的 OFDI 流量为 1000 万~10000 万美元,这说明中国企业 OFDI 在第三阶段的减税浪潮中,不仅规模扩大了,分布也更加均衡,更加追求高质量发展。

从地区税负分布来看,以 2018 年为例,高税负国家(地区)的 OFDI 流量为 1309226 万美元,占当年中国企业 OFDI 流量总额的 8.43%,流入低税负国家(地区)的 OFDI 流量为 12988051 万美元,占当年中国企业 OFDI 流量总额的 91.57%,呈现出更加集中化的流向低税负区域的特征。从区位布局来看,中国企业在亚洲地区的投资出现小幅度下滑,但仍占据主流,占当年 OFDI 流量总额的 73.76%,主要分布在中国香港、印度尼西亚、中国澳门、马来西亚、韩国等国家(地区);然后是拉丁美洲,占当年 OFDI 流量总额的 10.21%,主要避税地如开曼群岛、英属维尔京群岛、巴西、墨西哥等国家(地区)是拉丁美洲地区投资的主要区域。中国对北美洲的投资有部分增长,主要增加了对美国的投资，占 OFDI 总额的 6.10%，对欧洲、非洲和大洋洲的投资占比分别为 4.61%、3.77% 和 1.55%，如图 3-12 所示。值得注意的是，受国家宏观政策影响，2013—2019 年，流向"一带一路"沿线国家（地区）的 OFDI 规模显著扩大，累计达到 1173.1 亿美元。

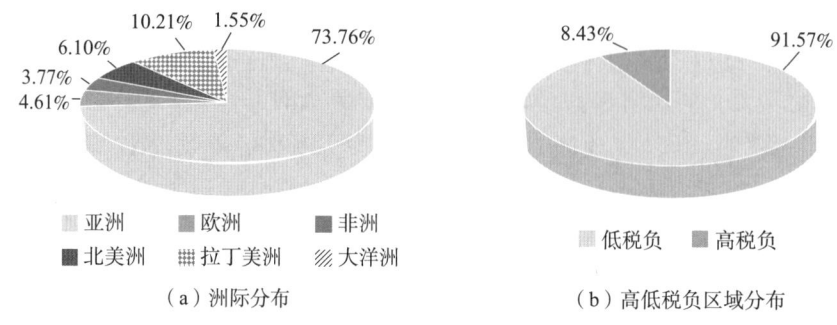

（a）洲际分布　　　　　　　　（b）高低税负区域分布

图 3-12　第三阶段减税浪潮中国企业 OFDI 流量分布

资料来源：商务部《中国对外直接投资统计公报》(2018)。

从第三阶段的分析来看，减税浪潮使资本自由化程度提高，中国企业 OFDI 规模进一步拓展，分布也更加均衡，且更加追求高质量发展，这说明中国企业 OFDI 进入了调整转型阶段。低税负国家（地区）的投资仍然占据中国企业 OFDI 的主流，说明所得税制度在中国企业 OFDI 布局中仍然发挥着重要作用。

综上所述，在全球减税背景下，所得税制度深刻影响着中国企业 OFDI 的区位布局和规模布局。在第一阶段的发展过程中，中国企业 OFDI 受到税率的影响较为深刻，低税率国家（地区）为中国企业 OFDI 的主要流向。从第二阶段的分析来看，中国企业流入低税负国家的 OFDI 显著增加，在全球减税的政策效应下，中国企业大幅增加了对避税地的投资。从第三阶段的分析来看，减税浪潮使资本自由化程度提高，低税负地区的投资仍然占据中国企业 OFDI 的主流。在第三阶段的减税浪潮中，世界平均税率从 2003 年的 29.42% 降到 2019 年的 23.80%，下降幅度为 19.10%，这加剧了全球资本的流动，也促进了中国企业 OFDI 的发展。在全球减税浪潮下，中国企业 OFDI 流量从 2003 年的 28.5 亿美元增长到 2019 年的 1369.1 亿美元，增长了约 47 倍，即使在近年来世界投资萎缩的情况下，仍然展现出了巨大的活力，说明全球减税对中国企业 OFDI 具有显著的促进作用。这充分说明，全球减税浪潮推动了世界各国所得税制度的改革，也促进了中国企业 OFDI 的发展。可以说，世界各国所得税制度的改革史，也是一部中国企业 OFDI 的发展史。

在全球减税背景下，东道国之间税率的差异不仅影响企业的投资区位，对企业投资规模也产生了较大影响。在资本流动性增强、贸易成本降低的情况下，东道国的最优税率下降，导致区域性的税收竞争。税率虽然是重要的影响因素，但东道国的减税竞争往往发生在地理位置和市场规模相近的国家。例如，在 OECD 国家的减税竞争中，当一个国家（地区）采取减税措施，打破了区域税收制度的平衡时，其他国家（地区）不得不随同减税，导致 OECD 国家税率普遍下降，因此，当其他关键投资决定因素大致相同时，东道国的所得税制度对投资布局的选择更加重要。

3.3 中国企业 OFDI 布局的演进态势

全球减税浪潮使全球资本要素的流动加剧，并深刻影响着中国企业 OFDI 的布局，那么，在全球减税背景下，中国企业 OFDI 布局的演变趋势是什么？如何预测其未来走势？本书运用 Kernel 密度估计方法，进一步揭示全球减税背景下中国企业 OFDI 布局的演进态势。

Kernel 密度估计又称"核密度估计"，最早由 Rosenblatt(1955)提出，是概率论中用来估计密度函数的一种非参数估计法，主要原理是根据样本数据推断总体分布。参数估计法通常对模型设定较强的假定条件，当样本总体并非服从正态分布时，可能导致统计推断存在较大的误差，而非参数估计可以较好地解决这一问题。因此，本书采用核密度估计方法来分析中国企业 OFDI 布局的演进态势。核密度估计函数表示为

$$\widehat{f}(x_0) = \frac{1}{nh}\sum_{i=1}^{n} K[(x_i - x_0)/h] \tag{3-1}$$

其中，x_0 为随机变量，x_i 为数据点，$K(x)$ 为核函数，h 为带宽，n 为样本量，f 为核密度估计量。

3.3.1 中国企业 OFDI 布局的整体演进态势

在国家政策的支持下，2008 年以来，中国企业 OFDI 高速增长，投资遍布全球主要经济体。为了分析中国企业 OFDI 布局变化，本书选取 2008—2019 年中国企业 OFDI 流量和存量数据，借助 Stata16 软件，采用核密度估计方法分析全球减税背景下中国企业 OFDI 的整体演进态势，如图 3-13、图 3-14 所

示。在核密度估计过程中,考虑到 OFDI 存量数据过于庞大,为了便于分析,对 OFDI 存量数据进行取对数处理。

从 2008—2013 年的流量数据来看,核密度曲线的峰值呈现出整体右移的趋势,说明在考察期内中国企业 OFDI 流量不断增加。从波峰来看,从原来的陡峭逐渐变得平滑,可见投资规模差异逐步缩小,存在逐渐多极化的趋势。从 2014—2019 年的流量数据来看,与前 6 年相比,曲线变化较小,单峰式分布较为明显,说明投资存在集中化趋势。从峰值来看,2014—2019 年呈现出整体右移的趋势,但 2019 年度的核密度曲线峰值回缩,主要原因是 2017 年中国政府出台了《关于进一步引导和规范境外投资方向的指导意见》,限制了房地产业、娱乐业和体育俱乐部等的海外投资。政策的滞后效应带来了 2019 年投资规模的减少。这说明 OFDI 规模布局与政策变化的趋势一致,也佐证了中国企业 OFDI 受制度影响较为显著。从波峰来看,核密度曲线主峰的高度呈现逐年小幅下降趋势,说明中国企业投向各洲的 OFDI 流量差异正在逐步缩小。从曲线形状来看,2008—2019 年度的核密度曲线都呈现出单峰式分布,说明整体存在集中化趋势。

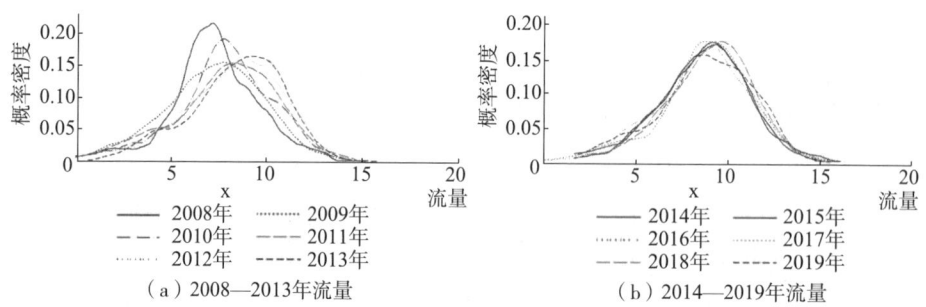

图 3-13　中国企业 OFDI 流量的核密度估计

资料来源:商务部《中国对外直接投资统计公报》(2008—2019)。

与 OFDI 流量数据相比,存量数据更能证明中国企业投向各国的海外投资总量和历年的资本积累,存量数据的变化也更能反映中国企业投向海外资本的聚集和变动趋势,且降低了 OFDI 流量数据的偶发性。我们用中国企业 OFDI 存量数据进行核密度估计。从图 3-14 中可以看出,存量数据的核密度曲线变化趋势较小,从波峰来看,总体仍然呈现右移的趋势,说明投资规模在稳定增加。2008—2013 年的曲线差异较大,说明存量规模存在差异,从波峰来看,投资存量均呈现单峰式分布,说明投资存量集中化趋势明显;而在

2014—2019年度,投资存量数据的核密度曲线高度一致,波峰呈现小幅右移趋势,说明近年来的投资存量稳定性增加。

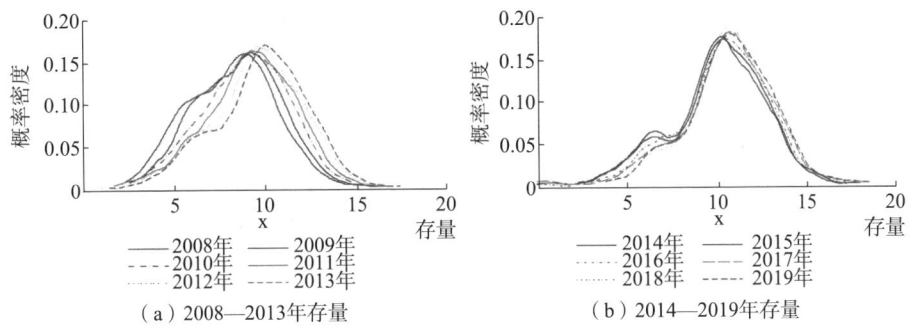

图 3-14　中国企业 OFDI 存量的核密度估计

资料来源:商务部《中国对外直接投资统计公报》(2008—2019)。

基于上述分析,中国企业在世界范围内的 OFDI 布局表现出较为明显的单峰式分布,存在明显的投资集中化趋势。从 OFDI 流量来看,核密度曲线主峰的高度呈现逐年小幅下降趋势,说明中国企业投向各国家(地区)的 OFDI 流量差异在逐步缩小。从 OFDI 存量来看,前 6 年的投资存量规模存在差异,呈现单峰式分布,说明投资存量集中化趋势明显;而在后 6 年,投资存量数据的核密度曲线高度一致,说明近年来的投资存量稳定增加。

3.3.2　中国企业 OFDI 布局在高低税负国家(地区)的演进态势

通过第二章的文献述评可知,税负对企业 OFDI 布局具有重要影响。传统的区位理论关注跨国公司向新市场的扩张,认为利润最大化的企业会选择生产成本最低的地点(Dunning,1973),因此,在其他要素较为一致的情况下,税负高低会影响企业投资成本,这也使其成为影响企业 OFDI 区位和规模选择的重要因素(Hartman,1985;Slemrod,1990;Devereux and Maffini,2006)。因此,东道国税负之间的差异成为一种结构性市场扭曲,应鼓励跨国公司在区域范围内重新确定投资区位(Baker,2014)。本书按照世界银行的划分标准,将东道国分为高税负国家(地区)和低税负国家(地区),并分析中国企业 OFDI 布局在高低税负国家(地区)的演变态势。

3.3.2.1　折线图分析

从 OFDI 流量分析,中国企业 OFDI 流量主要流向低税负国家(地区),如图3-15 所示。2008—2016 年,中国企业对低税负国家(地区)的投资净增加额逐年上升,2016 年达到最大值 1630.1 亿美元,之后逐年下降。中国企业对高税负国家(地区)的 OFDI 流量在 2008—2016 年整体呈现波动上升趋势,于 2016 年达到最大值 330.7 亿美元,之后出现下降,2019 年略有回升。

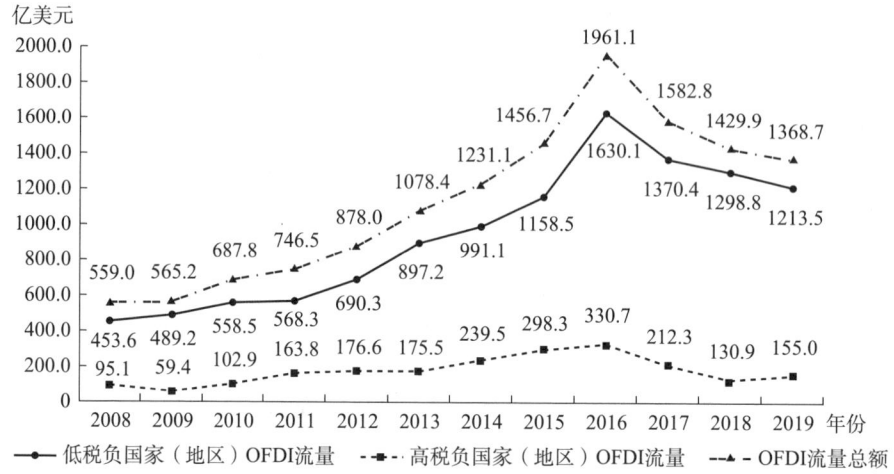

图 3-15　中国企业 OFDI 流量在高低税负国家(地区)的变化

资料来源:商务部《中国对外直接投资统计公报》(2008—2019)。

从 OFDI 存量分析,由图 3-16 可知,中国企业的 OFDI 存量主要分布在低税负国家(地区),且在 2008—2019 年持续上升,由 1583.67 亿美元上升至 20198.82 亿美元,年均增长率为 26%。中国企业对高税负国家(地区)的 OFDI 存量在 2008—2019 年整体呈现波动上升趋势,由 214.88 亿美元上升至 1782.92 亿美元,其中,2017 年达到最大值。

3.3.2.2　核密度曲线分析

根据核密度曲线(见图 3-17),进一步分析中国企业 OFDI 布局的演变态势。

我们从低税负国家(地区)的曲线中可以看出,2008—2013 年,中国企业在低税负国家(地区)的投资布局变化较大,前 3 年的波峰较为平缓,说明投资规模总体差异不大,从 2011 年开始,波峰变得陡峭,说明规模差距在拉大,呈现出明显的单极化趋势,这与中国企业大幅度增加了在中国香港、开曼群岛、英属维尔京群岛等避税地的投资有关;从波峰变化来看,存在较为明显的右移趋势,说明中国企业在低税负国家(地区)的投资规模不断扩大。2014—2019 年,中国企业在低税负国家(地区)的投资呈现出较为明显的单峰式分布,说明存在投资高度集中化趋势;各年曲线形状较为一致,说明投资布局变化不大。

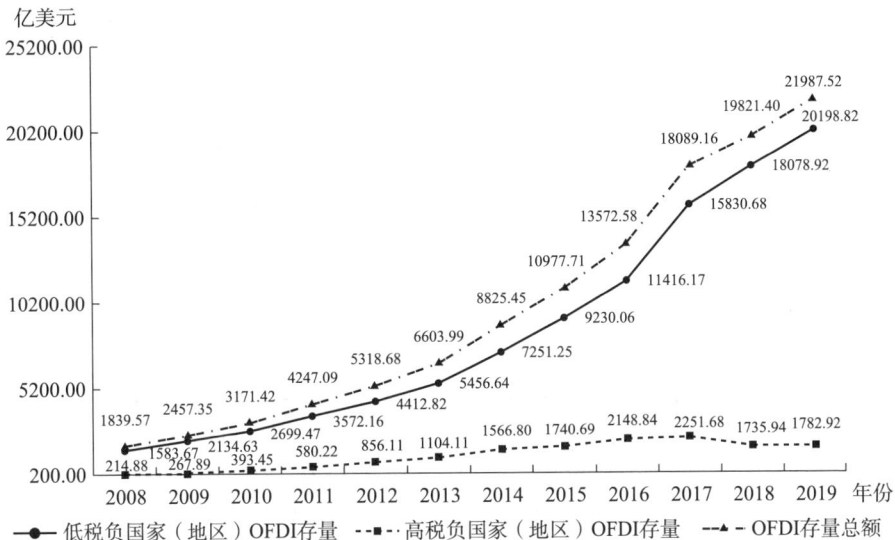

图 3-16 中国企业 OFDI 存量在高低税负国家(地区)的变化

资料来源:商务部《中国对外直接投资统计公报》(2008—2019)。

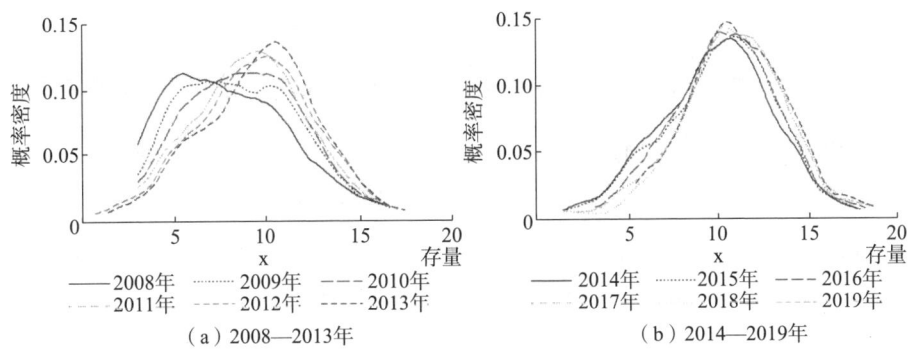

图 3-17 中国企业 OFDI 存量在低税负国家(地区)的核密度估计

资料来源:商务部《中国对外直接投资统计公报》(2008—2019)。

从高税负国家(地区)的曲线(见图 3-18)来看,2008—2013 年波峰不断右移,说明投资规模不断增加。与低税负国家(地区)相比,高税负国家(地区)的核密度曲线变动较小,说明中国企业在高税负国家(地区)的投资变化差异较小。后 6 年的曲线变化呈现出高度的一致性,但波峰较为平缓,说明投资区域较为分散，且存在一定的波动性。可见，近年来随着中国企业 OFDI 规模的不断增加，与同时期的低税负国家（地区）相比，高税负国家（地区）的投资规模集中度不够显著。

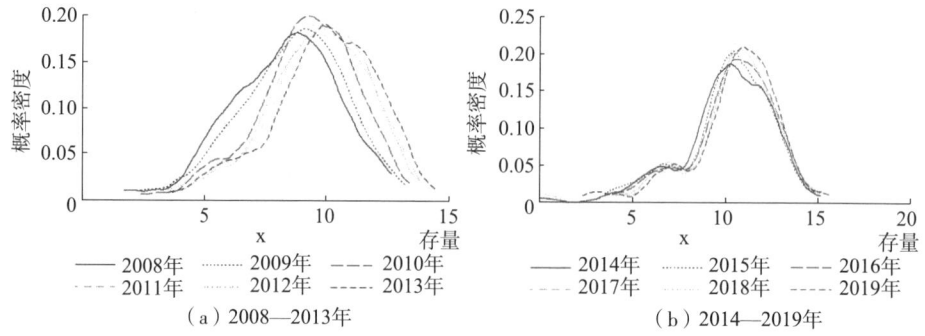

图 3-18 中国企业 OFDI 存量在高税负国家（地区）的核密度估计

资料来源：商务部《中国对外直接投资统计公报》（2008—2019）。

综上所述，在全球减税背景下，中国企业在低税负国家（地区）的投资规模不断增加，且由多峰式演变为明显的单峰式分布，说明存在投资规模高度集中的发展趋势，低税负国家（地区）成为中国企业 OFDI 的集中地；中国企业在高税负国家（地区）的投资变化差异较小，且投资区域较为分散。上述分析再次印证了税负差异是影响中国企业 OFDI 布局的重要因素。

3.3.3 中国企业 OFDI 布局在高低收入国家（地区）的演进态势

实践表明，东道国收入水平会影响企业的 OFDI 布局。例如，Yao 等（2017）认为，高收入东道国的技术水平对中国企业 OFDI 选址具有重要影响。本书对中国企业 OFDI 在高低收入国家（地区）布局变化的分析，有助于我们深入了解中国企业 OFDI 在区位布局和规模布局方面的演变。

本书在世界银行对高低收入国家（地区）的划分标准[①]的基础上，将高收入和中等偏上收入国家（地区）统一为高收入国家（地区），将中等偏下收入和低收入国家（地区）统一为低收入国家（地区），基于 2008—2019 年中国企业 OFDI 的流量和存量数据进行分析。

---

① 世界银行 2020 年按照人均国民总收入（GNI per capita）的数额，将全部国家（地区）划分为四个收入组别：人均国民收入低于 1036 美元的，为低收入国家；人均国民收入为 1036~4045 美元的，为中等收入国家；人均国民收入为 4046~12535 美元的，为中等偏上收入国家；人均国民收入高于 12535 美元的，为高收入国家。

3.3.3.1 折线图分析

从 OFDI 流量分析,由图 3-19 可见,2008—2019 年,中国企业在高收入国家(地区)的 OFDI 流量占绝大部分。从变动趋势来看,流向高收入国家(地区)的投资净额与全部 OFDI 流量变动趋势一致,2008—2016 年逐年上升,在 2016 年到达最高峰,2017—2019 年逐年下降。中国企业对低收入国家(地区)的 OFDI 流量在 2008—2014 年逐年上升,在 2015—2019 年出现波动,在 2017 年达到最高峰(102.2 亿美元)。

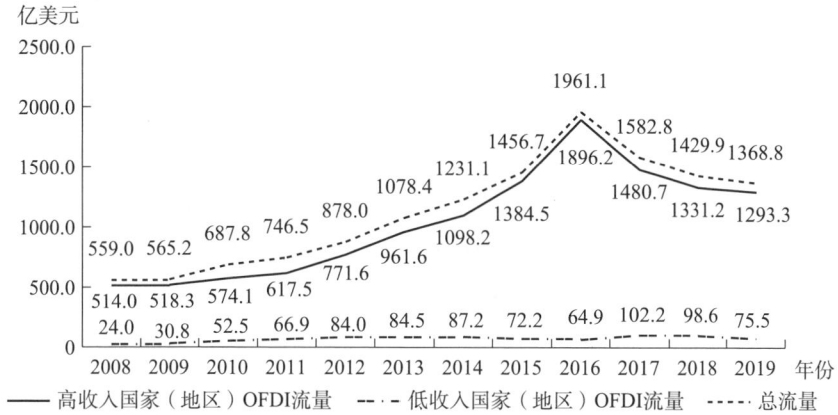

图 3-19　中国企业 OFDI 流量在高低收入国家(地区)的变化

资料来源:商务部《中国对外直接投资统计公报》(2008—2019),世界银行数据库。

从 OFDI 存量分析,由图 3-20、图 3-21 可见,2008—2019 年中国企业 OFDI 存量持续增长。其中:对高收入国家(地区)的 OFDI 存量占比持续保持在 92% 以上,尤其是 2014 年以后,整体保持上升趋势;对高收入国家(地区) OFDI 存量的绝对数在 2008 年为 1627.9 亿美元,这一数据在 2019 年增长到 21120.1 亿美元,增长速度较快。

3.3.3.2 核密度曲线分析

根据核密度曲线,本书进一步分析了中国企业 OFDI 布局在高低收入国家(地区)的演变态势。从 2008—2013 年高收入国家(地区)的曲线(见图 3-22)来看,前 3 年波峰比较平缓,可见集中化趋势不明显,投资布局差异较大,后 3 年变得陡峭,单峰式特征明显,这表明在发展过程中,对高收入国家(地区)的投资呈现出集中化的趋势;从波峰变化来看,存在明显右移的趋势,说明投资规模逐步扩大。从 2014—2019 年的数据来看,相比前 6 年,后 6 年的曲线较为陡峭，变化趋于一致，都为单峰式分布，可见集中化投资趋势更明显，且波峰不存在明显的右移，这说明近年来在高收入国家（地区）的投资变化较小。

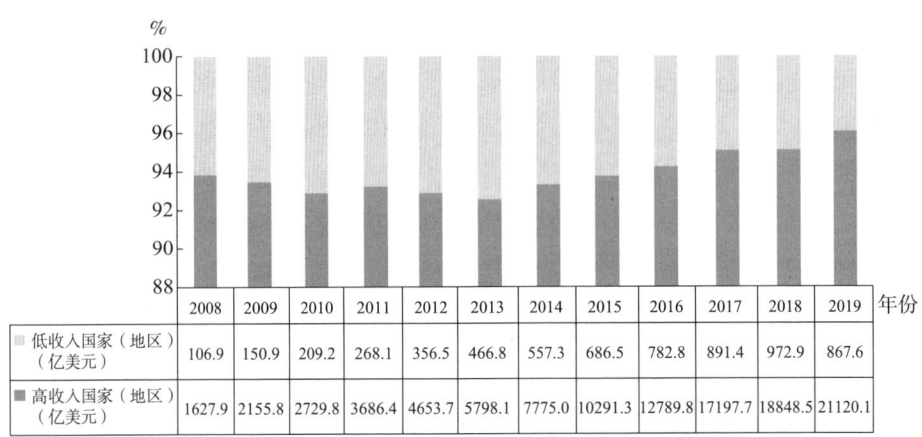

图3-20 中国企业OFDI存量在高低收入国家（地区）占比

资料来源：商务部《中国对外直接投资统计公报》(2008—2019)，世界银行数据库。

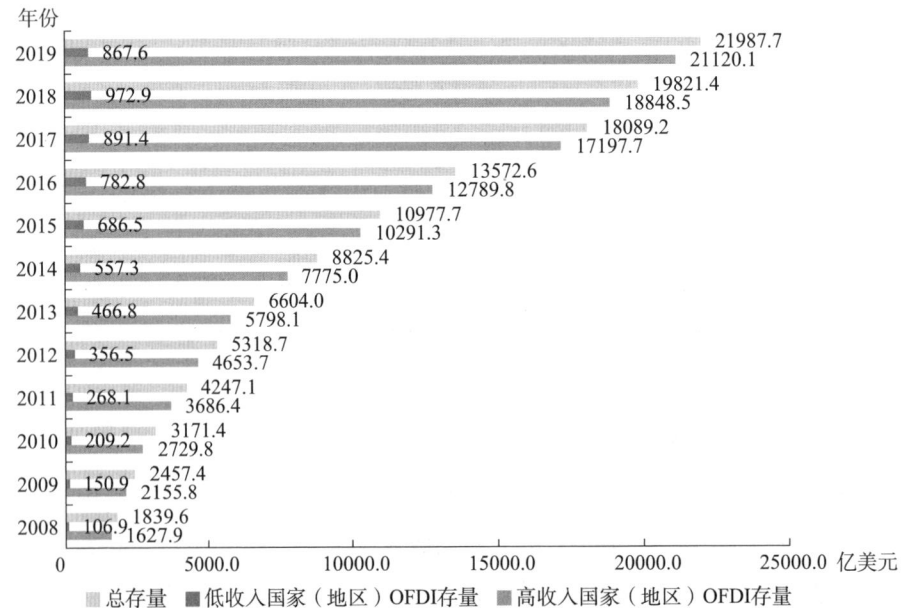

图3-21 中国企业OFDI存量在高低收入国家（地区）的变化

资料来源：商务部《中国对外直接投资统计公报》(2008—2019)，世界银行数据库。

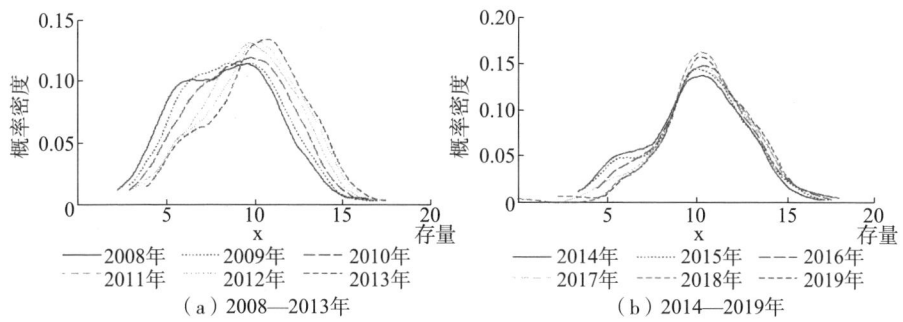

图 3-22 中国企业 OFDI 存量在高收入国家（地区）的核密度估计

资料来源：商务部《中国对外直接投资统计公报》（2008—2019），世界银行数据库。

从 2008—2013 年低收入国家（地区）的曲线（见图 3-23）来看，与高收入国家（地区）相比，曲线单峰式分布特征明显，说明投资差异化程度较大；波峰明显右移，说明投资规模在不断扩大。2014—2019 年的低收入曲线差异化程度较小，曲线前端较为平缓，说明存在大量投资规模较小的区域，波峰陡峭，说明大部分投资集中在主要的投资东道国，多极化趋势不明显，而波峰明显右移，说明投资规模显著增加。

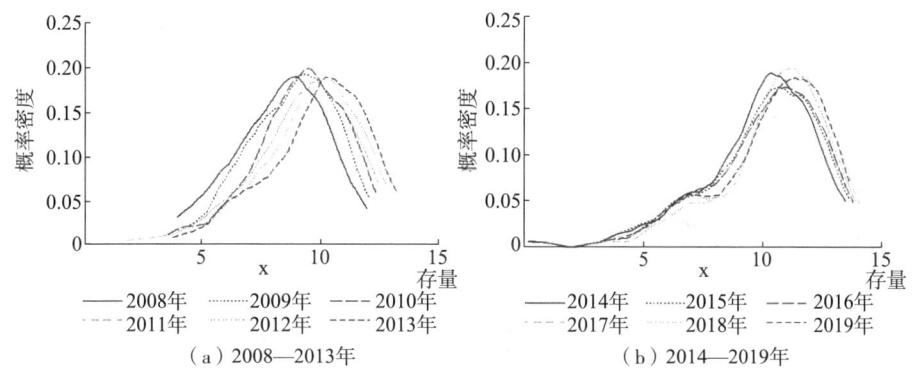

图 3-23 中国企业 OFDI 存量在低收入国家（地区）的核密度估计

资料来源：商务部《中国对外直接投资统计公报》（2008—2019），世界银行数据库。

总体来看，中国企业在高收入国家（地区）的投资由多峰式变动到单峰式，表现出日益集中化的趋势，而在低收入国家（地区）一直表现为单峰式，但投资规模的扩大程度大于高收入国家（地区）。近年来，受到中美贸易摩擦和国际税收政策不稳定等因素影响，以及对"一带一路"沿线国家（地区）产业转移和价值链升级的需要，中国企业对低收入国家（地区）的投资规模将进一步扩大。

3.3.4 中国企业 OFDI 布局在"一带一路"国家（地区）的演进态势

自"一带一路"倡议提出以来，中国企业不断增加在"一带一路"沿线国家（地区）的投资，国家政策在其中发挥了重要作用。李俊久和蔡婉琳（2018）认为，"一带一路"倡议下的 OFDI 不仅促进了中国产业结构升级，还有助于中国企业在全球价值链中地位的提升。张述存（2017）认为，中国企业通过对"一带一路"沿线国家（地区）投资，不断改变 OFDI 增量的空间流向，实现了中国企业 OFDI 在世界范围内的再布局。祝继高等（2019）认为，在"一带一路"倡议下，中国企业有机会通过 OFDI 更深入地参与全球价值链。

根据中国对外直接投资公报数据，中国企业 OFDI 已经流入全球 80% 以上的国家（地区），涉及"一带一路"沿线国家（地区）63 个，占比约为 34%。2013—2019 年，中国企业在"一带一路"沿线国家（地区）设立了超过 1 万家境外子公司，累计直接投资达到 1173.1 亿美元。2019 年，在国家限制性政策导致整体投资缩减的情况下，中国企业在"一带一路"国家（地区）实现直接投资 186.9 亿美元，同比增长 4.5%，占同期流量的 13.7%；年末存量 1794.7 亿美元，占存量总额的 8.2%。从区域分布来看，东南亚地区是吸引中国企业 OFDI 最多的区域，其次是南亚、中亚、西亚、北非和蒙俄地区，中东欧地区最少。从国别构成来看，中国企业 OFDI 主要流向新加坡、印度尼西亚、越南、阿联酋、马来西亚等国家。

3.3.4.1 折线图分析

从 OFDI 流量分析，由图 3-24 可见，2013 年中国企业流入"一带一路"国家（地区）的投资净额为 126.3 亿美元，2019 年增至 186.9 亿美元，从整体来看，平均每年增长 8.0%，展现出较为明显的曲折上升趋势，说明中国企业对"一带一路"国家（地区）的 OFDI 增速较快，尤其是 2019 年，在中国企业 OFDI 流量整体下降的情况下，中国企业对"一带一路"沿线国家（地区）的 OFDI 流量仍在波动中上升。

从 OFDI 存量分析，由图 3-25 可见，中国企业对"一带一路"沿线国家（地区）的投资存量在 2013 年为 761.60 亿美元，2019 年增至 1794.70 亿美元，呈现出较为平稳的上升趋势，这与上述分析中投资流量的变动趋势一致，再次验证了中国企业偏好在"一带一路"沿线国家（地区）开展 OFDI。

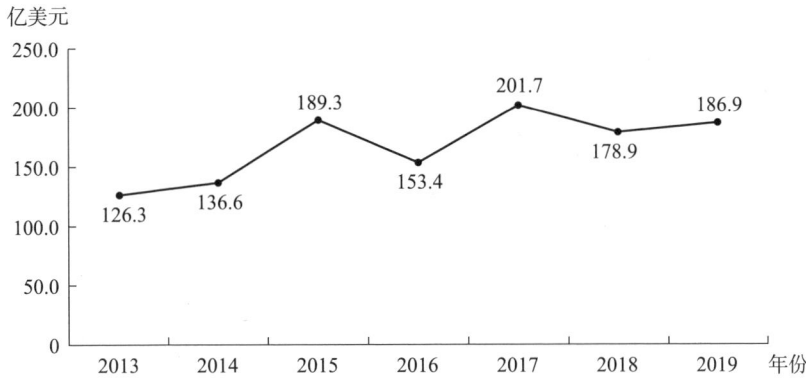

图 3-24　中国企业在"一带一路"国家(地区)的 OFDI 流量变化

资料来源：商务部《中国对外直接投资统计公报》(2013—2019)。

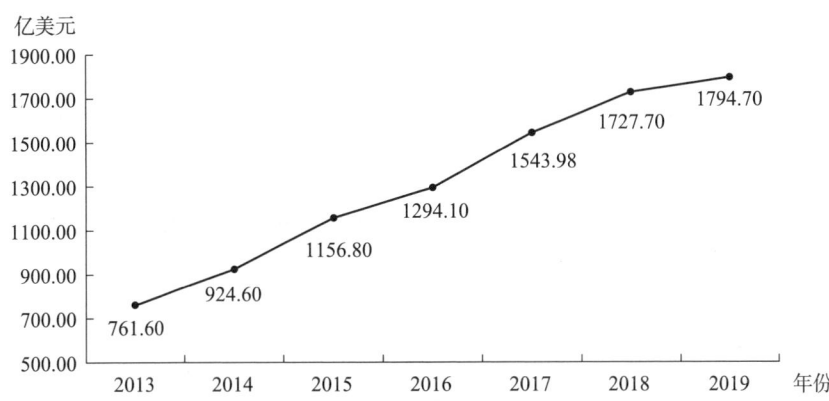

图 3-25　中国企业在"一带一路"国家(地区)的 OFDI 存量变化

资料来源：商务部《中国对外直接投资统计公报》(2013—2019)。

3.3.4.2　核密度曲线分析

本书以 2013—2019 年中国企业对"一带一路"国家(地区)的 OFDI 流量和存量数据[①]为基础，删除异常数据，绘制核密度曲线来分析中国企业对"一带一路"沿线国家(地区) OFDI 的演变态势。

从 OFDI 流量分析中国企业在"一带一路"国家(地区)投资的演变态势(见图 3-26)。从波峰高度来看，2013 年的核密度曲线波峰较为平缓，说明投资区间覆盖范围较广，布局较为分散；2014—2015 年的波峰变得陡峭，说明投

---

① 为了便于分析，本书对 OFDI 流量和存量数据进行取对数处理。

资逐步集中化;2016年的波峰出现短暂的回缩,说明中国企业OFDI流量在"一带一路"各东道国的差异逐步加大。从波峰变化来看,2013—2015年的波峰呈现逐步右移的趋势,说明在"一带一路"国家(地区)的OFDI流量不断增加,2016年出现短暂的左移,但总体增加的趋势并未改变。对比2017—2019年的OFDI流量核密度曲线,与前4年相比,后3年的曲线波动差异较小,波峰逐步右移,说明投资流量不断增加;但2018年、2019年的曲线均呈多峰式分布,说明后3年的投资布局更加分散,存在多极化的演变态势。

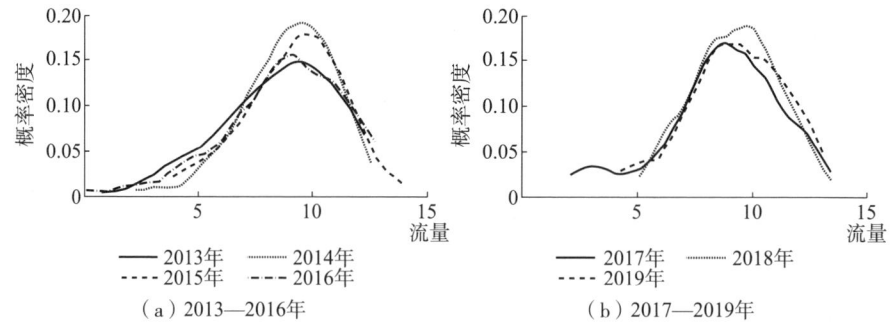

图3-26 中国企业OFDI流量在"一带一路"沿线国家(地区)的核密度估计

资料来源:商务部《中国对外直接投资统计公报》(2013—2019)。

从OFDI存量分析中国企业在"一带一路"国家(地区)投资的演变态势(见图3-27)。从波峰高度来看,2013—2016年,中国企业在"一带一路"沿线国家(地区)OFDI存量的核密度曲线变动不大,说明各年度投资存量变化较小,总体呈单峰式分布,OFDI存量布局呈现整体集中化趋势。从波峰变化来看,出现了典型的右移趋势,且2016年更明显,说明投资存量呈现持续增加的态势。对比来看,2017—2019年的存量数据基本落在同一趋势线范围内,且呈多峰式分布,说明存在多极化演变态势。

总体来看,中国企业在"一带一路"国家(地区)的OFDI存量核密度曲线存在由单峰式向多峰式演变的趋势,说明投资规模日趋分散,呈现出多极化的演变趋势。随着近年来中国政府不断深化与"一带一路"沿线国家(地区)的互利合作,不断出台推动国内产业升级的政策进行引导,中国企业在"一带一路"沿线国家(地区)的OFDI规模也呈现出不断扩大的趋势,投资区位也将进一步拓展。

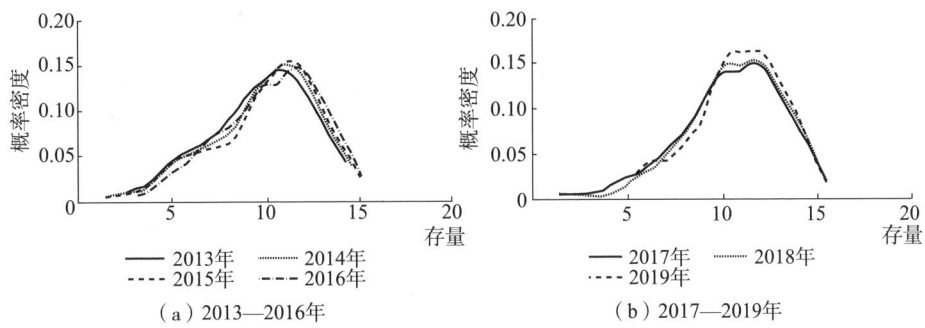

图 3-27 中国企业 OFDI 存量在"一带一路"国家(地区)的核密度估计

资料来源:商务部《中国对外直接投资统计公报》(2013—2019)。

3.3.5 中国企业 OFDI 布局在流量前 20 位国家(地区)的演进态势

为了进一步揭示中国企业 OFDI 的演变态势,本书选取 2008—2019 年中国企业 OFDI 流量均值在前 20 位的国家(地区)进行核密度估计,包括中国香港、美国、新加坡、澳大利亚等国家(地区)。从图 3-28 可以看出,2008—2013 年,核密度曲线的变化差异较大。从波峰高度来看,波峰逐渐变得陡峭,说明中国企业 OFDI 流量存在逐步集中化的趋势,中国企业 OFDI 大量流入低税率的国家(地区);从波峰变化来看,峰值总体不断右移,说明中国企业 OFDI 流量在前 20 位的国家(地区)不断增加。从 2014—2019 年的核密度曲线来看,总体变化趋势与前 6 年相似,波峰从平缓逐渐变得陡峭,说明投资不断集中化;从波峰变化来看,总体右移趋势不明显,变化差异较小,说明后 6 年的投资规模变化较小。由此可见,在中国企业 OFDI 流量最高的前 20 个国家(地区),中国企业 OFDI 流量布局并不均衡,整体呈现集中化的趋势。究其原因,一方面,"一带一路"倡议的实施、国家政策的引导使中国企业 OFDI 更加趋向"一带一路"沿线国家(地区),如新加坡、哈萨克斯坦、老挝、印度尼西亚等国;另一方面,中国企业 OFDI 大量流入低税率国家(地区),如中国香港、开曼群岛、英属维尔京群岛等地,这也与前文分析得出的结论一致。

经过上述分析,我们对中国企业 OFDI 布局的演变态势进行了归纳。第一,从世界范围来看,中国企业的 OFDI 布局表现出较为明显的单峰式分布,存在明显的投资集中化趋势,低税率的国家(地区)是中国企业 OFDI 的主要

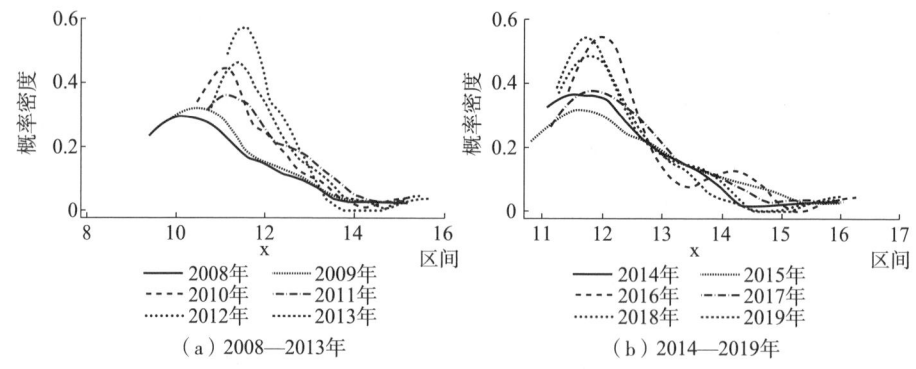

图 3-28　中国企业 OFDI 流量前 20 位国家（地区）的核密度估计

资料来源：商务部《中国对外直接投资统计公报》(2008—2019)。

流向。第二，从高低税负国家（地区）的演变态势来看，中国企业在低税负国家的投资规模不断扩大，且由多峰式演变为明显的单峰式分布，说明存在投资规模高度集中化的发展趋势，低税负国家（地区）是中国企业 OFDI 的集中地。相比而言，中国企业在高税负国家（地区）的投资变化差异较小，且投资区域较为分散。第三，从高低收入国家（地区）的演变态势来看，中国企业在高收入国家（地区）的投资由多峰式变动到单峰式，表现出日益集中化的趋势，而在低收入国家（地区）一直表现为单峰式，但投资规模的扩大程度高于高收入国家（地区）。第四，从"一带一路"沿线国家（地区）的演变态势来看，中国企业对"一带一路"沿线国家（地区）的投资存在由单峰式向多峰式演变的趋势，说明投资规模日趋分散化。第五，从投资流量前 20 位国家（地区）的演变态势来看，受所得税政策和"一带一路"倡议的影响，中国 OFDI 流量布局并不均衡，投资流量偏向低税负的国家（地区），且整体呈现出更加集中化的趋势。

3.4　小结

首先，本章对现行所得税制度要素进行了系统梳理，包括所得税税率、税收饶让、税收优惠、避免双重征税等。

其次，本章以全球主要经济体三次大的减税浪潮为划分依据，采用 ArcGIS 软件对中国企业 OFDI 布局进行统计描述，结果发现：在三次减税浪潮中，所得税制度的变革均会影响中国企业 OFDI 的区位布局和规模布局，伴随减税浪潮的不断深入,中国企业 OFDI 由早期的探索性发展阶段、快速增长阶段逐步迈入转型调整阶段。世界各国所得税制度的改革史,也是一部中国企业 OFDI 布局的发展史。

最后,在布局刻画的基础上,运用 Kernel 密度估计方法,揭示全球减税背景下中国企业 OFDI 的布局特征及演进态势,结果发现:中国企业 OFDI 在世界范围内的布局存在明显的投资集中化趋势;在低税负国家(地区)的投资规模不断扩大,且存在投资高度集中化的发展趋势;在低收入国家(地区)的投资规模扩大程度高于高收入国家(地区);在"一带一路"沿线国家(地区)的布局呈现多极化演变趋势;在投资流量前 20 位的国家(地区)布局并不均衡,呈现出更加集中化的趋势。这些结论进一步说明,在全球减税背景下,所得税制度对企业 OFDI 布局具有深刻影响,这为后文研究所得税制度对 OFDI 布局的作用机理和实证研究奠定了基础。

第4章 Chapter 4

所得税制度对企业OFDI布局的影响机理及概念模型构建

对于所得税制度对企业 OFDI 布局的影响机理，许多学者进行了探索，但并未达成一致，且较少结合全球减税背景。本章在文献述评和中国企业 OFDI 布局刻画及演进态势的基础上，首先，基于全球减税背景，构建了"全球减税—所得税制度—企业 OFDI 布局"理论模型；其次，从是否 OFDI、OFDI 区位布局、OFDI 规模布局三个方面阐释了全球减税背景下所得税制度对企业 OFDI 布局的影响机理；最后，提出了"全球减税—所得税制度—企业 OFDI 布局"的概念模型，为后文的实证研究奠定了基础。

4.1 所得税制度对企业 OFDI 布局影响机理的理论模型

图 4-1 为所得税制度对企业 OFDI 布局的影响机理模型，该模型基于全球减税背景，将所得税制度分为名义税率、实际税率、税率差额、税收饶让、税收协定、税收征管等要素，并分别阐释这些要素对企业是否 OFDI、投资区位布局、投资规模布局的影响机理。本书在 Devereux 和 Griffith（2002）、Egger 等（2009）、Egger 和 Raff（2015）、Oscar 和 Giuseppe（2017）、Kawachi 等（2019）的研究基础上，构建动态博弈模型，从企业是否 OFDI、投资区位布局、投资规模布局三个方面模拟母国、东道国和 OFDI 企业的多方博弈过程，从根本上阐释在全球减税背景下，OFDI 企业"是否对外投资、到哪里投资、投多少"三个经典问题。

| 第 4 章 | 所得税制度对企业 OFDI 布局的影响机理及概念模型构建

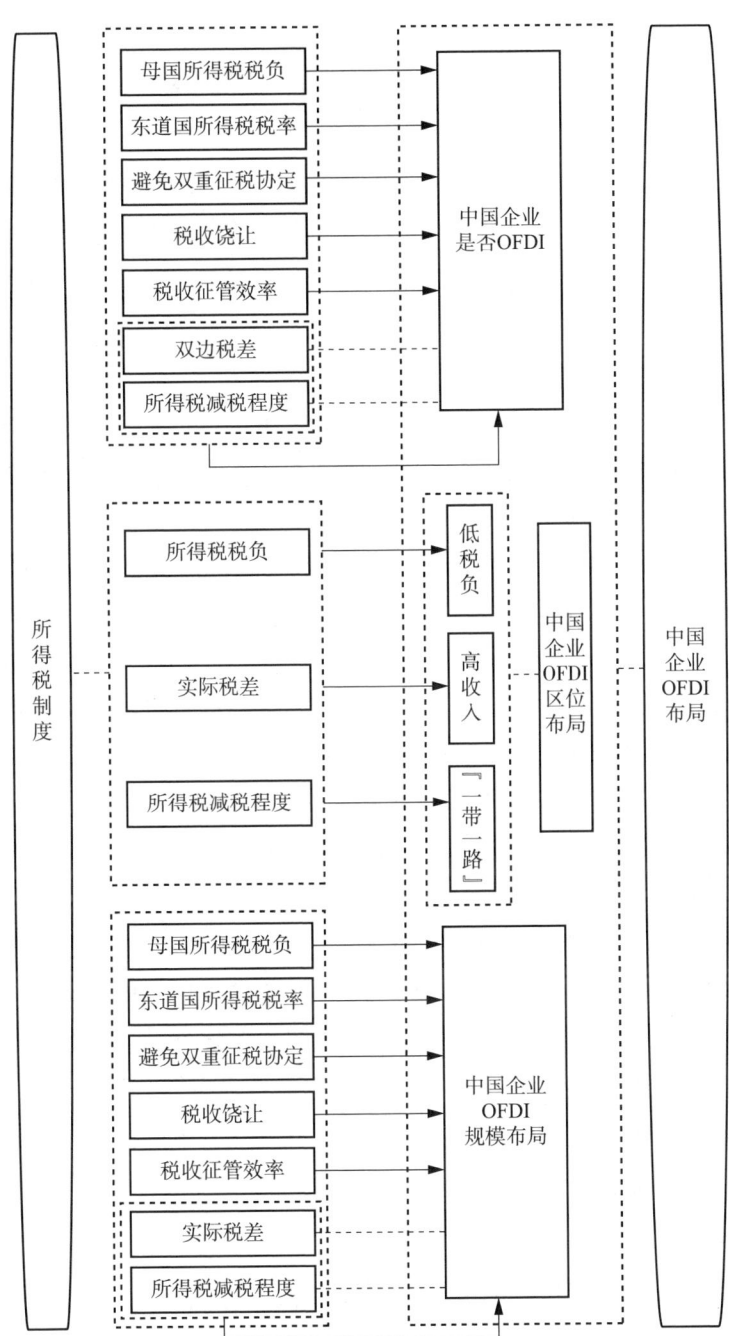

图 4-1 所得税制度对企业 OFDI 布局的影响机理模型

首先，阐释全球减税背景下所得税制度对企业是否OFDI的影响机理。在全球减税背景下，所得税制度对企业是否OFDI的影响是一个涉及母国、东道国和OFDI企业的多方、多阶段博弈，既有母国和东道国之间的博弈，也有OFDI企业加入后的多方博弈。本书在Egger等(2009)、Azémar和Dharmapala(2019)概念模型的基础上，基于OFDI企业税后收益最大化的假设，构建动态博弈模型，模拟母国、东道国和OFDI企业围绕所得税制度的博弈过程，并融入税率、扣除法、抵免法、税收饶让等多个所得税制度要素，多视角分析母国、东道国、OFDI企业税后收益的变化，并求解其博弈均衡策略，阐释所得税制度对企业是否OFDI的影响机理。

其次，阐释全球减税背景下所得税制度对OFDI区位布局的影响机理。本书在Devereux和Griffith(2002)、Egger和Raff(2015)、Oscar和Giuseppe(2017)、Kawachi等(2019)的研究基础上，参考新古典经济学派关于生产要素最优配置的理论和福利经济学相关理论，构建动态博弈模型，分析东道国、OFDI企业之间的博弈过程。该模型将东道国政府之间、东道国和OFDI企业之间的动态博弈，演变为如何确定博弈均衡状态的所得税制度使东道国的社会福利最大化问题。具体而言，通过计算在全球减税背景下东道国福利水平的变化，判定适度税收竞争的标准，并求解东道国和OFDI企业的博弈均衡策略，阐释所得税制度对企业OFDI区位布局的影响机理。

最后，阐释全球减税背景下所得税制度对OFDI规模布局的影响机理。在确定了投资区位之后，OFDI企业基于自身利益最大化进一步确定投资规模。本书在Pal和Sharma(2013)、Kawachi等(2019)的研究基础上，融入母国和东道国所得税制度要素，借助"资本边际生产率递减"理论，构建了一个区域间流动的税收竞争模型，同时考虑参与税收竞争国家政府的目标差异，融入资本边际生产率、边际有效税率、投资规模比例等参数，分析母国、东道国、OFDI企业的动态博弈过程，通过分别求解其均衡状态下的博弈均衡策略，阐释所得税制度对企业OFDI规模布局的影响机理。

4.2 所得税制度对企业是否OFDI的影响机理

在企业选择是否走出去阶段，所得税制度发挥了重要作用。在全球减税背景下，所得税制度对企业OFDI的影响是一个涉及母国、东道国和OFDI企业的多方、多阶段博弈，既有母国、东道国之间的博弈，也有企业加入后的多方博弈。例如，母国为了激励本国企业走出去开展OFDI，通常提供税收抵免、税收优惠、贷款补贴等措施，以降低企业的税收负担，增强其海外竞争力；反之，如果母国的税收政策不利于企业开展海外投资，那么企业将会选择国内投资或出口国外获得收益。齐晓飞、关鑫（2017）认为，母国所得税制度对OFDI的影响既有正向引导也有负向挤出。在是否OFDI阶段，关于所得税制度如何影响企业OFDI，有两种典型的观点，即税负规避论和税收激励论。

4.2.1 税负规避论

税负规避论认为，母国税率过高，会使OFDI企业在母国的税收成本远高于东道国，企业会选择开展OFDI以减轻税收负担；如果母国税收征管效率较低，使得企业纳税成本较高，也会迫使企业通过OFDI逃避母国的税收环境。Gordon和Hines（2002）的研究发现，母国的高税率会迫使企业通过OFDI进行投资迁移。Desai等（2006）提出，避税是企业的一种机会主义行为表现，谋求利益最大化是企业经营的本质。王永培、晏维龙（2014）认为，企业存在不同程度的税收规避行为，产业集聚可以为企业提供合理的避税港。张玲和朱婷婷（2015）、程博等（2020）认为，税负过高会给企业带来经济压力，企业基于自身效用最大化，会在避税活动产生的成本与收益之间进行权衡以确定投资决策。Beer等（2020）认为，转移定价、税收延迟和在低税率下投资等是企业避税的主要渠道。因此，基于税负规避论，在母国税率过高的情况下，企业会选择OFDI。

4.2.2 税收激励论

与税负规避论相反，许多学者认为，所得税制度在企业走出去阶段发挥了激励作用。从母国视角来看，母国对本国OFDI企业在海外投资的收益实行税收抵免，或者与东道国签订税收饶让条款或避免双重征税协定（DTTs）等，所得税政策会对本国企业OFDI产生促进作用。从东道国视角来看，降低税率、与其他国家签订避免双重征税协定等会降低企业的投资成本，从而降低OFDI企业的边际有效税率，吸引资本流入。Loree和Guisinger（1995）、Devereux和Griffith（1998）、Sudsawasd（2007）等的研究证实了这一观点，即税率、税收饶让、双边税收协定、税收优惠等是影响企业是否OFDI的重要因素。马衍伟、费媛（2007）认为，母国实行免税法可以保证本国企业在东道国市场上的税收待遇公平，使企业在较为有利、平等的税收条件下展开竞争，有利于本国企业的生存和发展，同时增加税源与税收收入。Celine（2007）通过对日本企业 OFDI 的实证分析，证实税收饶让促进了日本企业的 OFDI。杨宏恩等（2016）认为，双边税收协定显著促进了发展中国家的 OFDI。姚杰、李好好（2002）认为，企业的 OFDI 通常可通过多种途径激励东道国经济发展，包括增加东道国的就业，提振经济发展活力，提高企业创新能力，扩大出口能力，加强国际经济交流等。因此，基于税收激励论，所得税制度在企业走出去阶段发挥了激励作用，促进了企业 OFDI。

无论是税负规避论还是税收激励论，都认为所得税制度是影响企业是否 OFDI 的重要因素，这为本书的研究提供了基础。鉴于本书第 2 章的文献述评，近年来，越来越多的专家和学者基于博弈论模型来阐释所得税制度对企业 OFDI 的影响（Haufler and Wooton，1999；Egger and Raff，2004）。究其原因，主要有三个：第一，博弈论拓宽了传统模型的分析思路，更加重视市场主体之间的决策行为分析，较好地解决了所得税制度对 OFDI 影响分析的多阶段、多情形的辩证统一问题，使其更加接近现实的东道国之间围绕 OFDI 的税收竞争过程。第二，从与实证检验的对接来看，实证结果的有效性需要作用机理的支撑，博弈论能够从多个角度对实证结果进行解释，从而较好地支撑实证研究的结果。第三，从全球减税背景的适用性来看，全球减税竞争日益激烈，使各国在所得税制度方面的改革进一步复杂化，税率、税收饶让、税收抵免、双边税收协定、税收征管制度等不断发生变化。传统的理论模型只专注于资本成本、边际有效税率等个别所得税制度要素的研究，较少综合研究所得税制度要素，且没有结合全球减税背景，难以适应当前所得税制度对企业是否 OFDI 影响的研究需求。博弈论能够将母国和东道国围绕所得税制度的博弈过程分为多个阶段，从而更好地解释复杂税收制度对 OFDI 的影响，更加适用于全球减税背景下所得税制度对是否 OFDI 影响的机理分析。

4.2.3 模型构建

4.2.3.1 博弈主体

（1）母国政府

已有研究结果表明，在走出去阶段，母国的所得税制度对企业 OFDI 具有显著影响(Hines, 1994; Egger et al., 2009; 余官胜等, 2023)。如果母国政府出台有利于企业开展 OFDI 的所得税制度,如签订避免双重征税协定、签订税收饶让条款和提供税收抵免等,可以有效提升本国企业 OFDI 的积极性;如果母国政府不签订避免双重征税协定、没有税收饶让条款、不提供税收抵免等,则不利于本国企业的 OFDI(Sudsawasd, 2007)。由此可见,作为所得税制度的制定者和执行者,母国政府的行为深刻影响着企业的 OFDI。因此,本书将母国政府作为博弈过程中的重要主体。

(2)东道国政府

实践表明,东道国政府、地方政府、东道国企业等主体会对企业是否 OFDI 产生影响(Hartman, 1985; Slemrod, 1990)。从职能来看,东道国政府是所得税制度的制定者和执行者,也是 OFDI 企业的监督管理者,因此,东道国政府可以被视作其他利益主体的代表。在全球减税背景下,东道国通常采取降低法定税率、提供税收优惠、税收抵免、提高税收征管效率等措施吸引海外投资者,增加跨境资本流入;反之,如果东道国所得税税率较高、缺少双边税收协定、税收环境较差,则会降低跨国企业 OFDI 的积极性。因此,本书将东道国政府作为博弈过程中的另一重要主体。

(3)企业

在投资过程中,企业会比较母国和东道国的税后收益率,以做出是否 OFDI 的决策,这使得具有较高税后收益率的国家(地区)将持续吸引更多海外资本流入(Hall and Jorgenson, 1969)。因此,企业是博弈过程中的另一重要主体,但由于企业在所处地域、行业和规模等方面的差异,企业 OFDI 的行为和模式选择呈现出不同特征,其在海外投资过程中的决策和理性程度也存在较大差异,因此,如果将某个具体的海外投资企业作为博弈主体,将无法代表整个海外投资企业群体的行为。本书将企业界定为投资行为完全理性、具有一定 OFDI 积极性、追求税后收益最大化的企业集合。

4.2.3.2 博弈基本假设

假设在一个公开的市场中,有母国 s 和东道国 i 两个规模较大的国家,市场是分割的,企业 A 是追求利润最大化的企业,海外投资的总资本数额是固定的,即税基不变,且税基只能在 i 和 s 两个国家之间流动。假设 $K_i + K_s = 10k$,其中,k 表示资本单位,K 表示税基。

考虑到企业是否 OFDI 受到技术、资源、市场、制度和宏观经济环境等多种外在因素的影响,且这些因素之间存在内生性,如果不将这些影响因素剔除,很难研究所得税制度如何影响企业是否OFDI。基于此,本书在构建博弈模型时的基本假设如下:①除所得税制度外,其他影响因素一定;②资本不会发生贬值,通货膨胀率为零;③参与博弈的各方之间信息是充分的,其行为可以被其他各方观察到;④参与博弈各方的行为是先后发生的,可以根据先行动方的行为来进行自身决策;⑤企业有权根据收益决定投资规模;⑥母国政府的目标为提升本国企业的国际市场竞争力,促进本国经济发展,东道国的目标为引资收益(社会福利)最大化,企业的目标为税后利润最大化。

4.2.3.3 博弈模型构建

基于上述分析,本书构建了一个三方(母国 s、东道国 i 和企业 A)博弈模型,并融入税率、双边税收协定、税收征管效率和税收饶让等所得税制度要素,来研究母国、东道国所得税制度对企业是否OFDI的影响。

为了简化模型,本章将母国的所得税制度分为支持OFDI和不支持OFDI两种情况:a_1 表示母国所得税制度支持OFDI,即母国所得税制度规定,对海外投资企业进行纳税抵免、签订双边税收协定和税收饶让条款、实施税收抵免政策、对海外投资的股息和红利等所得征收少量预提税等;a_2 表示母国所得税制度不支持OFDI,即母国不支持纳税抵免、不签订双边税收协定和税收饶让条款、没有税收抵免政策、对海外投资的股息和红利等征收高额预提税。

假设在博弈过程中母国 s 先行动,企业 A 后行动,企业 A 根据母国决策选择OFDI或者国内投资,决策集为 $[b_1, b_2]$;东道国 i 观察母国 s 和企业 A 的行为后再采取行动,可以选择减税或者不减税,策略集为 $[c_1, c_2]$。假设东道国的初始平均有效税率(AETR)为 $T_0(0<T_0<1)$,当东道国 i 采取减税措施,降税幅度为 T_1 时,税率变为 (T_0-T_1);假设母国 s 的AETR为 T_2,且必须满足 $T_0<T_2$,即国内税率远高于国外税率,否则企业没有开展OFDI的动机。为了保证博弈结果有最优解,本书假设 $(T_2+T_1)/2>T_0$。假设企业 A 在东道国 i 投资的资本收益率为 R_1,在国内投资并出口时的资本收益率为 R_2,满足 $R_1>R_2$,且 $R_1[1-(T_0-T_1)]>R_2$,用 W 表示各博弈主体的收益。如果母国支持OFDI,在抵免法下,企业海外经营利润的汇回税率为 (T_2-T_0);如果母国不支持OFDI,则企业会选择在国外重复投资,即利润不汇回,此时母国收益为0(如图4-2所示)。

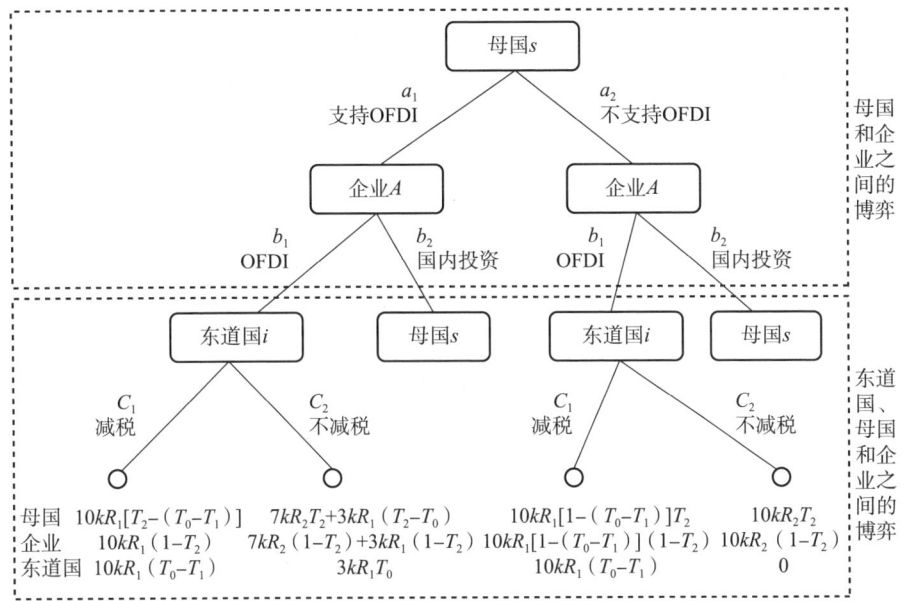

图 4-2 企业是否 OFDI 的博弈树模型(1)

4.2.4 机理分析

4.2.4.1 母国和企业之间的博弈

在不考虑东道国是否减税的情况下，本书首先考虑母国 s 和企业 A 之间的博弈，此时有四种博弈策略的组合 $[a_1, b_1]$、$[a_1, b_2]$、$[a_2, b_1]$、$[a_2, b_2]$。

首先，比较策略 $[a_2, b_1]$ 和 $[a_2, b_2]$。对于策略 $[a_2, b_1]$，即母国 s 不支持 OFDI 的情况，当企业 A 选择 OFDI 时，不会获得纳税抵免，也就是说，企业 A 被双重征税了，且母国 s 的所得税税率越高，企业 A 的税收负担越重；对于策略 $[a_2, b_2]$，当母国 s 不支持 OFDI 时，企业 A 选择国内投资。在这两种策略下，企业 A 的最优策略是选择国内投资，过高的税收负担会迫使企业放弃 OFDI。

其次，比较策略 $[a_1, b_1]$ 和 $[a_1, b_2]$。对于策略 $[a_1, b_1]$，即在母国选择支持 OFDI，企业 A 选择 OFDI 的情况下，由于母国支持 OFDI，企业 A 在海外投资所得的税后收益为 $10kR_1(1-T_0)$；而对于策略 $[a_1, b_2]$，在母国选择不支持 OFDI、企业 A 选择在国内投资的情况下，企业 A 的税后收益为 $10kR_2(1-T_2)$，由于 $R_1>R_2$，且 $T_0<T_2$，用 W_{A1}、W_{A2} 表示企业 A 在策略 $[a_1, b_1]$ 和 $[a_1, b_2]$ 情

况下的收益，可以得到

$$W_{A1} = 10kR_1(1-T_0) > W_{A2} = 10kR_2(1-T_2) \tag{4-1}$$

由式(4-1)可知，在策略$[a_1,b_1]$下，企业A可以获得最大化的税后收益。此外，东道国i的初始平均有效税率T_0越小，企业A在东道国i的税后收益W_{A1}越大，也就是说，在东道国所得税税率较低的情况下，企业A在海外投资能够获得更高的税后收益，基于企业A追求税后利润最大化的假设，东道国i对企业A的吸引力较大。由此可以得到：

命题4.1：东道国所得税税率越低，越能吸引企业OFDI。

4.2.4.2 母国、东道国、企业的三方博弈

在上述博弈假设的基础上，考虑东道国加入后的三方博弈（如图4-2所示），剔除没有东道国参与的情况，形成了四种博弈策略的组合$[a_1,b_1,c_1]$、$[a_1,b_1,c_2]$、$[a_2,b_1,c_1]$、$[a_2,b_1,c_2]$。

第一，对于策略$[a_1,b_1,c_1]$，即母国s选择支持，企业A选择OFDI，东道国i选择减税，由于资本收益率$R_1 > R_2$，理性的企业会选择将资本全部进行OFDI，此时东道国i的收益为$10kR_1(T_0-T_1)$，由于母国支持OFDI，假设在抵免法下，企业A的税后收益为$10kR_1(1-T_2)$，母国获得的企业利润汇回收益为$10kR_1(T_2-T_0+T_1)$。

第二，对于策略$[a_1,b_1,c_2]$，若母国s选择支持OFDI，而东道国i不减税，企业会选择少量海外投资，假设为$3k$，剩下的会转投国内并选择出口，此时东道国i的收益为$3kR_1T_0$，母国收益为$7kR_2T_2+3kR_1(T_2-T_0)$，在抵免法下，企业A的税后收益为$7kR_2(1-T_2)+3kR_1(1-T_2)$。

第三，对于策略$[a_2,b_1,c_1]$，当母国s选择不支持OFDI，而东道国i实施减税措施时，由于没有纳税抵免，企业不会选择将利润汇回，或者企业利润汇回时无法得到纳税抵免，在后者的情况下，企业A的税后收益为$10kR_1[1-(T_0-T_1)](1-T_2)$，此时东道国$i$的收益为$10kR_1(T_0-T_1)$，母国收益为$10kR_1[1-(T_0-T_1)]T_2$。

第四，对于策略$[a_2,b_1,c_2]$，当母国s选择不支持OFDI，东道国i不减税时，企业选择在国内投资，采取出口的方式获得收益，则此时母国收益为$10kR_2T_2$，企业A的税后收益为$10kR_2(1-T_2)$，东道国i的收益为0。

首先，从东道国i的角度分析这个博弈过程，比较其在减税和不减税情况下的收益，分别用W_{i1}、W_{i2}表示，由于$(T_2+T_1)/2 > T_0$，东道国i的收益存在以

下关系：

$$W_{i1} = 10kR_1[T_2-(T_0-T_1)] > W_{i2} = 3kR_1T_0 \qquad (4-2)$$

从式(4-2)可以看出，东道国 i 在减税情况下可以获得更高的收益。如果母国选择不支持，则东道国在减税和不减税情况下的收益分别为 W_{i3}、W_{i4}，可以得到

$$W_{i3} = 10kR_1(T_0-T_1) > W_{i4} = 0 \qquad (4-3)$$

由式(4-2)和式(4-3)可以得到，无论母国 s 是否支持 OFDI，东道国 i 在减税的情况下都可以获得最大化的收益，也就是说，在其他条件不变的情况下，对东道国 i 来说，为了吸引资本流入，减税是最优的选择。

其次，从企业 A 的角度分析这个博弈过程。

第一种情况，在母国 s 支持的情况下，比较策略一和策略二，企业 A 在东道国 i 减税情况下的收益为 $W_{A1} = 10kR_1(1-T_2)$，在东道国 i 不减税情况下的收益为 $W_{A2} = 7kR_2(1-T_2)+3kR_1(1-T_2)$，由于资本收益率 $R_1 > R_2$，可以得到

$$W_{A1} > W_{A2} \qquad (4-4)$$

由式(4-4)可知，在母国 s 选择支持 OFDI 的情况下，东道国 i 采取减税措施，企业 A 可以获得更大的收益。

第二种情况，在母国 s 不支持 OFDI 的情况下，比较策略三和策略四。东道国 i 减税，由于母国 s 选择不支持 OFDI，企业 A 利润汇回被重复征税，企业 A 的税后收益为 $10kR_1[1-(T_0-T_1)](1-T_2)$；反之，当东道国不减税，企业 A 选择在国内投资时，税后收益为 $10kR_2(1-T_2)$。比较企业 A 在两种情况下的收益，由于 $R_1[1-(T_0-T_1)] > R_2$，可以得到

$$W_{A3} > W_{A4} \qquad (4-5)$$

由式(4-5)可知，在母国 s 选择不支持 OFDI 的情况下，东道国 i 采取减税措施，企业 A 可以获得更大的收益。

第三种情况，比较母国选择支持和不支持 OFDI 的情况，即策略一和策略三。在东道国 i 减税、母国 s 选择支持 OFDI 的情况下，企业 A 的税后收益为 $W_{A1} = 10kR_1(1-T_2)$，在母国 s 选择不支持 OFDI 的情况下，企业 A 的税后收益为 $W_{A3} = 10kR_1[1-(T_0-T_1)](1-T_2)$，可以得到

$$W_{A1} > W_{A3} \qquad (4-6)$$

由式(4-6)可知，在东道国 i 实施减税时，母国 s 支持 OFDI，企业 A 可以获得更大的收益。

综上所述，在东道国减税的情况下，企业选择 OFDI 是最优策略，也就是

说，东道国减税，企业可以获得最大的税后收益，由此可以得到：

命题 4.2：实施所得税减税政策更容易吸引企业进行 OFDI。

上述命题的假设都基于母国所得税税率高于东道国。为了进一步验证母国所得税税率对企业 OFDI 的影响机理，在其他假设条件不变的情况下，将母国的决策集修改为$[a_3, a_4]$。其中：a_3 表示母国 s 采用比东道国 i 更高的所得税税率，所得税税率用 (T_0+T_3) 表示；a_4 表示母国 s 采用比东道国 i 更低的所得税税率，所得税税率用 (T_0-T_3) 表示；T_3 表示母国和东道国之间的税率差额，且满足 $T_0-T_3 > T_0-T_1 > 0$，即母国的低税率小于东道国减税情况下的税率。剔除没有东道国参与的情况，形成了四种博弈策略的组合 $[a_3, b_1, c_1]$、$[a_3, b_1, c_2]$、$[a_4, b_1, c_1]$、$[a_4, b_1, c_2]$，即博弈树模型（2），各博弈主体的收益情况如图 4-3 所示。

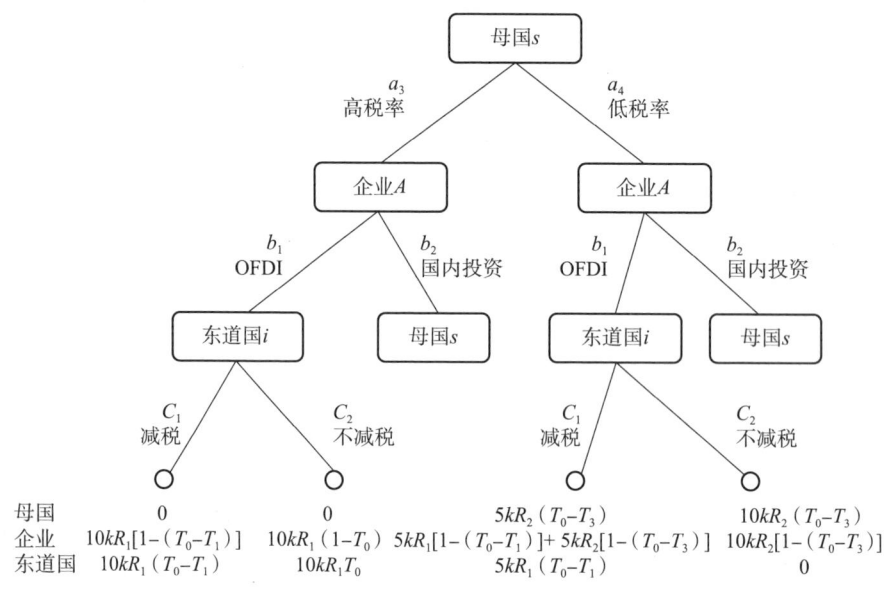

图 4-3　企业是否 OFDI 的博弈树模型（2）

第一，对于策略 $[a_3, b_1, c_1]$，即母国 s 选择高税率、企业 A 选择 OFDI、东道国 i 选择减税，由于资本收益率 $R_1 > R_2$，追求税后利润最大化的企业仍然会选择将资本全部进行 OFDI，此时东道国 i 的收益为 $10kR_1(T_0-T_1)$。由于母国 s 的税率高于东道国，企业 A 会选择将税后利润追加海外投资而不汇回国内，因此母国 s 的收益为 0，企业 A 的税后收益为 $10kR_1[1-(T_0-T_1)]$。

第二，对于策略 $[a_3, b_1, c_2]$，若母国 s 选择高税率，而东道国 i 不减税，

由于母国 s 的税率仍然高于东道国 i,企业 A 仍然会选择进行海外投资,此时东道国 i 的收益为 $10kR_1T_0$。考虑到母国的高税率,企业 A 会选择将税后利润追加到海外投资而不汇回国内,因此母国收益为 0,企业 A 的税后收益为 $10kR_1(1-T_0)$。

第三,对于策略 $[a_4,b_1,c_1]$,当母国 s 选择低税率、东道国 i 实施减税措施时,由于 $T_0-T_3>T_0-T_1$,母国 s 税率低于东道国,母国 s 对企业 A 的海外投资收益部分不再征税,仅对国内投资部分征税,收益为 $5kR_2(T_0-T_3)$;企业 A 的税后收益为 $5kR_1[1-(T_0-T_1)]+5kR_2[1-(T_0-T_3)]$,东道国 i 的收益为 $5kR_1(T_0-T_1)$。

第四,对于策略 $[a_4,b_1,c_2]$,当母国 s 选择低税率、东道国 i 不减税时,企业会选择在国内投资,采取出口的方式获得收益,则母国收益为 $10kR_2(T_0-T_3)$,企业 A 的税后收益为 $10kR_2[1-(T_0-T_3)]$,东道国收益为 0。

从企业 A 的角度分析这个博弈过程:

首先,比较策略二和策略四。若母国 s 选择高税率、东道国 i 选择不减税,企业会选择 OFDI,此时企业 A 的税后总收益为 $10kR_1(1-T_0)$;反之,在母国 s 选择低税率的情况下,企业 A 会选择全部国内投资,此时企业 A 的税后收益为 $10kR_2[1-(T_0-T_3)]$,由于 $R_1>R_2$,可以得到

$$W_{A2}-W_{A4}=10kR_1(1-T_0)-10kR_2[1-(T_0-T_3)]>0 \tag{4-7}$$

由式(4-7)可知,当东道国 i 选择不减税、企业 A 在母国 s 选择高税率时,企业可以获得更大的税后收益,所以企业会选择策略二,即当母国税率较高时,会促使企业 OFDI。

其次,比较策略一和策略三。当东道国 i 选择减税时,在母国 s 选择高税率的情况下,企业 A 的税后收益为 $W_{A1}=10kR_1[1-(T_0-T_1)]$,在母国 s 选择低税率的情况下,企业 A 的税后收益为 $W_{A3}=5kR_1[1-(T_0-T_1)]+5kR_2[1-(T_0-T_3)]$,由于 $T_0-T_3>T_0-T_1$,即 $T_1>T_3$,可以得到

$$\begin{aligned}W_{A1}-W_{A3}&=10kR_1[1-(T_0-T_1)]-5kR_1[1-(T_0-T_1)]-5kR_2[1-(T_0-T_3)]\\&=5k(1-T_0)(R_1-R_2)+5kR_2(T_1-T_3)>0\end{aligned} \tag{4-8}$$

由式(4-8)可知,在东道国 i 减税的情况下,当母国 s 选择高税率时,企业 A 可以获得更大的税后收益。

综上所述,不管东道国是否减税,母国 s 的所得税税率越高,企业 A 的税后收益越大,基于企业税后收益的最大化假设,企业开展 OFDI 的积极性也就越高。所得税税率是影响母国所得税税负的关键因素,由此可以得到:

命题 4.3：母国所得税税负越高，越能促进企业开展 OFDI。

上述分析阐释了母国和东道国税率对企业是否 OFDI 的影响机理，而实践表明，避免双重征税协定、税收饶让条款、税收征管效率等所得税制度要素也会影响企业是否 OFDI 的决策（Hines，1998；Laurey，2000）。

第一，分析避免双重征税协定对企业是否 OFDI 的影响机理。从避免双重征税协定来看，免税法、扣除法、抵免法等都属于税收协定中避免双重征税的基本办法，目前只有少量国家（地区）采用免税法和扣除法，大部分国家（地区）采用抵免法。因此，本书以抵免法为例，按照上述博弈树模型（如图 4-2 所示），分析避免双重征税基本办法对企业是否 OFDI 的影响机理。

假设母国 s 采用抵免法，也就是说，母国 s 在对企业 A 的 OFDI 所得征税时，允许企业 A 用其在东道国 i 已经缴纳的所得税税额来抵减其在母国 s 应缴纳的所得税税额。抵免法分为全额抵免法和限额抵免法，本书将分别阐释这两种方法对企业是否 OFDI 的影响。

首先，在全额抵免法下，母国 s 准许将企业 A 在东道国 i 已缴税额全部扣除，如果东道国 i 税率低于母国 s，则企业 A 在低税率的东道国缴纳的税额将全部得到抵免，从而能有效降低企业 A 的税收负担，这有利于企业开展 OFDI；但如果东道国 i 税率高于母国 s，则企业 A 的税收负担会转嫁到低税率的母国 s，在降低企业 A 的税收负担的同时，也会损害母国 s 的税收利益。由此可见，全额抵免法可以使企业 A 在 OFDI 过程中避免被重复征税，减轻其税收负担，但并不利于母国 s 税收收益的增加，基于此，全额抵免法较少被采用。

其次，限额抵免法。限额抵免法的基本原理是允许的抵免额不得超过抵免限额，本书用 T_d 表示抵免限额，也就是母国 s 允许 OFDI 企业税额抵免的上限值，一般而言，T_d 应小于将企业的 OFDI 利润按照母国所得税税率 T_2 计算出的税额。因此，在母国采用限额抵免法的情况下，企业 A 因东道国 i 税率高于母国 s 而多交的税额，在母国 s 会得到抵免，因东道国税率低于母国而少交的税额，在母国会得到补交。按照国际税收的资本输出中性原则，从总体来看，企业 A 的总体税负水平与在母国 s 投资的税负水平相当。根据前文的博弈树模型(1)，在限额抵免法下，如果母国 s 选择支持 OFDI，且东道国 i 减税，则企业 A 在母国交税时可以获得的抵免额为 $10kR_1\min(T_0-T_1, T_d)$。

当东道国 i 的税率高于母国 s 的税率，即 $T_0-T_1>T_2$ 时，可以得到 $\min(T_0-T_1, T_d)=T_d$，也就是说，企业 A 的海外投资收益将按照母国 s 的税率进行抵免,且母国 s 对于企业 A 的汇回利润不再征收所得税,则企业 A 的税后收益(W_{A1}^{**})为

$$W_{A1}^{**} = 10kR_1[1-(T_0-T_1)] \qquad (4-9)$$

比较而言,在没有限额抵免法的情况下,即母国选择不支持 OFDI,企业 A 在母国交税时无法获得抵免,企业 A 的税后收益(W_{A3}^{**})为

$$W_{A3}^{**} = 10kR_1[1-(T)_0-T_1](1-T_2) \qquad (4-10)$$

比较式(4-9)和式(4-10)可知,$W_{A1}^{**} > W_{A3}^{**}$,即当东道国 i 税率较高时,母国 s 选择支持 OFDI,即采用限额抵免法下企业 A 的税后收益更高,说明限额抵免法降低了企业 A 的税收负担,有利于提升企业开展 OFDI 的积极性。

反之,当东道国 i 税率低于母国 s 税率时,即 $T_0-T_1 < T_2$,$\min(T_0-T_1, T_d) = T_0-T_1$,企业的海外投资收益将按照东道国 i 的税率进行抵免,企业 A 的 OFDI 收益除了在税率较低的东道国 i 纳税外,当其 OFDI 利润汇回母国 s 时,还要按照税率差额补交一部分企业所得税,企业 A 的税后收益(W_{A1}^{***})变为

$$W_{A1}^{***} = 10kR_1(1-T_2) \qquad (4-11)$$

比较式(4-10)和式(4-11),可以得到

$$W_{A1}^{***} > W_{A3}^{**} \qquad (4-12)$$

由式(4-12)可知,当东道国 i 税率较低时,母国 s 选择支持 OFDI,即采用限额抵免法时企业 A 的税收收益较高,说明限额抵免法降低了企业 A 的税收负担,有利于提升企业开展 OFDI 的积极性。

基于上述推演,从总体来看,无论是全额抵免法还是限额抵免法,抵免法都有效解决了对海外投资企业的重复征税问题,有效降低了企业的海外投资税收负担,有利于企业开展 OFDI。由此可以得到:

命题 4.4:签订避免双重征税协定,有助于促进企业开展 OFDI。

第二,分析签订税收饶让条款对企业是否 OFDI 的影响机理。假设母国 s 和东道国 i 签署了税收饶让条款,即母国 s 对企业 A 在东道国 i 的税收优惠视同已纳税,给予抵免。在母国 s 与东道国 i 之间签订税收饶让条款的情况下,假设东道国 i 的税率较高,且税收优惠为 T_4,则在母国 s 支持 OFDI、东道国 i 减税的情况下,企业 A 的税后收益(W_{A1}^{****})为

$$W_{A1}^{****} = 10kR_1[1-(T_0-T_1-T_4)] \qquad (4-13)$$

反之,在母国 s 与东道国 i 之间没有签订税收饶让条款、东道国 i 减税的情况下,企业 A 的税后收益(W_{A3}^{****})为

$$W_{A3}^{****} = 10kR_1[1-(T_0-T_1)](1-T_2) \tag{4-14}$$

比较式(4-13)和式(4-14),可以得到

$$W_{A1}^{****} > W_{A3}^{****} \tag{4-15}$$

由式(4-15)可知,在母国 s 和东道国 i 签订税收饶让条款的情况下,企业 A 的税后收益增加,也就是说,签订税收饶让条款可以减少企业 A 的海外投资税收负担,有利于企业开展 OFDI。这与 Céline 等(2007)和 James(2001)的观点一致,前者证实税收饶让对发展中国家企业开展 OFDI 具有积极的影响,而后者认为,税收饶让主要存在于高收入资本输出国对发展中国家的双边贸易协定条款中,且税收饶让显著影响企业 OFDI 决策。由此可以得到:

命题 4.5:签订税收饶让,有利于促进企业开展 OFDI。

第三,分析税收征管效率对企业是否 OFDI 的影响机理。从本质上说,税收征管效率体现了一个国家(地区)的税收环境优越度和政府部门的税收管理效率。当东道国税收征管效率较高时,说明东道国政府部门具有简化高效的纳税流程、较短的征税时间和高效的人力物力配置等。一方面,对东道国政府而言,可以花费较少的时间和精力获得足额的税收收益,以增加社会福利;另一方面,对海外投资企业而言,降低了与东道国税收管理部门的沟通成本,也可以减少 OFDI 企业的纳税时间和隐性纳税成本,减轻其开展海外投资过程中的税收负担,有利于提升企业 OFDI 的积极性。如果东道国政府税收征管效率较低,说明东道国政府部门有烦琐的纳税流程、较长的征税时间和低效的人力物力配置,这使得东道国政府需要花费更多的时间和精力来完成税收征缴,对海外投资企业而言,则增加了纳税时间和隐性纳税成本,降低了企业海外投资的积极性。由此可以得到:

命题 4.6:东道国税收征管效率越高,越容易吸引企业开展 OFDI。

基于上述分析,本节对全球减税背景下所得税制度对企业是否 OFDI 的作用机理进行了归纳。第一,如果东道国所得税税率较低,则企业开展 OFDI 能够获得更高的税后收益,基于企业追求税后利润最大化的假设,东道国对企业 OFDI 的吸引力较大。第二,无论母国是否支持 OFDI,东道国在减税的情况下都可以获得最大收益。从企业的视角来看,在母国支持 OFDI 且东道国减税的情况下,选择 OFDI 是最优策略。因此,东道国推行减税政策,可以吸引企业开展 OFDI。第三,不管东道国是否减税,母国的所得税税率越高,企业的税后收益越大,基于税后收益最大化假设,企业开展 OFDI 的积极性较高。第四,在东道国税率较低时,采取避免双重征税的办法可以降低企业的税收

负担，提升企业 OFDI 的积极性，说明避免双重征税有助于促进企业开展 OFDI。第五，在母国和东道国签订税收饶让条款的情况下，企业的海外投资税后收益增加，也就是说，签订税收饶让条款可以减少企业的海外投资税收负担，有利于企业开展 OFDI。第六，东道国的税收征管效率越高，企业与东道国税务管理部门的沟通成本越低，隐形纳税成本越低，企业开展 OFDI 的税收负担越轻，越有利于提升企业开展 OFDI 的积极性。

4.3 所得税制度对企业 OFDI 区位布局的影响机理

为了更全面地阐释所得税制度对企业 OFDI 区位布局的影响机理，本节在有关学者研究的基础上，借助新古典经济学派关于生产要素最优配置的理论和福利经济学相关理论，构建动态博弈模型，模拟母国、东道国和 OFDI 企业之间的博弈过程，阐释全球减税背景下所得税制度对企业 OFDI 区位布局的影响机理。

4.3.1 模型构建

4.3.1.1 博弈主体

在全球减税背景下，所得税制度对企业 OFDI 区位布局的影响是一个涉及东道国之间、东道国和 OFDI 企业之间的多方、多阶段博弈。在该博弈模型中，博弈主体主要是 OFDI 企业和东道国。

4.3.1.2 博弈基本假设

本节在构建博弈模型时，假设不考虑除所得税制度之外的其他因素的影响。其他假设如下：①企业 A 的投资本金不会发生贬值，即通货膨胀率为零；②参与博弈的各方之间信息是充分的，其行为可以被其他各方观察到；③参与博弈各方的行为是先后发生的，各方可以根据先行动方的行为来进行自身决策；④东道国的行为目标为引资收益（社会福利）最大化，企业的目标为税后利润最大化。

4.3.1.3 博弈模型构建

新古典理论假设 OFDI 企业以利润最大化为目标，在选择海外投资的地点时，会基于利润最大化进行投资区位的决策，东道国税后收益率是企业在选择投资区位时考虑的重要因素(Shah and Ahmed，2002)。基于这一假设，企业会将 OFDI 从税后收益率低的国家(地区)转入税后收益率高的国家(地区)。因此，从作用原理来看，所得税制度通过影响 OFDI 企业的税后收益率影响企业的区位决策。

新古典经济学派的马歇尔、帕累托等基于生产要素的最优配置，将福利经济学的最优原则推广到税收研究领域，考察如何设计所得税税率的最优水平，进而实现东道国之间的税收博弈均衡问题。从福利经济学的视角来看，东道国为了吸引外资而下调企业所得税税率，减税政策有效地激励了投资和消费，从长期来看，可以增加海外资本的流入，社会福利也会呈现增加的趋势；但是，从短期来看，税基的增加无法抵消税收收益的下降，使得政府税收收益减少，从而导致整个国家社会福利大幅度下降，这给政府活动带来了许多限制(Devereux et al.，2003)。

为了综合分析所得税制度对企业 OFDI 区位布局的影响机理，本节引入福利经济学相关理论，将东道国之间、东道国和 OFDI 企业之间的动态博弈演变为如何确定博弈均衡状态的所得税税率才能使东道国的社会福利最大化的问题。具体而言，就是通过计算国际税收竞争条件下东道国福利水平的变化来判定适度税收竞争的标准，即东道国如何确定所得税制度才能实现社会福利最大化，OFDI 企业如何确定投资区位才能实现自身利益最大化。

福利经济学认为，在征税的条件下，社会福利是政府税收、生产者剩余和消费者剩余的总和，计算公式为

$$W = PS + CS + GR \tag{4-16}$$

其中，W 表示社会福利，PS 表示生产者剩余，CS 表示消费者剩余，GR 表示政府税收(暂不考虑除所得税之外的其他税种)。三者之间的关系如图 4-4 所示。

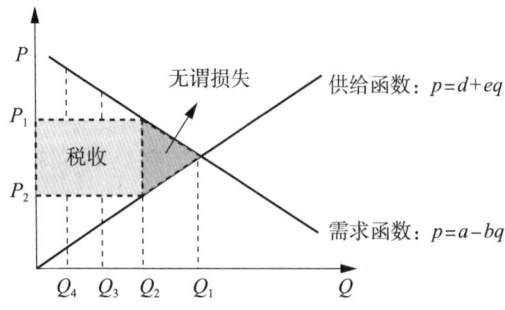

图 4-4　生产者剩余、消费者剩余与税收的关系

图 4-4 中，P 为价格，Q 为需求量，a 和 d 为常数项，e 和 b 为相关系数。在政府征收少量税的情况下，有少量无谓损失，税收部分的面积较小，社会福利会减少；当政府征收中量税时，消费量为 Q_3，此时无谓损失增加，但同时税收收入也增加了，社会福利在这一时期的某一点达到最大化，称为"纳税均衡点"；当政府征收大量税时，消费量降到 Q_4，此时税收减少，无谓损失扩大。税收过大或者过小都不符合社会福利最大化的原则，这与拉弗曲线的原理一致。

本节假设 OFDI 企业的利润全部汇回母国，则生产者剩余会全部转移到母国总公司，因此不影响东道国福利。此时，东道国在均衡状态下的社会总福利可以表示为

$$W = CS + GR \tag{4-17}$$

基于上述分析，在存在税收的情况下，东道国社会总福利包括消费者剩余（CS）和所得税税收收益（GR）两个部分。本节基于福利经济学原理，通过构建动态博弈模型阐释均衡状态下东道国如何设置所得税制度以实现其社会福利最大化目标。

假设 OFDI 企业 A 和企业 B 是博弈过程中的典型 OFDI 企业，都以追求税后利润最大化为目标；企业 A 和企业 B 分别在 i 和 j 两个东道国进行投资；在跨国公司进入该地区之前，i 国没有生产，而 j 国已经拥有一个福利最大化的上市公司 C，为了简单起见，假定公司 C 不会向 i 国出口。假设 i 和 j 这两个国家的市场是分割的，企业 A 和企业 B 可以在每个市场独立定价。在完全信息条件下，假设东道国 i 和东道国 j、企业 A 和企业 B 都能及时观察到对方的反应与行动，在整个博弈过程中，东道国 i 先采取行动，即实施了降低所得税税率或提供税收优惠等措施，在动态博弈模型中，先行动的博弈方在选择博弈行为时必然会先考虑后行动的博弈方的行为。企业 A 和企业 B 会重新比较东道国 i 和东道国 j 的税后收益率，当东道国 i 的税后收益率大于东道国 j 时，企业 A 或企业 B 会将投资转移到税后收益率更高的东道国 i，从而改变 OFDI 的区位布局。

为了便于分析，本节遵循 Haufler 和 Wooton(1999)、Egger 和 Raff(2015)等的假设：i 国是规模较小的商品市场，只有一个消费者；j 国是规模较大的商品市场，拥有 n 个消费者，即 $n>1$；两个国家的消费者对商品都有线性需求。

假设两个国家 i 和 j 的反需求函数分别为

$$p_i = 1 - \frac{q_i}{n} \quad p_j = 1 - q_j \tag{4-18}$$

其中，p 表示价格，q 表示产量，a、b 为常数，且 a>0，b>0。

企业的税后收益（Π_m）为

$$\Pi_m = (1-t_m)(p_m-c)q_m \tag{4-19}$$

其中，$m \in (i, j)$；c 为边际成本，且 $c<1$；t_m 为东道国在考虑了税收优惠之后的综合有效税率；p_m 为企业的商品价格；q_m 为企业的产量。

4.3.2 机理分析

基于上述模型，本节进一步分析所得税制度对企业 OFDI 区位布局的影响机理。

假设每个东道国都有两种所得税制度工具：一种基于企业所得税，分别用 t_i 和 t_j 表示；另一种是资本折旧率 γ，代表税基。东道国之所以想用两种工具对企业征税，是因为存在两种扭曲：一是作为垄断者，企业产出太少，使东道国有动力补贴生产型企业；二是由 OFDI 企业设立的跨国公司会将税后利润汇回本国，存在利润外流。为了保证博弈的有效性，本节假设东道国能被信任，即能够承诺相应的所得税制度。例如，如果 j 国提供较低的所得税税率来吸引跨国公司投资，那么一旦这些公司进行投资转移，j 国就不会取消这一所得税制度。考虑到资本折旧率 γ，OFDI 企业 A 的税后收益可以表示为

$$\Pi_m = (1-t_m)(p_m-\gamma c)q_m = (1-t_m)(1-q_m-\gamma c)q_m \tag{4-20}$$

假设 OFDI 企业 A 在 i 国设立工厂，并在 i 国和 j 国销售其产品，g 表示从 i 国销售商品至 j 国的贸易成本，此时企业 A 在东道国 i 缴纳的所得税税额为

$$t_i\left[\left(1-\frac{q_i}{n}-\gamma c\right)q_i + (1-q_j-\gamma c-g)q_j\right] \tag{4-21}$$

则 OFDI 企业 A 的税后收益为

$$\begin{aligned}\Pi_i &= (1-t_i)\left[\left(1-\frac{q_i}{n}-\gamma c\right)q_i + (1-q_j-\gamma c-g)q_j\right] \\ &= (1-t_i)\left[\left(1-\frac{q_i}{n}-c\right)q_i + (a-q_j-g-c)q_j\right] + (1-\gamma)(1-t_i)c(q_i+q_j)\end{aligned}$$

$$\tag{4-22}$$

为了更加有效地衡量所得税制度对企业 OFDI 的影响，本书参照 Devereux 等（2003）、Egger 和 Raff（2015）的做法，加入资本的有效边际税率（Effective

Marginal Tax Rate，EMTR)进行分析。EMTR 是指投资的税前收益率和储蓄的税后收益率之差除以投资的税前收益率，表示 OFDI 企业每增加一单位投资实际承担的税收，综合反映了法定税率、投资抵免或补贴、损失结转等指标，通常用于衡量税收对特定投资项目未来预期收益的影响。本书将有效边际税率(EMTR)表示为

$$\text{EMTR} = \theta - 1 = \frac{(1-\gamma)t}{1-t} = \frac{1-\gamma t}{1-t} - 1 \tag{4-23}$$

由式(4-23)可知，如果资本折旧免税额 $\gamma=1$，则企业所得税等于纯利润税，此时 $\theta=1$。如果折旧免税额 $\gamma>1$，$\theta<1$，则 EMTR<0，超过实际资本成本的部分可以出于税收的目的被扣除，因此生产中使用的资本得到了隐性补贴。如果折旧免税额 $\gamma<1$，则 $\theta>1$，EMTR>0，此时纳税成本小于实际成本，资本被隐性征税。将 θ 代入式(4-23)，可以得到此时 A 企业在东道国 i 的税后收益(Π_i)：

$$\Pi_i = (1-t_i)\left[\left(1-\frac{q_i}{n}\right)q_i + (1-q_j-g)q_j - \theta c(q_i+q_j)\right] \tag{4-24}$$

整理可得

$$\Pi_i = (1-t_i)\left[\left(1-\frac{q_i}{n}-\theta c\right)q_i + (1-q_j-g-\theta c)q_j\right] \tag{4-25}$$

根据式(4-25)，分别对 q_i 和 q_j 求导数，可以得到利润最大化条件下的 q_i 和 q_j：

$$\frac{\partial \Pi_i}{\partial q_i} = (1-t_i)\left[\left(1-\theta c - \frac{2}{n}q_i\right)\right] = 0$$

$$\frac{\partial \Pi}{\partial q_j} = (1-t_i)\left[(1-\theta c - g - 2q_j)\right] = 0$$

解之，可得

$$q_i^* = n\frac{1-\theta c}{2} \quad q_j^* = \frac{1-\theta c - g}{2} \tag{4-26}$$

其中，q_i^* 和 q_j^* 分别表示企业 A 和企业 B 在均衡状态下的产量。比较 q_i^* 与 q_j^*，很容易得到 $q_i^* > q_j^*$，说明在均衡条件下，企业 A 在市场规模较大的 i 国可以获得较大产量，这也说明在同等条件下，企业 A 应扩大在东道国 i 的投资规模，以获得更多税后利润。从图 4-5 中可以看出，从理性人的视角来看，当 i 国采取减税措施时，会使每增加一单位投资实际承担的税收降低，即 EMTR 减小，θ 值也会相应减小，导致 OFDI 企业在均衡条件下的产量 q 增加，

表现为均衡曲线右移。

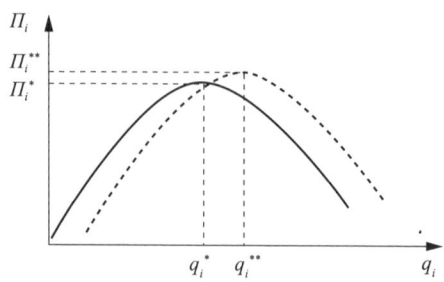

注：q_i^* 和 q_i^{**} 表示不同均衡条件下的产量。

图 4-5　不同均衡条件下的产量变化

进一步分析东道国福利的变化。将上述结果代入式(4-24)，可得到企业 A 在东道国 i 的税后收益：

$$\Pi_i^* = (1-t_i)\frac{n(1-\theta c)^2+(1-\theta c-g)^2}{4} \tag{4-27}$$

同理，可以得到企业 A 在东道国 j 投资且出口到东道国 i 的税后收益：

$$\Pi_j^* = (1-t_j)\frac{(1-\theta^* c)^2+n(1-\theta^* c-g)^2}{4} \tag{4-28}$$

企业 A 的股息和红利会通过政府税收的再分配回流到母国，因此，企业所得税的最优水平是不确定的。具体来说，东道国政府必须考虑企业的参与限制。从东道国 i 的角度考虑参与约束（东道国 j 的角度相同），如果在东道国 j 投资的税后利润低于东道国 i，那么企业 A 就会将东道国 i 作为投资区位。因此，在东道国 i 投资的企业的参与约束为

$$(1-t_i)\frac{n(1-\theta c)^2+(1-\theta c-g)^2}{4} \geqslant (1-t_j)\frac{(1-\theta^* c)^2+n(1-\theta^* c-g)^2}{4} \tag{4-29}$$

这种参与约束有效意味着企业 A 在东道国 i 生产商品产生的社会福利超过了在东道国 j 生产商品产生的福利。

进一步分析东道国福利的变化。根据上述分析，可以得到均衡状态下的消费者剩余：

$$CS_i = \frac{bq_i^2}{2} = \frac{n^2(1-\theta c)^2}{8} \quad CS_j = \frac{bq_j^2}{2} = \frac{(1-\theta c-g)^2}{8} \tag{4-30}$$

将式(4-30)代入式(4-17)，可以得到东道国 i 和东道国 j 的社会总福利（分别用 W_i^*、W_j^* 表示）：

$$W_i^* = \frac{n^2(1-\theta c)^2}{8} + t_i \frac{n(1-\theta c)^2 + (1-\theta c - g)^2}{4} \quad (4-31)$$

$$W_j^* = \frac{(1-\theta c - g)^2}{8} + t_j \frac{(1-\theta^* c)^2 + n(1-\theta^* c - g)^2}{4} \quad (4-32)$$

对跨国企业而言，在均衡状态下，在东道国 i 和东道国 j 投资的边际有效税率 EMTR 是相等的。那么，在东道国福利最大化条件下，对 θ 求导数，均衡条件下的 θ^* 可以表示为

$$\bar{\theta} = \frac{2c - n + 2cn}{(2+n)c} \quad \bar{\theta}^* = \frac{2c - 1 + 2cn}{(1+2n)c} \quad (4-33)$$

由于 $c<1$，且 $n>1$，由式(4-32)可以得到，$\bar{\theta}-1<0$，且 $\bar{\theta}^*-1<0$，也就是说，均衡状态下的 EMTR 为负，即政府存在隐性投资补贴，以减少垄断扭曲、增加消费者剩余。另外，还可以看到，$\theta(\theta^*)$ 的最优水平仅取决于边际生产成本和国家规模。因此，对东道国政府而言，可以通过保持 EMTR 不变和降低企业平均有效税率 t 满足跨国投资企业的参与约束，从而根据竞争对手税收政策的变化做出最佳反应。这意味着，如果税率较低的东道国先打破均衡状态降低税率，则税率较高的东道国政府将不得不降低税率以防止跨国公司迁移。基于上述分析，可以得到：

命题 4.7：低税负的国家(地区)采取减税措施，更有利于吸引 OFDI。

此外，从博弈过程还可以看出，基于参与博弈各方利益最大化的角度，合作的态度是一种最优的选择，东道国都不减税是最优策略。但在实际中，假设一个区域内的所有国家都同意合作，会形成暂时的博弈均衡，但这个均衡是短期的、不稳定的，由于国家之间在资源、技术和市场规模等要素上的差异会长期存在，在获取生产要素的动机驱动下，缺乏市场竞争优势的国家总是会依靠减税措施来赢得海外资本的流入，这就造成了一个不稳定的博弈结果。此时，如果有一个东道国采取所得税减税措施，就会打破原有的博弈均衡状态，其他东道国不得不跟随减税，当东道国之间的所得税税率重新趋于均衡状态时，才会达到新一轮的纳什均衡。因此，从全球的视角来看，除非进行世界范围的税收合作，否则，减税就不可避免(Barros and Cabral，2000)。

本节进一步分析高低收入国家(地区)实施的减税政策对企业 OFDI 区位布局的影响。根据上文的推导，由于 $s>0$，$n>1$，东道国 i 相对于东道国 j 具有区位优势，因为在相同的所得税政策和正的贸易成本下，跨国公司 A 更倾向

于在更大的市场上开展OFDI。很容易证明,在均衡状态下,东道国i选择用税率t来吸引跨国公司并获得税收收益。本节通过实际有效税率的计算进一步验证高收入的国家(地区)在吸引OFDI方面是否具有区位优势。

将式(4-33)代入式(4-23),可以得到均衡条件下东道国i的实际有效税率:

$$t_i^* = \frac{n(1-c)}{(2+n)\gamma c-(2c-n+2cn)} \tag{4-34}$$

根据式(4-34)对c求导数,可得

$$\frac{\partial t_i^*}{\partial c}=\frac{-n(2cr+n\gamma+2+2n)}{[(2+n)\gamma c-(2c-n+2cn)]^2}<0 \tag{4-35}$$

由式(4-35)可知,边际成本c与东道国的综合有效税率呈反方向变动,即边际成本c越低,东道国i的综合有效税率t_i^*越高;反之,边际成本c越高,则在均衡状态下,东道国i的综合有效税率t_i^*越低。这说明在实际的OFDI投资区位布局变化的过程中,当东道国i生产一单位产品耗费的成本较低时,可以较少采取减税措施,通过生产技术、规模经济等方面的优势来吸引海外投资者。实践表明,在高技术水平产生规模效应的情况下,企业能获得较低的边际生产成本,即拥有较低边际生产成本的国家(地区)通常具有较高的社会生产率、较大的市场规模和较优越的投资环境,国民收入水平也相对较高。如果高收入国家(地区)和低收入国家(地区)同时降低所得税税率,则高收入国家(地区)会依靠较高的社会生产率、较大的市场规模和优越的投资环境吸引大量海外投资者,减税效应会高于低收入国家(地区)。这一结论与Haufler和Wooton(1997)的观点一致,由于产业集群效应,投资环境优越、规模效应较高的国家(地区)是税收竞争博弈的赢家。为了获得同样规模的海外资本的流入,相对于收入水平较低的国家(地区),收入水平较高的国家(地区)可以提供较少的所得税减税激励;反之,当东道国收入水平较高时,可以通过提供较少的所得税激励达到相同的减税效果。因此,在高收入国家(地区)和低收入国家(地区)减税幅度相同的情况下,高收入国家(地区)可以获得更多的海外资本流入。也就是说,高收入国家(地区)的减税效应要高于低收入国家(地区),由此可以得到:

命题4.8:高收入国家(地区)实施的减税政策更有利于吸引OFDI。

通过第3章的分析可知,近年来,中国对"一带一路"沿线国家(地区)的OFDI大幅增加,在2017—2019年世界投资低迷、中国企业OFDI进入转型调整阶段的背景下,这种上升趋势仍然非常显著,说明中国企业对"一带一路"沿线国家(地区)的 OFDI 区位选择受到国家制度的影响较大,而这些制度既包括母国制度,也包括东道国制度。从母国制度来看,王培志(2018)等认为,母国制度如"一带一路"倡议显著促进了中国企业对"一带一路"国家(地区)的 OFDI;田晖(2018)等认为,"一带一路"倡议对中国企业在"一带一路"国家(地区)的 OFDI 区位选择具有促进作用。从东道国制度来看,田晖(2019)等的研究表明,"一带一路"国家(地区)的经济制度质量对中国企业 OFDI 具有积极影响;王文佳和魏龙(2020)认为,"一带一路"国家(地区)制度因素对中国企业 OFDI 的影响不仅体现在双边互动的层面,而且通过空间关联形成了多边互动效应。从作用原理来看,"一带一路"沿线国家(地区)的多边投资合作加强了东道国之间的制度关联,进而有助于促进中国企业的 OFDI;葛璐澜和金洪飞(2020)认为,良好的东道国制度环境会吸引中国民营企业对"一带一路"国家(地区)进行投资。

基于上述分析,无论是母国还是东道国的制度,都会显著促进中国企业对"一带一路"国家(地区)的 OFDI,随着现阶段国内国际双循环发展格局的构建、国内经济高质量发展和产业价值链升级,中国企业对"一带一路"国家(地区)的 OFDI 受国家制度的影响必将进一步深化,而所得税制度是国家制度的重要组成部分,其对中国企业在"一带一路"国家(地区)OFDI 的影响也会逐步增强。潘春阳和袁从帅(2018)研究认为,母国与东道国签订的双边税收协定促进了中国企业 OFDI 流入"一带一路"国家(地区)。肖学旺(2019)等认为,母国与东道国签订避免双重征税协定显著促进了中国企业对"一带一路"国家(地区)的 OFDI。高玉强等(2021)的研究证实了"一带一路"国家(地区)的税收竞争力越强,对中国企业 OFDI 的影响越大。随着国家所得税制度影响的进一步深化和"一带一路"倡议的实施,母国和东道国所得税制度影响的叠加效应会进一步激励中国企业 OFDI 流向"一带一路"沿线国家(地区),也就是说,在"一带一路"和非"一带一路"国家(地区)采取相同减税政策的情况下,中国企业 OFDI 将更加倾向于流入"一带一路"沿线国家(地区)。由此可以得到:

命题 4.9:企业 OFDI 更倾向于流入实施减税政策的"一带一路"沿线国家(地区)。

基于上述分析,本节对全球减税背景下所得税制度对企业 OFDI 区位布局的影响机理进行了总结。首先,东道国政府可以通过保持边际有效税率不变和降低企业实际有效税率来满足OFDI企业的参与约束,从而对竞争对手所得税制度的变化做出最佳反应。由于国家之间在资源、技术和市场规模等要素方面的差异会长期存在,在获取生产要素动机的驱动下,缺乏市场竞争优势的国家总是会依靠减税措施来赢得海外资本的流入,这就造成了一个不稳定的博弈结果。因此,基于企业追求税后利润最大化的动机,低税负的国家(地区)采取减税措施更有利于吸引OFDI。其次,在高收入国家(地区)和低收入国家(地区)减税幅度相同的情况下,高收入国家(地区)可以获得更多的海外资本流入。因此,高收入国家(地区)实施的减税政策更有利于吸引OFDI。最后,中国企业对"一带一路"国家(地区)的投资动机受到国家所得税制度的影响较大,企业OFDI更倾向于流入实施减税政策的"一带一路"国家(地区)。

4.4 所得税制度对企业OFDI规模布局的影响机理

对于所得税制度对企业OFDI区位布局决策的影响,本节基于国家选择社会福利最大化原则进行分析。然而,在近年来关于投资规模决策和税收竞争的研究中,越来越多的学者认为,国家目标并不总是围绕社会福利,也有的国家会关注税收收益,认为在国家收益最大化的条件下才能实现社会财富的公平分配。因此,在近年来关于OFDI规模决策和税收竞争研究的模型中,有关学者根据不同的目标来确定其函数(Mongrain and Wilson,2018)。一种观点认为,国家从本国经济发展和居民利益出发,总是会选择社会福利最大化的决策(Zodrow and Mieszkowski,1986);另一种观点认为,国家是利己的(Kanbur and Keen,1993;Janeba,2000;Dembour and Wauthy,2009),目标是税收收益最大化。在一个公平的税收与资本的竞争模型中,从竞争对手的视角来看,如果东道国选择高税率,通过征收更高的企业所得税来获得更高收入,则可以实现国家的税收收益最大化,但是会降低其对OFDI的吸引力;相反,如果东道国选择低税率,放弃的税收收益会增加企业税后利润和国民收入,从而实现社会福利最大化。这就涉及东道国是基于收益最大化还是社会福利最大化进行决策。本节在Pal和Sharma(2013)、Kawachi等(2019)构建模型的基础上,将母国和东道国的多个所得税制度要素及两种目标同时纳入博弈模型探讨东道国和母国如何选择所得税制度来影响 OFDI 企业规模布局的决策。

4.4.1 模型构建

4.4.1.1 博弈主体

在全球减税背景下，所得税制度对企业 OFDI 规模布局的影响是一个涉及母国、东道国和 OFDI 企业的多方、多阶段博弈，既有母国和东道国之间、东道国之间的博弈，也有 OFDI 企业加入后的多方博弈，即在该博弈模型中，博弈主体主要包括母国、OFDI 企业和东道国。

4.4.1.2 博弈基本假设

本书在构建博弈模型时，遵循以下六个基本假设：①企业的投资本金不会发生贬值，即通货膨胀率为零；②不考虑除所得税制度之外的其他税收制度的影响；③博弈各方可以观察到其他博弈方的行为；④博弈各方的行为是先后发生的；⑤OFDI 企业有权根据税后收益决定投资规模；⑥OFDI 企业的目标为税后利润最大化。

4.4.1.3 博弈模型构建

本节在 Pal 和 Sharma（2013）、Kawachi 等（2019）的研究基础上，融入了母国和东道国的所得税制度要素，考虑了参与税收竞争的国家的目标函数，构建了一个区域间流动的所得税税收竞争模型。

假设有两个东道国，分别为 i 和 j，它们通过税收竞争吸引来自母国 s 的 OFDI 企业的投资。假设来自母国 s 的企业 OFDI 规模总量是一个固定数值，为了便于计算，本书假设 OFDI 总量为 1。各东道国吸引 OFDI 的资本额为 m_x（$0>m_x>1$），税率为 t_x（$t_x>0$），$x=i, j$。为了简化计算，企业所得税税率由资本税率来代替，而税率是自由的，由两个东道国独立选择。为了便于分析，本节不考虑东道国 x 以及母国 s 除所得税税收因素外的其他因素。因此，东道国的税收收益（TR_x）可以表示为

$$TR_x = m_x t_x \tag{4-36}$$

根据边际生产率递减规律（Clark，1939；Mohabbat，1981），资本规模的扩大会带来生产率的提高，但资本的边际生产率会随投资规模的扩大而不断降低。这里用 θ 表示资本边际生产率的下降速率，也可以解释为东道国由资

本流入增加而导致的边际社会福利的增长率。根据 Hindriks 等(2008)的模型，东道国的生产函数可以表示为

$$F_x(m_x) = \theta m_x - \frac{\rho m_x^2}{2} \quad (4-37)$$

其中，m_x 为流入东道国 x 的 OFDI 规模，ρ 为技术参数，且满足 $\rho>0$。为了保证分析过程有最优解，假设 $\rho>\theta>1$，且 $\rho-2\theta>0$，以确保资本的边际生产率为正。为了保证在所有情况下内部解的存在和稳定性，假设资本边际生产率 $\theta>1$，国际资本市场是完全竞争的，资本是根据其边际生产率支付的，并将产出价格界定为 1，则 m_x 可以解释为流动资本在东道国 x 的投资比例（$x=i$，j）。根据 Laussel 和 Le Breton(1998)、Hindriks 等(2008)、Kempf 和 Rota-Graziosi(2010)等的模型，东道国 x 的固定要素收益（RE_x）可以表示为

$$RE_x = F_u(m_x) - m_x \frac{\partial F_x}{\partial m_x} = \frac{\delta m_x^2}{2} \quad (4-38)$$

从式(4-38)中可以看出，m_x 越大，RE_x 越大，也就是说，东道国固定要素的收益会随着流入投资的增加而增加，并呈递增趋势。由于移动投资资本为外资所有，东道国的社会福利（SW_x）可以由该国的固定要素收益（RE_x）和税收收益（TR_x）之和表示，即

$$SW_x = RE_x + TR_x = \frac{\theta m_x^2}{2} + t_x m_x \quad (4-39)$$

值得注意的是，如果东道国的经济发展水平较低，财政收入较差，那么该国会首先考虑取得最大化的税收收益；反之，经济发展水平较高的东道国更加注重社会福利最大化。除了东道国的经济发展水平以及财政收入状况，制度和政治因素也被证实对东道国政府的目标起着至关重要的作用（Pal and Sharma，2013）。也就是说，东道国的目标可能存在不一致的情形，有的东道国追求税收收益最大化，有的东道国追求社会福利最大化。如果东道国的最终目标是社会福利最大化，则可以称之为"社会福利导向国家"（SW）；如果东道国的最终目标是税收收益最大化，则可以称之为"税收收益导向国家"（TR）。后文将基于不同东道国的目标差异来进行分析。

在理想的情况下，如果缺乏资本竞争，则选择社会福利最大化是社会福利导向国家的最优选择，而税收收益最大化是税收收益导向国家的最优选择。然而，当存在流动资本的区域间竞争时，由于海外企业资本选择偏好和所得税税收利润最大化的影响，东道国不得不选择通过重新设定所得税税率来赢

得资本竞争。那么，在争夺 OFDI 流入的情况下，这些东道国将如何决定各自的税率呢？对社会福利导向的东道国而言，选择社会福利最大化的税率是否总是最优？为了解决这些问题，假设东道国 x 的目标是综合考虑了税收收益与社会福利最大化二者的线性组合，并确定以下目标函数：

$$O_x = \alpha_x SW_x + (1-\alpha_x)TR_x \tag{4-40}$$

在式（4-40）中，a_x 表示东道国 x 偏离其最终目标的值，也就是说，东道国在决定其所得税税率时是否会偏离其最终目标，取决于 a_x 的均衡值。如果 $a_x=1$，则 $O_x=SW_x$；如果 $a_x=0$，则 $O_x=TR_x$。

根据上述假设，东道国目标的确定取决于国家税收职能部门的决策。如果东道国授权给偏好风险中性的所得税税收政策制定者，在给定的激励约束下，政策制定者将通过适当选择激励参数 a_x 获得社会福利和所得税税收收益的平衡。

4.4.2 机理分析

在给定的博弈模型基础上，本书进一步求解其博弈均衡策略。由于资本市场是完全竞争的，对东道国 i 来说，要获得投资规模 m_i，东道国 i 的税后边际资本收益率为 $F_i(m_i)-t_i$，这意味着必须有 $F_i(m_i)-t_i>0$。据此分析，对于任何给定的资本配置组合，如果资本的边际收益在东道国之间存在差异，资本的套利性会驱动其在东道国之间重新进行配置，也就是说，OFDI 会从收益较低的国家（地区）转移到收益较高的国家（地区）。

首先，分析母国和东道国税率对企业 OFDI 规模布局的影响。假设资本在东道国 i 和母国 s 之间分配，由于企业是理性的，如果东道国 i 的税率高于母国 s，那么企业缺乏开展 OFDI 的动机，因此需满足 $t_s>t_i$，且东道国 i 的资本边际回报率 θ_i 要显著大于或等于母国 s 的资本边际回报率 θ_s，即 $\theta_i>\theta_s$。为了便于分析，本书设定 OFDI 流动资金仅限于在东道国 i 和母国 s 之间进行分配，满足 $m_i+m_s=1$。

对于任何给定的税率，OFDI 总规模在东道国 i 和母国 s 之间的均衡分配必须满足

$$F_i(m_i)-t_i \geq F_s(m_s)-t_s>0, \text{且 } m_i+m_s=1 \tag{4-41}$$

基于企业税后收益最大化的假设，要使企业走出去开展 OFDI，最基本的条件为

$$F_i(m_i)-t_i=F_s(m_s)-t_s \qquad (4\text{-}42)$$

根据上述均衡条件，将式(4-37)代入式(4-42)，可以得到在给定税率条件下，OFDI 在东道国 i 和母国 s 的均衡投资规模：

$$m_i=\frac{\rho}{2(\theta_s+\rho-\theta_i)}+\frac{t_s-t_i}{\theta_s+\rho-\theta_i} \qquad (4\text{-}43)$$

$$m_s=\frac{2(\theta_s-\theta_i)+\rho}{2(\theta_s+\rho-\theta_i)}-\frac{t_s-t_i}{\theta_s+\rho-\theta_i} \qquad (4\text{-}44)$$

根据式(4-43)和式(4-44)对 t_s 求导数，可得

$$\frac{\partial m_i}{\partial t_s}=\frac{1}{\theta_i-\rho+\theta_s}>0 \qquad \frac{\partial m_s}{\partial t_s}=-\frac{1}{\theta_i-\rho+\theta_s}<0 \qquad (4\text{-}45)$$

从式(4-45)的结果可以看出，母国 s 的税率 t_s 与流入东道国 i 的投资规模呈正向变动关系，与流入母国 i 的投资规模呈反向变动关系，也就是说，母国 s 的税率 t_s 越高，投向东道国 i 的 OFDI 规模越大，流入母国 s 的资本规模越小；反之，母国 s 的税率 t_s 越低，投向东道国 i 的 OFDI 规模越小，流入母国的资本规模越大。所得税税率是影响母国所得税税负的关键因素，因此，母国的高税负对企业 OFDI 规模布局具有促进作用，这与 Gordon 和 Hines（2002）、Desai 等（2006）、张玲和朱婷婷（2015）等的观点一致：税负过高会给企业带来成本压力，企业基于自身效用最大化而存在不同程度的所得税税收规避行为，母国税率过高会使 OFDI 企业在母国的税收成本远高于东道国，则企业会选择 OFDI 以减少税收负担。由此可以得到：

命题 4.10：母国的企业所得税税负越高，越会促使企业扩大 OFDI 规模。

进一步地，假设母国 s 与东道国 i 签订税收饶让条款。由于税收饶让是母国 s 将企业 A 在东道国 i 的税收优惠视为已纳税给予抵免，这相当于降低了利润汇回母国 s 的所得税税率，即可以假设东道国 i 的税收优惠为 r，则母国 s 的税率变为 $t_s[1-(t_i-r)]$，在均衡条件下，企业 A 在东道国 i 和母国 s 的投资规模（分别用 m_i^*、m_s^* 表示）如下：

$$m_i^*=\frac{\rho}{2(\theta_s+\rho-\theta_i)}+\frac{t_s[1-(t_i-r)]-(t_i-r)}{\theta_s+\rho-\theta_i} \qquad (4\text{-}46)$$

$$m_s^*=\frac{2(\theta_s-\theta_i)+\rho}{2(\theta_s+\rho-\theta_i)}-\frac{t_s[1-(t_i-r)]-(t_i-r)}{\theta_s+\rho-\theta_i} \qquad (4\text{-}47)$$

根据式(4-46)和式(4-47)对 r 求导数，可得

| 第 4 章 | 所得税制度对企业 OFDI 布局的影响机理及概念模型构建

$$\frac{\partial m_i^*}{\partial r}=\frac{t_s+1}{\theta_i-\rho+\theta_s}>0 \quad \frac{\partial m_s^*}{\partial r}=-\frac{t_s+1}{\theta_i-\rho+\theta_s}<0 \quad (4-48)$$

由式(4-48)的结果可知,签订税收饶让条款与流入东道国 i 的投资规模呈正向变动关系,说明签订税收饶让条款可以增加流入东道国 i 的投资规模,这与 Azémar 等(2007)、詹正华和陈星汝(2012)的研究一致:税收饶让可以有效降低 OFDI 企业的所得税税收负担,增加企业的税后收益率,对扩大企业 OFDI 规模具有显著的激励作用。由此可以得到:

命题 4.11:签订税收饶让条款对企业 OFDI 规模具有促进作用。

许多研究证明,签订避免双重征税协定对企业 OFDI 规模具有显著影响。避免双重征税协定中的抵免法、扣除法、免税法等,是对企业 A 在东道国 i 开展 OFDI 的利润在汇回母国 s 时给予的税收抵免或减免。本书以抵免法为例,分析避免双重征税基本办法对企业 OFDI 规模布局的影响机理。本书在构建的模型中加入变量税收抵免(h),则企业 A 在东道国 i 和母国 s 的均衡投资规模(分别用 m_i^{**}、m_s^{**})如下:

$$m_i^{**}=\frac{\rho}{2(\theta_s+\rho-\theta_i)}+\frac{t_s-(t_i-h)}{\theta_s+\rho-\theta_i} \quad (4-49)$$

$$m_s^{**}=\frac{2(\theta_s-\theta_i)+\rho}{2(\theta_s+\rho-\theta_i)}-\frac{t_s-(t_i-h)}{\theta_s+\rho-\theta_i} \quad (4-50)$$

根据式(4-49)和式(4-50)对 h 求导数,可得

$$\frac{\partial m_i^*}{\partial h}=\frac{1}{\theta_i-\rho+\theta_s}>0 \quad \frac{\partial m_s^*}{\partial h}=-\frac{1}{\theta_i-\rho+\theta_s}<0 \quad (4-51)$$

由式(4-51)的结果可知,在母国 s 与东道国 i 签订避免重复征税协定的情况下,流入东道国 i 的 OFDI 规模会扩大,而流入母国 s 的 OFDI 规模会缩小;反之,如果母国 s 和东道国 i 没有签订双重征税协定,则流入东道国 i 的 OFDI 规模会缩小,说明签订避免双重征税协定有利于扩大企业 A 的 OFDI 规模。由此可以得到:

命题 4.12:东道国与母国签订避免双重征税协定,更容易吸引企业扩大 OFDI 规模。

本书进一步分析企业 A 在国际资本市场开展 OFDI 的博弈过程,这就涉及东道国与东道国之间、东道国与 OFDI 企业之间的博弈。假设资本市场中有两个对等的东道国 i 和 j,市场规模和营商环境等因素相似,排除了所得税制度要素之外的其他因素的影响。此外,要排除资本套利的可能性。因此,需要在这两个

东道国 i 和 j 之间进行相同的配置,使资本的边际回报率 θ 相等。与上述假设一致,本书考虑整个 OFDI 流动资金仅限于在东道国 i 和 j 之间进行分配,因此满足:$m_i+m_j=1$。为了使博弈有最优解,假设两国的税率满足 $t_i<t_j$。

对于任何给定的税率,两个东道国之间的流动资本不受套利影响的均衡分配为

$$F_i(m_i)-t_i=F_j(m_j)-t_j>0, \text{且} \ m_i+m_j=1 \tag{4-52}$$

根据上述条件,将式(4-37)代入式(4-52),可以得到在均衡条件下,企业 A 在东道国 i 和东道国 j 的投资规模:

$$m_i=\frac{1}{2}+\frac{1}{\rho-2\theta}(t_j-t_i) \tag{4-53}$$

$$m_j=\frac{1}{2}-\frac{1}{\rho-2\theta}(t_j-t_i) \tag{4-54}$$

根据式(4-53)和式(4-54)对 t_i 求导数,可得

$$\frac{\partial m_i}{\partial t_i}=-\frac{1}{\rho-2\theta}<0 \quad \frac{\partial m_j}{\partial t_i}=\frac{1}{\rho-2\theta}>0 \tag{4-55}$$

由式(4-55)可以看出,东道国 i 的所得税税率与流入该国的 OFDI 规模呈反向变动关系,也就是说,东道国 i 的所得税税率越高,流入该国的 OFDI 规模越小,同时流入东道国 j 的 OFDI 规模会扩大;反之,东道国 i 的所得税税率降低,则流入该国的 OFDI 规模会扩大,同时流入东道国 j 的 OFDI 规模会缩小,由此可以得到:

命题 4.13:东道国企业所得税税率越低,越易吸引企业扩大 OFDI 规模。

为了进一步分析东道国减税对企业 OFDI 规模的影响,本书用 ε 代表东道国 i 的降税比例,满足 $0<\varepsilon<1$,则在给定条件下,OFDI 在东道国 i 和东道国 j 的均衡投资规模变为

$$m_i^*=\frac{1}{2}+\frac{1}{\rho-2\theta}[t_j-t_i(1-\varepsilon)] \tag{4-56}$$

$$m_j^*=\frac{1}{2}-\frac{1}{\rho-2\theta}[t_j-t_i(1-\varepsilon)] \tag{4-57}$$

根据式(4-56)和式(4-57)对 ε 求导数,可得

$$\frac{\partial m_i^*}{\partial \varepsilon}=\frac{\varepsilon}{\rho-2\theta}>0 \quad \frac{\partial m_j^*}{\partial \varepsilon}=-\frac{\varepsilon}{\rho-2\theta}<0 \tag{4-58}$$

由式(4-58)可知,东道国 i 的降税比例 ε 与流入东道国 i 的 OFDI 规模呈正向变动关系,与流入东道国 j 的 OFDI 规模呈反向变动关系,即东道国的降税比例 ε 越大,流入东道国 i 的 OFDI 规模越大,流入东道国 j 的 OFDI 规模越小;反之,东道国的降税比例 ε 越小,则流入东道国 i 的 OFDI 规模越小,流入东道国 j 的 OFDI 规模越大。在全球减税背景下,减税政策是所得税制度对中国企业 OFDI 规模影响的重要因素。由此可以得到以下命题:

命题 4.14:实施所得税减税政策有助于吸引 OFDI 企业扩大投资规模。

进一步地,根据式(4-40)和式(4-41),可以得到东道国 x 的目标函数:

$$O_x = O_x(t_x, m_x, a_x) = a_x\left(\frac{\theta m_x^2}{2} + t_x m_x\right) + (1-a_x) t_x m_x \tag{4-59}$$

将式(4-53)和式(4-54)代入式(4-59),分别对东道国 i 和东道国 j 的目标函数求导数,可得

$$\frac{\partial^2 O_i}{\partial t_i \partial t_j} = \frac{2-a_i}{4\theta} > 0 \tag{4-60}$$

$$\frac{\partial^2 O_j}{\partial t_j \partial t_i} = \frac{2-a_j}{4\theta} > 0 \tag{4-61}$$

a_i 和 $a_j \in [0, 1]$,表明东道国所得税税率对其自身收益的边际效应随其他东道国所得税税率的提高而增大,因此,税率(t_i, t_j)属于战略互补关系。

将式(4-53)代入式(4-59),可以得到均衡状态下东道国 i 的收益:

$$O_i = \frac{(\theta - t_i + t_j)[(4-a_i)t_i + a_i(\theta + t_j)]}{8\theta} \tag{4-62}$$

对于给定的任何 (a_i, a_j),对式(4-62)求导数,可以得到以下结果:

令 $\frac{\partial O_i}{\partial t_i} = 0$,可得

$$t_i = \frac{(2-a_i)(\theta + t_j)}{4-a_i} \tag{4-63}$$

令 $\frac{\partial O_j}{\partial t_j} = 0$,可得

$$t_j = \frac{(2-a_j)(\theta + t_i)}{4-a_j} \tag{4-64}$$

式(4-63)和式(4-64)分别代表东道国 i 和东道国 j 的税收反应函数(TRF),该函数在 t_i 和 t_j 的平面中呈向上倾斜趋势,这是东道国 i 和东道国 j

的所得税税率战略互动的结果，如图4-6所示。

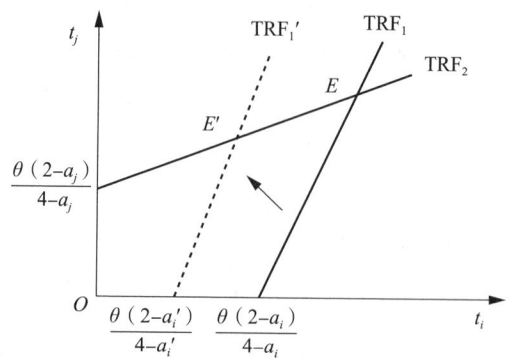

图4-6 税收反应函数和均衡关系

从图4-6中可以看出，各东道国的税收反应函数（TRF）在(t_i, t_j)的平面上是向上倾斜的，也就是说，随着a_i的减小，东道国的税收反应函数（TRF）沿着t_i轴向右侧移动。这充分说明，对于任意给定的t_j，如果东道国i更倾向于税收收益导向，即a_i越小，它越会选择更高的税率；反之，如果东道国i更倾向于社会福利导向，即a_i越大，它越会选择更低的税率。根据式(4-62)和式(4-63)，可以得到均衡状态下东道国i和东道国j的所得税税率：

$$t_i = \frac{(2-a_i)(3-a_j)\theta}{6-a_i-a_j} \tag{4-65}$$

$$t_j = \frac{(2-a_j)(3-a_i)\theta}{6-a_i-a_j} \tag{4-66}$$

根据式(4-65)和式(4-66)对a_i求导数，可得

$$\frac{\partial t_i}{\partial a_i} = -\frac{(3-a_i)(4-a_j)\theta}{(6-a_i-a_j)^2} < 0 \tag{4-67}$$

$$\frac{\partial t_j}{\partial a_i} = -\frac{(3-a_i)(4-a_j)\theta}{(6-a_i-a_j)^2} < 0 \tag{4-68}$$

从式(4-67)和式(4-68)中可以看出，任何一个东道国的社会福利导向程度的增加，即a_i的增加，都会导致两个东道国的所得税税率降低。也就是说，东道国政府如果追求社会福利最大化，就会导致处于竞争关系中的各东道国的所得税税率降低。这充分说明，不理性的税收竞争会导致社会福利降低，处于竞争关系的东道国可以通过从社会福利偏好转移到适当的税收收益偏好，防止在所得税税收竞争中出现税率"一触到底"的情形。从长远来看，

东道国越偏向于社会福利的最大化，则会带来越优越的营商环境和越高的税收征管效率，从而使其在税收竞争中更具吸引力，进而扩大流入该国的OFDI规模，这会促使其他处于竞争关系的东道国通过进一步降低税率来吸引投资。

此外，$\left|\dfrac{\partial t_i}{\partial a_i}\right| > \left|\dfrac{\partial t_j}{\partial a_i}\right|$ 说明东道国 i 社会福利取向的变化对自身税率的影响要高于对东道国 j 税率的影响。也就是说，东道国社会福利倾向的增加会导致该国自身的降税幅度大于其竞争对手的降税幅度。因此，任何国家（地区）的社会福利倾向越高，税收竞争就会越激烈，而税收竞争又会在均衡状态下导致税率降低。在存在税收竞争的情况下，当东道国以社会福利最大化为导向时，OFDI 的竞争会加剧。这也意味着，东道国可以通过从社会福利最大化转向税收收益最大化来限制竞争：一种方法是，通过提供以税收收益为导向的激励方案，由国家来决定税率；另一种方法是，当东道国处于争夺 OFDI 流入的竞争中时，可以将税收收益和社会福利的加权平均值作为目标函数，并且为了适当提高税收收益，可以合理增加税收收益的权重。

从经济社会发展背景以及东道国目标的选择来看，社会福利导向的东道国更加注重企业的税后收益，因此在确定所得税制度时除了实施较低的所得税税率，还会采取与其他国家（地区）签订避免双重征税协定、签订税收饶让等措施来减轻 OFDI 企业的所得税税收负担，尽管这些措施会暂时降低税收收益，但从长远来看，会因较好的营商环境而增加税基，有利于社会福利的提升，从而吸引 OFDI 流入并扩大投资规模。这进一步验证了命题 4.11 和命题 4.12。

为了进一步验证税收征管效率对企业 OFDI 规模布局的影响机理，在其他影响因素一定的情况下，本书假设东道国 i 的税收征管效率高于东道国 j，用 e 表示东道国 i 和东道国 j 的税收征管效率不对称程度，即 e 越大，两国之间的税收征管效率差异越大，则其生产函数演变为

$$F_i(m_i)^* = \left(\theta + \dfrac{\theta e}{2}\right) m_i - \dfrac{\rho m_i^2}{2} \tag{4-69}$$

$$F_j(m_j)^* = \left(\theta - \dfrac{\theta e}{2}\right) m_j - \dfrac{\rho m_j^2}{2} \tag{4-70}$$

在此情况下，对于给定的税率，OFDI 企业在东道国 i 和东道国 j 的均衡

投资规模(分别用 m_i^*、m_j^* 表示)分别为

$$m_i^* = \frac{1+e}{2} + \frac{1}{2\theta}(t_j - t_i) \quad (4-71)$$

$$m_j^* = \frac{1-e}{2} - \frac{1}{2\theta}(t_j - t_i) \quad (4-72)$$

比较式(4-71)和式(4-72)，可得

$$m_i^* > m_j^* \quad (4-73)$$

由式(4-73)可知，在其他条件一定的情况下，流入税收效率高的东道国 i 的投资规模明显大于流入税收效率低的东道国 j 的投资规模，说明税收征管效率更高的国家(地区)会吸引更多的 OFDI。对于任何给定的税率组合 (t_i, t_j)，东道国之间的税收征管效率不对称程度 e 越大，投资于税收征管效率高的国家(地区)的 OFDI 规模越大；反之，投资于税收征管效率低的国家(地区)的 OFDI 规模越小。由此可以得到以下命题：

命题 4.15：东道国税收征管效率越高，越有利于吸引企业扩大 OFDI 规模。

同理，对于给定的任意 (a_i, a_j)，可以计算出东道国 i 和东道国 j 的均衡税率：

$$t_i^* = \frac{(2-a_i)(3-a_j+e)\theta}{6-a_i-a_j} \quad (4-74)$$

$$t_j^* = \frac{(2-a_j)(3-a_i-e)\theta}{6-a_i-a_j} \quad (4-75)$$

在给定参数配置的情况下，根据式(4-74)和式(4-75)对 a_i 求导数，可得

$$\frac{\partial t_i}{\partial a_i} = -\frac{(3-a_i+e)(4-a_j)\theta}{(6-a_i-a_j)^2} < 0 \quad (4-76)$$

$$\frac{\partial t_j}{\partial a_i} = -\frac{(3-a_i-e)(4-a_j)\theta}{(6-a_i-a_j)^2} < 0 \quad (4-77)$$

比较式(4-76)和式(4-77)可知，在均衡状态下，东道国 i 如果更倾向于社会福利导向(更高的 a_i)，会导致该国的税率更低；反之，如果东道国 i 偏向于税收收益导向，则该国的税率会提高。也就是说，在存在税收征管效率差异的情况下，东道国的社会福利导向对该国税率具有负效应。

进一步地，根据式(4-76)和式(4-77)的结果对 e 求导数，可得

$$\frac{\partial}{\partial e}\left[\frac{\partial t_i}{\partial a_i}\right]=-(4-a_j)<0 \qquad (4-78)$$

$$\frac{\partial}{\partial e}\left[\frac{\partial t_j}{\partial a_i}\right]=(4-a_i)>0 \qquad (4-79)$$

比较式(4-78)和式(4-79)，可得

$$\frac{\partial}{\partial e}\left[\frac{\partial t_i}{\partial a_i}\right]<0<\frac{\partial}{\partial e}\left[\frac{\partial t_j}{\partial a_i}\right] \qquad (4-80)$$

这说明在东道国之间税收征管效率差距较大的情况下，税收征管效率较高的东道国的社会福利倾向更大，均衡条件下的所得税税率更低，说明税收征管效率高的国家(地区)的减税效应高于税收征管效率低的国家(地区)，这也再次验证了命题4.15。

综上所述，本书通过对全球减税背景下所得税制度对企业OFDI规模布局的影响机理进行分析，得出以下结论：第一，在其他条件一定的情况下，母国所得税税率越高，投向东道国的OFDI规模越大，越会促使企业扩大OFDI规模；第二，母国与东道国签订税收饶让条款，可以扩大流入东道国的投资规模，说明签订税收饶让条款对企业OFDI规模具有促进作用；第三，母国与东道国签订避免双重征税协定，流入东道国的OFDI规模扩大，说明签订避免双重征税协定有利于企业扩大OFDI规模；第四，东道国的所得税税率越高，流入该国的OFDI规模越小，说明东道国企业所得税税率越低，越容易促使企业扩大OFDI规模；第五，东道国的降税比例越大，流入东道国的投资规模越大，说明东道国实施所得税减税政策有助于企业扩大OFDI规模；第六，税收征管效率更高的国家(地区)会吸引更多的OFDI流入，说明东道国税收征管效率越高，越有利于吸引企业扩大OFDI规模。

4.5 所得税制度对企业OFDI布局影响机理的概念模型

本章清晰地整理出全球减税背景下所得税制度对企业OFDI布局影响机理的概念模型(见图4-7)，为后续实证分析奠定了基础。

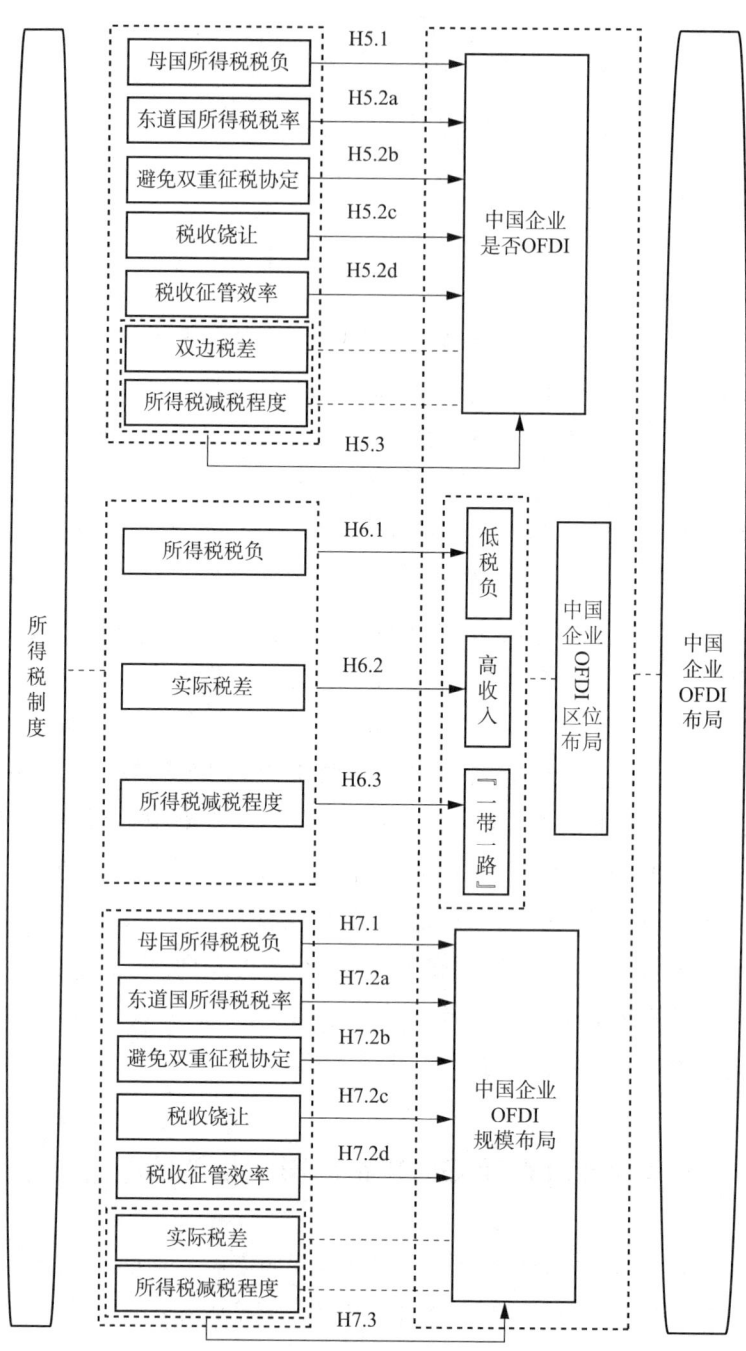

图 4-7 所得税制度对企业 OFDI 布局影响机理的概念模型

4.6 小结

本章主要阐释了全球减税背景下所得税制度对 OFDI 布局的影响机理。首先，基于文献述评和 OFDI 布局刻画及演进态势，构建了"全球减税—所得税制度—企业 OFDI 布局"的理论模型；其次，通过构建动态博弈模型，从企业是否 OFDI、OFDI 区位布局、OFDI 规模布局三个方面，模拟母国、东道国和 OFDI 企业的多方博弈过程，阐释了全球减税背景下所得税制度对企业是否 OFDI、OFDI 区位布局、OFDI 规模布局的影响机理，回答了 OFDI 企业"是否对外投资、到哪里投资、投多少"三个问题；最后，提出全球减税背景下所得税制度对企业 OFDI 布局影响的概念模型。

第5章

所得税制度对中国企业是否OFDI的影响

5.1 理论假设

5.1.1 母国所得税制度与中国企业是否OFDI

已有研究表明,税负是所得税制度的综合表现,而所得税税率是影响税负的关键因素。因此,所得税税率是影响企业OFDI决策的重要考量因素(Joel Slemrod,1990)。一方面,母国所得税税率过高,会增加OFDI企业的税收负担,为逃避国内投资的较高税收负担,企业会通过OFDI进行利润转移(Gropp et al.,2000),将经营场所搬到税率较低的其他国家(地区)(Swenson,1994;Gordon and Hines,2002)。基于税负规避论,在母国所得税税率较高的情况下,企业会选择在税率较低的东道国开展OFDI以减少税收负担,所以,较高的母国企业所得税税率对企业OFDI具有促进作用(Sudsawasd,2007);另一方面,谋求税后利益最大化是企业经营的本质(Desai et al.,2006)。母国所得税税率过高,会给企业带来经济压力,企业基于自身效益最大化的考虑,会在东道国和母国经营的成本与收益之间进行权衡,并选择在低税率的国家(地区)开展OFDI以增加税后收益(张玲、朱婷婷,2015;程博等,2020)。由此可见,基于对母国高额税负的规避动机和获得更高税后利润的利益追求,当母国的企业所得税税率过高时,企业在母国经营的税收负担过重,就会选择OFDI以减轻自身的税收负担。基于此,本章提出以下假设:

H5.1:母国企业所得税税负越高,中国企业越倾向于选择OFDI。

5.1.2 东道国所得税制度与中国企业是否 OFDI

5.1.2.1 东道国所得税税率与中国企业是否 OFDI

除了母国的所得税税率,东道国的所得税税率也是影响企业是否 OFDI 的重要因素(Hartman,1984)。在其他条件一定的情况下,当东道国的所得税税率较高时,企业开展海外投资时除了面临较高的进入成本,还要承担较高的纳税成本(王永钦等,2014),从而增加了税收负担,导致税后投资收益减少,不利于吸引 OFDI(Dreßler,2012);反之,当东道国的所得税税率较低时,可以在一定程度上降低企业的税收负担,从而对 OFDI 企业更具吸引力(Kemsley,1998;彭继增等,2017;高玉强等,2021)。因此,企业为了追求税后投资收益最大化,更倾向于选择所得税税率较低的东道国进行 OFDI。基于此,提出以下假设:

H5.2a:东道国企业所得税税率越低,越有利于吸引中国企业进行 OFDI。

5.1.2.2 签订避免双重征税协定与中国企业是否 OFDI

多数学者认为,企业在做出 OFDI 决策时,更倾向于选择与本国签订税收协定的国家(地区)(Azémar et al.,2007;詹正华、陈星汝,2012;邓力平等,2019)。一方面,避免双重征税协定的签订能够为企业在开展 OFDI 过程中面临的税收问题提供法律依据,降低企业跨国经营面临的税收不确定性风险;另一方面,避免双重征税协定的签订能够有效解决企业在母国和东道国之间的双重征税问题(Neumayer and Spess,2004;张晓瑜等,2018),降低企业纳税成本,从而有助于企业开展 OFDI(Braun and Fuentes,2014;庄序莹等,2020)。基于此,本章提出以下假设:

H5.2b:签订避免双重征税协定对中国企业 OFDI 具有促进作用。

5.1.2.3 签订税收饶让条款与中国企业是否 OFDI

研究表明,税收饶让会显著影响跨国公司的 OFDI 区位选择,跨国公司偏好投资与母国签订税收饶让条款的国家(地区)(Hines,1998;Laurey,2001)。Azémar 等(2007)研究表明,税收饶让会显著影响发达国家的 OFDI 区位选址,有税收饶让的发展中国家对跨国公司 OFDI 的吸引力更大。税收饶让条款的签订,可以将跨国公司在东道国享受的税收优惠部分,在母国交税时视同已缴纳税款,不再按国内税法规定予以补征,使海外投资企业在OFDI过程中充分享受东道国的税收优惠政策(邱泰如,2013),有效减轻海外投资企业的税收负担,进而有助于提升企业开展OFDI的积极性。基于此,本章提出以下假设:

H5.2c:签订税收饶让条款对中国企业OFDI具有促进作用。

5.1.2.4 东道国税收征管效率与中国企业是否OFDI

税收征管效率是指税务管理部门征收管理的效益或成果(程永昌,1995),体现了一个国家(地区)的税收环境优越度和税务管理部门的税收管理效率(李建军,2012)。如果东道国拥有较高的税收征管效率,说明东道国税务管理部门具有简化高效的纳税流程、较短的征税时间和高效的人力物力配置等。对东道国政府而言,可以花费较少的时间和精力获得足额的税收收益以增加社会福利;对海外投资企业而言,可以缩短纳税时间,降低隐性纳税成本及与政府部门的沟通成本,减轻海外投资企业的税收负担,有利于提升企业海外投资的积极性(刘蓉等,2017;庄序莹等,2020)。如果东道国的税收征管效率较低,说明东道国税务管理部门的纳税流程烦琐、征税时间较长、人力物力配置低效,税务管理部门需要花费更多的时间和精力来完成税收征缴。对海外投资企业而言,会延长纳税时间,增加隐性纳税成本,降低企业海外投资的积极性。基于此,本章提出以下假设:

H5.2d:东道国税收征管效率越高,越容易吸引中国企业开展OFDI。

5.1.3 全球减税背景下所得税制度与中国企业是否OFDI

所得税制度是跨国资本要素流动和配置的重要影响因素,决定着东道国、母国与海外投资企业之间的利益分配,从而影响企业是否OFDI。在全球减税背景下,所得税制度对中国企业是否OFDI的影响主要体现在减税政策方面。随着跨国资本流动的加速和国际贸易的发展,越来越多的国家通过减税政策吸引海外投资,全球平均所得税税率呈现逐步下滑趋势[①]。基于新古典投资理论,在其他条件既定的情况下,东道国通过实施企业所得税减税政策,一方面,能够切实缩减企业的海外投资成本,使企业获得更高的投资回报

---

① 联合国贸易和发展会议. 世界投资报告(2020)[EB/OL]. https://unctad.org/webflyer/world-investment-report-2020.

率,进而更容易吸引企业OFDI(Kemsley,1998;Egger and Raff,2015);另一方面,东道国的所得税减税政策能够向企业释放有利的投资信号,在一定程度上抵消东道国较差制度环境的不利影响(王永钦等,2014),提升本国经济活力,集聚的海外投资者还能产生空间关联效应(郑展鹏,2013;谢宜泽,2017),进而提高东道国对海外投资者的吸引力。基于此,本章提出以下假设:

H5.3:实施所得税减税政策更易吸引中国企业OFDI。

5.2 实证分析

5.2.1 变量和数据来源

5.2.1.1 母国所得税制度与中国企业是否OFDI

相关变量说明及数据来源见表5-1。

表5-1 中国企业是否OFDI的变量说明及数据来源(1)

变量属性	变量名称	变量符号	变量说明	数据来源
被解释变量	是否OFDI	$ofdi$	二值变量,如果企业当年新增海外投资公司,则取值为1,否则,取值为0	国泰安海外直接投资数据库、上市公司年报及招股说明书等
核心解释变量	所得税税负	$qysflr$	企业所得税费用与利润之比	国泰安数据库
微观控制变量(X)	生产率水平	tfp	企业营业总收入除以员工人数	国泰安数据库
	上市时间	age	企业相关投资年度与上市年度的差	
	所有权性质	soe	国有企业取值为1,非国有企业取值为0	
	股权结构	$crio$	企业前十大股东持股比例	
	负债规模	lev	企业负债总额占资产总额的比重	
	资本密度	kl	企业固定资产除以员工人数	
	盈利能力	roa	企业当年净利润占年末总资产的比重	

5.2.1.2 东道国所得税制度与中国企业是否OFDI

相关变量说明及数据来源见表5-2。

表 5-2 中国企业是否 OFDI 的变量说明及数据来源(2)

变量属性	变量名称	变量符号	变量说明	数据来源
被解释变量	是否 OFDI	ofdi	二值变量，如果企业当年新增海外投资公司，则取值为1，否则，取值为0	国泰安海外直接投资数据库、上市公司年报及招股说明书等
核心解释变量	所得税税率	dmtax	东道国企业所得税名义税率	安永、毕马威、德勤等会计师事务所网站
	避免双重征税协定	ttreaty	中国与东道国是否签订避免双重征税协定	国家税务总局网站
	税收饶让	taxallow	中国与东道国是否签订税收饶让条款	国家税务总局网站
	税收征管效率	taxtime	东道国筹纳税所需时间	世界银行数据库
微观控制变量(X)	生产率水平	tfp	企业营业总收入除以员工人数	国泰安数据库
	股权结构	crio	企业前十大股东持股比例	
	负债规模	lev	企业负债总额占资产总额的比重	
	资本密度	kl	企业固定资产除以企业员工人数	
	所得税税负	qysflr	企业当年所得税费用与利润之比	
宏观控制变量(Y)	政治稳定性	politic	东道国的政治稳定性与非暴乱指数	世界银行数据库
	贸易开放度	ptrade	东道国商品贸易占 GDP 的比重	
	资源禀赋	penergy	东道国矿石和金属出口占商品出口的比重	
	基础设施水平	air	东道国的航空货运量	
	经济自由度	efree	东道国的经济自由度指数	美国传统基金会网站

注：本部分采用"OFDI 企业—投资东道国—投资年度"三维数据。

5.2.1.3 全球减税背景下所得税制度与中国企业是否 OFDI

相关变量说明及数据来源见表 5-3。

表 5-3 中国企业是否 OFDI 的变量说明及数据来源(3)

变量属性	变量名称	变量符号	变量说明	数据来源
被解释变量	是否 OFDI	ofdi	二值变量,如果企业当年在东道国新增投资公司,则取值为1,否则,取值为 0	国泰安海外直接投资数据库、上市公司年报及招股说明书等
核心解释变量	双边税差	mydiff	东道国与中国企业所得税名义税率之差	毕马威、安永、德勤等四大会计师事务所网站
	所得税减税程度	taxredu	东道国企业所得税名义税率下降程度	
微观控制变量(X)	股权结构	crio	前十大股东持股比例之和	国泰安数据库
	生产率水平	tfp	企业营业总收入除以员工人数	
	负债规模	lev	企业负债总额占资产总额的比重	
	资本密度	kl	企业固定资产与企业员工人数之比	
	所得税税负	qysflr	企业当年所得税费用与利润之比	
宏观控制变量(Y)	政治稳定性	politic	东道国的政治稳定性与非暴乱指数	世界银行数据库
	贸易开放度	ptrade	东道国商品贸易占 GDP 的比重	
	资源禀赋	penergy	东道国矿石和金属出口占商品出口的比重	
	基础设施水平	air	东道国的航空货运量	
	经济自由度	efree	东道国的经济自由度指数	美国传统基金会网站

注:本部分采用"OFDI 企业—投资东道国—投资年度"三维数据。

5.2.2 模型设定

5.2.2.1 母国所得税制度与中国企业是否 OFDI

为检验母国所得税制度对中国企业是否 OFDI 的影响,参考以往的相关文献,本章建立以下计量模型:

$$P(ofdi = 1 \mid qysflr, X) = \Lambda(\varphi_0 + \varphi_1 qysflr + \sum \alpha X) \quad (5-1)$$

其中,φ_0 为常数项;φ_1、α 为相应变量的待估计参数。

5.2.2.2 东道国所得税制度与中国企业是否 OFDI

为检验东道国所得税制度对中国企业是否 OFDI 的影响,本章建立以下计量模型:

$$P(ofdi = 1 \mid dmtax, ttreaty, taxallow, taxtime, X, Y) = \Lambda(\gamma_0 +$$
$$\gamma_1 dmtax + \gamma_2 ttreaty + \gamma_3 taxallow + \gamma_4 taxtime + \sum \beta X + \sum \varphi Y) \quad (5-2)$$

其中，γ_0 为常数项；γ_1、γ_2、γ_3、γ_4、β、φ 为相应变量的待估计参数。

5.2.2.3 全球减税背景下所得税制度与中国企业是否 OFDI

为检验全球减税背景下所得税制度对中国企业是否 OFDI 的影响，本章建立以下计量模型：

$$P(ofdi = 1 \mid mydiff, X, Y) = \Lambda(\rho_0 + \rho_1 mydiff + \sum \alpha X + \sum \delta Y) \quad (5-3)$$

$$P(ofdi = 1 \mid taxredu, X, Y) = \Lambda(\gamma_0 + \gamma_1 taxredu + \sum \beta X + \sum \varphi Y) \quad (5-4)$$

其中，ρ_0、γ_0 为常数项；ρ_1、γ_1、α、β、δ、φ 为相应变量的待估计参数。

5.2.3 实证结果分析

本章分别从母国所得税制度、东道国所得税制度以及全球减税背景下所得税制度对中国企业是否 OFDI 的影响三个方面进行检验。

5.2.3.1 主要变量描述性统计与单位根检验

（1）描述性统计

①母国所得税制度与中国企业是否 OFDI。

母国所得税制度与中国企业是否 OFDI 主要变量的描述性统计见表 5-4。从表 5-4 中可见，未开展 OFDI、开展 1 次 OFDI 和开展 1 次以上 OFDI 的三组 OFDI 企业，在母国的所得税税负存在明显差异。从初步呈现的趋势可以看出，开展 1 次以上 OFDI 的企业在母国的所得税税负最高。这能否验证前文提出的母国所得税制度对中国企业是否开展 OFDI 影响的假设，有待后文进行验证。

表 5-4 母国所得税制度与中国企业是否 OFDI 主要变量的描述性统计

变量	未开展 OFDI		开展 1 次 OFDI		开展 1 次以上 OFDI	
	均值	标准差	均值	标准差	均值	标准差
qysflr	2.9111	0.9753	2.9678	0.8437	3.1295	0.7868
tfp	13.8685	0.9529	13.9383	0.9284	14.1688	0.9280
age	2.0849	0.8615	2.0530	0.8499	2.2659	0.7946
soe	0.3581	0.4794	0.2876	0.4527	0.3495	0.4769

续表

变量	未开展 OFDI		开展 1 次 OFDI		开展 1 次以上 OFDI	
	均值	标准差	均值	标准差	均值	标准差
crio	60.3920	16.9399	61.9886	16.0286	62.3359	16.4882
lev	0.5010	1.0644	0.4761	0.2039	0.5429	0.2027
kl	12.4018	1.2193	12.3806	0.1559	12.4928	1.3150
roa	0.4171	89.7634	0.0435	0.0759	0.0386	0.0696

②东道国所得税制度与中国企业是否 OFDI。

东道国所得税制度与中国企业是否 OFDI 主要变量的描述性统计见表 5-5。从中国企业投资东道国的所得税税率（$dmtax$）来看，三组中国 OFDI 企业投资东道国的所得税税率存在差异，中国企业开展 1 次以上 OFDI 选择的东道国，其所得税税率的均值最低；从投资东道国与中国签订避免双重征税协定（$ttreaty$）的情况来看，中国企业多选择与中国签订避免双重征税协定的东道国开展 OFDI；从投资东道国与中国签订税收饶让条款（$taxallow$）的情况来看，目前中国 OFDI 企业选择的东道国与中国签订税收饶让条款的较少，这可能导致该因素对中国企业是否 OFDI 的影响不显著；从东道国的税收征管效率（$taxtime$）来看，开展 1 次以上 OFDI 的中国企业选择的东道国筹纳税时间相对最短，税收征管效率最高。这能否验证前文提出的东道国所得税制度对中国企业是否 OFDI 影响的假设，有待后文进行验证。

表 5-5　东道国所得税制度与中国企业是否 OFDI 主要变量的描述性统计

变量	未开展 OFDI		开展 1 次 OFDI		开展 1 次以上 OFDI	
	均值	标准差	均值	标准差	均值	标准差
dmtax	3.0916	0.3058	3.0580	0.2922	3.0278	0.2987
ttreaty	0.8857	0.3182	0.9030	0.2959	0.8474	0.3597
taxallow	0.1380	0.3449	0.1244	0.3300	0.0664	0.2491
taxtime	4.7968	0.8292	4.7610	0.8245	4.5881	0.7719
tfp	13.8685	0.9529	13.9383	0.9284	14.1688	0.9280
crio	60.3920	16.9399	61.9886	16.0286	62.3359	16.4882
lev	0.5010	1.0644	0.4761	0.2039	0.5429	0.2027
kl	12.4018	1.2193	12.3806	1.1559	12.4928	1.3150
qysflr	2.9111	0.9753	2.9678	0.8437	3.1295	0.7868
efree	4.2899	0.2000	4.3058	0.1768	4.3602	0.1505

续表

变量	未开展 OFDI		开展 1 次 OFDI		开展 1 次以上 OFDI	
	均值	标准差	均值	标准差	均值	标准差
$politic$	0.4512	0.7792	0.4686	0.7352	0.6363	0.5983
$ptrade$	4.3942	1.0336	4.4242	1.0610	4.5525	1.1331
$penergy$	5.7262	1.0177	5.6638	0.9411	5.6460	0.9171
air	7.9797	2.3021	8.1322	2.2450	8.5302	2.0187

③全球减税背景下所得税制度与中国企业是否 OFDI。

全球减税背景下所得税制度与中国企业是否 OFDI 主要变量的描述性统计见表5-6。从投资东道国与中国的双边税差($mydiff$)均值来看,中国企业选择开展 OFDI 的东道国,其双边税差的均值均小于0,说明中国企业开展 OFDI 选择的东道国所得税率均值整体上比中国低,且开展1次以上 OFDI 的中国企业选择的东道国与中国的双边税差均值最小;从投资东道国的所得税减税程度($taxredu$)来看,有 OFDI 经验但当年未开展 OFDI 的中国企业,其原投资东道国的所得税减税程度均值最小,而当年开展1次以上 OFDI 的中国企业选择的东道国,其所得税减税程度的均值最大。这能否验证前文提出的全球减税背景下所得税制度对中国企业是否 OFDI 影响的假设,有待后文进行验证。

表5-6 全球减税背景下所得税制度与中国企业是否 OFDI 主要变量的描述性统计

变量	未开展 OFDI		开展 1 次 OFDI		开展 1 次以上 OFDI	
	均值	标准差	均值	标准差	均值	标准差
$mydiff$	-3.7003	9.1074	-4.3802	8.6533	-6.1226	9.6958
$taxredu$	0.3534	1.6000	0.4041	2.1473	0.4238	2.2025
tfp	13.8685	0.9529	13.9383	0.9284	14.1688	0.9280
$crio$	60.3920	16.9399	61.9886	16.0286	62.3359	16.4882
lev	0.5010	1.0644	0.4761	0.2039	0.5429	0.2027
kl	12.4018	1.2193	12.3806	1.1559	12.4928	1.3150
$qysflr$	2.9111	0.9753	2.9678	0.8437	3.1295	0.7868
$efree$	4.2899	0.2000	4.3058	0.1768	4.3602	0.1505
$politic$	0.4512	0.7792	0.4686	0.7352	0.6363	0.5983
$ptrade$	4.3942	1.0336	4.4242	1.0610	4.5525	1.1331
$penergy$	5.7262	1.0177	5.6638	0.9411	5.6460	0.9171
air	7.9797	2.3021	8.1322	2.2450	8.5302	2.0187

(2)单位根检验

本章采用面板数据对全球减税背景下所得税制度对中国企业是否 OFDI 的影响进行了检验,因而对检验所用数据开展面板单位根检验,以避免出现伪回归。结果显示,本章所用数据不存在单位根,检验全球减税背景下所得税制度对中国企业是否 OFDI 的影响所用数据均为平稳序列。

5.2.3.2 母国所得税制度与中国企业是否 OFDI 的实证结果分析

在检验母国所得税制度对中国企业是否 OFDI 的影响时,为保证回归结果的稳健性,采用逐渐引入控制变量的方法进行检验,边际效应结果见表 5-7。

表 5-7 是对模型(5-1)进行检验的结果。由表 5-7 可知,在未纳入控制变量时,所得税税负($qysflr$)对中国企业是否 OFDI($ofdi$)具有显著的正向影响,这初步表明,母国所得税税负越重,企业开展 OFDI 的概率越高。从逐步加入控制变量的结果来看,所得税税负($qysflr$)对中国企业是否 OFDI 依然具有显著正向影响,母国的所得税税负每增加 1%,企业开展 OFDI 的概率就会增加 0.79%,这表明企业其他因素并未改变,母国所得税税负越重,越会促进企业开展 OFDI。这可能是因为 OFDI 企业在母国的所得税税负越重,税后收益越低,为缓解母国税负过高带来的压力,企业选择 OFDI 的可能性越大。该结论与预期一致,验证了前文提出的 H5.1。

表 5-7 母国所得税制度对中国企业是否 OFDI 影响的边际效应

变量	(1)	(2)	(3)	(4)	(5)	(6)	(7)	(8)
$qysflr$	0.0105*** (8.5276)	0.0084*** (6.7530)	0.0085*** (6.7947)	0.0095*** (7.5050)	0.0084*** (6.5246)	0.0080*** (6.1625)	0.0080*** (6.0987)	0.0079*** (5.9671)
tfp		0.0123*** (10.3995)	0.0122*** (9.8985)	0.0152*** (12.3145)	0.0131*** (10.3583)	0.0135*** (10.5875)	0.0152*** (11.2289)	0.0155*** (11.3378)
age			-0.0007 (-0.4783)	0.0058*** (3.7838)	0.0123*** (7.3369)	0.0125*** (7.3470)	0.0130*** (7.6288)	0.0131*** (7.6693)
soe				-0.0382*** (-13.4767)	-0.0417*** (-14.5297)	-0.0418*** (-14.5718)	-0.0405*** (-14.0214)	-0.0405*** (-14.0248)
$crio$					0.0008*** (9.9233)	0.0008*** (9.8192)	0.0008*** (9.8676)	0.0008*** (9.8301)
lev						-0.0018 (-1.3992)	-0.0024 (-1.4527)	-0.0031* (-1.6890)

续表

变量	(1)	(2)	(3)	(4)	(5)	(6)	(7)	(8)
kl							-0.0041*** (-3.8489)	-0.0043*** (-4.0394)
roa								-0.0027*** (-9.7100)
N	72104	71822	71030	70890	70890	70859	70837	70837
χ^2	72.92***	173.1***	167.7***	368.4***	454.3***	464.0***	478.7***	571.6***

注：*、*** 分别表示 10%、1% 的显著性水平，括号内的值为 z 值。

从其他控制变量来看，生产率水平(tfp)与中国企业是否 OFDI($ofdi$)存在显著的正相关关系，这说明企业的生产率水平越高，企业进行 OFDI 的概率越大。上市时间(age)与中国企业是否 OFDI($ofdi$)显著正相关，可能是因为企业上市时间越长，对市场的了解越深入，积累的经营经验越丰富，越有可能在海外投资的过程中抓住机遇，获取更高的投资收益。所有权性质(soe)对中国企业是否 OFDI($ofdi$)具有显著的负向影响，这可能是因为国有企业在母国市场具有政策扶持等特定优势，开展 OFDI 的动力不如非国有企业充足。股权结构($crio$)对中国企业是否 OFDI($ofdi$)具有显著的正向影响，这说明企业的股权集中度越高，越会促使企业进行 OFDI。负债规模(lev)与中国企业是否 OFDI ($ofdi$)存在显著的负相关关系，企业负债规模越大，开展 OFDI 的概率越小，这可能是因为企业的负债规模越大，企业偿还债务占用的资金越多，越不利于开展 OFDI。资本密度(kl)与中国企业是否 OFDI($ofdi$)显著负相关，即企业资本密度越大，越可能减小开展 OFDI 的概率，这可能是因为企业在国内投资越多，占用的资金越多，越会导致企业 OFDI 的概率减小。盈利能力(roa)与中国企业是否 OFDI($ofdi$)显著负相关，即企业的盈利能力越强，越可能减小开展 OFDI 的概率，这可能是企业基于利益最大化的考虑，在母国的获利能力越强、收益越高，开展 OFDI 的积极性越低。

5.2.3.3 东道国所得税制度与中国企业是否 OFDI 的实证结果分析

在检验东道国所得税制度对中国企业是否 OFDI 的影响时，为检验不同所得税制度要素对中国企业是否 OFDI 的影响，采用逐渐引入核心解释变量的方法。

表 5-8 是对模型(5-2)进行边际效应检验的结果。从检验结果可以看出：东道国所得税制度的第一个核心解释变量所得税税率($dmtax$)对中国企业是否

OFDI(*ofdi*)具有显著负向影响,即东道国的企业所得税税率越低,中国企业向其开展 OFDI 的概率越高;从逐步加入其他控制变量的结果来看,东道国企业所得税税率对中国企业是否 OFDI 影响的显著性有所下降,但二者的显著负相关关系并未发生改变,且东道国的所得税税率每下降 1%,中国企业在该东道国开展 OFDI 的概率就会增加 2.35%,各控制变量的加入并没有显著改变东道国企业所得税税率越低、中国企业越有可能选择在该东道国进行 OFDI 的结论。这可能是因为,东道国企业所得税税率越低,OFDI 企业的税负成本越低,企业的税后投资收益越高,从而越有利于吸引中国企业开展 OFDI。该结论验证了 H5.2a。这也进一步说明,东道国通过降低企业所得税税率的方式进行减税,可能会吸引中国企业开展 OFDI。

东道国所得税制度的第二个核心解释变量避免双重征税协定(*ttreaty*)与中国企业是否 OFDI(*ofdi*)显著正相关,即中国与东道国签订避免双重征税协定,在一定程度上能够吸引中国企业做出开展 OFDI 的决策;从逐步引入其他控制变量的结果来看,避免双重征税协定(*ttreaty*)与中国企业是否 OFDI(*ofdi*)仍存在显著正相关关系,且与未同中国签订避免双重征税协定的东道国相比,中国企业在签订协定的东道国开展 OFDI 的概率会提升 5.02%。其原因可能是,一方面,避免双重征税协定的签订能够为企业在开展 OFDI 过程中面临的税收问题提供法律依据,降低企业跨国经营面临的税收不确定性风险;另一方面,能够有效解决企业在开展 OFDI 过程中的双重征税问题,降低企业纳税成本。该结论进一步表明,东道国与中国签订避免双重征税协定能够有效吸引中国企业 OFDI,验证了 H5.2b。

东道国所得税制度的第三个核心解释变量税收饶让(*taxallow*)与中国企业是否 OFDI(*ofdi*)并不存在显著正相关关系,H5.2c 未得到验证。这可能是因为,与其他所得税制度要素相比,税收饶让的优惠力度较小。

东道国所得税制度的第四个核心解释变量税收征管效率(*taxtime*)与中国企业是否 OFDI(*ofdi*)存在显著负相关关系,东道国筹纳税时间每缩短 1%、税收征管效率每提高 1%,中国企业在该东道国开展 OFDI 的概率就会增加 1.16%,这说明东道国的筹纳税时间越短、税收征管效率越高,吸引中国企业开展 OFDI 的概率越大。这可能是因为,当东道国税收征管效率较高时,简化高效的纳税流程和高效的人力物力配置等,可以缩短 OFDI 企业的纳税时间、降低其与东道国政府部门的沟通成本及隐性纳税成本,提高 OFDI 企业开展海外投资的积极性。该结论进一步验证了 H5.2d。这也在一定程度上说明,东道国通过缩短筹纳税时间、提高税收征管效率的方式进行减税，可能会吸引中国企业开展OFDI。

从微观控制变量来看，生产率水平(tfp)、股权结构($crio$)、所得税税负($qysflr$)均与中国企业是否OFDI($ofdi$)显著正相关，即企业生产率水平越高、股权集中度越高、企业所得税税负越重，越有可能促使企业进行OFDI；而资本密度(kl)与中国企业是否OFDI($ofdi$)存在显著的负相关关系。

从宏观控制变量来看，经济自由度($efree$)对中国企业是否OFDI($ofdi$)具有显著正向影响，即东道国的经济自由度越高，营商环境越好，越有助于吸引中国企业OFDI。政治稳定性($politic$)与中国企业是否OFDI($ofdi$)显著负相关，即中国企业在政治稳定性较弱的东道国开展OFDI的概率较大。贸易开放度($ptrade$)与中国企业是否OFDI($ofdi$)存在显著负相关关系，这可能与中国企业在做OFDI决策时受"一带一路"倡议等外部因素的影响，在新兴经济体的投资增多有关。资源禀赋($penergy$)与中国企业是否OFDI($ofdi$)显著负相关，这说明中国企业开展OFDI的动机可能发生转变，从而改变过去的资源寻求动机。基础设施水平(air)与中国企业是否OFDI($ofdi$)具有显著的正相关关系，即东道国基础设施越完善，越易吸引中国企业OFDI流入。

表5-8 东道国所得税制度对中国企业是否OFDI影响的边际效应

变量	(1)	(2)	(3)	(4)
$dmtax$	-0.0413***	-0.0386***	-0.0379***	-0.0235***
	(-6.6803)	(-6.1926)	(-5.9971)	(-3.3201)
$ttreaty$		0.0317***	0.0334***	0.0502***
		(3.0417)	(3.1347)	(4.4322)
$taxallow$			-0.0038	-0.0081
			(-0.7711)	(-1.5192)
$taxtime$				-0.0116***
				(-3.0288)
tfp	0.0156***	0.0157***	0.0157***	0.0159***
	(10.8887)	(10.9189)	(10.8988)	(10.0984)
$crio$	0.0005***	0.0005***	0.0005***	0.0006***
	(6.8659)	(6.8236)	(6.8278)	(6.7550)
lev	-0.0021	-0.0022	-0.0022	-0.0010
	(-1.2357)	(-1.2620)	(-1.2632)	(-0.5223)
kl	-0.0055***	-0.0054***	-0.0054***	-0.0065***
	(-4.8042)	(-4.7823)	(-4.7814)	(-5.3157)

续表

变量	(1)	(2)	(3)	(4)
$qysflr$	0.0075*** (5.3697)	0.0075*** (5.3478)	0.0075*** (5.3549)	0.0074*** (4.9147)
$efree$	0.0617*** (4.0156)	0.0661*** (4.2789)	0.0618*** (3.7973)	0.0492** (2.2947)
$politic$	-0.0038 (-1.5898)	-0.0043* (-1.7863)	-0.0045* (-1.8622)	-0.0079*** (-3.0467)
$ptrade$	-0.0067*** (-3.5879)	-0.0067*** (-3.5573)	-0.0062*** (-3.1409)	-0.0149*** (-5.9972)
$penergy$	-0.0050*** (-3.7201)	-0.0053*** (-3.8702)	-0.0055*** (-3.9528)	-0.0084*** (-5.1085)
air	0.0057*** (6.3184)	0.0048*** (5.0667)	0.0048*** (5.0638)	0.0045*** (4.2544)
N	61843	61843	61843	55844
χ^2	478.9***	481.5***	482.4***	435.0***

注：*、**、***分别表示10%、5%、1%的显著性水平，括号内的值为z值。

5.2.3.4 全球减税背景下所得税制度与中国企业是否OFDI的实证结果分析

为检验全球减税背景下所得税制度对中国企业是否OFDI的影响，本部分分别以双边税差($mydiff$)、所得税减税程度($taxredu$)为核心解释变量进行检验。

表5-9中的(1)~(4)列是对模型(5-3)进行的检验，即以双边税差($mydiff$)为核心解释变量的全球减税背景下所得税制度对中国企业是否OFDI影响的检验结果。从检验结果可知，双边税差($mydiff$)对中国企业是否OFDI($ofdi$)具有显著的负向影响；而企业微观控制变量、东道国宏观控制变量的加入，并未显著改变两者的负相关关系，且双边税差每降低1%，中国企业在该东道国开展OFDI的概率就会增加0.64%。这一结论说明，双边税差越大，即东道国的所得税税负越高，越可能抑制中国企业在该东道国开展OFDI的积极性。这也在一定程度上表明，东道国实施所得税减税政策，降低企业所得税税负，有助于吸引中国企业OFDI流入。该结论验证了H5.3。

表5-9中的(5)~(8)列是对模型(5-4)进行的检验，即以所得税减税程度($taxredu$)为核心解释变量的全球减税背景下所得税制度对中国企业是否

OFDI 影响的检验结果。从检验结果可知,在未加入任何层面的控制变量时,所得税减税程度($taxredu$)对中国企业是否 OFDI($ofdi$)具有显著的正向影响;两者的显著正相关关系并未随企业微观控制变量、东道国宏观控制变量的加入而改变,且东道国的所得税减税程度每提高 1%,中国企业开展 OFDI 的概率就会增加 0.44%。这一结论说明,东道国实施所得税减税政策,且其减税幅度越大,越会增强其对中国企业开展 OFDI 的吸引力,促进中国企业 OFDI 流入。该结论验证了 H5.3。

出现上述结论的原因可能是东道国通过实施企业所得税减税政策,一方面,能够切实缩减 OFDI 企业的海外投资成本,使企业获得更高的投资回报率,进而更易吸引中国企业开展 OFDI;另一方面,能够向 OFDI 企业释放有利的投资信号,在一定程度上抵消东道国较差制度环境的不利影响,提升本国经济活力,集聚的海外投资者还能产生空间关联效应,进而增强东道国对中国企业 OFDI 的吸引力。

表 5-9 全球减税背景下所得税制度对中国企业是否 OFDI 影响的边际效应

变量	模型(5.3)				模型(5.4)			
	(1)	(2)	(3)	(4)	(5)	(6)	(7)	(8)
$mydiff$	-0.0009** (-2.5072)	-0.0010 (-1.6433)	-0.0071*** (-11.7662)	-0.0064*** (-6.5766)				
$taxredu$					0.0062*** (11.7610)	0.0070*** (9.4902)	0.0036*** (5.6172)	0.0044*** (4.5962)
tfp		0.0110*** (2.9461)		0.0092** (2.3788)		0.0089** (2.4616)		0.0092** (2.4355)
$crio$		0.0007*** (3.5484)		0.0007*** (3.4887)		0.0008*** (3.8986)		0.0008*** (3.9295)
lev		-0.0028 (-0.6554)		0.0003 (0.2879)		-0.0009 (-0.5645)		-0.0006 (-0.4883)
kl		-0.0080** (-2.5693)		-0.0080** (-2.5333)		-0.0077** (-2.5261)		-0.0076** (-2.3977)
$qysflr$		0.0049 (1.4493)		0.0066* (1.8585)		0.0061* (1.8141)		0.0070** (1.9922)
$efree$			-0.0835*** (-3.2788)	-0.0871** (-2.2043)			-0.0477* (-1.7903)	-0.0309 (-0.7453)
$politic$			-0.0007 (-0.1663)	-0.0016 (-0.2553)			0.0121*** (2.6164)	0.0095 (1.4155)

续表

变量	模型(5.3)				模型(5.4)			
	(1)	(2)	(3)	(4)	(5)	(6)	(7)	(8)
ptrade		-0.0499*** (-13.2233)	-0.0458*** (-7.7849)			-0.0282*** (-7.7728)	-0.0258*** (-4.5293)	
penergy		-0.0215*** (-6.0605)	-0.0218*** (-4.0866)			-0.0119*** (-4.0669)	-0.0129*** (-2.8152)	
air			0.0055*** (2.9902)	0.0102*** (3.3484)			0.0004 (0.2359)	0.0041 (1.3427)
N	12583	7777	12105	7425	12583	7777	12105	7425
χ^2	6.319**	33.11***	313.0***	158.6***	144.4***	117.3***	224.3***	156.0***

注：*、**、***分别表示10%、5%、1%的显著性水平，括号内的值为 z 值。

5.2.3.5 按行业分组检验

本部分将样本分为制造业组与非制造业组，进一步检验全球减税背景下所得税制度对不同行业中国企业是否OFDI的影响。

(1) 母国所得税制度与不同行业中国企业是否OFDI

由表5-10的检验结果可知，不论是否加入控制变量，所得税税负(qysflr)都与制造业企业是否OFDI(ofdi)显著正相关，且所得税税负每提高1%，制造业企业开展OFDI的概率就会增加0.84%，这说明母国所得税税负越高，越有可能促使制造业企业开展OFDI。

母国所得税税负(qysflr)也与非制造业企业是否OFDI(ofdi)存在显著正相关关系，母国所得税税负每提高1%，非制造业企业开展OFDI的概率就会增加0.50%，这表明母国所得税税负越高，越会促使非制造业企业开展OFDI。

上述结论进一步验证了母国所得税制度对中国企业是否OFDI具有显著正向影响，即母国所得税税负越重，越会促使中国企业开展OFDI。这也进一步验证了H5.1。

表5-10 母国所得税制度对不同行业中国企业是否OFDI影响的边际效应

变量	制造业		非制造业	
	(1)	(2)	(3)	(4)
qysflr	0.0108*** (7.4018)	0.0084*** (5.3090)	0.0081*** (3.4654)	0.0050** (2.0030)

续表

变量	制造业		非制造业	
	(1)	(2)	(3)	(4)
tfp		0.0177***		0.0095***
		(9.3736)		(4.3365)
age		0.0153***		0.0089***
		(7.6083)		(2.7053)
soe		-0.0462***		-0.0374***
		(-12.6326)		(-7.3068)
$crio$		0.0009***		0.0006***
		(8.8732)		(4.3481)
lev		-0.0074**		0.0153***
		(-2.5555)		(2.6784)
kl		-0.0015		-0.0058***
		(-0.9923)		(-3.4262)
roa		-0.0027***		0.0085
		(-9.5175)		(0.6818)
N	49884	49114	22220	21723
χ^2	54.97***	511.3***	12.02***	105.4***

注：**、***分别表示5%、1%的显著性水平，括号内的值为z值。

(2) 东道国所得税制度与不同行业中国企业是否OFDI

由表5-11的检验结果可知，不论是否加入控制变量，东道国所得税制度要素中的所得税税率（$dmtax$）都与制造业企业是否OFDI（$ofdi$）显著负相关，东道国所得税税率每降低1%，制造业企业开展OFDI的概率就会增加2.01%，说明东道国所得税税率越低，越有可能吸引制造业企业开展OFDI，这在一定程度上验证了H5.2a。东道国所得税制度要素中的避免双重征税协定（$ttreaty$）与制造业企业是否OFDI（$ofdi$）显著正相关，与未同中国签订避免双重征税协定的东道国相比，制造业企业在与中国签订协定的东道国开展OFDI的概率会增加6%，说明东道国与中国签订避免双重征税协定，有助于吸引制造业企业开展OFDI，这在一定程度上验证了H5.2b。东道国所得税制度要素中的税收饶让（$taxallow$）与制造业企业是否OFDI（$ofdi$）负相关，与预期方向不符，H5.2c依然未得到验证。东道国所得税制度要素中的税收征管效率（$taxtime$）与制造业企业是否OFDI（$ofdi$）显著负相关，且东道国筹纳税时间每缩短1%，制造业企业开展OFDI的概率就会增加1.17%，说明东道国税收征管效率越高,越有助于吸引制造业企业开展 OFDI,这在一定程度上验证了 H5.2d。

东道国所得税制度要素中的所得税税率($dmtax$)与非制造业企业是否 OFDI($ofdi$)显著负相关,东道国所得税税率每降低 1%,非制造业企业开展 OFDI 的概率就会增加 3.35%,说明东道国所得税税率越低,越有可能吸引非制造业企业开展 OFDI,这验证了 H5.2a。东道国所得税制度要素中的税收饶让($taxallow$)与非制造业企业是否 OFDI($ofdi$)存在显著负相关关系,H5.2c 依然未得到验证。东道国所得税制度要素中的避免双重征税协定($ttreaty$)、税收征管效率($taxtime$)对非制造业企业是否 OFDI 的影响并不显著。

表 5-11 东道国所得税制度对不同行业中国企业是否 OFDI 影响的边际效应

变量	制造业		非制造业	
	(1)	(2)	(3)	(4)
$dmtax$	-0.0316***	-0.0201**	-0.0274**	-0.0335**
	(-5.2673)	(-2.5024)	(-2.3422)	(-2.2333)
$ttreaty$	0.0503***	0.0600***	0.0412**	0.0333
	(4.8451)	(4.3344)	(2.5122)	(1.6434)
$taxallow$	-0.0088*	-0.0058	-0.0258***	-0.0209*
	(-1.8910)	(-0.9755)	(-2.8425)	(-1.8285)
$taxtime$	-0.0202***	-0.0117***	-0.0158**	-0.0116
	(-5.7774)	(-2.6745)	(-2.4031)	(-1.4529)
tfp		0.0176***		0.0120***
		(8.3239)		(4.5015)
$crio$		0.0007***		0.0004**
		(6.6121)		(2.5203)
lev		-0.0015		0.0052
		(-0.7090)		(0.7489)
kl		-0.0045***		-0.0081***
		(-2.6955)		(-4.2014)
$qysflr$		0.0081***		0.0052*
		(4.4959)		(1.8087)
$efree$	0.0219	0.0229	0.1095***	0.1229***
	(1.1222)	(0.9199)	(3.1953)	(2.8901)
$politic$	-0.0121***	-0.0066**	-0.0156***	-0.0126**
	(-5.3852)	(-2.1904)	(-3.9309)	(-2.4750)

续表

变量	制造业		非制造业	
	(1)	(2)	(3)	(4)
$ptrade$	-0.0254***	-0.0152***	-0.0230***	-0.0156***
	(-11.2806)	(-5.2688)	(-5.9664)	(-3.2148)
$penergy$	-0.0132***	-0.0102***	-0.0115***	-0.0048
	(-8.5028)	(-5.2339)	(-4.7046)	(-1.5731)
air	0.0020**	0.0049***	0.0008	0.0022
	(2.2380)	(4.0704)	(0.4424)	(1.0425)
N	55933	39865	21212	15979
χ^2	289.2***	316.6***	116.3***	133.5***

注：*、**、***分别表示10%、5%、1%的显著性水平，括号内的值为z值。

(3) 全球减税背景下所得税制度与不同行业中国企业是否OFDI

由表5-12的检验结果可知，双边税差($mydiff$)与制造业企业是否OFDI($ofdi$)显著负相关，控制变量纳入与否并未改变两者的显著负相关关系，双边税差每降低1%，制造业企业开展OFDI的概率就会增加0.57%。这在一定程度上说明，东道国实施所得税减税政策，缩小双边税差，有助于吸引制造业企业开展OFDI。同时，所得税减税程度($taxredu$)对制造业企业是否OFDI($ofdi$)具有显著正向影响，东道国所得税减税程度每提高1%，制造业企业开展OFDI的概率就会增加0.37%，这说明东道国所得税减税程度越高，越有助于吸引制造业企业开展OFDI。上述结论在一定程度上验证了H5.3。

在未纳入控制变量时，双边税差($mydiff$)与非制造业企业是否OFDI($ofdi$)的关系并不显著，随着控制变量的加入，二者呈现出显著的负相关关系，双边税差每降低1%，非制造业企业开展OFDI的概率就会增加0.80%。这在一定程度上说明，东道国实施所得税减税政策，缩小双边税差，有助于吸引非制造业企业开展OFDI。所得税减税程度($taxredu$)对非制造业企业是否OFDI($ofdi$)具有显著正向影响，且所得税减税程度每提高1%，非制造业企业开展OFDI的概率就会提高0.51%。这同样说明，东道国实施所得税减税政策，其减税幅度越大，越有利于吸引非制造业企业开展OFDI。该结论在一定程度上验证了H5.3。

表 5-12 全球减税背景下所得税制度对不同行业中国企业是否 OFDI 影响的边际效应

变量	制造业				非制造业			
	(1)	(2)	(3)	(4)	(5)	(6)	(7)	(8)
$mydiff$	-0.0008** (-2.0767)	-0.0057*** (-4.9044)			-0.0009 (-1.3615)	-0.0080*** (-4.4236)		
$taxredu$			0.0064*** (10.5058)	0.0037*** (3.3490)			0.0056*** (5.3542)	0.0051*** (2.7421)
tfp		0.0091* (1.7969)		0.0103** (2.0742)		0.0114* (1.7183)		0.0100 (1.5513)
$crio$		0.0008*** (2.9262)		0.0009*** (3.2550)		0.0006* (1.7360)		0.0007** (2.0665)
lev		0.0004 (0.4014)		-0.0003 (-0.2428)		0.0015 (0.1341)		-0.0025 (-0.2272)
kl		-0.0098** (-2.2093)		-0.0095** (-2.1270)		-0.0075 (-1.6281)		-0.0071 (-1.5155)
$qysflr$		0.0104** (2.4843)		0.0111*** (2.6829)		-0.0042 (-0.5875)		-0.0043 (-0.6173)
$efree$		-0.1126** (-2.3759)		-0.0656 (-1.3385)		-0.0302 (-0.4102)		0.0485 (0.6010)
$politic$		0.0007 (0.0901)		0.0107 (1.3187)		-0.0077 (-0.6640)		0.0043 (0.3644)
$ptrade$		-0.0452*** (-6.2793)		-0.0274*** (-3.9130)		-0.0468*** (-4.5868)		-0.0235** (-2.3916)
$penergy$		-0.0313*** (-4.7563)		-0.0223*** (-3.7837)		-0.0061 (-0.6673)		0.0010 (0.1345)
air		0.0153*** (4.1995)		0.0094** (2.5254)		-0.0001 (-0.0106)		-0.0051 (-0.9817)
N	9089	5241	9089	5241	3494	2184	3494	2184
χ^2	4.335**	133.0***	115.8***	136.2***	1.863	41.83***	29.59***	31.99***

注:*、**、*** 分别表示 10%、5%、1% 的显著性水平,括号内的值为 z 值。

5.2.3.6 稳健性检验

(1)边际效应的稳健性检验

①母国所得税制度与中国企业是否 OFDI。

表 5-13 是以中国企业是否多次 OFDI 为被解释变量的替代变量进行的母国所得税制度对中国企业是否 OFDI 影响的边际效应稳健性检验结果。由检验

结果可知,所得税税负($qysflr$)与中国企业是否多次 OFDI 显著正相关,这初步说明,母国所得税税负越高,不仅会促使中国企业开展 OFDI,还可能促使其多次 OFDI;随着控制变量的逐步加入,所得税税负($qysflr$)与中国企业是否多次 OFDI 的关系并未发生显著变化。这可能是因为,母国所得税税负越高,企业税负成本越高,基于税后收益最大化目标的驱动,企业越可能选择多次 OFDI。这一结论表明,母国所得税税负越高,越可能促使企业开展 OFDI,进一步验证了 H5.3。

从控制变量来看,企业生产率水平(tfp)与中国企业是否多次 OFDI 存在显著正相关关系,生产率水平越高,企业多次开展 OFDI 的概率越大;上市时间(age)与中国企业是否多次 OFDI 显著正相关,企业上市时间越久,经营经验越丰富,其多次开展 OFDI 的概率越大;股权结构($crio$)与中国企业是否多次 OFDI 存在显著正相关关系,股权集中度越高,越有助于促使企业做出多次开展 OFDI 的决策;所有权性质(soe)与中国企业是否多次 OFDI 显著负相关,说明非国有企业多次 OFDI 的概率较大;资本密度(kl)与中国企业是否多次 OFDI 显著负相关,说明企业资本密度越高,越可能减小企业多次开展 OFDI 的概率;盈利能力(roa)与中国企业是否多次 OFDI 显著负相关,说明企业盈利能力越强,中国企业多次 OFDI 的概率越小。

表 5-13 母国所得税制度对中国企业是否 OFDI 影响边际效应的稳健性检验

变量	(1)	(2)	(3)	(4)	(5)	(6)	(7)	(8)
$qysflr$	0.0059*** (9.6848)	0.0050*** (8.0430)	0.0045*** (7.6188)	0.0047*** (7.9497)	0.0045*** (7.3160)	0.0045*** (7.2404)	0.0045*** (7.2431)	0.0045*** (7.1907)
tfp		0.0058*** (11.9011)	0.0048*** (9.1290)	0.0053*** (10.1467)	0.0047*** (8.6307)	0.0047*** (8.6761)	0.0053*** (9.1605)	0.0053*** (9.1910)
age			0.0049*** (6.2241)	0.0062*** (7.2220)	0.0079*** (8.5315)	0.0078*** (8.4372)	0.0079*** (8.5926)	0.0079*** (8.6009)
soe				-0.0070*** (-5.3708)	-0.0080*** (-5.9802)	-0.0080*** (-6.0254)	-0.0075*** (-5.5729)	-0.0075*** (-5.5769)
$crio$					0.0002*** (6.0012)	0.0002*** (5.9352)	0.0002*** (6.0062)	0.0002*** (5.9908)
lev						0.0006*** (4.4421)	0.0007*** (3.7100)	0.0007*** (3.5323)
kl							-0.0014*** (-2.8970)	-0.0014*** (-2.9469)

续表

变量	(1)	(2)	(3)	(4)	(5)	(6)	(7)	(8)
roa								-0.0006***
								(-4.5920)
N	72104	71822	71030	70890	70890	70859	70837	70837
χ^2	98.68***	243.3***	275.2***	311.7***	337.7***	348.2***	364.8***	394.1***

注：***表示1%的显著性水平，括号内的值为z值。

②东道国所得税制度与中国企业是否OFDI。

表5-14是以中国企业是否新增海外子公司为被解释变量是否OFDI($ofdi$)的替代变量进行的边际效应稳健性检验结果。从检验结果中可以看出：

第一，东道国所得税制度要素的第一个核心解释变量所得税税率($dmtax$)与中国企业是否OFDI($ofdi$)显著负相关，不论是否加入控制变量，二者的显著负相关关系都未发生变化。这一结论进一步说明，东道国的企业所得税税率越低，越有利于吸引中国企业开展OFDI。该结论进一步验证了H5.2a。

第二，不论是否加入控制变量，东道国所得税制度要素的第二个核心解释变量避免双重征税协定($ttreaty$)始终与中国企业是否OFDI($ofdi$)显著正相关。该结论验证了中国与东道国签订避免双重征税协定有利于吸引中国企业OFDI流入这一结论的稳健性，进一步验证了H5.2b。

第三，东道国所得税制度要素的第三个核心解释变量税收饶让($taxallow$)与中国企业是否OFDI($ofdi$)存在显著的负相关关系，H5.2c依然未得到验证。

第四，东道国所得税制度要素的第四个核心解释变量税收征管效率($taxtime$)与中国企业是否OFDI($ofdi$)显著负相关。这说明东道国筹纳税时间越短、税收征管效率越高，越有助于吸引中国企业开展OFDI。这进一步验证了H5.2d。

表5-14 东道国所得税制度对中国企业是否OFDI影响边际效应的稳健性检验

变量	(1)	(2)	(3)	(4)
dmtax	-0.0368***	-0.0347***	-0.0337***	-0.0204***
	(-6.1121)	(-5.6997)	(-5.4703)	(-2.9448)
ttreaty		0.0262***	0.0284***	0.0438***
		(2.5875)	(2.7438)	(3.9626)
taxallow			-0.0049	-0.0091*
			(-1.0331)	(-1.7521)

续表

变量	(1)	(2)	(3)	(4)
taxtime				-0.0107*** (-2.8662)
tfp	0.0143*** (10.2256)	0.0144*** (10.2516)	0.0143*** (10.2260)	0.0147*** (9.5558)
crio	0.0005*** (6.3180)	0.0005*** (6.2825)	0.0005*** (6.2883)	0.0005*** (6.1807)
lev	-0.0041* (-1.7961)	-0.0042* (-1.8165)	-0.0042* (-1.8179)	-0.0031 (-1.1866)
kl	-0.0061*** (-5.5606)	-0.0061*** (-5.5423)	-0.0061*** (-5.5415)	-0.0072*** (-6.0868)
qysflr	0.0064*** (4.7184)	0.0064*** (4.7001)	0.0064*** (4.7101)	0.0063*** (4.2851)
efree	0.0478*** (3.1902)	0.0514*** (3.4182)	0.0459*** (2.8995)	0.0334 (1.6015)
politic	-0.0016 (-0.7012)	-0.0020 (-0.8731)	-0.0023 (-0.9899)	-0.0053** (-2.1152)
ptrade	-0.0034* (-1.9018)	-0.0034* (-1.8775)	-0.0028 (-1.4626)	-0.0107*** (-4.4277)
penergy	-0.0043*** (-3.2860)	-0.0045*** (-3.4125)	-0.0048*** (-3.5555)	-0.0075*** (-4.6906)
air	0.0058*** (6.4922)	0.0050*** (5.3938)	0.0050*** (5.3906)	0.0048*** (4.6315)
N	61843	61843	61843	55844
χ^2	451.2***	451.8***	453.0***	397.0***

注：*、**、***分别表示10%、5%、1%的显著性水平，括号内的值为z值。

③全球减税背景下所得税制度与中国企业是否OFDI。

本部分以中国企业是否多次OFDI为被解释变量中国企业是否OFDI(ofdi)的替代变量进行全球减税背景下所得税制度对中国企业是否OFDI影响的边际效应稳健性检验。

表5-15中的(1)~(4)列是以双边税差(mydiff)为核心解释变量的稳健性检验结果。双边税差(mydiff)与中国企业是否多次OFDI显著负相关，即东道国与中国的双边税差越小，中国企业OFDI流入的概率越高。这说明东道国实施所得税减税政策，降低所得税税率，缩小双边税差，有助于吸引中国企业OFDI流入。该结论进一步验证了H5.3。

表5-15中的(5)~(8)列是所得税减税程度(taxredu)为核心解释变量的稳健性检验结果。不论是否加入控制变量,所得税减税程度(taxredu)始终与中国企业是否多次OFDI显著正相关。这表明东道国实施所得税减税政策,且其减税程度越高,越有利于吸引中国企业OFDI流入。该结论验证了H5.3。

表5-15 全球减税背景下所得税制度对中国企业是否OFDI影响边际效应的稳健性检验

变量	模型(5-3)				模型(5-4)			
	(1)	(2)	(3)	(4)	(5)	(6)	(7)	(8)
$mydiff$	-0.0002* (-1.8016)	-0.0004 (-1.4592)	-0.0013*** (-4.9344)	-0.0012*** (-2.9203)				
$taxredu$					0.0013*** (6.1279)	0.0016*** (5.1109)	0.0009*** (3.8549)	0.0010*** (2.8133)
tfp		0.0035** (2.4829)		0.0036** (2.5382)		0.0031** (2.2456)		0.0035** (2.5272)
$crio$		-0.0000 (-0.5269)		-0.0000 (-0.4531)		-0.0000 (-0.3445)		-0.0000 (-0.2278)
lev		0.0004** (2.1372)		0.0005** (2.1709)		0.0004** (2.0112)		0.0003* (1.7023)
kl		0.0001 (0.0983)		-0.0001 (-0.0655)		0.0002 (0.1663)		-0.0000 (-0.0066)
$qysflr$		0.0017 (1.4059)		0.0018 (1.4471)		0.0020* (1.6738)		0.0019 (1.5231)
$efree$			-0.0129 (-1.0163)	-0.0100 (-0.4921)			-0.0069 (-0.5392)	0.0016 (0.0739)
$politic$			0.0005 (0.2248)	0.0008 (0.2265)			0.0037 (1.4380)	0.0039 (1.0386)
$ptrade$			-0.0075*** (-4.5382)	-0.0069*** (-2.6276)			-0.0033** (-2.2172)	-0.0031 (-1.2469)
$penergy$			-0.0035** (-2.4852)	-0.0032 (-1.3887)			-0.0015 (-1.2637)	-0.0015 (-0.7563)
air			0.0027** (2.8024)	0.0042** (2.6466)			0.0010 (1.2367)	0.0020 (1.4900)
N	12583	7777	12105	7425	12583	7777	12105	7425
χ^2	3.320*	18.80***	69.78***	49.48***	49.21***	47.56***	63.23***	58.29***

注:*、**、***分别表示10%、5%、1%的显著性水平,括号内的值为z值。

(2) 固定效应估计的稳健性检验

本书采用面板数据对全球减税背景下所得税制度对中国企业是否 OFDI 的影响进行检验，而 Hausman 检验显示应采用固定效应估计，因此本部分以此为依据验证前文结论的稳健性。

①母国所得税制度与中国企业是否 OFDI。

第一，中国企业是否 OFDI。

表 5-16 是对模型 (5-1) 进行的固定效应检验结果。在未纳入控制变量时，所得税税负 ($qysflr$) 对中国企业是否 OFDI ($ofdi$) 具有显著正向影响，初步表明母国所得税税负越重，企业开展 OFDI 的概率越大；而从逐步加入控制变量的结果来看，所得税税负 ($qysflr$) 对企业是否 OFDI ($ofdi$) 具有显著正向影响，与预期一致。这表明，企业其他因素并未改变母国所得税税负越重，越会促使企业开展 OFDI 的结论。该结论进一步验证了 H5.1。

表 5-16 母国所得税制度对中国企业是否 OFDI 影响的固定效应检验

变量	(1)	(2)	(3)	(4)	(5)	(6)	(7)	(8)
$qysflr$	0.1462*** (9.1452)	0.1198*** (7.3112)	0.1242*** (7.7266)	0.1201*** (7.4577)	0.0963*** (5.8157)	0.0939*** (5.6524)	0.0949*** (5.6355)	0.0931*** (5.5200)
tfp		0.4179*** (17.6241)	0.2088*** (8.2372)	0.2029*** (7.9697)	0.1599*** (6.0357)	0.1715*** (6.3588)	0.2138*** (7.5378)	0.2207*** (7.6756)
age			0.7383*** (25.0360)	0.7421*** (25.1383)	0.9312*** (28.6884)	0.9225*** (28.2559)	0.9473*** (28.4635)	0.9477*** (28.4848)
soe				−0.5723*** (−5.4344)	−0.4282*** (−3.9296)	−0.4316*** (−3.9638)	−0.4345*** (−3.9795)	−0.4358*** (−3.9919)
$crio$					0.0257*** (14.8519)	0.0253*** (14.5495)	0.0252*** (14.4430)	0.0249*** (14.2663)
lev						0.0149 (0.8211)	0.0306 (0.5936)	0.0020 (0.0373)
kl							−0.1191*** (−5.4577)	−0.1263*** (−5.6667)
roa								−0.0210 (−1.3113)
企业固定效应	Control	Control	Control	Control	Control	Control	Control	Control

续表

变量	(1)	(2)	(3)	(4)	(5)	(6)	(7)	(8)
国家固定效应	Control	Control	Control	Control	Control	Control	Control	Control
N	57622	57363	56665	56665	56665	56637	56620	56620
χ^2	87.12***	396.25***	1107.44***	1138.25***	1367.20***	1363.62***	1391.56***	1395.29***

注：***表示1%的显著性水平，括号内的值为z值。

第二，中国企业是否多次OFDI。

表5-17是以中国企业是否多次OFDI为被解释变量的替代变量进行的固定效应检验结果。由检验结果可知，所得税税负（qysflr）与中国企业是否多次OFDI存在显著正相关关系，初步表明母国的所得税税负越高，不仅会促使中国企业OFDI，还可能促使其当年多次OFDI；随着控制变量的逐步加入，所得税税负（qysflr）与中国企业是否多次OFDI的关系并未发生显著变化。这可能是因为，母国所得税税负越高，企业税负成本越高，基于税后收益最大化目标的驱动，企业越可能选择多次OFDI，这进一步验证了H5.1。

表5-17 母国所得税制度对中国企业是否多次OFDI影响的固定效应检验

变量	(1)	(2)	(3)	(4)	(5)	(6)	(7)	(8)
qysflr	0.2325*** (6.4146)	0.1994*** (5.3327)	0.1787*** (4.8410)	0.1723*** (4.6498)	0.1381*** (3.5823)	0.1415*** (3.6043)	0.1403*** (3.5524)	0.1347*** (3.3868)
tfp		0.3803*** (8.1695)	0.1539*** (3.0252)	0.1487*** (2.9140)	0.1066** (1.9741)	0.1110** (2.0064)	0.1557*** (2.6635)	0.1729*** (2.8494)
age			1.1945*** (14.8977)	1.1932*** (14.8881)	1.3235*** (15.9919)	1.3081*** (15.7268)	1.3362*** (15.8757)	1.3368*** (15.8947)
soe				-0.4722** (-2.3026)	-0.2648 (-1.2378)	-0.2763 (-1.2945)	-0.2732 (-1.2698)	-0.2772 (-1.2875)
crio					0.0240*** (6.4467)	0.0236*** (6.2950)	0.0237*** (6.3429)	0.0233*** (6.2054)
lev						0.1238 (1.2864)	0.0350 (0.3470)	-0.0181 (-0.1643)
kl							-0.1164*** (-2.5866)	-0.1337*** (-2.8103)
roa								-0.0269 (-0.8184)

续表

变量	(1)	(2)	(3)	(4)	(5)	(6)	(7)	(8)
企业固定效应	Control	Control	Control	Control	Control	Control	Control	Control
国家固定效应	Control	Control	Control	Control	Control	Control	Control	Control
N	72104	71822	71030	71030	70890	70890	70859	70837
χ^2	43.91***	107.15***	384.83***	390.27***	433.58***	432.57***	438.73***	440.62***

注：**、***分别表示5%、1%的显著性水平，括号内的值为z值。

②东道国所得税制度与中国企业是否OFDI。

第一，中国企业是否OFDI。

表5-18是对模型（5-2）进行的固定效应检验结果。从检验结果可以看出：东道国所得税制度的第一个核心解释变量所得税税率（$dmtax$）对中国企业是否OFDI（$ofdi$）具有显著负向影响，这说明东道国的企业所得税税率越低，中国企业向其开展OFDI的概率越大；而各控制变量的加入并没有显著改变东道国企业所得税税率越低，中国企业越有可能选择在该东道国进行OFDI的结论。这可能是因为，东道国企业所得税税率越低，OFDI企业的税负成本越低，企业的税后投资收益越高，从而越有利于吸引中国企业开展OFDI。此结论进一步验证了H5.2a。这也进一步说明，东道国通过降低其企业所得税税率的方式实施减税，可能更易吸引中国企业进行OFDI。

东道国所得税制度的第二个核心解释变量避免双重征税协定（$ttreaty$）与中国企业是否OFDI（$ofdi$）显著正相关，说明中国与东道国签订避免双重征税协定，在一定程度上能够促进企业做出OFDI决策，进一步验证了H5.2b。

东道国所得税制度的第三个核心解释变量税收饶让（$taxallow$）与中国企业是否OFDI（$ofdi$）存在显著负相关关系，H5.2c依然未得到验证。

东道国所得税制度的第四个核心解释变量东道国税收征管效率（$taxtime$）与中国企业是否OFDI（$ofdi$）存在显著负相关关系，这说明东道国的筹纳税时间越短、税收征管效率越高，吸引中国企业开展OFDI的概率越大。此结论进一步验证了H5.2d。这也在一定程度上说明，东道国通过缩短筹纳税时间、提高税收征管效率的方式进行减税，可能更易吸引中国企业进行OFDI。

表 5-18 东道国所得税制度对中国企业是否 OFDI 影响的固定效应检验

变量	(1)	(2)	(3)	(4)
dmtax	-1.5446*** (-13.1851)	-0.8737*** (-6.4777)	-1.4728*** (-11.6833)	-0.7965*** (-5.5182)
ttreaty	1.3514*** (7.3362)	1.1398*** (5.8347)	1.2581*** (6.1298)	1.0032*** (4.7129)
taxallow	-0.6908*** (-4.5463)	-0.5852*** (-3.5284)	-0.5499*** (-3.4199)	-0.4107** (-2.3476)
taxtime	-2.5035*** (-24.9197)	-1.1699*** (-10.0967)	-2.1003*** (-17.6266)	-1.0992*** (-8.1824)
tfp		0.3499*** (11.6391)		0.3410*** (10.9259)
crio		0.0058*** (3.6099)		0.0071*** (4.2624)
lev		0.1879*** (3.7108)		0.2138*** (3.9899)
kl		-0.0190 (-0.8100)		-0.0351 (-1.4445)
qysflr		0.1090*** (5.9883)		0.1057*** (5.7001)
efree			6.0238*** (10.7320)	4.2227*** (6.7753)
politic			0.2596*** (4.6805)	0.3482*** (5.6415)
ptrade			-0.6490*** (-4.7909)	-0.6611*** (-4.1984)
penergy			-0.1907*** (-5.1474)	-0.0564 (-1.3864)
air			0.1316** (2.2872)	0.1580** (2.3390)
企业固定效应	Control	Control	Control	Control
国家固定效应	Control	Control	Control	Control
N	63302	45803	60034	43311
χ^2	1018.58***	535.92***	1210.13***	630.62***

注：**、***分别表示5%、1%的显著性水平，括号内的值为 z 值。

第二，中国企业是否多次 OFDI。

表 5-19 是对模型(5-2)进行的固定效应检验结果，通过检验东道国所得税制度对中国企业是否多次 OFDI 的影响发现：

所得税税率($dmtax$)对中国企业是否多次 OFDI 具有显著负向影响，即东道国企业所得税税率越低，越可能吸引中国企业多次 OFDI。这进一步验证了 H5.2a。

避免双重征税协定($ttreaty$)与中国企业是否多次 OFDI 存在显著正相关关系，即东道国与中国签订避免双重征税协定，有利于吸引中国企业 OFDI 的多次流入。该结论进一步验证了 H5.2b。

税收饶让($taxallow$)与中国企业是否多次 OFDI 的关系并不显著，控制变量的加入并未改变两者关系的显著性，H5.2c 依然未得到验证。

税收征管效率($taxtime$)对中国企业是否多次 OFDI 具有显著负向影响，即东道国筹纳税时间越短，税收征管效率越高，越可能促使中国企业多次 OFDI。该结论进一步验证了 H5.2d。

表 5-19 东道国所得税制度对中国企业是否多次 OFDI 影响的固定效应检验

变量	(1)	(2)	(3)	(4)
$dmtax$	-1.2897*** (-4.9666)	-0.8512*** (-2.8913)	-1.1179*** (-4.0983)	-0.6635** (-2.1451)
$ttreaty$	1.7523*** (3.1878)	1.4684** (2.5327)	1.8929*** (2.7824)	1.8124** (2.4108)
$taxallow$	-0.8835 (-1.6070)	-0.8175 (-1.3600)	-0.7569 (-1.2697)	-0.7044 (-1.0621)
$taxtime$	-3.1064*** (-12.8758)	-1.8675*** (-6.6793)	-2.4922*** (-7.7646)	-1.4614*** (-4.0850)
tfp		0.2991*** (4.7919)		0.2963*** (4.6179)
$crio$		0.0051 (1.4357)		0.0062* (1.6850)
lev		0.1872* (1.7921)		0.2416** (2.1118)
kl		-0.0182 (-0.3716)		-0.0416 (-0.8198)
$qysflr$		0.1617*** (3.7989)		0.1515*** (3.5110)

续表

变量	(1)	(2)	(3)	(4)
$efree$			6.8054*** (4.1832)	4.8745*** (2.7110)
$politic$			0.2382** (1.9649)	0.3448** (2.5285)
$ptrade$			-0.8128** (-2.3477)	-1.2375*** (-3.0915)
$penergy$			-0.2143** (-2.3557)	-0.1152 (-1.1368)
air			0.0699 (0.4333)	0.2526 (1.3022)
企业固定效应	Control	Control	Control	Control
国家固定效应	Control	Control	Control	Control
N	12240	9066	11788	8752
χ^2	217.38***	148.64***	253.47***	180.41***

注：*、**、***分别表示10%、5%、1%的显著性水平，括号内的值为 z 值。

③全球减税背景下所得税制度与中国企业是否OFDI。

第一，中国企业是否OFDI。

表5-20中的(1)~(4)列为对模型(5-3)进行的固定效应检验结果，即以实际税差($sjdiff$)为核心解释变量双边税差($mydiff$)的替代变量进行的全球减税背景下所得税制度对中国企业是否OFDI影响的稳健性检验结果。由检验结果可知：实际税差($sjdiff$)对中国企业是否OFDI($ofdi$)具有显著的负向影响；企业微观控制变量、东道国宏观控制变量的加入，并未显著改变两者的显著负相关关系。这在一定程度上表明，东道国实施所得税减税政策，降低东道国的企业所得税实际税负，缩小双边税差，有助于吸引中国企业OFDI流入。这一结论进一步验证了H5.3。

表5-20中的(5)~(8)列是对模型(5-4)进行的固定效应检验结果，即以所得税减税程度($taxredu$)为核心解释变量进行的全球减税背景下所得税制度对中国企业是否OFDI影响的稳健性检验结果。由检验结果可知：在未加入任何层面的控制变量时，东道国所得税减税程度($taxredu$)对中国企业是否OFDI($ofdi$)具有显著正向影响；两者的显著正相关关系并未随着企业微观控制变量、东道国宏观控制变量的加入而改变。这一结论说明，东道国实施所得税

减税政策,其减税幅度越大,越会增强其对中国企业 OFDI 的吸引力,促进中国企业 OFDI 流入。这一结论进一步验证了 H5.3。

表 5-20 全球减税背景下所得税制度对中国企业是否 OFDI 影响的固定效应检验

变量	模型(5-3)				模型(5-4)			
	(1)	(2)	(3)	(4)	(5)	(6)	(7)	(8)
sjdiff	-0.0448*** (-6.0370)	-0.0465*** (-6.0379)	-0.0446*** (-5.6226)	-0.0400*** (-4.8140)				
taxredu					0.0181*** (2.7987)	0.0178*** (2.7409)	0.0260*** (4.0204)	0.0219*** (3.3229)
tfp		0.3216*** (8.3422)		0.2787*** (6.8198)		0.4297*** (16.4014)		0.4191*** (14.5901)
crio		0.0076*** (3.5937)		0.0102*** (4.5462)		0.0011 (0.8123)		0.0034** (2.2291)
lev		0.7327*** (6.4736)		0.6567*** (5.6842)		0.2115*** (4.7049)		0.2158*** (4.4147)
kl		-0.1146*** (-3.7893)		-0.1297*** (-4.0773)		0.0058 (0.2761)		-0.0098 (-0.4305)
qysflr		0.0641*** (3.1717)		0.0596*** (2.8870)		0.1162*** (6.9269)		0.1183*** (6.6347)
efree			4.9371*** (7.7857)	3.4119*** (4.8640)			3.8333*** (8.5487)	2.9947*** (5.6642)
politic			0.0912 (1.4312)	0.1893*** (2.6873)			0.0790 (1.4966)	0.2944*** (5.0122)
ptrade			-1.5362*** (-8.7432)	-1.1231*** (-5.6377)			-1.2556*** (-10.8119)	-0.9889*** (-7.0912)
penergy			-0.0470 (-1.1740)	0.0660 (1.4536)			-0.2400*** (-8.5284)	-0.0875*** (-2.8803)
air			0.8142*** (8.9850)	0.5219*** (5.2532)			0.5954*** (10.7459)	0.3619*** (5.7690)
企业固定效应	Control	Control	Control	Control	Control	Control	Control	Control
国家固定效应	Control	Control	Control	Control	Control	Control	Control	Control
N	37961	29940	36103	28396	79585	56654	70131	49611
χ^2	37.41***	176.11***	313.53***	257.54***	7.53***	433.09***	577.22***	585.33***

注:**、***分别表示5%、1%的显著性水平,括号内的值为z值。

第二，中国企业是否多次 OFDI。

表 5-21 是以中国企业是否多次 OFDI 为被解释变量中国企业是否 OFDI（ofdi）的替代变量进行的全球减税背景下所得税制度对中国企业是否开展 OFDI 影响的稳健性检验结果。

表 5-21 中的(1)~(4)列是对模型(5-3)进行的固定效应检验，以实际税差（sjdiff）为核心解释变量双边税差（mydiff）的替代变量。实证结果表明，不论是否加入控制变量，东道国与中国企业所得税实际税差（sjdiff）都同中国企业是否多次 OFDI 显著负相关。这一结论表明，东道国实施所得税减税政策，有效降低其实际税率，缩小同中国的实际税差，有助于吸引中国企业 OFDI 的多次流入。这进一步验证了 H5.3。

表 5-21 中的(5)~(8)列是对模型(5-4)进行的固定效应检验。实证结果表明：不论是否加入控制变量，东道国所得税减税程度（taxredu）都与中国企业是否多次 OFDI 存在显著正向关系，即东道国所得税减税幅度越大，吸引中国企业 OFDI 多次流入的概率越大。这一结论表明，东道国实施所得税减税政策，其所得税减税幅度越大，越有助于吸引中国企业 OFDI 的多次流入。这进一步验证了 H5.3。

表 5-21　全球减税背景下所得税制度对中国企业是否多次 OFDI 影响的固定效应检验

变量	模型(5-3)				模型(5-4)			
	(1)	(2)	(3)	(4)	(5)	(6)	(7)	(8)
sjdiff	-0.0646*** (-3.5550)	-0.0781*** (-4.0605)	-0.0700*** (-3.5449)	-0.0718*** (-3.4247)				
taxredu					0.0266* (1.9291)	0.0256* (1.8490)	0.0291** (2.1418)	0.0256* (1.8369)
tfp		0.3461*** (4.1472)		0.2429*** (2.6922)		0.3873*** (7.2275)		0.3646*** (5.9962)
crio		0.0053 (1.1082)		0.0086* (1.7157)		0.0016 (0.5185)		0.0042 (1.2287)
lev		2.5039*** (7.7502)		2.4244*** (6.9817)		0.2071** (2.2734)		0.2321** (2.2156)
kl		-0.2068*** (-3.0115)		-0.2244*** (-3.0653)		0.0141 (0.3321)		0.0131 (0.2687)
qysflr		0.1456*** (2.8961)		0.1225** (2.4019)		0.1817*** (4.6462)		0.1727*** (4.1119)
efree			5.9049*** (3.0995)	4.7764** (2.2664)			0.9960 (0.7604)	0.9460 (0.6209)

续表

变量	模型(5-3)				模型(5-4)			
	(1)	(2)	(3)	(4)	(5)	(6)	(7)	(8)
politic			0.0195 (0.1368)	0.1571 (0.9821)			0.0647 (0.5442)	0.2804** (2.1334)
ptrade			-2.6899*** (-5.6203)	-2.7135*** (-4.9283)			-1.6077*** (-5.2985)	-1.7517*** (-4.9032)
penergy			-0.0122 (-0.1316)	0.1137 (1.0589)			-0.4052*** (-5.4046)	-0.2160*** (-2.8344)
air			1.2221*** (4.3874)	0.8598*** (2.9512)			0.6138*** (3.8112)	0.5499*** (2.9463)
企业固定效应	Control	Control	Control	Control	Control	Control	Control	Control
国家固定效应	Control	Control	Control	Control	Control	Control	Control	Control
N	7266	5795	6979	5573	15578	11475	13349	9744
χ^2	13.18***	109.96***	112.93***	150.58***	3.47*	114.97***	155.54***	174.59***

注：*、**、***分别表示10%、5%、1%的显著性水平，括号内的值为 z 值。

图 5-1 对全球减税背景下所得税制度对中国企业是否 OFDI 影响的结论进行了总结。从图 5-1 中可以看出，本书提出的大多数假设得到了验证：母国所得税税负过重，会促使企业 OFDI；东道国所得税税率越低、税收征管效率越高、签订避免双重征税协定，均会吸引中国企业 OFDI 流入；在全球减税背景下，实施所得税减税政策，能够有效吸引中国企业 OFDI 流入。只有税收饶让对中国企业是否 OFDI 的影响未得到验证。

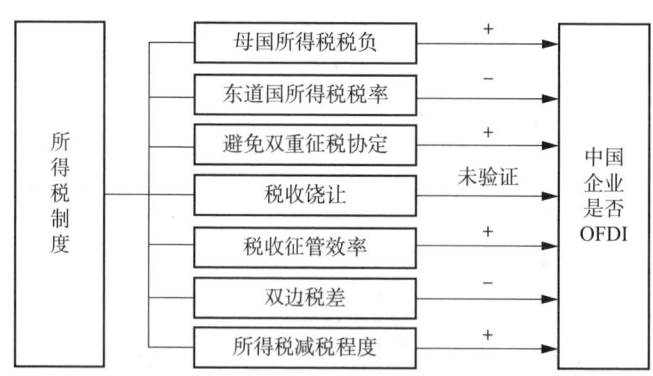

图 5-1 全球减税背景下所得税制度对中国企业是否 OFDI 的影响

5.3 小结

为考察全球减税背景下所得税制度对中国企业是否 OFDI 的影响，本书采用根据国泰安海外直接投资数据库、上市公司年报、招股说明书等整理得出的 2008—2019 年中国上市公司投资次数数据，再按是否制造业分组，使用 Logit 模型、固定效应模型进行检验。研究结果如下：

第一，母国所得税制度显著影响中国企业是否 OFDI。母国所得税税负（$qysflr$）每提高 1%，企业开展 OFDI 的概率就会增加 0.79%。这可能是因为母国的企业所得税税负越高，越会增加企业在母国经营的税收成本，从而降低企业的税后收益。

第二，东道国所得税制度深刻影响了中国企业是否 OFDI。东道国的所得税税率（$dmtax$）、避免双重征税协定（$ttreaty$）、税收征管效率（$taxtime$）对中国企业是否 OFDI 影响的假设得到了验证，而税收饶让（$taxallow$）对中国企业是否 OFDI 影响的假设未得到验证。

首先，东道国所得税税率与中国企业是否 OFDI 呈负相关关系。东道国所得税税率（$dmtax$）每降低 1%，中国企业开展 OFDI 的概率就会增加 2.35%。原因可能是东道国的所得税税率越低，越能在一定程度上降低企业的纳税成本和税收负担。

其次，中国与东道国签订避免双重征税协定，可以显著促进中国企业进行 OFDI。与未签订避免双重征税协定的东道国相比，中国企业在签订避免双重征税协定的东道国开展 OFDI 的概率会提升 5.02%。其原因可能是避免双重征税协定的签订，一方面能够为企业在开展 OFDI 过程中面临的税收问题提供法律依据，降低企业跨国经营面临的税收不确定性风险，另一方面能够有效解决企业在开展 OFDI 过程中的双重征税问题，降低企业纳税成本。

最后，税收征管效率显著促进了中国企业开展 OFDI。税收征管效率（$taxtime$）每提高 1%，中国企业开展 OFDI 的概率就会增加 1.16%。这可能是因为当东道国税收征管效率较高时，简化高效的纳税流程和高效的人力物力配置等，可以缩短 OFDI 企业的纳税时间，降低其与东道国政府部门的沟通成本及隐性纳税成本，进而提高收益，提升其海外投资的积极性。

税收饶让（$taxallow$）与中国企业是否 OFDI 的关系未得到验证。这可能是因为与其他所得税制度要素相比，税收饶让的优惠力度较小，在东道国吸引外国直接投资方面并不十分有效。

第三，所得税制度对中国企业是否 OFDI 具有显著影响。双边税差（$mydiff$）每降低 1%，中国企业开展 OFDI 的概率就会增加 0.64%；所得税减税程度（$taxredu$）每增加 1%，中国企业开展 OFDI 的概率就会增加 0.44%。这可能是因为东道国通过实施企业所得税减税政策，一方面能够切实缩减企业的海外投资成本，使企业获得更高的投资回报率，进而提升中国企业 OFDI 的积极性；另一方面将有利的投资信号释放给 OFDI 企业，在一定程度上可以抵消东道国较差制度环境的不利影响，提升本国经济活力，集聚的海外投资者还能产生空间关联效应，进而增强东道国对中国企业 OFDI 的吸引力。

第6章

所得税制度对中国企业OFDI区位布局的影响

6.1 理论假设

6.1.1 中国企业在不同税负国家(地区)的OFDI区位布局

所得税作为影响企业经营成本的重要因素,也影响着企业的投资决策。具体而言,所得税的减免能够降低企业资本成本,提高企业的税后收益率和投资报酬率。企业作为理性的投资者,以实现税后收益最大化为投资目标,倾向于选择所得税税负较低的国家(地区)进行投资(王永钦等,2014)。因此,在其他条件一定的情况下,当不同所得税税负水平的国家(地区)同时实施所得税减税政策时,低税负国家(地区)可以更大限度地减轻中国企业OFDI的所得税税收负担,此时,企业为了获得更多的税后收益,偏好对低税负国家(地区)进行OFDI。基于此,本书提出以下假设:

H6.1:中国企业OFDI更倾向于流入实施所得税减税政策的低税负国家(地区)。

6.1.2 中国企业在不同收入国家(地区)的OFDI区位布局

Dunning(1981)提出的基于"资源、市场及效率"的企业投资动机,得到了广大学者的认可。从投资流向来看,中国OFDI企业既有投向低收入国家(地区)的"顺梯度"投资,又有投向高收入国家(地区)的"逆梯度"投资。与企业"顺梯度"投资借助自身相对优势获取东道国市场及自然资源等动机不同,中国企业向高收入国家(地区)开展OFDI,主要是学习和获取东道国在技术创新、管理经验等方面的战略资产(蒋冠宏等,2012;隋月红等,2012;李童和皮建才,2019)。高收入国家(地区)往往具备更好的营商环境与制度环境,能够吸引中国企业OFDI。相对于"顺梯度"投资,中国OFDI企业在"逆梯度"投资中,往往会面临更大的挑战和进入成本。在其他条件相同的情况下,当高收入与低收入国家(地区)同时实施所得税减税政策时,企业在高收入国家(地区)进行OFDI不仅可以获得较高的逆向技术溢出效应,提升自身的创新水平,还可以借助东道国良好的营商环境与制度环境,降低其行政成本。因此,中国企业倾向于选择实施减税政策的高收入国家(地区)进行OFDI。基于此,本书提出以下假设:

H6.2:中国企业OFDI更倾向流入实施所得税减税政策的高收入国家(地区)。

6.1.3 中国企业在"一带一路"与非"一带一路"国家(地区)的OFDI区位布局

与非"一带一路"国家(地区)相比,"一带一路"国家(地区)提出的众多优惠投资政策为区域税收合作和改善营商环境提供了很大助力,使其具有非"一带一路"国家(地区)不可比拟的政策优势。在全球减税浪潮下,随着中国和东道国所得税制度的不断改革与完善,所得税制度对中国企业在"一带一路"国家(地区)OFDI的影响将进一步加大。随着国家所得税制度影响的进一步深化和"一带一路"政策扶持力度的不断加大,母国和东道国所得税制度影响的叠加效应会进一步激励中国企业OFDI流向"一带一路"国家(地区)。也就是说,在"一带一路"和非"一带一路"国家(地区)采取相同减税政策的情况下,中国企业OFDI将更加倾向于流入"一带一路"国家(地区)。基于此,本书提出以下假设:

H6.3:中国企业OFDI更倾向于流入实施所得税减税政策的"一带一路"国家(地区)。

6.2 实证分析

6.2.1 变量说明及数据来源

在检验全球减税背景下所得税制度对中国企业 OFDI 区位布局的影响时，为了保证样本的可获得性，本书以 2008—2019 年中国上市公司开展 OFDI 的企业为样本；鉴于"一带一路"倡议于 2013 年提出，本书在检验中国企业 OFDI 区位布局是否选择"一带一路"国家（地区）时，考虑到政策的滞后效应，以 2014—2019 年中国企业开展 OFDI 的企业为样本。为了确保样本的代表性和客观性，剔除了开曼群岛、英属维尔京群岛、百慕大群岛等"避税天堂"以及数据缺失和异常的样本，共得到 7833 个样本。

相关变量说明及数据来源见表 6-1。

表 6-1 中国企业 OFDI 区位布局的变量说明及数据来源

变量属性	变量名称	变量符号	变量说明	数据来源
被解释变量	是否低税负	$dtax$	二值变量，若东道国属于低税负国家（地区），则取值为 1，否则取值为 0	毕马威、安永、德勤等会计师事务所网站
	是否高收入	gsr	二值变量，若东道国属于高收入国家（地区），则取值为 1，否则取值为 0	世界银行数据库
	是否"一带一路"	$ydyl$	二值变量，若东道国属于"一带一路"国家（地区），则取值为 1，否则取值为 0	中国"一带一路"网
	OFDI 次数	$ofditime$	企业当年在东道国新增的投资公司数量	国泰安海外直接投资数据库、上市公司年报及招股说明书等
核心解释变量	所得税税负	$dsjtax$	东道国企业所得税实际税率	世界银行数据库
	实际税差	$sjdiff$	东道国与中国企业所得税实际税率的差额	世界银行数据库
	所得税减税程度	$taxredu$	东道国名义所得税税率下降程度	毕马威、安永、德勤等会计师事务所网站

续表

变量属性	变量名称	变量符号	变量说明	数据来源
微观控制变量(X)	生产率水平	tfp	企业营业总收入除以员工人数	国泰安数据库
	上市时间	age	企业相关投资年度与上市年度的差	
	股权结构	crio	企业前十大股东持股比例	
	负债规模	lev	企业负债总额占资产总额的比重	
	资本密度	kl	企业固定资产与企业员工人数之比	
	企业所得税税负	qysflr	企业当年所得税费用与利润之比	
宏观控制变量(Y)	市场规模	pgdp	东道国人均GDP	世界银行数据库
	政治稳定性	politic	东道国的政治稳定性与非暴乱指数	
	贸易开放度	ptrade	东道国商品贸易占GDP的比重	
	资源禀赋	penergy	东道国矿石和金属出口占商品出口的比重	
	基础设施水平	air	东道国的航空货运量	
	经济自由度	efree	东道国的经济自由度指数	美国传统基金会网站

注：本部分采用"OFDI企业—投资区位—投资年度"三维数据。

6.2.2 模型设定

为了检验全球减税背景下所得税制度对中国企业在不同税负国家（地区）OFDI区位布局的影响，本书构建了以下模型：

$$P(dtax=1 \mid dsjtax, X, Y) = \Lambda(\xi_0 + \xi_1 dsjtax + \sum \alpha X + \sum \beta Y) \tag{6-1}$$

$$P(dtax=1 \mid sjdiff, X, Y) = \Lambda(\xi_0 + \xi_1 sjdiff + \sum \alpha X + \sum \beta Y) \tag{6-2}$$

$$P(dtax=1 \mid taxredu, X, Y) = \Lambda(\xi_0 + \xi_1 taxredu + \sum \alpha X + \sum \beta Y) \tag{6-3}$$

为了检验全球减税背景下所得税制度对中国企业在不同收入国家（地区）OFDI区位布局的影响，本书构建了以下模型：

$$P(gsr=1 \mid dsjtax, X, Y) = \Lambda(\theta_0 + \theta_1 dsjtax + \sum \gamma X + \sum \delta Y) \tag{6-4}$$

$$P(gsr=1 \mid sjdiff, X, Y) = \Lambda(\theta_0 + \theta_1 sjdiff + \sum \gamma X + \sum \delta Y) \tag{6-5}$$

$$P(gsr=1 \mid taxredu, X, Y) = \Lambda(\theta_0 + \theta_1 taxredu + \sum \gamma X + \sum \delta Y) \tag{6-6}$$

为了检验全球减税背景下所得税制度对中国企业在"一带一路"与非"一带一路"国家(地区)OFDI 区位布局的影响,本书构建了以下模型:

$$P(ydyl=1 \mid dsjtax, X, Y) = \Lambda(\rho_0 + \rho_1 dsjtax + \sum \sigma X + \sum \varphi Y) \tag{6-7}$$

$$P(ydyl=1 \mid sjdiff, X, Y) = \Lambda(\rho_0 + \rho_1 sjdiff + \sum \sigma X + \sum \varphi Y) \tag{6-8}$$

$$P(ydyl=1 \mid taxredu, X, Y) = \Lambda(\rho_0 + \rho_1 taxredu + \sum \sigma X + \sum \varphi Y) \tag{6-9}$$

其中,ξ_0、θ_0、ρ_0 为常数项;ξ_1、θ_1、ρ_1、α、β、γ、δ、σ、φ 为相应变量的待估计参数。

为检验全球减税背景下所得税制度对中国企业 OFDI 区位布局的整体影响,本部分以中国企业 OFDI 次数为被解释变量进行检验。OFDI 次数为非负整数(0,1,2……),适合采用计数模型。同时,由于被解释变量中国企业 OFDI 次数的方差大于期望,故采用负二项回归模型,具体如下:

其期望函数为

$$E[y_{ijt} \mid x_{ijt}] = \lambda_{ijt} = \exp(X_{ijt}'\beta) \tag{6-10}$$

其概率密度函数为

$$P(ofditime_{ijt}=k \mid X_{ijt}) = \frac{\Gamma(\theta+y_{ijt})}{\Gamma(y_{ijt}+1)\Gamma(\theta)} r_{ijt}^{y_{ijt}} (1-r_{ijt})^{\theta}, \quad k=0, 1, 2, \cdots \tag{6-11}$$

$$\gamma_{ijt} = \frac{\lambda_{ijt}}{\lambda_{ijt}+\theta} \tag{6-12}$$

其中,$\Gamma(\cdot)$ 为 Gamma 分布函数,方差 $\text{Var}[y_{ijt} \mid x_{ijt}] = \lambda_{ijt}(1+\alpha\lambda_{ijt}) > \lambda_{ijt}$;$ofditime_{ijt}$ 表示 OFDI 企业 i 在投资区位 j 第 t 年的 OFDI 次数;λ_{ijt} 表示企业 OFDI 次数的均值,受全球减税背景下所得税制度、企业微观控制变量及东道国宏观控制变量的共同影响。

在本书中,当核心解释变量为所得税税负($dsjtax$)时,

$$\lambda_{ijt} = \exp(\beta_1 dsjtax_{ijt} + \beta_2 Z_{ijt} + \varepsilon_{ijt}) \tag{6-13}$$

当以实际税差($sjdiff$)作为核心解释变量时,

$$\lambda_{ijt} = \exp(\beta_1 \, sjdiff_{ijt} + \beta_2 Z_{ijt} + \epsilon_{ijt}) \tag{6-14}$$

当以所得税减税程度($taxredu$)作为核心解释变量时,

$$\lambda_{ijt} = \exp(\beta_1 \, taxredu_{ijt} + \beta_2 Z_{ijt} + \xi_{ijt}) \tag{6-15}$$

其中,Z 为企业微观控制变量和东道国宏观控制变量,β 为待估计参数,ε_{ijt}、ϵ_{ijt}、ξ_{ijt} 为随机误差项。

6.2.3 实证结果分析

6.2.3.1 主要变量描述性统计与单位根检验

(1)描述性统计

①中国企业在不同税负国家(地区)的 OFDI 区位布局。

表6-2 为中国企业在不同税负国家(地区)OFDI 区位布局主要变量的描述性统计。从表6-2 中可以看出,与高税负国家(地区)相比,中国企业在低税负国家(地区)开展 OFDI 的次数更多,且低税负国家(地区)的所得税税负更低,同中国的实际税差更小,减税程度更大。但是,这能否验证前文提出的全球减税背景下所得税制度对中国企业在不同税负东道国 OFDI 区位布局影响的假设,还有待在后文进行验证。

表6-2 中国企业在不同税负国家(地区)OFDI 区位布局主要变量的描述性统计

变量	高税负国家(地区)		低税负国家(地区)	
	均值	标准差	均值	标准差
$ofditime$	0.1048	0.6728	0.1514	0.7643
$dsjtax$	2.9552	0.7998	2.6525	0.6588
$sjdiff$	12.1346	7.8199	5.8338	6.9856
$taxredu$	0.3067	1.2233	0.3819	1.8224
tfp	13.8609	0.9569	13.8912	0.9486
age	2.0502	0.8617	2.1013	0.8580
$crio$	60.2037	17.1782	60.7433	16.7091
lev	0.5060	0.8165	0.4968	1.0718
kl	12.4075	1.1928	12.3994	1.2254
$qysflr$	2.9007	0.9471	2.9305	0.9656
$pgdp$	9.6761	1.4672	10.1802	0.9917
$efree$	4.2014	0.2160	4.3383	0.1703

续表

变量	高税负国家（地区）		低税负国家（地区）	
	均值	标准差	均值	标准差
politic	0.0842	0.8680	0.6383	0.6489
ptrade	3.5730	0.5236	4.8102	0.9836
penergy	5.9803	1.1311	5.5896	0.9172
air	7.8135	2.5465	8.0968	2.1471

②中国企业在不同收入国家（地区）的OFDI区位布局。

表6-3为中国企业在不同收入国家（地区）OFDI区位布局主要变量的描述性统计。从表6-3中可以看出，与低收入国家（地区）相比，中国企业在高收入国家（地区）开展OFDI的次数更多，且高收入国家（地区）的所得税税负更低，同中国的实际税差更小，所得税减税程度更大。但是，这能否验证前文提出的全球减税背景下所得税制度对中国企业在不同收入东道国OFDI区位布局影响的假设，有待在后文进行验证。

表6-3 中国企业在不同收入国家（地区）OFDI区位布局主要变量的描述性统计

变量	高收入国家（地区）		低收入国家（地区）	
	均值	标准差	均值	标准差
ofditime	0.1443	0.7777	0.0882	0.3532
dsjtax	2.7169	0.7350	2.8776	0.5306
sjdiff	7.4369	7.9154	8.5176	6.5855
taxredu	0.3864	1.7386	0.2412	1.0952
tfp	13.8772	0.9505	13.9130	0.9306
crio	60.7478	16.8581	59.4893	16.4591
lev	0.4974	1.0789	0.5085	0.3039
kl	12.4039	1.2176	12.4034	1.1684
qysflr	2.9216	0.9642	2.9181	0.9304
efree	4.3391	0.1439	3.9893	0.2287
politic	0.6409	0.5862	−0.7348	0.7703
ptrade	4.4645	1.0756	3.9827	0.6043
penergy	5.7449	0.9485	5.5507	1.3504
air	8.4691	1.8642	5.0646	2.5471

③中国企业在"一带一路"与非"一带一路"国家(地区)的OFDI区位布局。

表6-4为中国企业在"一带一路"与非"一带一路"国家(地区)OFDI区位布局主要变量的描述性统计。从表6-4中可以看出，与非"一带一路"国家(地区)相比，中国企业在"一带一路"国家(地区)开展OFDI的次数更多，且"一带一路"国家(地区)的所得税税负更低，同中国的实际税差更小，所得税减税程度更大。但是，这能否验证前文提出的全球减税背景下所得税制度对中国企业在"一带一路"与非"一带一路"国家(地区)OFDI区位布局影响的假设，还有待在后文进行验证。

表6-4 中国企业在"一带一路"与非"一带一路"国家(地区)OFDI区位布局主要变量的描述性统计

变量	"一带一路"国家(地区)		非"一带一路"国家(地区)	
	均值	标准差	均值	标准差
$ofditime$	0.1977	0.8292	0.1283	0.4482
$dsjtax$	2.2963	0.9518	2.4853	0.9094
$sjdiff$	3.4049	8.0818	4.5067	6.7641
$taxredu$	0.2146	1.1341	0.0550	0.3740
tfp	14.0754	0.8378	13.92	0.8692
$crio$	61.1617	15.8885	60.3300	16.3840
lev	0.5079	0.2266	0.4847	0.2142
kl	12.4989	1.1571	12.4955	1.1238
$qysflr$	2.9686	0.9545	2.9758	0.8610
$efree$	4.1849	0.1800	4.1632	0.1611
$politic$	0.0013	1.0109	−0.0076	0.8649
$ptrade$	4.4154	0.6965	4.2653	0.7001
$penergy$	5.5366	0.9079	5.4392	0.9833
air	6.6932	2.3812	6.7126	2.1301

(2)单位根检验

本书采用面板数据对全球减税背景下所得税制度对中国企业OFDI区位布局的影响进行检验，因而要对检验所用数据进行面板单位根检验，以避免出现伪回归。结果显示，本书所用数据不存在单位根，检验全球减税背景下所得税制度对中国企业OFDI区位布局的影响所用数据均为平稳序列。

6.2.3.2 中国企业OFDI区位布局的实证结果分析

(1)中国企业在不同税负国家(地区)的OFDI区位布局

为检验全球减税背景下所得税制度对中国企业在不同税负国家(地区)OFDI区位布局的影响,本书分别以所得税税负、实际税差、所得税减税程度作为核心解释变量进行检验。

①OFDI概率。

表6-5中的(1)~(2)列是对模型(6-1)进行的检验,是以所得税税负($dsjtax$)为核心解释变量对中国企业在不同税负国家(地区)OFDI区位布局的边际效应检验结果。从表6-5中可以看出,所得税税负($dsjtax$)与中国企业是否选择低税负国家(地区)($dtax$)开展OFDI显著负相关,东道国所得税税负每降低1%,中国企业OFDI流向低税负国家(地区)的概率就会增加3.68%。这可能是由于东道国所得税税负的降低减少了OFDI企业的纳税成本,提高了其税后利润,从而提升了中国企业在低税负国家(地区)开展OFDI的概率。这一结论验证了H6.1。

表6-5中的(3)~(4)列是对模型(6-2)进行的检验,是以实际税差($sjdiff$)为核心解释变量对中国企业在不同税负国家(地区)OFDI区位布局的边际效应检验结果。由检验结果可知,不论是否加入控制变量,实际税差($sjdiff$)都与中国企业是否选择低税负国家(地区)($dtax$)开展OFDI显著负相关,实际税差每降低1%,中国企业选择低税负国家(地区)开展OFDI的概率就会增加1.22%。这说明,当不同税负国家(地区)均实施所得税减税政策、降低实际税率、缩小实际税差时,中国企业倾向于选择低税负国家(地区)开展OFDI。该结论验证了H6.1。

表6-5中的(5)~(6)列是对模型(6-3)进行的检验,是以所得税减税程度($taxredu$)为核心解释变量对中国企业在不同税负国家(地区)OFDI区位布局的边际效应检验结果。实证结果表明,所得税减税程度($taxredu$)对中国企业是否选择低税负国家(地区)($dtax$)开展OFDI具有显著正向影响,东道国所得税减税幅度每提高1%,中国企业OFDI选择流向低税负国家(地区)的概率就会增加2.67%。这说明当不同税负的国家(地区)均实施所得税减税政策时,中国企业更倾向于选择税负更低的国家(地区)开展OFDI。该结论再次验证了H6.1。

出现上述结论的原因可能是,低税负国家(地区)实施的减税政策进一步降低了OFDI企业的税收负担，从而提高了企业的税后收益率和投资报酬率，使OFDI企业获得了更多的税后收益。

表6-5 中国企业在不同税负国家（地区）OFDI区位布局的边际效应（1）

变量	模型(6-1)		模型(6-2)		模型(6-3)	
	(1)	(2)	(3)	(4)	(5)	(6)
$dsjtax$	-0.1904*** (-24.5891)	-0.0368*** (-10.3457)				
$sjdiff$			-0.0260*** (-65.3404)	-0.0122*** (-28.1729)		
$taxredu$					0.0062*** (7.8255)	0.0267*** (49.2345)
tfp		0.0018 (0.7610)		0.0005 (0.1953)		0.0041* (1.9195)
age		0.0211*** (7.5063)		0.0126*** (5.2920)		0.0291*** (11.0770)
$crio$		0.0007*** (6.9004)		0.0004*** (3.5903)		0.0009*** (9.4286)
lev		-0.0116 (-0.6006)		-0.0185** (-2.5656)		-0.0177 (-1.0304)
kl		0.0001 (0.0541)		-0.0009 (-0.5954)		-0.0019 (-1.2681)
$qysflr$		-0.0048*** (-2.7194)		-0.0099*** (-5.3920)		-0.0028* (-1.6623)
$pgdp$		-0.0175*** (-5.7230)		-0.0531*** (-14.2191)		0.0372*** (14.2831)
$efree$		0.3068*** (13.0780)		0.6915*** (24.3178)		0.0181 (0.9900)
$politic$		0.0328*** (8.8571)		0.0231*** (5.8438)		0.0136*** (4.0316)
$ptrade$		0.2293*** (82.6331)		0.2119*** (60.2400)		0.2726*** (150.9684)
$penergy$		-0.0385*** (-23.0060)		-0.0346*** (-17.3738)		-0.0243*** (-17.0651)
air		0.0157*** (16.2453)		0.0267*** (24.4407)		-0.0045*** (-5.4429)
N	80004	54691	53697	40800	99451	61866
χ^2	533.7***	10740.4***	2318.1***	6915.0***	61.19***	13995.9***

注：*、**、***分别表示10%、5%、1%的显著性水平，括号内的值为z值。

②OFDI 次数。

表6-6 中的(1)~(2)列分别是以所得税税负($dsjtax$)为核心解释变量的中国企业在高税负国家(地区)、低税负国家(地区)OFDI 区位布局影响的边际效应检验结果。从表6-6 中可以看出,高税负国家(地区)所得税税负($dsjtax$)对中国企业 OFDI 次数($ofditime$)具有显著的负向影响,其所得税税负每降低 1%,中国企业 OFDI 次数就会增加 0.1154 次,说明高税负国家(地区)的所得税税负越高,越可能阻碍中国企业 OFDI 的流入;而所得税税负($dsjtax$)对中国企业在低税负国家(地区)开展 OFDI 次数具有负向影响,但影响并不显著,这可能是因为 OFDI 企业在考虑再次投资时,会更多考虑东道国的市场规模、经济自由度、贸易开放度、资源禀赋等因素,使所得税税负对其投资次数的影响较小。H6.1 未得到验证。

表6-6 中的(3)~(4)列分别是以实际税差($sjdiff$)为核心解释变量的中国企业在高税负国家(地区)、低税负国家(地区)OFDI 区位布局影响的边际效应检验结果。从表6-6 中可以看出,高税负国家(地区)与中国的实际税差($sjdiff$)对中国企业 OFDI 次数($ofditime$)并不具有显著影响,说明高税负国家(地区)实施所得税减税政策,缩小同中国的实际税差,对中国企业 OFDI 不断流入的吸引力较小;而低税负国家(地区)与中国的实际税差($sjdiff$)对中国企业 OFDI 次数($ofditime$)具有显著负向影响,实际税差每降低 1%,中国企业 OFDI 次数就会增加 0.0144 次。该结论在一定程度上说明,与高税负国家(地区)相比,低税负国家(地区)通过实施所得税减税政策、降低实际税率、缩小同中国的实际税差,会更易吸引中国企业 OFDI 不断流入。该结论验证了 H6.1。

表6-6 中的(5)~(6)列分别是以所得税减税程度($taxredu$)为核心解释变量的中国企业在高税负国家(地区)、低税负国家(地区)OFDI 区位布局影响的边际效应检验结果。检验结果表明,高税负国家(地区)的所得税减税程度($taxredu$)对中国企业 OFDI 次数($ofditime$)并没有显著影响;而低税负国家(地区)的所得税减税程度($taxredu$)与中国企业 OFDI 次数($ofditime$)存在显著正相关关系,且其减税幅度每提高 1%,中国企业在低税负国家(地区)开展 OFDI 的次数就会增加 0.0399 次。该结论表明,低税负国家(地区)实施的所得税减税政策更易吸引中国企业 OFDI 流入,这进一步验证了 H6.1。

上述实证结果再次验证了中国企业倾向于流入实施所得税减税政策的低税负国家(地区),原因可能是低税负国家(地区)实施的减税政策能够降低

OFDI企业的税收负担,使其获得更多的税后收益,从而吸引中国OFDI企业增加在低税负国家(地区)的投资次数。

表6-6 中国企业在不同税负国家(地区)OFDI区位布局的边际效应(2)

变量	模型(6-11)					
	高税负 (1)	低税负 (2)	高税负 (3)	低税负 (4)	高税负 (5)	低税负 (6)
dsjtax	-0.1154* (-1.8548)	-0.0689 (-1.0553)				
sjdiff			-0.0095 (-0.7967)	-0.0144* (-1.8127)		
taxredu					0.0112 (0.4060)	0.0399*** (4.8467)
tfp	0.1416** (2.3240)	0.1404*** (3.0615)	0.1263* (1.7769)	0.0754 (1.3743)	0.1605*** (3.0719)	0.1530*** (3.4993)
age	0.5438*** (7.2301)	0.7886*** (13.8237)	0.3423*** (3.7089)	0.4998*** (6.8538)	0.6671*** (10.6875)	0.7756*** (14.3394)
crio	0.0175*** (5.0598)	0.0166*** (6.3936)	0.0146*** (3.8045)	0.0138*** (4.4403)	0.0211*** (7.1200)	0.0159*** (6.3669)
lev	0.0243 (0.2370)	0.0794 (0.9559)	0.6585*** (2.6743)	1.1464*** (6.2006)	-0.0385 (-0.4094)	0.0498 (0.6424)
kl	-0.0501 (-1.0750)	-0.1100*** (-3.2047)	-0.1010* (-1.8841)	-0.2025*** (-4.7498)	-0.0485 (-1.1772)	-0.1127*** (-3.4318)
qysflr	0.0664* (1.7964)	0.1054*** (3.8568)	0.0338 (0.8489)	0.0753*** (2.5896)	0.0776** (2.3487)	0.1091*** (4.1287)
pgdp	0.2780* (1.7689)	-0.3654*** (-2.9959)	0.1328 (0.7243)	-0.4842*** (-3.6209)	0.4087*** (2.8456)	-0.3242*** (-2.8549)
efree	-0.5274 (-0.6067)	2.5555*** (3.7576)	0.8306 (0.8194)	2.3857*** (3.2180)	-1.8117** (-2.3566)	2.8553*** (4.5629)
politic	-0.3324** (-2.0690)	-0.0661 (-0.5710)	-0.3354* (-1.7491)	0.0362 (0.2809)	-0.2555* (-1.7248)	-0.0782 (-0.7187)
ptrade	-1.0339*** (-4.9794)	-0.2977*** (-2.6452)	-1.0648*** (-4.3110)	-0.2998** (-2.1931)	-0.8481*** (-4.6530)	-0.3312*** (-3.1776)
penergy	-0.2079*** (-2.9952)	0.1284* (1.7616)	-0.1976*** (-2.7388)	0.1219 (1.4528)	-0.2714*** (-4.2079)	0.0440 (1.0522)
air	0.0446 (0.7469)	0.0862** (2.0575)	-0.0049 (-0.0679)	0.1305*** (2.6620)	0.0427 (0.7769)	0.0708* (1.8573)
常数项	-0.8687 (-0.2449)	-12.3094*** (-4.9997)	-3.5606 (-0.8827)	-8.2460*** (-3.0607)	1.7412 (0.5497)	-13.5242*** (-6.1674)

续表

变量	模型(6-11)					
	高税负	低税负	高税负	低税负	高税负	低税负
	(1)	(2)	(3)	(4)	(5)	(6)
企业固定效应	Control	Control	Control	Control	Control	Control
国家固定效应	Control	Control	Control	Control	Control	Control
N	8858	18273	6602	12926	12772	20227
χ^2	184.33***	360.63***	92.38***	163.31***	302.57***	403.22***

注：*、**、***分别表示10%、5%、1%的显著性水平，括号内的值为z值。

(2)中国企业在不同收入国家(地区)的OFDI区位布局

①OFDI概率。

表6-7中的(1)~(2)列是对模型(6-4)进行的检验，是以所得税税负($dsjtax$)为核心解释变量的中国企业在不同收入国家(地区)OFDI区位布局的边际效应检验结果。从表6-7中可以看出，所得税税负($dsjtax$)与中国企业是否选择高收入国家(地区)(gsr)开展OFDI显著负相关，东道国所得税税负每降低1%，中国企业OFDI选择高收入国家(地区)的概率就会增加3.77%。这在一定程度上表明，当东道国均实施所得税减税政策、降低企业所得税税负时，中国企业更倾向于选择高收入国家(地区)开展OFDI。该结论验证了H6.2。

表6-7中的(3)~(4)列是对模型(6-5)进行的检验，是以实际税差($sjdiff$)为核心解释变量的中国企业在不同收入国家(地区)OFDI区位布局的边际效应检验结果。由检验结果可知，实际税差($sjdiff$)对中国企业是否选择高收入国家(地区)(gsr)开展OFDI具有显著负向影响，实际税差每降低1%，中国企业OFDI流入高收入国家(地区)的概率就会增加0.40%。这在一定程度上表明，当不同收入的东道国实施所得税减税政策、降低实际税率、缩小实际税差时，中国企业更倾向于选择高收入国家(地区)开展OFDI。该结论验证了H6.2。

表6-7中的(5)~(6)列是对模型(6-6)进行的检验，是以所得税减税程度($taxredu$)为核心解释变量的中国企业在不同收入国家(地区)OFDI区位布局的边际效应检验结果。实证结果表明，所得税减税程度($taxredu$)与中国企业是否选择高收入国家(地区)(gsr)开展OFDI存在显著正相关关系，东道国所得税减税程度每提高1%，中国企业OFDI流向高收入国家(地区)的概率就

会增加 0.72%。该结论表明，当东道国均实施所得税减税政策、提高减税幅度时，中国企业更倾向于选择高收入国家(地区)开展 OFDI。这再次验证了 H6.2。

上述分析表明，中国企业 OFDI 更倾向于流入实施所得税减税的高收入国家(地区)，这可能是因为高收入国家(地区)往往拥有较高的技术创新水平、先进的管理经验、较好的营商环境与所得税制度环境等，企业在高收入国家(地区)开展 OFDI 可以获得较高的逆向技术溢出效应，提升自身的创新水平，同时降低行政成本。因此，在高收入与低收入国家(地区)同时实施所得税减税政策时，中国企业更倾向于选择实施减税政策的高收入国家(地区)进行 OFDI。

表 6-7　中国企业在不同收入国家(地区) OFDI 区位布局的边际效应(1)

变量	模型(6-4)		模型(6-5)		模型(6-6)	
	(1)	(2)	(3)	(4)	(5)	(6)
dsjtax	-0.0469*** (-20.2052)	-0.0377*** (-12.7822)				
sjdiff			-0.0022*** (-12.1229)	-0.0040*** (-20.1313)		
taxredu					0.0072*** (11.1935)	0.0072*** (10.6012)
tfp		0.0023** (2.0949)		0.0023* (1.6956)		0.0021** (1.9612)
crio		0.0002*** (4.6099)		0.0002*** (3.6742)		0.0002*** (4.3662)
lev		0.0168*** (4.4161)		0.0142*** (3.2191)		0.0118*** (4.0125)
kl		0.0007 (0.8772)		0.0031*** (3.1778)		0.0010 (1.2636)
qysflr		-0.0005 (-0.6420)		-0.0014 (-1.3837)		-0.0004 (-0.4725)
efree		0.6367*** (131.1297)		0.6519*** (106.3158)		0.5870*** (113.4524)
politic		0.0623*** (44.5773)		0.0689*** (38.4364)		0.0828*** (67.6296)
ptrade		-0.0282*** (-18.0643)		-0.0353*** (-18.3168)		-0.0348*** (-22.9054)

续表

变量	模型(6-4)		模型(6-5)		模型(6-6)	
	(1)	(2)	(3)	(4)	(5)	(6)
penergy		-0.0060*** (-7.0392)		-0.0055*** (-5.3962)		-0.0041*** (-5.6851)
air		0.0179*** (51.5471)		0.0210*** (48.9976)		0.0200*** (55.5575)
N	80004	55292	53697	41193	97118	62581
χ^2	410.7***	3063.8***	147.8***	2946.1***	125.8***	4522.4***

注：*、**、*** 分别表示 10%、5%、1% 的显著性水平，括号内的值为 z 值。

②OFDI 次数。

表 6-8 中的(1)~(2)列分别是以所得税税负(dsjtax)为核心解释变量的中国企业在高收入国家(地区)、低收入国家(地区)OFDI 区位布局影响的边际效应检验结果。实证结果表明，高收入国家(地区)的所得税税负(dsjtax)与中国企业 OFDI 次数(ofditime)存在显著负相关关系，高收入国家(地区)所得税税负每降低 1%，中国企业 OFDI 流入的次数就会增加 0.1410 次；而低收入国家(地区)所得税税负(dsjtax)对中国企业 OFDI 次数(ofditime)的影响并不显著。这在一定程度上表明，高收入国家(地区)实施所得税减税政策、降低所得税税负，更易吸引中国企业增加 OFDI 次数。该结论验证了 H6.2。

表 6-8 中的(3)~(4)列分别是以实际税差(sjdiff)为核心解释变量的中国企业在高收入国家(地区)、低收入国家(地区)OFDI 区位布局影响的边际效应检验结果。由检验结果可知：高收入国家(地区)和中国的实际税差(sjdiff)与中国企业 OFDI 次数(ofditime)显著负相关，实际税差每降低 1%，就会吸引中国企业 OFDI 次数增加 0.0214 次；而低收入国家(地区)与中国的实际税差(sjdiff)对中国企业 OFDI 次数(ofditime)的影响并不显著。上述实证结果进一步表明，高收入国家(地区)实施的所得税减税政策更易吸引中国企业 OFDI 流入。该结论验证了 H6.2。

表 6-8 中的(5)~(6)列分别是以所得税减税程度(taxredu)为核心解释变量的中国企业在高收入国家(地区)、低收入国家(地区)OFDI 区位布局影响的边际效应检验结果。实证结果表明：高收入国家(地区)的所得税减税程度(taxredu)与中国企业 OFDI 次数(ofditime)存在显著正相关关系，其减税程度每提高 1%，中国企业在高收入国家(地区)的 OFDI 次数就会增加 0.0204 次；而低收入国家(地区)的所得税减税程度(taxredu)对中国企业 OFDI 次数(ofditime)并没有显著影响。该结论表明,高收入国家(地区)实施的所得税减税政策更易吸引中国企业OFDI的流入,这验证了H6.2。

表6-8 中国企业在不同收入国家(地区)OFDI区位布局的边际效应(2)

变量	模型(6-11)					
	高收入	低收入	高收入	低收入	高收入	低收入
	(1)	(2)	(3)	(4)	(5)	(6)
dsjtax	-0.1410***	-0.1217				
	(-3.5429)	(-0.5539)				
sjdiff			-0.0214***	0.0239		
			(-3.4671)	(1.2858)		
taxredu					0.0204***	0.0537
					(3.3436)	(1.1266)
tfp	0.2672***	0.2718***	0.1859***	0.1286	0.2989***	0.2566***
	(10.5664)	(2.7207)	(5.8664)	(0.9479)	(12.5676)	(2.7088)
crio	0.0034**	0.0032	0.0053***	0.0104*	0.0026*	0.0035
	(2.4642)	(0.6056)	(2.9676)	(1.6887)	(1.9599)	(0.7268)
lev	0.0692	0.1170	0.4296***	1.9692***	0.0863**	0.1698
	(1.4754)	(0.7103)	(4.7033)	(3.9958)	(1.9855)	(1.0725)
kl	-0.0503***	0.0460	-0.1119***	-0.0412	-0.0373**	0.0801
	(-2.6012)	(0.5943)	(-4.5456)	(-0.4160)	(-2.0228)	(1.0955)
qysflr	0.0946***	0.0463	0.0512***	-0.0003	0.1054***	0.0683
	(5.3964)	(0.7957)	(2.6677)	(-0.0041)	(6.2270)	(1.2463)
efree	3.0242***	3.8918***	2.2026***	4.3291***	1.9489***	4.7330***
	(6.8757)	(3.7687)	(4.3062)	(3.4639)	(4.9456)	(4.6831)
politic	0.0966*	0.4603**	0.0379	0.8316***	0.0899*	0.7085***
	(1.8828)	(2.4935)	(0.6621)	(3.3929)	(1.8115)	(4.3490)
ptrade	-0.2360***	0.2700	-0.1131*	0.1920	-0.0689	0.0884
	(-4.9175)	(1.1797)	(-1.9261)	(0.7239)	(-1.5920)	(0.4263)
penergy	-0.1702***	0.0492	-0.0175	0.1080	-0.1292***	-0.0266
	(-5.5209)	(0.4948)	(-0.4941)	(0.9437)	(-5.1893)	(-0.3021)
air	0.1353***	0.2913***	0.1826***	0.2326***	0.1319***	0.3041***
	(4.3491)	(4.6357)	(5.0276)	(2.9306)	(4.7187)	(5.0583)
常数项	-16.9614***	-23.9627***	-13.3976***	-23.6773***	-14.3043***	-26.8609***
	(-9.8917)	(-5.2065)	(-6.7318)	(-4.4891)	(-9.2677)	(-6.0928)

续表

变量	模型(6-11)					
	高收入	低收入	高收入	低收入	高收入	低收入
	(1)	(2)	(3)	(4)	(5)	(6)
企业固定效应	Control	Control	Control	Control	Control	Control
国家固定效应	Control	Control	Control	Control	Control	Control
N	38004	4437	24991	3224	43595	5598
χ^2	383.78***	61.62***	187.83***	54.90***	400.81***	91.75***

注：*、**、***分别表示10%、5%、1%的显著性水平，括号内的值为 z 值。

(3)中国企业在"一带一路"与非"一带一路"国家(地区)的OFDI区位布局

①OFDI概率。

表6-9中的(1)~(2)列是对模型(6-7)进行的检验，是以所得税税负(*dsjtax*)为核心解释变量的中国企业在"一带一路"与非"一带一路"国家(地区)OFDI区位布局的边际效应检验结果。从表6-9中可以看出，所得税税负(*dsjtax*)对中国企业是否选择"一带一路"国家(地区)(*ydyl*)开展OFDI具有显著负向影响，东道国所得税税负每降低1%，中国企业OFDI流向"一带一路"国家(地区)的概率就会增加5.28%。这在一定程度上说明，在全球减税背景下，当东道国实施所得税减税政策、降低所得税税负时，中国企业更倾向于流入实施所得税减税政策的"一带一路"国家(地区)。这可能是由于"一带一路"倡议的实施，对中国企业OFDI具有较强的政策引导作用，而东道国所得税税负的降低又与之形成了叠加效应。H6.3得到验证。

表6-9中的(3)~(4)列是对模型(6-8)进行的检验，是以实际税差(*sjdiff*)为核心解释变量的中国企业在"一带一路"与非"一带一路"国家(地区)OFDI区位布局的边际效应检验结果。由检验结果可知，实际税差(*sjdiff*)对中国企业是否选择"一带一路"国家(地区)(*ydyl*)开展OFDI具有显著负向影响，实际税差每降低1%，中国企业选择在"一带一路"国家(地区)开展OFDI的概率就会增加0.24%。这在一定程度上表明，当"一带一路"与非"一带一路"国家(地区)均实施所得税减税政策、降低与中国的实际税差时，中国企业OFDI更倾向于选择流向"一带一路"国家(地区)。这验证了H6.3。

表6-9中的(5)~(6)列是对模型(6-9)进行的检验，是以所得税减税程度(*taxredu*)为核心解释变量的中国企业在"一带一路"与非"一带一路"国家

(地区)OFDI区位布局的边际效应检验结果。检验结果表明,所得税减税程度(taxredu)对中国企业是否选择"一带一路"国家(地区)(ydyl)开展OFDI具有显著正向影响,东道国所得税减税幅度每提高1%,中国企业OFDI流入"一带一路"国家(地区)的概率就会增加16.58%。这也在一定程度上表明,当"一带一路"与非"一带一路"国家(地区)均实施所得税减税政策时,所得税减税幅度越大,中国企业越倾向于选择"一带一路"国家(地区)开展OFDI。这再次验证了H6.3。

表6-9 中国企业在"一带一路"与非"一带一路"国家(地区)OFDI区位布局的边际效应(1)

变量	模型(6-7)		模型(6-8)		模型(6-9)	
	(1)	(2)	(3)	(4)	(5)	(6)
$dsjtax$	-0.0534*** (-6.9670)	-0.0528*** (-4.2048)				
$sjdiff$			-0.0049*** (-5.2006)	-0.0024* (-1.6892)		
$taxredu$					0.1342*** (6.8290)	0.1658*** (6.2100)
tfp		0.0513*** (4.5302)		0.0532*** (4.7066)		0.0536*** (4.8098)
$crio$		0.0010** (2.1013)		0.0010** (2.0144)		0.0010** (2.1155)
lev		0.0608 (1.4333)		0.0669 (1.5758)		0.0639 (1.5281)
kl		-0.0077 (-1.0118)		-0.0076 (-0.9971)		-0.0067 (-0.8842)
$qysflr$		-0.0094 (-1.0776)		-0.0098 (-1.1179)		-0.0100 (-1.1403)
$efree$		0.1736** (2.2778)		0.2394*** (3.2104)		0.4445*** (5.4374)
$politic$		-0.1070*** (-7.8582)		-0.0964*** (-7.0070)		-0.0839*** (-6.8666)
$ptrade$		0.1806*** (10.4257)		0.1866*** (10.9992)		0.1566*** (9.0231)

续表

变量	模型(6-7)		模型(6-8)		模型(6-9)	
	(1)	(2)	(3)	(4)	(5)	(6)
penergy		0.0747*** (7.2114)		0.0708*** (6.9425)		0.0836*** (7.5901)
air		-0.0158*** (-3.5759)		-0.0133*** (-2.9666)		-0.0121*** (-2.6966)
N	4978	3948	4978	3948	4947	3948
χ^2	46.64***	197.5***	26.45***	199.4***	44.47***	229.0***

注：*、**、***分别表示10%、5%、1%的显著性水平，括号内的值为z值。

基于上述分析，中国企业更倾向于选择所得税税负较低、同中国实际税差较小和减税程度较大的"一带一路"国家（地区）开展OFDI。这可能是因为中国自提出"一带一路"倡议以来，出台了众多优惠投资政策和税收优惠政策，这使所得税制度对中国企业在"一带一路"国家（地区）OFDI的影响进一步深化。因此，在采取相同减税政策的情况下，"一带一路"倡议和所得税制度的叠加效应进一步激励中国企业OFDI流向"一带一路"国家（地区）。

②OFDI次数。

表6-10中的(1)~(2)列分别是以所得税税负（dsjtax）为核心解释变量的中国企业在"一带一路"与非"一带一路"国家（地区）OFDI区位布局影响的边际效应检验结果。从表6-10中可以看出，不论是"一带一路"还是非"一带一路"国家（地区），其所得税税负（dsjtax）都与中国企业OFDI次数（ofditime）负相关，但两者的关系并不显著。这可能是因为OFDI企业在考虑再次投资时，更多考虑"一带一路"国家（地区）的贸易开放度、资源禀赋等因素，使所得税税负对OFDI企业投资次数的影响减弱。该结果仅能在一定程度上说明东道国所得税税负越低，越有助于吸引中国企业增加OFDI次数。H6.3未得到完全验证。

表6-10中的(3)~(4)列分别是以实际税差（sjdiff）为核心解释变量的中国企业在"一带一路"与非"一带一路"国家（地区）OFDI区位布局影响的边际效应检验结果。由检验结果可知，"一带一路"国家（地区）与中国的实际税差（sjdiff）对中国企业OFDI次数（ofditime）具有显著的负向影响，"一带一路"国家（地区）与中国的实际税差每降低1%，中国企业的OFDI次数就会增加0.0519次；而非"一带一路"国家（地区）与中国的实际税差（sjdiff）对中国企业

OFDI 次数(*ofditime*)并不具有显著影响。该结论表明，当东道国均实施所得税减税政策、缩小同中国的实际税差时，中国企业更倾向于选择"一带一路"国家(地区)增加 OFDI 次数。这验证了 H6.3。

表6-10 中的(5)~(6)列分别是以所得税减税程度(*taxredu*)为核心解释变量的中国企业在"一带一路"与非"一带一路"国家(地区)OFDI 区位布局的边际效应检验结果。检验结果表明，"一带一路"国家(地区)的所得税减税程度(*taxredu*)与中国企业 OFDI 次数(*ofditime*)显著正相关，其所得税减税程度每提高 1%，中国企业在"一带一路"国家(地区)的 OFDI 次数就会增加 0.5867次；而非"一带一路"国家(地区)的所得税减税程度(*taxredu*)与中国企业 OFDI 次数(*ofditime*)显著负相关。这表明当东道国均实施所得税减税政策时，中国企业更倾向于选择所得税减税幅度大的"一带一路"国家(地区)增加 OFDI 次数。这再次验证了 H6.3。

表6-10 中国企业在"一带一路"与非"一带一路"国家(地区)OFDI 区位布局的边际效应(2)

变量	模型(6-11)					
	"一带一路"	非"一带一路"	"一带一路"	非"一带一路"	"一带一路"	非"一带一路"
	(1)	(2)	(3)	(4)	(5)	(6)
dsjtax	-0.5346 (-1.2616)	-0.0159 (-0.1668)				
sjdiff			-0.0519** (-2.1232)	-0.0098 (-0.5133)		
taxredu					0.5867*** (3.4241)	-0.1879*** (-2.6210)
tfp	0.2743* (1.8031)	0.1376 (1.5893)	0.2486 (1.6000)	0.1616* (1.8827)	0.2854* (1.8684)	0.1634* (1.8993)
crio	-0.0011 (-0.1518)	0.0097** (1.9683)	-0.0012 (-0.1711)	0.0100** (2.0168)	-0.0029 (-0.3949)	0.0100** (2.0257)
lev	1.5958*** (2.8429)	0.2878 (1.3061)	1.7289*** (3.0590)	0.3000 (1.3480)	1.8444*** (3.2491)	0.2868 (1.3252)
kl	-0.2818** (-2.2156)	-0.2834*** (-3.9949)	-0.2740** (-2.1477)	-0.2775*** (-3.9484)	-0.2828** (-2.1863)	-0.2820*** (-3.9852)

续表

变量	模型(6-11)					
	"一带一路"	非"一带一路"	"一带一路"	非"一带一路"	"一带一路"	非"一带一路"
	(1)	(2)	(3)	(4)	(5)	(6)
$qysflr$	0.0816 (1.0421)	-0.0044 (-0.0929)	0.0704 (0.8958)	-0.0020 (-0.0429)	0.0753 (0.9614)	0.0015 (0.0317)
$efree$	-0.1759 (-0.1091)	-0.9081 (-0.4775)	0.2232 (0.1412)	0.1948 (0.1044)	-0.3396 (-0.2158)	-0.0786 (-0.0440)
$politic$	0.1885 (0.7183)	-0.1171 (-0.5195)	0.4638 (1.5405)	-0.0174 (-0.0705)	0.3155 (1.2197)	0.0210 (0.0936)
$ptrade$	-1.0105*** (-2.6175)	0.1310 (0.6544)	-1.0157*** (-2.9106)	0.0305 (0.1482)	-0.6889** (-2.0980)	0.0448 (0.2316)
$penergy$	0.7591** (2.4420)	0.3480* (1.8020)	0.9831** (2.3189)	0.2617 (1.1495)	0.6308** (2.0166)	0.2470 (1.2793)
air	0.2054 (0.9310)	0.3233** (2.0540)	-0.0852 (-0.2923)	0.2947* (1.8730)	0.1678 (0.7794)	0.2740* (1.7847)
常数项	-1.8194 (-0.2490)	-1.7906 (-0.2636)	-3.2012 (-0.4816)	-5.8733 (-0.8966)	-2.9378 (-0.4502)	-4.5186 (-0.7052)
企业固定效应	Control	Control	Control	Control	Control	Control
国家固定效应	Control	Control	Control	Control	Control	Control
N	1732	2918	1732	2972	1732	2972
χ^2	33.1648***	39.2352***	35.7443***	40.7665***	42.2552***	47.2422***

注：*、**、***分别表示10%、5%、1%的显著性水平，括号内的值为z值。

6.2.3.3 不同区位的减税效应检验

本部分采用双重差分倾向得分匹配方法（Propensity Score Matching-Difference In Difference，PSM-DID），检验全球减税背景下所得税制度对中国企业OFDI区位布局的影响，以2008—2019年开展OFDI的中国上市公司投资在中国OFDI存量排名前185位的国家（地区）为样本，并在此基础上，剔除投资在开曼群岛、英属维尔京群岛、百慕大群岛等"避税天堂"及数据缺失和异常的样本。第一阶段得到中国上市公司在75个国家（地区）投资的450个观测值，第二阶段得到中国上市公司在96个国家（地区）投资的576个观测值。

相关变量说明及数据来源见表 6-11。

表 6-11 所得税减税政策效应变量说明及数据来源

变量属性	变量名称	变量符号	变量说明	数据来源
被解释变量	OFDI 次数	$ofditime$	中国上市公司在东道国新增的投资公司数量	国泰安海外直接投资数据库、上市公司年报、招股说明书等
核心解释变量	减税政策虚拟变量	$tax1$	第一阶段东道国实施所得税减税政策取值为 1，否则取值为 0	安永、毕马威、德勤等会计师事务所网站
		$tax2$	第二阶段东道国实施所得税减税政策取值为 1，否则取值为 0	
	减税时间虚拟变量	$time$	减税前的年份取值为 0，减税后的年份取值为 1	
控制变量	市场规模	$pgdp$	东道国人均 GDP	世界银行数据库
	营商环境	$concor$	东道国腐败控制指数	世界银行数据库
	资源禀赋	$penergy$	东道国矿石和金属出口占商品出口的比重	世界银行数据库
	基础设施条件	$hycs$	东道国航空运输次数	世界银行数据库
	贸易开放度	$ptrade$	东道国商品贸易占 GDP 的比重	世界银行数据库
	通货膨胀程度	$inflation$	东道国 GDP 平减指数衡量的年通货膨胀率	世界银行数据库
	经济自由度	$efree$	东道国的经济自由度指数	美国传统基金会网站

各主要变量的描述性统计见表 6-12。由表 6-12 可知，第一阶段中国企业 OFDI 次数的均值为 20.4200 次，第二阶段中国企业 OFDI 次数的均值为 35.5086 次，可见第二阶段中国企业 OFDI 有较大幅度的提升。从标准差来看，第二阶段 OFDI 次数的标准差相较于第一阶段有大幅下降，其离散度的降低也说明中国企业投资次数集中化程度有所提升。从两阶段中国企业 OFDI 的整体情况来看，第二阶段呈快速上升趋势，这种上升趋势是否会受全球所得税减税政策的影响，减税政策对其影响程度如何，是本部分重点关注的问题，有待在实证分析部分进行检验。

表 6-12　中国企业 OFDI 区位布局主要变量的描述性统计

变量	样本组 I		样本组 II	
	均值	标准差	均值	标准差
ofditime	20.4200	106.6484	35.5086	64.9276
tax	0.2533	0.4354	0.1771	0.3821
pgdp	9.1019	1.4409	8.9999	1.3025
inflation	5.4194	7.3090	3.0825	5.6906
hycs	10.9686	2.0310	10.7967	2.0435
ptrade	4.1719	0.5179	4.0207	0.4614
penergy	1.4961	0.7861	5.5203	1.6611
concor	0.2968	0.9898	0.1239	0.9720
efree	4.1660	0.1334	4.1400	0.1512

(2)模型构建

为了进一步检验全球所得税减税政策对中国企业 OFDI 产生的政策效应，本部分采用双重差分方法（Difference In Difference，DID）对减税政策的实施效果进行检验，通过比较实施改革的样本（实验组）与未实施改革的样本（控制组）的具体情况，来了解东道国所得税减税政策对中国企业在两组样本进行 OFDI 产生的效果差异。

东道国进行所得税减税政策的动机各异。Wijeweera 等（2007）认为，有的国家减税是为了缩小国家间的税率差距，有的国家减税是为了吸引外商投资，有的国家减税是为了重新吸引本国开展境外投资的投资者。由于东道国是否进行所得税减税是非随机的，如果直接将减税组与未减税组进行对比，可能导致样本偏差；同时，已有的大量研究也表明，中国企业 OFDI 会受资源、环境、制度等多重不完全随时间变化因素的影响，由此会产生异质性偏差。

鉴于此，本部分参考 Heckman（1997，1998）等的做法，采用 PSM-DID 方法进行检验。PSM-DID 方法分两步：第一步，根据样本数据选取协变量，采用适当的匹配方法计算倾向得分，并进行倾向得分匹配（Propensity Score Matching，PSM）；第二步，采用 DID 方法对东道国所得税减税政策对中国企业

OFDI 区位布局影响的净效应进行检验。

①PSM。

为降低东道国实施所得税减税政策的非随机性带来的偏差，本部分进行 PSM。基本思路是，将样本划分为实验组与控制组：实验组（A）为实施所得税减税政策的东道国样本，控制组（B）为在考察期内从未实施所得税减税政策的东道国样本，T 为考察期内的东道国样本，则有 $T=\{A, B\}$。

全球金融危机爆发以来，各东道国实行所得税减税政策的时间、次数不尽相同。为更好地检验全球所得税减税政策对中国企业 OFDI 区位布局产生的净效应，本书以金融危机爆发以来东道国实施所得税减税政策相对较为集中的年度——2009 年与 2015 年为关键时间节点，考虑到 DID 模型需要考察改革前（东道国实施所得税减税政策前）的时期，本部分将样本的数据期间划分为两个阶段，即 2008—2013 年和 2014—2019 年，进而将样本划分为样本组Ⅰ和样本组Ⅱ。其中，样本组Ⅰ以 2008 年为减税基期，实验组为 2009 年实施所得税减税政策的东道国，控制组为 2008—2013 年从未实施减税政策的东道国；样本组Ⅱ以 2014 年为减税基期，实验组为 2015 年实施所得税减税政策的东道国，控制组为 2014—2019 年从未实施减税政策的东道国。

PSM 的主要思路如下：

第一，选择进行 PSM 的协变量。协变量应当从影响中国企业 OFDI 区位布局的相关变量中选取，以确保不论是实验组还是控制组，其实施的所得税减税政策在影响中国企业 OFDI 区位布局时都具有一致性。本部分分别选取 2008 年、2014 年各东道国的资源禀赋（$penergy$）、营商环境（$concor$）、贸易开放度（$ptrade$）、市场规模（$pgdp$）、经济自由度（$efree$）、通货膨胀程度（$inflation$）等作为协变量，并采用核匹配（kernel matching）方法进行匹配。

第二，估计倾向得分。为消除选择性偏差，匹配时以实验组（A）作为参照，从控制组（B）中寻找与东道国 A_i 减税概率极为接近的东道国 B_i。假设东道国 A_i 减税的概率如下：

$$P=\Pr\{T=A\}=\Phi\{X_{i,t-1}\} \tag{6-16}$$

其中，P 为东道国进行所得税减税的概率，$X_{i,t-1}$ 为进行 PSM 的协变量。由式（6-16）可估计东道国减税的预测概率 $P(X)$，然后对实施减税预测概率相近的东道国采用 PSM 方法进行配对，可得到一组与实施所得税减税政策的东道国具有类似特征的未实施所得税减税政策的东道国，用 B_P 表示。

②采用 DID 方法检验减税的政策效应。

进行 PSM 之后,可得到另一组东道国样本 T_p,有 $T_p=\{A,B_p\}$。其中,样本 A 与前述定义相同,为实施所得税减税政策的国家;B_p 与前述样本 B 对应,为未实施所得税减税政策的样本,但 B_p 为 PSM 后得到的与样本 A 具有类似特征的未减税样本。

本书定义减税政策变量 tax,当东道国实施所得税减税政策时,tax 赋值为 1,反之,未实施减税政策,则 tax 赋值为 0;同时,定义减税时间变量 time,东道国减税之前的年度赋值为 0,减税当年及之后的年度赋值为 1。据此,可将样本 T_p 划分为实施减税政策前的未减税东道国样本($tax=0$,$time=0$)、实施减税政策后的未减税东道国样本($tax=0$,$time=1$)、实施减税政策前的减税东道国样本($tax=1$,$time=0$)以及实施减税政策后的减税东道国样本($tax=1$,$time=1$)。基于此,构建以下模型:

$$ofditime_{it}=\alpha_0+\alpha_1 tax_i\times time_t+\alpha_2 tax_i+\alpha_3 time_t+\alpha_4 Z_{it}+\varepsilon_{it} \quad (6-17)$$

在模型(6-17)的基础上,进一步控制样本的个体、时间固定效应,从而得到以下模型:

$$ofditime_{it}=\beta_1 tax_i\times time_t+\beta_2 Z_{it}+\mu_i+\lambda_t+\varepsilon_{it} \quad (6-18)$$

其中,$tax_i\times time_t$ 为减税政策变量与减税时间变量的交叉项;根据双重差分原理,β_1 为需要重点关注的政策效应,即东道国实施减税政策对中国企业 OFDI 产生的净效应;Z_{it} 为其他控制变量;β_2 为相应控制变量的待估计参数;μ_i 为控制个体固定效应;λ_t 为控制时间固定效应;ε_{it} 为随机扰动项。

(3)PSM 处理结果分析

经过 PSM 处理之后,第一阶段得到中国企业在 75 个东道国投资的 450 个观测值,第二阶段得到中国企业在 96 个东道国投资的 576 个观测值。从表 6-13 和表 6-14 的 PSM 平衡性检验结果来看,PSM 处理后,两个阶段的样本组 Ⅰ、样本组 Ⅱ 匹配后得到的实验组和控制组与 PSM 处理前相比,在资源禀赋、营商环境、贸易开放度、市场规模等方面的差异大幅下降,样本组 Ⅰ、样本组 Ⅱ 各协变量标准化偏差的绝对值最大为 8.6%,均满足小于 10% 的要求,且各协变量的 t 统计量均不显著。这说明两阶段样本组 Ⅰ、样本组 Ⅱ 进行 PSM 选取的协变量和匹配方法较为合理,且从图 6-1、图 6-2 的标准化偏差及共同取值范围来看,经 PSM 处理后得到的两组样本并不存在显著差异。

表6-13 PSM平衡性检验结果(样本组Ⅰ)

变量	匹配前后	均值		标准化偏差	t统计量	t检验 $(p>\mid t\mid)$
		实验组	控制组			
penergy	匹配前	5.3267	11.026	-44.4	-1.43	0.156
	匹配后	5.3267	4.4687	6.7	0.45	0.653
concor	匹配前	0.3857	0.1865	18.9	0.77	0.441
	匹配后	0.3857	0.4469	-5.8	-0.18	0.861
ptrade	匹配前	79.415	71.969	17.8	0.64	0.526
	匹配后	79.415	82.311	-6.9	-0.18	0.856
pgdp	匹配前	9.2825	8.8017	30.6	1.20	0.232
	匹配后	9.2825	9.2287	3.4	0.11	0.916
efree	匹配前	4.1599	4.1539	4.0	0.16	0.870
	匹配后	4.1599	4.1726	-8.4	-0.26	0.794
inflation	匹配前	8.7825	9.2108	-5.9	-0.23	0.821
	匹配后	8.7825	8.2729	7.0	0.22	0.831

表6-14 PSM平衡性检验结果(样本组Ⅱ)

变量	匹配前后	均值		标准化偏差	t统计量	t检验 $(p>\mid t\mid)$
		实验组	控制组			
penergy	匹配前	5.2499	11.551	-41.8	-1.37	0.175
	匹配后	5.2499	5.2936	-0.3	-0.01	0.989
concor	匹配前	0.1772	0.0193	14.9	0.62	0.535
	匹配后	0.1772	0.2689	-8.6	-0.25	0.806
ptrade	匹配前	60.5	72.916	-31.2	-1.08	0.284
	匹配后	60.5	62.298	-4.5	-0.17	0.866
pgdp	匹配前	9.1934	8.6276	41.0	1.52	0.132
	匹配后	9.1934	9.3109	-8.5	-0.26	0.800
efree	匹配前	4.1541	4.1346	12.2	0.48	0.635
	匹配后	4.1541	4.1656	-7.2	-0.22	0.830
inflation	匹配前	2.2315	3.4642	-30.0	-1.06	0.291
	匹配后	2.2315	2.4157	-4.5	-0.16	0.877

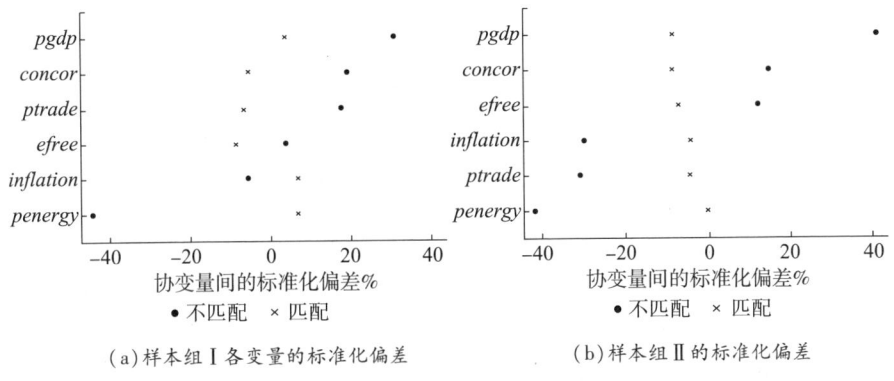

(a)样本组Ⅰ各变量的标准化偏差　　　(b)样本组Ⅱ的标准化偏差

图 6-1　两阶段各变量的标准化偏差

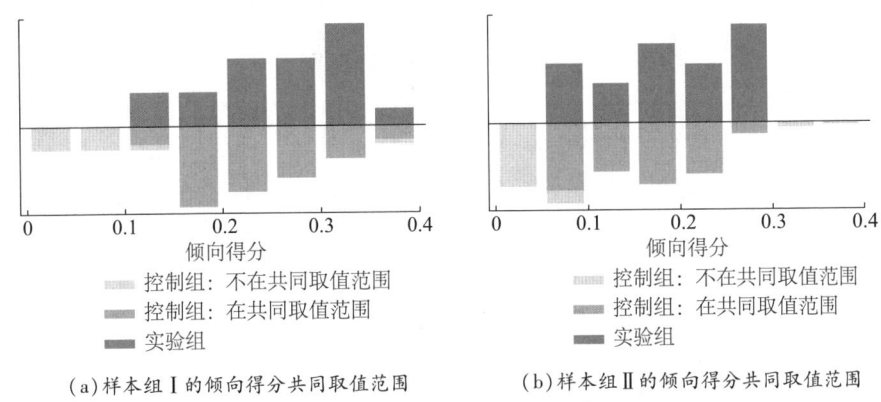

(a)样本组Ⅰ的倾向得分共同取值范围　　　(b)样本组Ⅱ的倾向得分共同取值范围

图 6-2　两阶段倾向得分的共同取值范围

(4)DID 估计结果分析

①中国企业在不同税负国家(地区)的 OFDI 区位布局。

很多学者的研究结果证实了税收是影响企业 OFDI 的重要因素。当不同税负的东道国实施所得税减税政策时,对中国企业 OFDI 区位布局的影响如何?为解决该问题,本部分将东道国划分为高税负组与低税负组进行检验。

表 6-15 呈现了不同税负东道国实施所得税减税政策对中国企业 OFDI 区位布局政策效应的检验结果。从表 6-15 中可以看出:2008—2013 年,低税负国家(地区)所得税减税政策和减税时间的交互项($tax \times time$)与中国企业 OFDI 次数($ofditime$)显著正相关,说明其实施的所得税减税政策能够有效吸引中国企业开展 OFDI;高税负国家(地区)实施的所得税减税政策和减税时间的交互项($tax \times time$)对中国企业 OFDI 次数($ofditime$)的影响并不显著。上述结论说

明,在2008—2013年,中国企业更偏好选择实施所得税减税政策的低税负国家(地区)开展OFDI。该结论进一步验证了H6.1。

在2014—2019年,不论是高税负组还是低税负组,其减税政策与减税时间的交互项($tax \times time$)都与中国企业OFDI次数($ofditime$)显著正相关。这一结论说明,不论是高税负国家(地区)还是低税负国家(地区)实施的所得税减税政策,都有助于吸引中国企业OFDI。

进一步观察2014—2019年不同税负的东道国所得税减税政策对中国企业OFDI区位布局的政策效应,可以发现:高税负国家(地区)减税政策与减税时间交互项的影响系数(1.3713)小于低税负国家(地区)该交互项的影响系数(4.1085)。这可能说明低税负国家(地区)实施的所得税减税政策更易吸引中国企业OFDI。为了进一步验证该可能,本部分建立每一变量与是否低税负($dtax$)这一变量的交互项进行检验。检验发现:减税政策、减税时间与是否低税负三者的交互项($tax \times time \times dtax$)同中国企业OFDI次数显著正相关。这验证了低税负组与高税负组的影响系数存在显著差异,证实了低税负国家(地区)实施的所得税减税政策更易吸引中国企业OFDI。这一结论也进一步验证了H6.1。

表6-15 不同税负东道国所得税减税政策对中国企业OFDI区位布局的政策效应

变量	样本组Ⅰ				样本组Ⅱ				差异
	高税负国家(地区)		低税负国家(地区)		高税负国家(地区)		低税负国家(地区)		
	(1)	(2)	(3)	(4)	(5)	(6)	(7)	(8)	(8)-(6)
$tax \times time$	0.4977 (1.4498)	0.5614 (1.4967)	0.7546** (2.5327)	0.7325** (2.1404)	1.8622*** (2.7506)	1.3713* (1.7472)	3.5461*** (6.8449)	4.1085*** (7.3200)	2.7372* (1.7319)
$time$	−0.0130 (−0.0607)	0.0702 (0.2439)	0.3912*** (2.6249)	0.3821* (1.9294)	0.5737 (1.2602)	0.6864 (1.0934)	0.5112* (1.9342)	0.4543 (1.2093)	−85.5634** (−2.2861)
$pgdp$		0.5426 (0.2862)		1.3129 (1.0446)		−1.4241 (−0.3733)		2.3234 (1.1437)	3.7475 (1.1827)
$inflation$		−0.0033 (−0.2035)		−0.0122 (−1.3697)		−0.0225 (−0.5581)		0.0135 (0.6723)	0.0360 (0.9587)
$hycs$		−0.0145 (−0.1761)		−0.0290 (−0.4262)		−0.3976 (−0.6667)		−0.0082 (−0.0389)	0.3894 (0.6968)
$ptrade$		1.7637* (1.8062)		−0.3229 (−0.5049)		−1.0560 (−0.5978)		3.4432*** (3.1182)	4.4992* (1.7399)
$penergy$		0.0655 (0.2725)		0.2524 (1.0037)		0.5028* (1.8039)		0.4002** (2.3775)	−0.1026 (−0.3023)

续表

变量	样本组Ⅰ				样本组Ⅱ				差异
	高税负国家(地区)		低税负国家(地区)		高税负国家(地区)		低税负国家(地区)		
	(1)	(2)	(3)	(4)	(5)	(6)	(7)	(8)	(8)-(6)
$concor$		-0.5318 (-0.7335)		0.5300 (0.9746)		-0.9642 (-0.5997)		0.1887 (0.2284)	1.1529 (0.8637)
$efree$		-4.2324 (-1.4968)		1.1541 (0.4797)		-6.1120 (-1.0855)		-1.5953 (-0.5975)	4.5167 (0.9524)
常数项	0.7142*** (5.4110)	6.5500 (0.3826)	0.7978*** (7.5026)	-15.0827 (-1.0081)	0.8550*** (3.2782)	43.9292 (1.1688)	0.7061*** (4.3396)	-31.6113 (-1.5652)	47.6150 (1.3683)
个体固定效应	Yes	Yes	Yes	Yes	Yes	Yes	Yes	Yes	Yes
时间固定效应	Yes	Yes	Yes	Yes	Yes	Yes	Yes	Yes	Yes
N	169	156	281	244	159	138	312	268	406
R^2	0.052	0.107	0.149	0.184	0.107	0.153	0.216	0.321	0.904

注:*、**、***分别表示10%、5%、1%的显著性水平;括号内的值为 t 值;变量 tax 因具有时间不变性,在检验时被自动剔除。

②中国企业在不同收入东道国的 OFDI 区位布局。

表6-16呈现了不同收入东道国实施所得税减税政策对中国企业 OFDI 区位布局政策效应的检验结果。由检验结果可知,不论是在2008—2013年还是在2014—2019年,也不论东道国收入水平如何,其减税政策与减税时间的交互项($tax \times time$)都与中国企业 OFDI 次数($ofditime$)显著正相关。这在一定程度上说明,东道国实施的所得税减税政策有助于吸引中国企业 OFDI。具体如下:

在第一阶段,高收入组减税政策与减税时间的交互项($tax \times time$)的影响系数为0.8353,小于低收入组的影响系数1.0347。这可能说明低收入国家(地区)的减税政策效应高于高收入国家(地区)。为进一步验证该推测,本部分建立每一变量与是否高收入(gsr)这一虚拟变量的交互项进行检验,发现减税政策、减税时间与是否高收入三者的交互项($tax \times time \times gsr$)同中国企业 OFDI 次数的关系并不显著,这说明两组之间并无显著差异。

在第二阶段,高收入组减税政策与减税时间的交互项($tax \times time$)的影响系数(1.6230)依然小于低收入组的影响系数(3.4632)。进一步检验可以发现,减税政策、减税时间与是否高收入三者的交互项($tax \times time \times gsr$)同中国企业 OFDI 次数的关系依然不显著。这表明不同收入的国家(地区)实施的所得税减税政策对中国企业 OFDI 次数均具有显著影响,但并不存在显著差异。

表 6-16　不同收入东道国所得税减税政策对中国企业 OFDI 区位布局的政策效应

变量	样本组Ⅰ					样本组Ⅱ				
	高收入		低收入		差异	高收入		低收入		差异
	(1)	(2)	(3)	(4)	(2)-(4)	(5)	(6)	(7)	(8)	(6)-(8)
time×tax	0.8196*** (3.2666)	0.8353*** (2.9754)	1.2343** (2.5193)	1.0347* (1.7065)	-0.1994 (-0.2151)	1.3610*** (4.0718)	1.6230*** (4.5695)	3.9882*** (3.5914)	3.4632** (2.6155)	-1.8402 (-0.8027)
time	0.2679* (1.7106)	0.3195* (1.6532)	0.3386 (1.1590)	0.3034 (0.4877)	0.0161 (0.0298)	0.4599** (2.2883)	0.2451 (0.9416)	0.9834 (1.2445)	1.6518 (1.1521)	-1.4067 (-1.1707)
pgdp		1.0981 (0.7967)		0.3228 (0.1153)	0.7754 (0.3766)		1.2723 (0.7980)		0.7950 (0.1206)	0.4773 (0.1105)
inflation		-0.0099 (-0.9011)		-0.0152 (-1.0069)	0.0053 (0.4309)		-0.0020 (-0.1245)		-0.0194 (-0.2605)	0.0175 (0.2548)
hycs		0.2253 (1.4003)		-0.0155 (-0.2016)	0.2408** (1.9731)		-0.1074 (-0.6285)		-0.2960 (-0.3292)	0.1886 (0.2220)
ptrade		0.2232 (0.3197)		0.0223 (0.0179)	0.2009 (0.1178)		0.3678 (0.3997)		4.7752** (2.0269)	-4.4074* (-1.7868)
penergy		0.0499 (0.1239)		-0.0474 (-0.1720)	0.0974 (0.2813)		0.2335 (1.9342)		0.1943 (0.3806)	0.0392 (0.0865)
concor		1.0157* (1.7942)		-0.9029 (-0.9320)	1.9186* (1.8664)		-0.1243 (-0.2029)		2.1515 (0.6093)	-2.2758 (-0.9026)
efree		-1.7441 (-0.7560)		3.8196 (0.8808)	-5.5638 (-1.0390)		1.5568 (0.7088)		-9.9760 (-1.2963)	11.5328* (1.6973)
常数项	0.7307*** (7.2458)	-6.8150 (-0.4212)	0.6797*** (3.6102)	-17.2225 (-0.7752)	-14.3850 (-0.6897)	0.9701*** (8.1349)	-19.4700 (-1.2321)	0.6371 (1.4922)	19.7980 (0.3261)	-21.6650** (-2.0334)
个体固定效应	Yes	Yes	Yes	Yes	Yes	Yes	Yes	Yes	Yes	Yes
时间固定效应	Yes	Yes	Yes	Yes	Yes	Yes	Yes	Yes	Yes	Yes
N	320	283	130	117	400	352	304	119	102	406
R^2	0.155	0.191	0.120	0.148	0.905	0.112	0.167	0.215	0.311	0.901

注：*、**、***分别表示10%、5%、1%的显著性水平；括号内的值为 t 值；变量 tax 因具有时间不变性，在检验时被自动剔除。

③中国企业在"一带一路"与非"一带一路"国家（地区）的 OFDI 区位布局。

由于"一带一路"倡议自 2013 年提出，本部分在检验时依然选取 2014—2019 年的中国企业 OFDI 次数数据进行检验，检验结果见表 6-17。

表 6-17 "一带一路"与非"一带一路"国家(地区)所得税减税政策对中国企业 OFDI 区位布局的政策效应

变量	"一带一路"				非"一带一路"				差异
	(1)	(2)	(3)	(4)	(5)	(6)	(7)	(8)	(4)-(8)
$time \times tax$	3.4657***	3.7731***	3.4629***	3.6533***	1.1307***	1.1452**	1.1377***	1.1842**	2.4691*
	(5.1397)	(5.6064)	(5.2525)	(5.4510)	(2.6085)	(2.3881)	(2.6589)	(2.4651)	(1.6920)
$time$	0.1002	0.0163	0.4428	0.7687	0.0746	0.1809	0.6072**	0.5534	0.4994
	(0.3322)	(0.0425)	(1.0943)	(1.0582)	(0.3773)	(0.7630)	(2.2384)	(1.6115)	(0.9516)
$pgdp$		5.6896**		1.2023		-0.3762		-1.5189	2.7212
		(2.3323)		(0.3247)		(-0.1982)		(-0.6983)	(0.8358)
$inflation$		0.0196		-0.0089		0.0028		0.0028	-0.0116
		(0.8035)		(-0.2934)		(0.1244)		(0.1170)	(-0.3868)
$hycs$		-0.0516		-0.1164		-0.0882		-0.2097	0.0933
		(-0.1927)		(-0.4368)		(-0.2239)		(-0.5240)	(0.1959)
$ptrade$		3.9064**		5.1096***		0.9054		0.2614	4.8482
		(2.4724)		(3.0140)		(0.9107)		(0.2426)	(1.6309)
$penergy$		0.5833**		0.6331***		0.3503**		0.3281*	0.3050
		(2.4187)		(2.6211)		(2.1123)		(1.9545)	(1.0702)
$concor$		0.9157		0.8525		-0.8298		-1.1087	1.9612
		(0.8405)		(0.7903)		(-0.7954)		(-1.0522)	(1.5585)
$efree$		-4.9990		-4.7601		-1.0758		-1.2023	-3.5578
		(-1.3198)		(-1.2715)		(-0.3351)		(-0.3717)	(-0.9178)
常数项	1.0266***	-49.9061**	1.0242***	-14.1587	0.8181***	4.3254	0.8121***	19.4487	23.7298
	(4.1915)	(-2.2471)	(4.2765)	(-0.4266)	(5.1254)	(0.2091)	(5.1539)	(0.8281)	(0.8639)
个体固定效应	Yes	Yes	Yes	Yes	Yes	Yes	Yes	Yes	Yes
时间固定效应	No	No	Yes	Yes	No	No	Yes	Yes	Yes
N	199	188	199	188	272	218	272	218	406
R^2	0.178	0.288	0.234	0.325	0.043	0.097	0.084	0.118	0.900

注:*、**、***分别表示10%、5%、1%的显著性水平;括号内的值为 t 值;变量 tax 因具有时间不变性,在检验时被自动剔除。

由检验结果可知,不论是否属于"一带一路"国家(地区),两组东道国的减税政策与减税时间的交互项($tax \times time$)都与中国企业 OFDI 次数($ofditime$)存在显著正相关关系。这初步说明,东道国实施所得税减税政策能够有效吸引中国企业 OFDI 流入。但"一带一路"国家(地区)的交互项影响系数(3.6533)明显大于非"一带一路"国家(地区)的交互项影响系数(1.1842)。这一结论说明,"一带一路"国家(地区)实施的所得税减税政策可能更吸引中国企业 OFDI。为进一步验证该推测,本部分建立了每一变量与是否"一带一路"($ydyl$)的交互项进行检验。实证结果表明,减税政策、减税时间与是否"一带一路"三者的交互项($tax \times time \times ydyl$)同中国企业 OFDI 次数显著正相关。这验证了"一带一路"组与非"一带一路"组的影响系数存在显著差异,说明"一带一路"国家(地区)实施的所得税减税政策更易吸引中国企业 OFDI。这一结论也进一步验证了 H6.3。

6.2.3.4 按行业分组进一步检验

本部分按照行业分类,将样本划分为制造业 OFDI 企业组与非制造业 OFDI 企业组,以进一步检验全球减税背景下所得税制度对不同行业中国企业 OFDI 区位布局的影响。

(1) 中国企业在不同税负国家(地区)的 OFDI 区位布局

所得税税负($dsjtax$)与制造业企业、非制造业企业是否在低税负国家(地区)($dtax$)开展 OFDI 均存在显著负相关关系。东道国所得税税负每降低 1%,制造业企业在低税负国家(地区)开展 OFDI 的概率就会增加 3.12%,非制造业企业在低税负国家(地区)开展 OFDI 的概率就会增加 5.49%。这说明东道国所得税税负越低,制造业企业与非制造业企业选择低税负国家(地区)开展 OFDI 的概率越高。这进一步验证了 H6.1。

实际税差($sjdiff$)与制造业企业、非制造业企业是否在低税负国家(地区)($dtax$)开展 OFDI 也存在显著负相关关系。实际税差每降低 1%,制造业企业在低税负国家(地区)开展 OFDI 的概率就会增加 1.23%,非制造业企业在低税负国家(地区)开展 OFDI 的概率就会增加 1.21%。这说明不论是制造业企业还是非制造业企业,都偏好与中国实际税差小的低税负国家(地区)开展 OFDI,这进一步验证了 H6.1。

所得税减税程度($taxredu$)与制造业企业、非制造业企业是否在低税负国家(地区)($dtax$)开展 OFDI 存在显著正相关关系。所得税减税程度每提高 1%,制造业企业在低税负国家(地区)开展 OFDI 的概率就会增加 2.79%,非制造业企业在低税负国家(地区)开展 OFDI 的概率就会增加 2.38%。这表明所得税减税程度越高,制造业企业与非制造业企业越偏好选择低税负国家(地区)

开展 OFDI。这进一步验证了 H6.1。

表 6-18　不同行业中国企业在不同税负国家（地区）OFDI 区位布局的边际效应

变量	模型(6-1)		模型(6-2)		模型(6-3)	
	制造业	非制造业	制造业	非制造业	制造业	非制造业
dsjtax	-0.0312*** (-7.8192)	-0.0549*** (-7.1593)				
sjdiff			-0.0123*** (-23.0024)	-0.0121*** (-16.8992)		
taxredu					0.0279*** (43.0059)	0.0238*** (23.8473)
tfp	0.0018 (0.6664)	0.0047 (1.4993)	0.0003 (0.1020)	0.0027 (0.7337)	0.0057** (2.1091)	0.0016 (0.5762)
age	0.0201*** (7.4987)	0.0306*** (7.9110)	0.0130*** (4.6079)	0.0165*** (3.5530)	0.0281*** (9.5445)	0.0376*** (10.4888)
crio	0.0008*** (5.7806)	0.0008*** (5.0538)	0.0004** (2.4711)	0.0005*** (2.8423)	0.0009*** (7.3931)	0.0011*** (7.1943)
lev	-0.0054 (-0.4553)	-0.0416*** (-4.5023)	-0.0181** (-2.1062)	-0.0283** (-2.0085)	-0.0114 (-0.6353)	-0.0358*** (-3.4501)
kl	0.0057*** (2.7626)	-0.0090*** (-4.3458)	0.0008 (0.3308)	-0.0056** (-2.5379)	0.0050** (2.3711)	-0.0124*** (-6.3116)
qysflr	-0.0035* (-1.7148)	-0.0091*** (-2.9128)	-0.0104*** (-4.7520)	-0.0109*** (-3.1685)	-0.0011 (-0.5218)	-0.0084*** (-2.8875)
pgdp	-0.0190*** (-5.2674)	-0.0160*** (-2.7988)	-0.0567*** (-12.9917)	-0.0472*** (-6.3711)	0.0322*** (10.4280)	0.0461*** (9.4617)
efree	0.3672*** (13.0252)	0.1928*** (4.6722)	0.7476*** (22.5487)	0.5730*** (10.2564)	0.0247 (1.1325)	0.0143 (0.4144)
politic	0.0340*** (7.3974)	0.0266*** (4.4090)	0.0258*** (5.2583)	0.0152** (2.2888)	0.0156*** (3.7497)	0.0058 (1.0108)
ptrade	0.2401*** (71.8249)	0.2017*** (41.1336)	0.2267*** (54.0678)	0.1729*** (26.2529)	0.2884*** (123.3891)	0.2405*** (83.2950)
penergy	-0.0433*** (-20.7829)	-0.0265*** (-9.8022)	-0.0422*** (-17.1197)	-0.0189*** (-5.8674)	-0.0253*** (-13.9369)	-0.0199*** (-8.8344)
air	0.0165*** (14.1673)	0.0134*** (7.9204)	0.0295*** (22.0055)	0.0211*** (11.4564)	0.0006 (0.5976)	-0.0142*** (-10.9077)
N	39112	15579	29334	11466	44125	17741
χ^2	7377.5***	3587.7***	5193.1***	1952.4***	9656.8***	4489.8***

注：*、**、***分别表示10%、5%、1%的显著性水平，括号内的值为 z 值。

（2）中国企业在不同收入东道国的 OFDI 区位布局

不论 OFDI 企业是否属于制造业，所得税税负（dsjtax）都对企业是否在高收入国家（地区）（gsr）开展 OFDI 具有显著负向影响。东道国所得税税负每降低 1%，制造业企业在高收入国家（地区）开展 OFDI 的概率就会增加 4.55%，非制造业企业在高收入国家（地区）开展 OFDI 的概率就会增加 2.10%。这说明东道国所得税税负越低，制造业企业与非制造业企业向高收入国家（地区）投资的概率越大。这进一步验证了 H6.2。

实际税差（sjdiff）与制造业企业、非制造业企业是否在高收入国家（地区）（gsr）开展 OFDI 均存在显著负相关关系。实际税差每降低 1%，制造业企业在高收入国家（地区）开展 OFDI 的概率就会增加 0.46%，非制造业企业在高收入国家（地区）开展 OFDI 的概率就会增加 0.28%。这说明实际税差越小，制造业企业与非制造业企业选择在高收入国家（地区）开展 OFDI 的概率越大。这进一步验证了 H6.2。

所得税减税程度（taxredu）与制造业企业、非制造业企业是否在高收入国家（地区）（gsr）开展 OFDI 存在显著正相关关系。所得税减税程度每提高 1%，制造业企业在高收入国家（地区）开展 OFDI 的概率就会增加 0.79%，而非制造业企业在高收入国家（地区）开展 OFDI 的概率就会增加 0.55%。这表明在全球减税背景下，东道国所得税减税程度越高，制造业企业与非制造业企业越偏好选择在高收入国家（地区）开展 OFDI。这进一步验证了 H6.2。

表 6-19　不同行业中国企业在不同收入国家（地区）OFDI 区位布局的边际效应

变量	模型（6-4）		模型（6-5）		模型（6-6）	
	制造业	非制造业	制造业	非制造业	制造业	非制造业
dsjtax	−0.0455*** (−12.7261)	−0.0210*** (−4.6777)				
sjdiff			−0.0046*** (−18.9994)	−0.0028*** (−8.1481)		
taxredu					0.0079*** (9.6334)	0.0055*** (4.6501)
tfp	0.0017 (1.2561)	0.0018 (1.0025)	0.0033** (1.9646)	−0.0001 (−0.0343)	0.0017 (1.3045)	0.0011 (0.5966)
crio	0.0002*** (4.0951)	0.0002** (2.0189)	0.0003*** (3.6601)	0.0001 (0.8804)	0.0002*** (3.2146)	0.0002** (2.5157)
lev	0.0189*** (3.8149)	0.0094 (1.6101)	0.0139*** (2.6300)	0.0204** (2.5438)	0.0116*** (3.4703)	0.0097* (1.6660)

续表

变量	模型(6-4)		模型(6-5)		模型(6-6)	
	制造业	非制造业	制造业	非制造业	制造业	非制造业
kl	-0.0004 (-0.3226)	0.0023* (1.9486)	0.0018 (1.3277)	0.0050*** (3.5596)	0.0002 (0.2057)	0.0024** (2.0557)
$qysflr$	-0.0005 (-0.4921)	-0.0002 (-0.1340)	-0.0014 (-1.1537)	-0.0003 (-0.1740)	-0.0012 (-1.1190)	0.0016 (1.0232)
$efree$	0.6878*** (127.7787)	0.5086*** (45.8455)	0.7018*** (99.6829)	0.5234*** (40.7426)	0.6270*** (107.2520)	0.4854*** (45.1909)
$politic$	0.0649*** (37.3179)	0.0553*** (23.4368)	0.0713*** (32.4591)	0.0625*** (20.3119)	0.0886*** (58.1336)	0.0694*** (34.4644)
$ptrade$	-0.0314*** (-16.7036)	-0.0197*** (-6.9121)	-0.0383*** (-16.4900)	-0.0253*** (-7.2233)	-0.0374*** (-20.1169)	-0.0267*** (-10.0508)
$penergy$	-0.0064*** (-5.5811)	-0.0056*** (-4.5589)	-0.0043*** (-3.1575)	-0.0070*** (-4.7943)	-0.0031*** (-3.3415)	-0.0056*** (-5.1053)
air	0.0193*** (41.9160)	0.0154*** (29.2946)	0.0219*** (39.0912)	0.0186*** (28.4859)	0.0216*** (47.9062)	0.0166*** (29.0570)
N	39536	15756	29638	11555	44616	17965
χ^2	2428.5***	881.6***	2279.9***	807.6***	3567.6***	1174.1***

注:*、**、***分别表示10%、5%、1%的显著性水平,括号内的值为z值。

(3)中国企业在"一带一路"与非"一带一路"国家(地区)的OFDI区位布局

所得税税负($dsjtax$)对制造业企业是否在"一带一路"国家(地区)($ydyl$)开展OFDI具有显著负向影响。东道国所得税税负每降低1%,制造业企业在"一带一路"国家(地区)开展OFDI的概率就会增加8.02%,但所得税税负对非制造业企业并无显著影响。

实际税差($sjdiff$)与制造业企业是否在"一带一路"国家(地区)($ydyl$)开展OFDI存在显著负相关关系。实际税差每降低1%,制造业企业在"一带一路"国家(地区)开展OFDI的概率就会增加0.51%。实际税差与非制造业企业是否在"一带一路"国家(地区)开展OFDI存在正相关关系。

所得税减税程度($taxredu$)对制造业企业是否在"一带一路"国家(地区)($ydyl$)开展OFDI具有显著正向影响。所得税减税程度每提高1%,制造业企业在"一带一路"国家(地区)开展OFDI的概率就会增加21.61%;所得税减税程度变化对非制造业企业并无显著影响。

上述分析表明,在全球减税背景下,东道国所得税税负越低,所得税减税程度越高,同中国的实际税差越小,制造业企业选择在"一带一路"国家(地区)开展 OFDI 的概率越大。这可能是因为"一带一路"国家(地区)在资源禀赋等方面的优势更能满足制造业企业的发展需求。

表 6-20　不同行业中国企业在"一带一路"与非"一带一路"国家(地区)OFDI 区位布局的边际效应

变量	模型(6-7)		模型(6-8)		模型(6-9)	
	制造业	非制造业	制造业	非制造业	制造业	非制造业
$dsjtax$	−0.0802*** (−5.2471)	0.0143 (0.6505)				
$sjdiff$			−0.0051*** (−3.0300)	0.0050** (2.0347)		
$taxredu$					0.2161*** (7.3075)	0.0488 (1.2823)
tfp	0.0687*** (4.5748)	0.0321* (1.8006)	0.0716*** (4.7607)	0.0334* (1.8794)	0.0718*** (4.8929)	0.0322* (1.8034)
$crio$	0.0003 (0.5639)	0.0024*** (2.6815)	0.0003 (0.4919)	0.0023*** (2.6082)	0.0003 (0.5947)	0.0025*** (2.8032)
lev	0.0627 (1.2129)	0.0103 (0.1279)	0.0681 (1.3108)	0.0107 (0.1331)	0.0684 (1.3443)	0.0079 (0.0975)
kl	−0.0116 (−1.1021)	−0.0133 (−1.1564)	−0.0121 (−1.1385)	−0.0117 (−1.0157)	−0.0095 (−0.8961)	−0.0145 (−1.2616)
$qysflr$	−0.0171* (−1.7349)	0.0228 (1.2659)	−0.0184* (−1.8496)	0.0230 (1.2762)	−0.0185* (−1.8258)	0.0221 (1.2279)
$efree$	0.1113 (1.2692)	0.2777* (1.7927)	0.2155** (2.5050)	0.2310 (1.4903)	0.4897*** (5.1982)	0.3153** (1.9712)
$politic$	−0.1144*** (−7.1444)	−0.0650** (−2.3874)	−0.1040*** (−6.3696)	−0.0509* (−1.8807)	−0.0846*** (−5.9577)	−0.0689*** (−2.7507)
$ptrade$	0.2057*** (10.1811)	0.1190*** (3.4122)	0.2125*** (10.7429)	0.1257*** (3.6825)	0.1726*** (8.4418)	0.1113*** (3.1669)
$penergy$	0.0962*** (6.9303)	0.0341** (2.1109)	0.0919*** (6.7349)	0.0327** (2.0592)	0.1059*** (7.2690)	0.0410** (2.4679)
air	−0.0206*** (−3.7932)	−0.0056 (−0.6534)	−0.0178*** (−3.2467)	−0.0018 (−0.2123)	−0.0148*** (−2.7069)	−0.0071 (−0.8486)
N	2904	1044	2904	1044	2904	1044
χ^2	174.9***	32.77***	174.0***	36.92***	218.9***	32.84***

注:*、**、***分别表示10%、5%、1%的显著性水平,括号内的值为 z 值。

6.2.3.5 稳健性检验

(1) 中国企业在不同税负国家(地区)的 OFDI 区位布局

①OFDI 概率。

本部分采用 Probit 模型进行区位布局影响的稳健性检验。

表 6-21 中的(1)~(2)列是对模型(6-1)进行的检验，是以所得税税负($dsjtax$)为核心解释变量的中国企业 OFDI 区位布局边际效应的稳健性检验结果。由检验结果可知，所得税税负($dsjtax$)对中国企业是否选择低税负国家(地区)($dtax$)开展 OFDI 具有显著负向影响。这一结论在一定程度上表明，当东道国实施所得税减税政策时，中国企业更倾向于选择所得税税负较低的低税负国家(地区)开展 OFDI。该结论验证了 H6.1。

表 6-21 中的(3)~(4)列是对模型(6-2)进行的检验，是以实际税差($sjdiff$)为核心解释变量的中国企业 OFDI 区位布局边际效应的稳健性检验结果。由检验结果可知，实际税差($sjdiff$)与中国企业是否选择低税负国家(地区)($dtax$)开展 OFDI 存在显著的负相关关系。这说明在全球减税背景下，中国企业更倾向于选择与中国实际税差小的低税负国家(地区)开展 OFDI。该结论验证了 H6.1。

表 6-21 中的(5)~(6)列是对模型(6-3)进行的检验，是以所得税减税程度($taxredu$)为核心解释变量的中国企业 OFDI 区位布局边际效应的稳健性检验结果。由检验结果可知，所得税减税程度($taxredu$)与中国企业是否选择低税负国家(地区)($dtax$)开展 OFDI 存在显著正相关关系。该结论表明，在全球减税背景下，所得税减税程度越高，中国企业 OFDI 越倾向于流入低税负国家(地区)。该结论验证了 H6.1。

表 6-21 中国企业在不同税负国家(地区) OFDI 区位布局边际效应的稳健性检验(1)

变量	模型(6-1)		模型(6-2)		模型(6-3)	
	(1)	(2)	(3)	(4)	(5)	(6)
$dsjtax$	-0.1220***	-0.0365***				
	(-30.6783)	(-13.1178)				
$sjdiff$			-0.0214***	-0.0108***		
			(-65.9047)	(-31.6419)		
$taxredu$					0.0065***	0.0275***
					(7.9016)	(45.8623)

续表

变量	模型(6-1)		模型(6-2)		模型(6-3)	
	(1)	(2)	(3)	(4)	(5)	(6)
tfp		0.0004 (0.2104)		−0.0007 (−0.2832)		0.0029 (1.5440)
age		0.0199*** (9.5754)		0.0119*** (4.8889)		0.0281*** (14.2507)
$crio$		0.0007*** (6.9036)		0.0004*** (3.4663)		0.0009*** (9.3982)
lev		−0.0055 (−1.2034)		−0.0164** (−2.1854)		−0.0075 (−1.4310)
kl		0.0002 (0.1539)		−0.0012 (−0.7519)		−0.0014 (−1.0165)
$qysflr$		−0.0039** (−2.3085)		−0.0096*** (−5.1214)		−0.0021 (−1.3113)
$pgdp$		−0.0211*** (−7.0951)		−0.0547*** (−14.6820)		0.0327*** (12.6714)
$efree$		0.3138*** (14.3515)		0.6858*** (23.5211)		0.0602*** (3.4205)
$politic$		0.0379*** (10.8533)		0.0241*** (6.1775)		0.0146*** (4.4915)
$ptrade$		0.2181*** (84.6565)		0.2102*** (59.2999)		0.2651*** (143.8558)
$penergy$		−0.0370*** (−22.1644)		−0.0316*** (−16.0145)		−0.0211*** (−14.1023)
air		0.0148*** (15.8903)		0.0243*** (22.5334)		−0.0046*** (−5.6329)
N	80004	54691	53697	40800	99451	61866
χ^2	873.2***	11107.7***	2975.9***	6121.4***	62.37***	15349.1***

注：**、***分别表示5%、1%的显著性水平，括号内的值为z值。

②OFDI次数。

本部分以中国上市公司2008—2019年新增海外子公司数量为被解释变量OFDI次数($ofditime$)的替代变量，进行区位布局影响的稳健性检验。

从表6-22中的(1)~(2)列可以看出，高税负国家(地区)所得税税负($dsjtax$)对中国企业OFDI次数($ofditime$)具有显著负向影响；而低税负国家(地区)所得税税负($dsjtax$)对中国企业OFDI次数($ofditime$)并不具有显著影响。H6.1未得到验证。

表 6-22 中的(3)~(4)列的实证结果表明，高税负国家(地区)与中国的实际税差(*sjdiff*)对中国企业 OFDI 次数(*ofditime*)并不具有显著影响，而低税负国家(地区)与中国的实际税差(*sjdiff*)对中国企业 OFDI 次数(*ofditime*)具有显著负向影响。该结论表明，与高税负国家(地区)相比，低税负国家(地区)通过实施所得税减税政策、降低实际税率、缩小实际税差，更易吸引中国企业 OFDI 不断流入。该结论验证了 H6.1。

由表 6-22 中的(5)~(6)列的检验结果可知，高税负国家(地区)的所得税减税程度(*taxredu*)对中国企业 OFDI 次数(*ofditime*)并没有显著影响，而低税负国家(地区)的所得税减税程度(*taxredu*)与中国企业 OFDI 次数显著正相关。该结论表明，低税负国家(地区)实施的所得税减税政策更易吸引中国企业 OFDI 不断流入。这进一步验证了 H6.1。

表 6-22　中国企业在不同税负国家(地区) OFDI 区位布局边际效应的稳健性检验(2)

变量	模型(6-11)					
	高税负	低税负	高税负	低税负	高税负	低税负
	(1)	(2)	(3)	(4)	(5)	(6)
dsjtax	-0.1272** (-1.9827)	-0.1073 (-1.5572)				
sjdiff			-0.0098 (-0.7895)	-0.0140* (-1.6815)		
taxredu					-0.0008 (-0.0280)	0.0334*** (3.8278)
tfp	0.1449** (2.2940)	0.1420*** (2.9635)	0.0976 (1.3236)	0.0615 (1.0792)	0.1674*** (3.0343)	0.1545*** (3.3865)
age	0.5519*** (7.0805)	0.7942*** (13.3478)	0.3471*** (3.6062)	0.5084*** (6.6679)	0.6834*** (10.5002)	0.7915*** (13.9677)
crio	0.0184*** (5.0986)	0.0168*** (6.2263)	0.0153*** (3.8360)	0.0136*** (4.1997)	0.0224*** (7.2268)	0.0163*** (6.2778)
lev	0.0094 (0.0891)	0.0786 (0.9142)	0.7209*** (2.7576)	1.1993*** (6.2350)	-0.0628 (-0.6405)	0.0414 (0.5161)
kl	-0.0537 (-1.1102)	-0.1191*** (-3.3330)	-0.1077* (-1.9273)	-0.2165*** (-4.8478)	-0.0638 (-1.4816)	-0.1225*** (-3.5852)
qysflr	0.0615 (1.6075)	0.1137*** (3.9896)	0.0330 (0.8013)	0.0872*** (2.8663)	0.0786** (2.2913)	0.1179*** (4.2632)

续表

变量	模型(6-11)					
	高税负 (1)	低税负 (2)	高税负 (3)	低税负 (4)	高税负 (5)	低税负 (6)
$pgdp$	0.2837* (1.6978)	-0.3624*** (-2.8232)	0.1461 (0.7576)	-0.4848*** (-3.4445)	0.4470*** (2.9185)	-0.3245*** (-2.6983)
$efree$	-0.7594 (-0.8340)	2.2708*** (3.1275)	0.3003 (0.2838)	2.2868*** (2.8987)	-2.1730*** (-2.6719)	2.5440*** (3.8121)
$politic$	-0.2184 (-1.2776)	-0.0646 (-0.5296)	-0.2180 (-1.0775)	0.0396 (0.2919)	-0.1871 (-1.1938)	-0.0407 (-0.3553)
$ptrade$	-1.1070*** (-5.0486)	-0.2441** (-2.0751)	-1.0470*** (-4.0653)	-0.2672* (-1.8625)	-0.8297*** (-4.3104)	-0.2731** (-2.5011)
$penergy$	-0.1892*** (-2.6252)	0.1239 (1.6155)	-0.1781** (-2.3583)	0.1055 (1.1880)	-0.2580*** (-3.7932)	0.0507 (1.1279)
air	0.0331 (0.5316)	0.0907** (2.0880)	0.0026 (0.0338)	0.1310** (2.5517)	0.0394 (0.6825)	0.0737* (1.8374)
常数项	0.1453 (0.0390)	-11.2719*** (-4.3150)	-1.3792 (-0.3259)	-7.6017*** (-2.6682)	2.6677 (0.7939)	-12.5546*** (-5.4186)
企业固定效应	Control	Control	Control	Control	Control	Control
国家固定效应	Control	Control	Control	Control	Control	Control
N	8297	16904	6239	11915	11944	18699
χ^2	171.60***	333.17***	81.76***	153.27***	286.16***	368.60***

注:*、**、***分别表示10%、5%、1%的显著性水平,括号内的值为z值。

(2)中国企业在不同收入东道国的OFDI区位布局

①OFDI概率。

表6-23中的(1)~(2)列是对模型(6-4)进行的检验,是以所得税税负($dsjtax$)为核心解释变量的中国企业OFDI区位布局的边际效应稳健性检验结果。由检验结果可知,所得税税负($dsjtax$)与中国企业是否选择高收入国家(地区)(gsr)开展OFDI显著负相关。这在一定程度上表明,当东道国均实施所得税减税政策、降低企业所得税税负时,中国企业更倾向于选择高收入国家(地区)开展OFDI。该结论验证了H6.2。

表6-23中的(3)~(4)列是对模型(6-5)进行的检验,是以实际税差($sjdiff$)为核心解释变量的中国企业OFDI区位布局的边际效应稳健性检验结

果。由检验结果可知,实际税差($sjdiff$)对中国企业是否选择高收入国家(地区)(gsr)开展 OFDI 具有显著负向影响。这在一定程度上表明,当不同收入的东道国均实施所得税减税政策、缩小实际税差时,中国企业更倾向于选择高收入国家(地区)开展 OFDI。该结论验证了 H6.2。

表6-23 中的(5)~(6)列是对模型(6-6)进行的检验,是以所得税减税程度($taxredu$)为核心解释变量的中国企业 OFDI 区位布局的边际效应稳健性检验结果。检验结果表明,所得税减税程度($taxredu$)对中国企业是否选择高收入国家(地区)(gsr)开展 OFDI 具有显著正向影响。该结论表明,当东道国均实施所得税减税政策、提高减税幅度时,中国企业更倾向于选择高收入国家(地区)开展 OFDI。这进一步验证了 H6.2。

表6-23 中国企业在不同收入国家(地区)OFDI 区位布局边际效应的稳健性检验(1)

变量	模型(6-4)		模型(6-5)		模型(6-6)	
	(1)	(2)	(3)	(4)	(5)	(6)
$dsjtax$	-0.0442*** (-21.1479)	-0.0332*** (-12.5840)				
$sjdiff$			-0.0022*** (-12.2430)	-0.0037*** (-19.5611)		
$taxredu$					0.0073*** (11.8585)	0.0064*** (9.3078)
tfp		0.0043*** (3.1640)		0.0032** (2.1415)		0.0039*** (3.1100)
$crio$		0.0002*** (4.6390)		0.0002*** (3.5861)		0.0002*** (4.4208)
lev		0.0211*** (4.2943)		0.0138*** (2.9408)		0.0149*** (3.9649)
kl		0.0002 (0.2350)		0.0030*** (2.7794)		0.0007 (0.8220)
$qysflr$		-0.0013 (-1.3872)		-0.0017 (-1.5123)		-0.0009 (-0.9793)
$efree$		0.6044*** (83.3982)		0.6206*** (75.6420)		0.5576*** (79.4670)
$politic$		0.0607*** (43.9176)		0.0667*** (37.6157)		0.0813*** (68.0137)

续表

变量	模型(6-4)		模型(6-5)		模型(6-6)	
	(1)	(2)	(3)	(4)	(5)	(6)
ptrade		-0.0270*** (-16.3494)		-0.0327*** (-16.8781)		-0.0356*** (-22.3009)
penergy		-0.0057*** (-6.6370)		-0.0050*** (-5.1017)		-0.0053*** (-6.9774)
air		0.0164*** (45.5175)		0.0196*** (46.1480)		0.0187*** (47.4149)
N	80004	55292	53697	41193	97118	62581
χ^2	446.7***	2249.6***	150.1***	2033.9***	141.1***	3151.3***

注：**、***分别表示5%、1%的显著性水平，括号内的值为z值。

②OFDI次数。

由表6-24中的(1)~(2)列的实证结果可知，高收入国家(地区)所得税税负($dsjtax$)与中国企业OFDI次数($ofditime$)存在显著负相关关系，而低收入国家(地区)所得税税负($dsjtax$)对中国企业OFDI次数($ofditime$)并没有显著影响。这表明，与低收入国家(地区)相比，高收入国家(地区)实施所得税减税政策、降低所得税税负，更易吸引中国企业OFDI不断流入。这进一步验证了H6.2。

由表6-24中的(3)~(4)列的检验结果可知，高收入国家(地区)和中国的实际税差($sjdiff$)与中国企业OFDI次数($ofditime$)显著负相关，而低收入国家(地区)和中国的实际税差($sjdiff$)对中国企业OFDI次数并没有显著影响。这进一步表明，高收入国家(地区)实施所得税减税政策、缩小实际税差，更易吸引中国企业OFDI的不断流入。H6.2得到验证。

由表6-24中的(5)~(6)列的实证结果可知，高收入国家(地区)的所得税减税程度($taxredu$)与中国企业OFDI次数($ofditime$)显著正相关，而低收入国家(地区)的所得税减税程度对中国企业OFDI次数并没有显著影响。这一结论表明，高收入国家(地区)实施所得税减税政策，且减税幅度越大，越比低收入国家(地区)更易吸引中国企业OFDI的流入。H6.2得到验证。

表6-24 中国企业在不同收入国家(地区)OFDI区位布局边际效应的稳健性检验(2)

变量	模型(6-11)					
	高收入 (1)	低收入 (2)	高收入 (3)	低收入 (4)	高收入 (5)	低收入 (6)
$dsjtax$	-0.1540*** (-3.7700)	-0.0683 (-0.2849)				
$sjdiff$			-0.0201*** (-3.1354)	0.0311 (1.6098)		
$taxredu$					0.0132** (2.0128)	0.0456 (0.8914)
tfp	0.2623*** (10.0652)	0.3420*** (3.2806)	0.1664*** (5.1153)	0.1855 (1.3133)	0.2972*** (12.0698)	0.3348*** (3.4165)
$crio$	0.0037*** (2.5976)	0.0030 (0.5471)	0.0053*** (2.9005)	0.0116* (1.7941)	0.0028** (2.1153)	0.0038 (0.7522)
lev	0.0661 (1.3704)	0.0538 (0.3307)	0.4470*** (4.7137)	1.9800*** (3.8671)	0.0825* (1.8450)	0.0721 (0.4576)
kl	-0.0497** (-2.4980)	0.0283 (0.3637)	-0.1144*** (-4.5022)	-0.0840 (-0.8360)	-0.0381** (-2.0040)	0.0480 (0.6505)
$qysflr$	0.0992*** (5.4774)	0.0182 (0.3069)	0.0583*** (2.9330)	-0.0236 (-0.3603)	0.1130*** (6.4434)	0.0285 (0.5072)
$efree$	3.0589*** (6.6267)	3.3997*** (2.9324)	2.1697*** (4.0656)	4.0002*** (2.9275)	1.9138*** (4.6174)	4.1940*** (3.7696)
$politic$	0.1108** (2.0790)	0.5932*** (2.9198)	0.0507 (0.8513)	1.0488*** (3.8578)	0.1076** (2.0850)	0.7820*** (4.3418)
$ptrade$	-0.2325*** (-4.6402)	0.4826* (1.9545)	-0.1036* (-1.7015)	0.3727 (1.3115)	-0.0645 (-1.4237)	0.2860 (1.2831)
$penergy$	-0.1623*** (-5.0919)	0.0703 (0.6893)	-0.0074 (-0.2039)	0.1550 (1.2862)	-0.1256*** (-4.8211)	-0.0069 (-0.0744)
air	0.1240*** (3.8564)	0.3297*** (4.8887)	0.1691*** (4.5003)	0.2769*** (3.1638)	0.1234*** (4.2243)	0.3327*** (5.1797)
常数项	-17.0861*** (-9.4899)	-23.9184*** (-4.7331)	-13.0490*** (-6.2696)	-23.8381*** (-4.2198)	-14.1951*** (-8.7523)	-26.2906*** (-5.5242)
企业固定效应	Control	Control	Control	Control	Control	Control
国家固定效应	Control	Control	Control	Control	Control	Control
N	35944	4142	23626	3013	41131	5222
χ^2	350.90***	63.55***	167.05***	58.77***	360.65***	85.65***

注：*、**、***分别表示10%、5%、1%的显著性水平，括号内的值为z值。

(3) 中国企业在"一带一路"与非"一带一路"国家(地区)的 OFDI 区位布局

①OFDI 概率。

表 6-25 中的(1)~(2)列是对模型(6-7)进行的检验,是以所得税税负(*dsjtax*)为核心解释变量的中国企业 OFDI 区位布局的边际效应稳健性检验结果。由检验结果可知,所得税税负(*dsjtax*)与中国企业是否选择"一带一路"国家(地区)(*ydyl*)开展 OFDI 存在显著负相关关系。这在一定程度上表明,当"一带一路"与非"一带一路"国家(地区)均实施所得税减税政策、降低所得税税负时,中国企业更倾向于选择实施所得税减税政策的"一带一路"国家(地区)开展 OFDI。该结论验证了 H6.3。

表 6-25 中的(3)~(4)列是对模型(6-8)进行的检验,是以实际税差(*sjdiff*)为核心解释变量的中国企业 OFDI 区位布局的边际效应稳健性检验结果。由检验结果可知,实际税差(*sjdiff*)与中国企业是否选择"一带一路"国家(地区)(*ydyl*)开展 OFDI 存在负相关关系,二者在未加入控制变量时显著负相关。这在一定程度上验证了 H6.3。

表 6-25 中的(5)~(6)列是对模型(6-9)进行的检验,是以所得税减税程度(*taxredu*)为核心解释变量的中国企业 OFDI 区位布局的边际效应稳健性检验结果。由实证结果可知,所得税减税程度(*taxredu*)与中国企业是否选择"一带一路"国家(地区)(*ydyl*)开展 OFDI 显著正相关。这在一定程度上表明,中国企业倾向于选择所得税减税幅度高的"一带一路"国家(地区)开展 OFDI。这验证了 H6.3。

表 6-25 中国企业在"一带一路"与非"一带一路"国家(地区)OFDI 区位布局边际效应的稳健性检验(1)

变量	模型(6-7)		模型(6-8)		模型(6-9)	
	(1)	(2)	(3)	(4)	(5)	(6)
dsjtax	-0.0532*** (-7.0178)	-0.0493*** (-4.0465)				
sjdiff			-0.0049*** (-5.1957)	-0.0020 (-1.5058)		
taxredu					0.1263*** (6.8860)	0.1468*** (5.9558)
tfp		0.0505*** (4.5701)		0.0523*** (4.7428)		0.0536*** (4.9069)

续表

变量	模型(6-7)		模型(6-8)		模型(6-9)	
	(1)	(2)	(3)	(4)	(5)	(6)
crio		0.0010** (2.1092)		0.0010** (2.0179)		0.0011** (2.1919)
lev		0.0614 (1.4611)		0.0677 (1.6102)		0.0649 (1.5631)
kl		-0.0079 (-1.0435)		-0.0078 (-1.0297)		-0.0076 (-1.0116)
qysflr		-0.0091 (-1.0416)		-0.0095 (-1.0844)		-0.0099 (-1.1373)
efree		0.1832** (2.4268)		0.2420*** (3.2593)		0.4080*** (5.0898)
politic		-0.1048*** (-7.8678)		-0.0950*** (-7.0825)		-0.0838*** (-6.8135)
ptrade		0.1776*** (10.4363)		0.1855*** (11.0092)		0.1603*** (9.3710)
penergy		0.0734*** (7.4332)		0.0702*** (7.1654)		0.0801*** (7.7936)
air		-0.0154*** (-3.5147)		-0.0128*** (-2.8981)		-0.0116*** (-2.6900)
N	4978	3948	4978	3948	4947	3948
χ^2	47.73***	214.8***	26.53***	212.3***	45.71***	236.2***

注：**、***分别表示5%、1%的显著性水平，括号内的值为z值。

②OFDI次数。

由表6-26中的(1)~(2)列的检验结果可知，不论是"一带一路"还是非"一带一路"国家（地区），所得税税负（dsjtax）都与中国企业OFDI次数（ofditime）负相关，但影响并不显著。这与前文检验结果一致，H6.3并未得到验证。

由表6-26中的(3)~(4)列的检验结果可知，"一带一路"国家（地区）和中国的实际税差（sjdiff）对中国企业OFDI次数（ofditime）具有显著负向影响；非"一带一路"国家（地区）和中国的实际税差（sjdiff）虽然与中国企业OFDI次数（ofditime）负相关，但两者的关系并不显著。这一结论表明，当东道国实施所得税减税政策、降低企业所得税实际税率、缩小同中国的实际税差时，中国企业更倾向于流入"一带一路"国家（地区）。该结论验证了H6.3。

由表6-26中的(5)~(6)列的检验结果可知，"一带一路"国家（地区）所得税减税程度($taxredu$)与中国企业 OFDI 次数($ofditime$)显著正相关,而非"一带一路"国家(地区)与中国企业 OFDI 次数($ofditime$)显著负相关。该结论表明,当东道国均实施所得税减税政策时,其所得税减税幅度越大,中国企业越倾向于流向"一带一路"国家(地区)。这验证了 H6.3。

表 6-26　中国企业在"一带一路"与非"一带一路"国家(地区)OFDI 区位布局边际效应的稳健性检验(2)

变量	模型(6-11)					
	"一带一路"	非"一带一路"	"一带一路"	非"一带一路"	"一带一路"	非"一带一路"
	(1)	(2)	(3)	(4)	(5)	(6)
$dsjtax$	-0.5770 (-1.3043)	-0.0362 (-0.3677)				
$sjdiff$			-0.0437* (-1.7743)	-0.0155 (-0.7735)		
$taxredu$					0.4803*** (2.7001)	-0.1666** (-2.2631)
tfp	0.2166 (1.3550)	0.1309 (1.4691)	0.2185 (1.3795)	0.1519* (1.7154)	0.2425 (1.5113)	0.1554* (1.7524)
$crio$	0.0053 (0.7041)	0.0075 (1.4960)	0.0045 (0.6011)	0.0080 (1.5875)	0.0035 (0.4665)	0.0082 (1.6161)
lev	1.5427*** (2.5921)	0.3000 (1.3216)	1.6758*** (2.8075)	0.3171 (1.3693)	1.7555*** (2.9450)	0.3044 (1.3505)
kl	-0.3319** (-2.5022)	-0.2910*** (-3.9999)	-0.3284** (-2.4630)	-0.2860*** (-3.9703)	-0.3392** (-2.5243)	-0.2893*** (-3.9917)
$qysflr$	0.0610 (0.7242)	-0.0084 (-0.1744)	0.0561 (0.6627)	-0.0061 (-0.1266)	0.0590 (0.6996)	-0.0026 (-0.0541)
$efree$	-0.9827 (-0.5662)	-1.3416 (-0.6832)	-0.4119 (-0.2467)	-0.3687 (-0.1906)	-0.9378 (-0.5550)	-0.7388 (-0.3981)
$politic$	0.5422* (1.7079)	-0.0124 (-0.0533)	0.7030** (2.4022)	0.1075 (0.4194)	0.6036* (1.8290)	0.1015 (0.4375)
$ptrade$	-0.6771 (-1.6271)	0.1462 (0.7083)	-0.6550* (-1.7470)	0.0462 (0.2172)	-0.3326 (-0.9608)	0.0812 (0.4061)
$penergy$	1.3561*** (3.2860)	0.2890 (1.4479)	1.3892*** (3.7155)	0.1706 (0.7200)	1.1603*** (2.6398)	0.2041 (1.0229)

续表

变量	模型(6-11)					
	"一带一路"(1)	非"一带一路"(2)	"一带一路"(3)	非"一带一路"(4)	"一带一路"(5)	非"一带一路"(6)
air	0.0087(0.0301)	0.3436**(2.1255)	-0.1216(-0.5020)	0.3311**(2.0371)	0.0080(0.0270)	0.3033*(1.9190)
常数项	-0.5140(-0.0656)	0.4777(0.0681)	-3.4259(-0.5026)	-2.9744(-0.4361)	-2.7733(-0.4019)	-1.5763(-0.2363)
企业固定效应	Control	Control	Control	Control	Control	Control
国家固定效应	Control	Control	Control	Control	Control	Control
N	1565	2714	1565	2766	1565	2766
χ^2	34.3630***	38.2893***	36.5957***	39.5245***	39.1518***	44.0645***

注:*、**、***分别表示10%、5%、1%的显著性水平,括号内的值为z值。

图 6-3 对全球减税背景下所得税制度对中国企业 OFDI 区位布局影响的结论进行了总结。从图 6-3 中可以看出,本章提出的大多数假设均得到了验证。实际税差、所得税减税程度均对中国企业 OFDI 区位布局有显著影响,中国企业 OFDI 更倾向于流入实施所得税减税政策的低税负、高收入以及"一带一路"国家(地区),而东道国的所得税税负对中国企业 OFDI 区位布局的影响得到了部分验证。

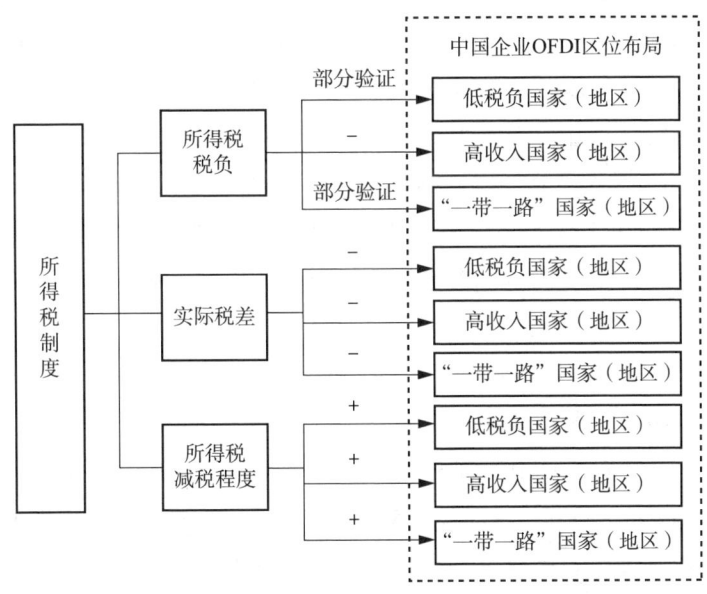

图 6-3　全球减税背景下所得税制度对中国企业 OFDI 区位布局的影响

6.3 小结

本章采用 2008—2019 年中国上市公司在不同税负国家(地区)的 OFDI 次数数据、不同收入国家(地区)的 OFDI 次数数据,以及 2014—2019 年中国上市公司在"一带一路"与非"一带一路"国家(地区)的 OFDI 次数数据,再按是否制造业分组,运用 Logit、固定效应、双重差分、计数等模型对所得税制度对中国企业 OFDI 区位布局的影响进行实证检验,结果如下:

第一,当不同税负的东道国实施减税政策时,中国企业 OFDI 偏好流入低税负国家(地区)。实际税差($sjdiff$)、所得税减税程度($taxredu$)对中国企业选择低税负国家(地区)开展 OFDI 影响显著,所得税税负($dsjtax$)的影响得到部分验证。具体而言,所得税税负($dsjtax$)每降低 1%,中国企业 OFDI 流向低税负国家(地区)的概率就会增加 3.68%;所得税税负($dsjtax$)与中国企业在低税负国家(地区)的 OFDI 次数存在负相关关系,但两者的关系并不显著。这说明所得税税负的降低减少了 OFDI 企业的纳税成本,提高了税后利润,提升了中国企业在低税负国家(地区)开展 OFDI 的概率;但需要再次投资时,企业可能要对东道国的市场规模、贸易开放度、资源禀赋等因素进行综合考虑,使所得税税负对其投资次数的影响减小。实际税差($sjdiff$)每降低 1%,中国企业 OFDI 流向低税负国家(地区)的概率就会增加 1.22%,OFDI 次数就会增加 0.0144 次;所得税减税程度($taxredu$)每提高 1%,中国企业 OFDI 流入低税负国家(地区)的概率就会增加 2.67%,OFDI 次数就会增加 0.0399 次。原因可能是低税负国家(地区)实施的减税政策进一步降低了 OFDI 企业的税收负担,从而提高了企业的税后收益率和投资报酬率,使 OFDI 企业获得了更多的税后收益。因此,当不同所得税税负的国家(地区)同时实施所得税减税政策时,中国企业 OFDI 更偏好流向低税负国家(地区)。

第二,当不同收入的东道国实施减税政策时,中国企业 OFDI 偏好选择高收入国家(地区)。所得税税负($dsjtax$)、实际税差($sjdiff$)、所得税减税程度($taxredu$)对中国企业 OFDI 选择高收入国家(地区)(gsr)开展 OFDI 均具有显著影响。具体表现如下:所得税税负($dsjtax$)每降低 1%,中国企业 OFDI 流向高收入国家(地区)的概率就会增加 3.77%,OFDI 次数就会增加 0.1410 次;实际税差($sjdiff$)每降低 1%,中国企业 OFDI 流向高收入国家(地区)的概率就会增加0.40%，OFDI次数就会增加0.0214次；所得税减税程度(*taxredu*)每提高1%，中国企业OFDI流入高收入国家(地区)的概率就会增加0.72%，OFDI次数就会增加0.0204次。这可能是因为高收入国家(地区)往往拥有较高的技术创新水平、先进的管理经验和较好的营商环境与所得税制度环境等优势，OFDI企业可以获得较高的逆向技术溢出效应，且较好的营商环境和所得税制度环境有助于降低行政成本。因此，在不同收入国家(地区)均实施所得税减税政策时，中国企业更倾向于选择在高收入国家(地区)开展OFDI。

第三，中国企业偏好流入实施减税政策的"一带一路"国家(地区)。实际税差(*sjdiff*)、所得税减税程度(*taxredu*)对中国企业选择"一带一路"国家(地区)开展OFDI影响显著，所得税税负(*dsjtax*)的影响得到了部分验证。具体而言，所得税税负(*dsjtax*)每降低1%，中国企业OFDI流向"一带一路"国家(地区)的概率就会增加5.28%，所得税税负(*dsjtax*)对流向"一带一路"国家(地区)OFDI次数的影响方向与假设一致，但并不显著。这可能是由于"一带一路"倡议的实施对中国企业OFDI具有较强的政策引导作用，这与东道国所得税税负的降低形成了叠加效应，从而显著提升了中国企业在"一带一路"国家(地区)开展OFDI的概率；但OFDI企业在需要再次投资时，会更多考虑"一带一路"国家(地区)的贸易开放度、资源禀赋等因素，使所得税税负对其投资次数的影响减小。实际税差(*sjdiff*)每降低1%，中国企业OFDI流向"一带一路"国家(地区)的概率就会增加0.24%，OFDI次数就会增加0.0519次；所得税减税程度(*taxredu*)每提高1%，中国企业OFDI流向"一带一路"国家(地区)的概率就会增加16.58%，OFDI次数就会增加0.5867次。这可能是因为提出"一带一路"倡议以来，我国出台了许多激励OFDI企业的优惠投资政策和税收优惠政策，使所得税制度对中国企业在"一带一路"国家(地区)投资的影响进一步深化。因此，在采取相同减税政策的情况下，"一带一路"倡议和所得税制度的叠加效应会进一步激励中国企业OFDI流向"一带一路"国家(地区)。

第7章 所得税制度对中国企业OFDI规模布局的影响

7.1 理论假设

7.1.1 母国所得税制度与中国企业 OFDI 规模布局

已有研究表明，税负是所得税制度的综合体现。所得税税负作为影响 OFDI 企业净利润的一个重要因素，会直接影响 OFDI 企业的投资报酬率和收入分配，进而也是企业 OFDI 规模布局决策的重要考量因素。OFDI 企业在母国承担的所得税税收负担越重，税后利润空间越小，它们为了获取更高的税后收益，越会选择将投资转移到低税负的国家（地区），从而扩大 OFDI 规模（Hartman，1981）。如果母国所得税税负始终处于较高水平，则会促使企业不断开展 OFDI（尹飞霄、朱英明，2017），以确保获得最大收益，从而促使企业的 OFDI 规模不断扩大。基于此，本章提出以下假设：

H7.1：母国企业所得税税负越高，越会促使中国企业扩大 OFDI 规模。

7.1.2 东道国所得税制度与中国企业 OFDI 规模布局

7.1.2.1 东道国企业所得税税率与中国企业 OFDI 规模布局

已有研究表明，资本具有利益倾向性，若东道国为企业创造更多利益的潜力较大，则会吸引较多的外资注入（孙俊，2002；王宝顺等，2021）。东道国的综合税收竞争力能够影响企业资本的预期收益，从而影响资本要素的投资流向，东道国综合税收环境越好，越能吸引更多的中国企业投资（张友棠等，2018）。东道国企业所得税税率水平是影响税收竞争力的重要因素，也会影响 OFDI 企业的税后收益和投资效率，对资本流动具有重要作用（王宝顺、梅思雨，2021）。企业所得税税率的高低能够影响企业投资决策中的成本预期水平，较低的企业所得税税率可能会使 OFDI 企业获得更大的税后收益。因此，在其他条件相同时，若东道国企业所得税税率较低，则企业因承担的投资成本更低，预期会获得高于其他地区的收益，从而可能加大对该地区的投资力度，扩大 OFDI 规模；反之，则可能抑制企业的 OFDI 流入，导致企业 OFDI 规模缩小。基于此，本章提出以下假设：

H7.2a：东道国企业所得税税率越低，越容易吸引中国企业扩大 OFDI 规模。

7.1.2.2 避免双重征税协定与中国企业 OFDI 规模布局

企业在开展 OFDI 的过程中，面临母国和东道国双重税收管辖问题。若 OFDI 企业在母国和东道国重复缴纳所得税，会给企业带来巨大的税收负担。中国与东道国避免双重征税协定的签订，在中国 OFDI 企业避免承担重复纳税压力和降低国际涉税风险从而保障税后收益等方面发挥了重要作用（张少峰等，2020）。避免双重征税协定能够有效促进 OFDI 行为（Janeba，1995），其签订可以使企业避免重复征税，减轻 OFDI 企业跨国经营的税收成本，从而提高企业 OFDI 的动力。避免双重征税协定的签订不仅在短期内能够显著促进企业 OFDI，对 OFDI 的长期促进作用也很明显（Egger and Merlo，2007）。基于此，本章提出以下假设：

H7.2b：东道国与中国签订避免双重征税协定，更容易吸引中国企业扩大 OFDI 规模。

7.1.2.3 税收饶让与中国企业 OFDI 规模布局

以往研究证明，税收饶让能够显著促进企业扩大 OFDI 规模。税收饶让能够有效促进中国企业 OFDI 增加，弥补抵免法造成的 OFDI 激励不足（詹正华、陈星汝，2012）。税收饶让对企业 OFDI 增长具有积极影响，能够加快重构税收饶让制度，严格限定饶让条件和存续期限，提高中国企业 OFDI 竞争力（李娜，2016）。税收饶让条款的签订能使 OFDI 企业真正享受到东道国给予的减免税等优惠，有效节约 OFDI 企业的税收成本，从而使 OFDI 企业将更多的剩余资金用于进一步投资。因此，当中国企业向签订税收饶让条款的东道国投资时，能真正享受东道国给予的减税、免税或延期缴纳等制度优惠政策，从而提高中国企业开展 OFDI 的积极性，进而有助于扩大其 OFDI 规模。基于此，本章提出以下假设：

H7.2c：东道国与中国签订税收饶让条款，对中国企业扩大 OFDI 规模具有促进作用。

7.1.2.4 税收征管效率与中国企业 OFDI 规模布局

税收征管效率直接影响纳税主体的行政成本，而行政成本影响企业的税后收益率，进而会影响 OFDI 企业的投资积极性（张友棠等，2018）。税收征管效率低，说明东道国税务管理部门的纳税流程烦琐、征税时间较长、人力物力配置低效，会使企业产生更多行政成本，增加企业纳税环节的资源耗费；反之，税收征管效率高，说明东道国税务管理部门具有高效的纳税流程、较短的征税时间和高效的人力物力配置等，OFDI 企业耗费的行政成本较少，企业的税后收益较高，从而会吸引更多的企业投资，同时有助于激励 OFDI 企业投入更多的资金，扩大 OFDI 规模。基于此，本章提出以下假设：

H7.2d：东道国税收征管效率越高，越有利于吸引中国企业扩大 OFDI 规模。

7.1.3 全球减税背景下所得税制度与中国企业 OFDI 规模布局

作为东道国、母国与海外投资企业之间利益分配的调节工具，所得税制度对跨国资本要素流动和配置具有较强的引导性，从而会对企业的 OFDI 规模布局产生影响。在全球减税背景下，所得税制度对中国企业 OFDI 规模布局的影响主要体现是在减税政策方面。当东道国实施所得税减税政策给 OFDI 企业带来的投资效益超过其在该东道国 OFDI 产生的额外风险和成本时，基于经济理性思维，企业会选择进行 OFDI。基于新古典投资理论和信号传递理论，减税政策会向 OFDI 企业传递投资成本降低的信号。一方面，税负的减轻会吸引更多潜在投资企业进行 OFDI；另一方面，东道国降低税负会激励已开展 OFDI 的企业选择继续 OFDI。不管是新增的 OFDI 还是重复进行的 OFDI，都会扩大企业 OFDI 规模。本章认为，实施所得税减税政策能够扩大中国企业的 OFDI 规模，故提出以下假设：

H7.3：实施所得税减税政策有助于吸引中国企业扩大 OFDI 规模。

7.2 实证分析

7.2.1 变量说明及数据来源

7.2.1.1 母国所得税制度与中国企业 OFDI 规模布局

为了保证样本的可获得性，本章基于 2004—2019 年中国 31 个省份的投资数据进行分析。为了确保样本的代表性和客观性，剔除港、澳、台地区数据，共得到 496 条投资数据。

表 7-1 中国企业 OFDI 规模布局的变量说明及数据来源（1）

变量属性	变量名称	变量符号	变量说明	数据来源
被解释变量	OFDI 存量	$ofdigm$	各地区对外投资存量占实际 GDP 比重	国家统计局、中国相关年度对外直接投资统计公报
	OFDI 流量	$ofdill$	各地区对外投资流量占实际 GDP 比重	
核心解释变量	所得税税负	$qytax$	各地区公共财政预算收入中的企业所得税金额占实际 GDP 比重	国家统计局
控制变量	市场规模	$qygdp$	各地区实际地区生产总值	
	安全支出	$security$	各地区公共安全支出占地方财政一般预算支出的比重	
	工资水平	$wage$	各地区城镇单位在岗职工平均工资	
	R&D 经费支出	rd	各地区研究与试验发展（R&D）经费	
	居民消费水平	cpi	各地区居民消费价格指数	

7.2.1.2 东道国所得税制度与中国企业 OFDI 规模布局

为了保证样本的可获得性，本章以 2008—2019 年开展 OFDI 的中国上市公司为研究样本。为了确保样本的代表性和客观性，剔除了中国企业在开曼群岛、英属维尔京群岛、百慕大群岛等"避税天堂"开展 OFDI 的样本，以及数据缺失和异常的样本，共得到 7833 个样本。

表 7-2　中国企业 OFDI 规模布局的变量说明及数据来源(2)

变量属性	变量名称	变量符号	变量说明	数据来源
被解释变量	OFDI 存量	ofdiscale	企业各年度 OFDI 存量金额	国泰安海外直接投资数据库、上市公司年度报告、招股说明书等
	OFDI 次数	ofditime	企业当年新增的海外投资公司数量	
核心解释变量	所得税税率	dmtax	东道国企业所得税名义税率	安永、毕马威、德勤等会计师事务所网站
	避免双重征税协定	ttreaty	中国与东道国是否签订避免双重征税协定	国家税务总局网站
	税收饶让	taxallow	中国与东道国是否签订税收饶让条款	
	税收征管效率	taxtime	东道国筹纳税所需时间	世界银行数据库
微观控制变量(X)	所得税税负	qysflr	企业所得税费用与利润之比	国泰安数据库
	生产率水平	tfp	企业营业总收入除以员工人数	
	负债规模	lev	企业负债总额占资产总额的比重	
	股权结构	crio	企业前十大股东持股比例	
	资本密度	kl	企业固定资产除以企业员工人数	
宏观控制变量(Y)	市场规模	pgdp	东道国人均 GDP	世界银行数据库
	资源禀赋	penergy	东道国矿石和金属出口占商品出口的比重	
	基础设施水平	air	东道国的航空货运量	
	贸易开放度	ptrade	东道国商品贸易占 GDP 的比重	
	政治稳定性	politic	东道国的政治稳定性与非暴乱指数	
	经济自由度	efree	东道国经济自由度指数	美国传统基金会网站

注：本章采用"OFDI 企业—投资东道国—投资年度"三维数据。

7.2.1.3　全球减税背景下所得税制度与中国企业 OFDI 规模布局

为了保证样本的可获得性，本章以 2008—2019 年开展 OFDI 的中国上市公司为研究样本。为了确保样本的代表性和客观性，剔除了中国企业在开曼群岛、英属维尔京群岛、百慕大群岛等"避税天堂"开展 OFDI 的样本，以及数据缺失和异常的样本，共得到 7833 个样本。

表 7-3 中国企业 OFDI 规模布局的变量说明及数据来源(3)

变量属性	变量名称	变量符号	变量说明	数据来源
被解释变量	OFDI 存量	ofdiscale	企业各年度 OFDI 金额	国泰安海外直接投资数据库、上市公司年报、招股说明书等
	OFDI 次数	ofditime	企业当年新增的海外投资公司数量	
核心解释变量	实际税差	sjdiff	东道国与中国企业所得税实际税率的差额	世界银行数据库
	所得税减税程度	taxredu	东道国企业所得税名义税率下降程度	毕马威、安永、德勤等会计师事务所官方网站
微观控制变量(X)	所得税税负	qysflr	企业所得税费用与利润之比	国泰安数据库
	生产率水平	tfp	企业营业总收入除以员工人数	
	负债规模	lev	企业负债总额占资产总额的比重	
	股权结构	crio	企业前十大股东持股比例	
	资本密度	kl	企业固定资产除以企业员工人数	
宏观控制变量(Y)	市场规模	pgdp	东道国人均 GDP	世界银行数据库
	资源禀赋	penergy	东道国矿石和金属出口占商品出口的比重	
	基础设施水平	air	东道国的航空货运量	
	贸易开放度	ptrade	东道国商品贸易占 GDP 的比重	
	政治稳定性	politic	东道国的政治稳定性与非暴乱指数	美国传统基金会网站
	经济自由度	efree	东道国经济自由度指数	

注：本章采用"OFDI 企业—投资东道国—投资年度"三维数据。

7.2.2 模型设定

7.2.2.1 母国所得税制度与中国企业 OFDI 规模布局

本章在考察母国所得税制度对中国企业 OFDI 规模布局的影响时，采用系统 GMM 估计方法。这主要是因为 OFDI 存量、OFDI 流量具有较强的跨期相关性。构建模型时引入 OFDI 存量、OFDI 流量的滞后项，可缓解遗漏变量问题。建立计量模型如下：

$$ofdigm_{ijt} = \alpha_1 qytax_{ijt} + \alpha_2 ofdigm_{ijt-1} + \alpha_3 ofdigm_{ijt-2} + \alpha_4 Z_{ijt} + \mu_i + \varepsilon_{ijt} \quad (7-1)$$

$$ofdil\,l_{ijt} = \vartheta_1 qytax_{ijt} + \vartheta_2 ofdigm_{ijt-1} + \vartheta_3 ofdigm_{ijt-2} + \vartheta_4 Z_{ijt} + \mu_i + \in_{ijt} \quad (7-2)$$

其中，Z 为各省际的控制变量，μ 为省际固定效应，ε、$\in$ 为随机误差项，α、ϑ 为相应变量的待估计参数。

7.2.2.2 东道国所得税制度与中国企业 OFDI 规模布局

在考察东道国所得税制度对中国企业 OFDI 规模布局的影响时，建立以下计量模型：

$$ofdiscale_{ijt} = \beta_1 dmtax_{ijt} + \beta_2 ttreaty_{ijt} + \beta_3 taxallow_{ijt} + \beta_4 taxtime_{ijt} + \beta_5 X_{ijt} + \beta_6 Y_{ijt} + \mu_i + \eta_j + \varepsilon_{ijt} \quad (7-3)$$

其中，X 为企业微观控制变量；Y 为东道国宏观控制变量；μ 为企业固定效应；η 为国家固定效应；β 为相应变量的待估计参数；ε 为随机扰动项。

为检验全球减税背景下所得税制度对中国企业 OFDI 规模布局的整体影响，本章还以中国企业 OFDI 次数为被解释变量进行综合检验。由于 OFDI 次数为非负整数，同时，中国企业 OFDI 次数的方差大于期望，故参照第 6 章的做法建立负二项回归模型，其概率密度函数为

$$P(ofditime_{ijt} = k \mid X_{ijt}) = \frac{\Gamma(\theta + y_{ijt})}{\Gamma(y_{ijt}+1)\Gamma(\theta)} r_{ijt}^{y_{ijt}} (1-r_{ijt})^{\theta}, \ k=0,1,2,\cdots \quad (7-4)$$

$$\lambda_{ijt} = \exp(X_{ijt}'\beta) \quad \gamma_{ijt} = \frac{\lambda_{ijt}}{\lambda_{ijt}+\theta} \quad (7-5)$$

其中，$\Gamma(\cdot)$ 为 Gamma 分布函数，方差 $\mathrm{Var}[y_{ijt} \mid x_{ijt}] = \lambda_{ijt}(1+\alpha\lambda_{ijt}) > \lambda_{ijt}$；$ofditime_{ijt}$ 表示 OFDI 企业 i 在东道国 j 第 t 年的 OFDI 次数；λ_{ijt} 表示企业 OFDI 次数的均值，它受全球减税背景下所得税制度、企业微观控制变量及东道国宏观控制变量的共同影响。本章以东道国所得税制度为核心解释变量，则有

$$\lambda_{ijt} = \exp(\beta_1 dmtax_{ijt} + \beta_2 ttreaty_{ijt} + \beta_3 taxallow_{ijt} + \beta_4 taxtime_{ijt} + \beta_5 Z_{ijt} + \varepsilon_{ijt}) \quad (7-6)$$

其中，Z 为企业微观控制变量和东道国宏观控制变量，ε 为随机误差项，β 为相关变量的待估计参数。

7.2.2.3 全球减税背景下所得税制度与中国企业 OFDI 规模布局

为进一步检验全球减税背景下所得税制度对中国企业 OFDI 规模布局的影响，本章建立以下计量模型：

$$ofdiscale_{ijt} = \delta_1 sjdiff_{ijt} + \delta_2 X_{ijt} + \delta_3 Y_{ijt} + \mu_i + \eta_j + \varepsilon_{ijt} \quad (7-7)$$

$$ofdiscale_{ijt} = \rho_1 taxredu_{ijt} + \rho_2 X_{ijt} + \rho_3 Y_{ijt} + \mu_i + \eta_j + \varepsilon_{ijt} \quad (7-8)$$

其中，δ、ρ 为相应变量的待估计参数；ε 为随机误差项；其余变量定义与模型(7-3)相同。

在上述负二项回归模型的基础上，当以实际税差($sjdiff$)作为核心解释变量时，

$$\lambda_{ijt} = \exp(\alpha_1 sjdiff_{ijt} + \alpha_2 Z_{ijt} + \sigma_{ijt}) \qquad (7-9)$$

当以所得税减税程度($taxredu$)作为核心解释变量时，

$$\lambda_{ijt} = \exp(\theta_1 taxredu_{ijt} + \theta_2 Z_{ijt} + \xi_{ijt}) \qquad (7-10)$$

其中，Z 为企业微观控制变量和东道国宏观控制变量，σ、ξ 为随机误差项，α、θ 为相关变量的待估计参数。

7.2.3 实证结果分析

7.2.3.1 主要变量描述性统计、单位根检验与协整检验

（1）描述性统计

①母国所得税制度与中国企业 OFDI 规模布局。

母国所得税制度与中国企业 OFDI 规模布局主要变量的描述性统计见表 7-4。从省际 OFDI 存量规模数据来看，中国企业 OFDI 存量规模在 2004—2008 年的均值最小，在 2009—2013 年的均值次之，在 2014—2019 年的存量规模均值最大；而从省际 OFDI 流量规模数据来看，中国企业 OFDI 流量规模均值也呈现出同样的变化。母国的所得税税负在三个阶段的均值变化较大。这能否验证前文提出的母国所得税制度对中国企业 OFDI 规模布局影响的假设，还有待验证。

表 7-4 母国所得税制度与中国企业 OFDI 规模布局主要变量的描述性统计

变量	2004—2008 年		2009—2013 年		2014—2019 年	
	均值	标准差	均值	标准差	均值	标准差
$ofdigm$	0.0036	0.0045	0.0135	0.0149	0.0531	0.0661
$ofdill$	0.0009	0.0013	0.0037	0.0046	0.0101	0.0139
$qytax$	0.9342	0.7355	1.5393	0.9444	1.7266	1.1879
$wage$	9.9378	0.3392	10.6095	0.2719	11.1623	0.2625
$qygdp$	8.4549	1.0314	9.0466	1.0223	9.5182	0.9936
cpi	4.6500	0.0195	4.6425	0.0192	4.6342	0.0057
rd	3.8484	1.4288	4.8903	1.4453	5.5336	1.4813
$security$	0.0659	0.0118	0.0558	0.0102	0.0548	0.0110

为了更直观地显示中国省际 OFDI 情况，本章将各省际 OFDI 规模三阶段

的核密度图对比列示,见图7-1、图7-2和图7-3,从中可以看出,OFDI规模的波峰逐年右移,说明各省对外投资整体上处于较快增长态势。

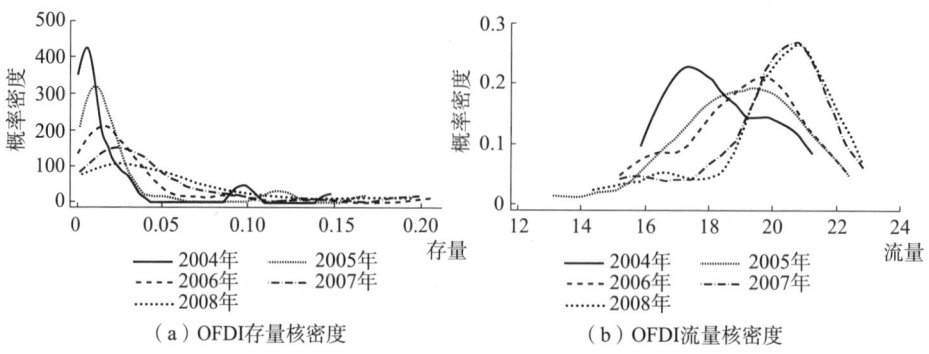

图7-1 2004—2008年省际OFDI规模核密度估计

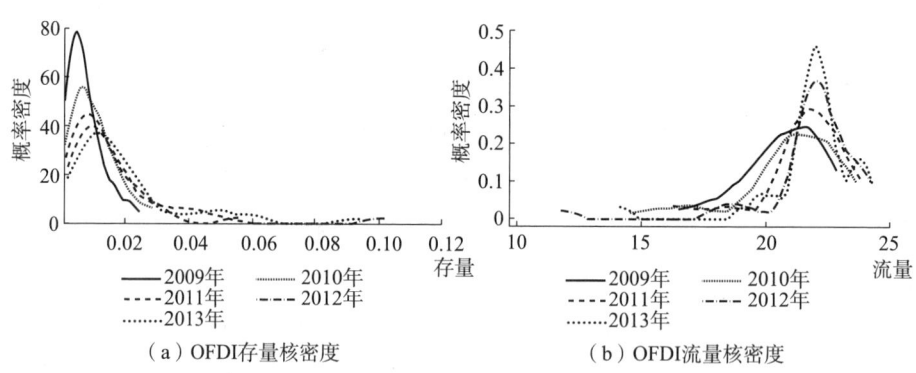

图7-2 2009—2013年省际OFDI规模核密度估计

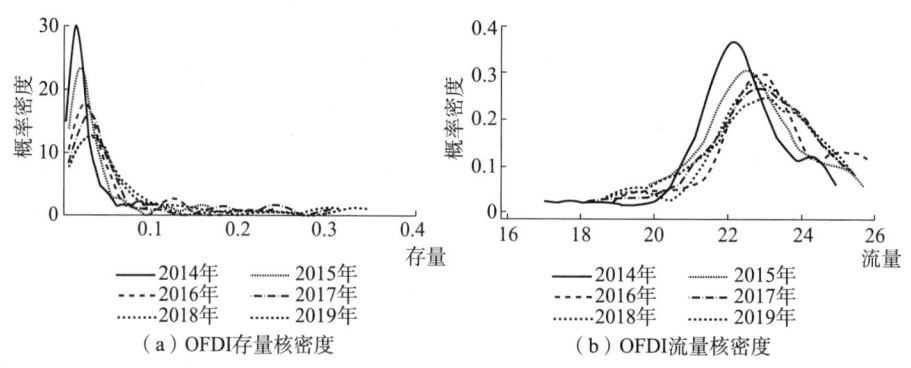

图7-3 2014—2019年省际OFDI规模核密度估计

②东道国所得税制度与中国企业 OFDI 规模布局。

表 7-5 为东道国所得税制度与中国企业 OFDI 规模布局主要变量的描述性统计,从中可以看出,各变量之间的差异较大,尤其是基础设施水平(air)、资本密度(kl)、市场规模($pgdp$)、资源禀赋($penergy$)与贸易开放度($ptrade$)等。这能否验证前文提出的东道国所得税制度对中国企业 OFDI 规模布局影响的假设,还有待验证。

表 7-5 东道国所得税制度与中国企业 OFDI 规模布局主要变量的描述性统计

变量	均值	标准差	最小值	最大值
$ofdiscale$	3.6157	6.9259	0	30.3393
$ofditime$	0.1366	0.7368	0	59.0000
$dmtax$	3.0880	0.3049	1.0986	4.0073
$ttreaty$	0.8863	0.3174	0	1.0000
$taxallow$	0.1357	0.3425	0	1.0000
$taxtime$	4.7901	0.8283	0	7.8637
tfp	13.8821	0.9512	6.8850	19.7023
kl	12.4018	1.2157	2.9250	19.6166
$qysflr$	2.9215	0.9601	-9.2010	9.4959
$pgdp$	10.0117	1.1962	5.6860	11.6179
$efree$	4.2923	0.1978	0	4.5020
$politic$	0.4556	0.7740	-2.9740	1.6153
$ptrade$	4.3992	1.0376	2.6591	7.5479
$penergy$	5.7202	1.0107	0	9.0645
air	8.0004	2.2948	0	10.6686

图 7-4 为 2008—2019 年中国企业 OFDI 规模核密度估计。由统计结果可知,2012 年以前中国企业 OFDI 规模相对较小,2013 年以后中国企业 OFDI 存量规模的峰值逐年向右偏移,说明中国企业 OFDI 近年来整体呈现快速发展态势。

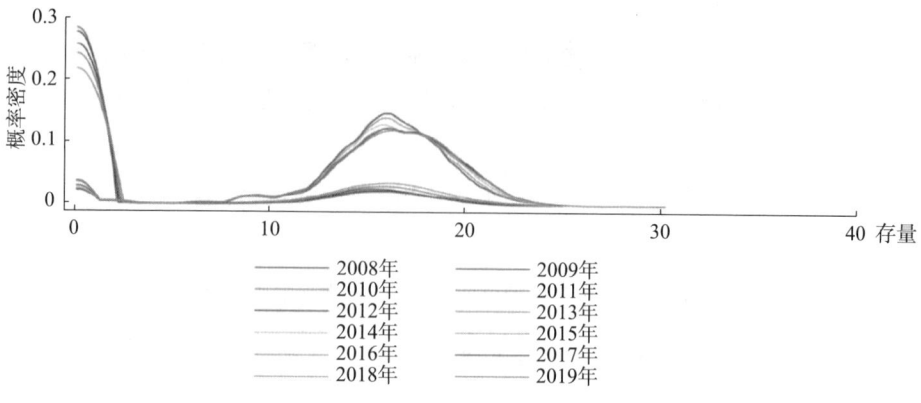

图 7-4　2008—2019 年中国企业 OFDI 规模核密度估计

③全球减税背景下所得税制度与中国企业 OFDI 规模布局。

全球减税背景下所得税制度与中国企业 OFDI 规模布局主要变量的描述性统计见表 7-6。从表 7-6 中可以看出，中国企业 OFDI 存量（$ofdiscale$）、实际税差（$sjdiff$）、所得税减税程度（$taxredu$）、市场规模（$pgdp$）、资本密度（kl）、基础设施水平（air）等变量差异较大。这能否验证前文提出的全球减税背景下所得税制度对中国企业 OFDI 规模布局影响的假设，还有待验证。

表 7-6　全球减税背景下所得税制度对中国企业 OFDI 规模布局主要变量的描述性统计

变量	均值	标准差	最小值	最大值
$ofdiscale$	3.6157	6.9259	0	30.3393
$ofditime$	0.1366	0.7368	0	59.0000
$sjdiff$	7.5827	7.7580	−11.8000	32.6000
$taxredu$	0.3585	1.6596	−20.0000	40.0000
tfp	13.8821	0.9512	6.8850	19.7023
kl	12.4018	1.2157	2.9250	19.6166
$qysflr$	2.9215	0.9601	−9.2010	9.4959
$pgdp$	10.0117	1.1962	5.6860	11.6179
$efree$	4.2923	0.1978	0	4.5020
$politic$	0.4556	0.7740	−2.9740	1.6153
$penergy$	4.3992	1.0376	2.6591	7.5479

续表

变量	均值	标准差	最小值	最大值
penergy	5.7202	1.0107	0	9.0645
air	8.0004	2.2948	0	10.6686

(2) 单位根检验

本章采用面板数据对全球减税背景下所得税制度对中国企业 OFDI 规模布局的影响进行了检验，因而要对检验所用数据进行面板单位根检验，以避免出现伪回归。结果显示，除变量 *ofdigm* 外，本章所用数据均不存在单位根，即检验全球减税背景下东道国所得税制度对中国企业 OFDI 规模布局影响所用数据均为平稳序列。

(3) 协整检验

根据前述面板单位根检验结果，变量 *ofdigm* 存在单位根，因而需要对母国所得税制度对中国企业 OFDI 规模布局影响检验所用数据进行协整检验。协整检验结果表明，各统计量对应的 P 值均为 0，说明母国所得税制度对中国企业 OFDI 规模布局影响所用数据存在协整关系。

7.2.3.2　中国企业 OFDI 规模布局的实证结果分析

Hausman 检验结果显示，在检验全球减税背景下所得税制度对中国企业 OFDI 规模布局的影响时，应采用固定效应估计。

(1) 母国所得税制度与中国企业 OFDI 规模布局

①OFDI 存量。

本部分基于 2004—2019 年的省际面板数据，采用系统 GMM 方法检验母国所得税制度对中国企业 OFDI 规模布局的影响，并通过了 Sargan 检验。

由采用系统 GMM 方法所得的检验结果可知，所得税税负（*qytax*）对中国企业 OFDI 存量（*ofdigm*）规模具有显著的正向影响，即母国所得税税负越高，企业的 OFDI 存量规模越大；随着省际控制变量的逐步加入，所得税税负（*qytax*）与中国企业 OFDI 存量（*ofdigm*）规模依然存在显著正相关关系，母国企业所得税税负每提高 1%，会促使中国企业 OFDI 存量规模扩大 0.72%。这可能是因为企业在母国的所得税税负越高，企业的税后利润越低，OFDI 企业为获取更高的税后收益，越会选择将投资转移到低税负的东道国。如果母国税负始终处于较高水平，则会促使企业不断开展 OFDI，以确保企业的 OFDI 能带来最大收益，从而促使企业的 OFDI 规模不断扩大。这一结论验证了 H7.1。

工资水平($wage$)对中国企业 OFDI 存量($ofdigm$)规模具有显著正向影响。这可能是因为母国工资水平越高，OFDI 企业支付给职工的薪酬越高，企业在母国的运营成本越高，进而越会选择在东道国扩大 OFDI 规模。市场规模($qygdp$)与中国企业 OFDI 存量($ofdigm$)规模存在显著负相关关系，这可能是因为母国市场规模越大，越会吸引企业在国内投资，从而抑制企业扩大 OFDI 规模。居民消费水平(cpi)对中国企业 OFDI 存量($ofdigm$)规模具有显著负向影响，这可能是因为母国居民消费水平越高，国内市场越广阔，越会吸引企业在母国投资，进而可能抑制企业扩大 OFDI 规模。安全支出($security$)、R&D 经费支出(rd)对中国企业 OFDI 存量($ofdigm$)规模的影响并不显著。

表 7-7 母国所得税制度对中国企业 OFDI 存量规模布局的影响

变量	(1)	(2)	(3)	(4)	(5)	(6)
$ofdigm$ 一阶滞后项	1.0258*** (6.7308)	1.0260*** (6.0172)	1.0076*** (5.2868)	0.9803*** (5.1490)	0.9949*** (5.5418)	0.9556*** (4.9223)
$ofdigm$ 二阶滞后项	-0.0604 (-0.4178)	-0.1170 (-0.7713)	-0.1032 (-0.6670)	-0.0678 (-0.4432)	-0.0722 (-0.4815)	-0.0586 (-0.3718)
$qytax$	0.0089*** (4.2934)	0.0067** (2.5156)	0.0079** (2.3851)	0.0092*** (2.8876)	0.0070*** (2.7019)	0.0072*** (3.5544)
$wage$		0.0087** (2.3097)	0.0070*** (2.6614)	0.0083* (1.7154)	0.0082** (2.1459)	0.0125** (2.3814)
cpi			-0.0910** (-2.0289)	-0.0955** (-2.3023)	-0.0766** (-2.2392)	-0.0866* (-1.8395)
$qygdp$				-0.0045 (-0.8482)	-0.0181 (-1.5167)	-0.0201* (-1.7463)
rd					0.0092 (0.9707)	0.0092 (1.1607)
$security$						0.2087 (1.4809)
常数项	-0.0080*** (-3.0694)	-0.0973** (-2.3560)	0.3414* (1.7490)	0.3875** (2.0972)	0.3824** (2.0312)	0.3902* (1.8292)
省份固定效应	Control	Control	Control	Control	Control	Control
χ^2	1427.36***	1861.63***	1884.93***	1376.96***	1585.85***	2493.64***
N	434	434	434	434	434	434

注：*、**、***分别表示 10%、5%、1%的显著性水平，括号内的值为 z 值。

②OFDI 流量。

从回归结果来看，所得税税负（qytax）对企业 OFDI 流量（ofdill）规模具有显著正向影响；随着省际控制变量的逐步加入，所得税税负（qytax）与企业 OFDI 流量（ofdill）规模依然存在显著的正相关关系，且母国所得税税负每提高 1%，中国企业的 OFDI 流量规模就会扩大 0.66%。这进一步验证了 H7.1，即母国所得税税负越高，越会促使企业扩大 OFDI 规模。

工资水平（wage）与中国企业 OFDI 流量（ofdill）规模存在显著正相关关系。这可能是因为母国工资水平越高，OFDI 企业支付给职工的薪酬越高，企业在母国的运营成本越高。居民消费水平（cpi）对中国企业 OFDI 流量（ofdill）规模具有显著负向影响，原因可能是母国消费水平越高，越有助于吸引企业在国内进行投资，进而可能抑制企业 OFDI 规模的扩大。市场规模（qygdp）、R&D 经费支出（rd）、安全支出（security）对中国企业 OFDI 流量（ofdill）规模的影响并不显著。

表 7-8　母国所得税制度对中国企业 OFDI 流量规模布局的影响

变量	(1)	(2)	(3)	(4)	(5)	(6)
$ofdill$ 一阶滞后项	0.1655* (1.7614)	0.1368 (1.2545)	0.1259 (1.2683)	0.0869 (0.8781)	0.0839 (0.8621)	0.0839 (0.8209)
$ofdill$ 二阶滞后项	-0.1215* (-1.8394)	-0.1689** (-2.1357)	-0.1771*** (-2.7774)	-0.1621*** (-2.6282)	-0.1677*** (-3.0551)	-0.1656*** (-2.6760)
$qytax$	0.0085*** (3.7858)	0.0072*** (3.4676)	0.0076*** (3.2523)	0.0073*** (3.2119)	0.0066*** (2.8878)	0.0066*** (3.1668)
$wage$		0.0051* (1.8378)	0.0047 (1.5733)	0.0122*** (2.9462)	0.0118*** (2.8715)	0.0115*** (3.2417)
cpi			-0.0357* (-1.9283)	-0.0351* (-1.8336)	-0.0312* (-1.7719)	-0.0301* (-1.7898)
$qygdp$				-0.0094** (-2.4715)	-0.0147 (-1.3860)	-0.0148 (-1.5935)
rd					0.0037 (0.5361)	0.0038 (0.6252)
$security$						-0.0011 (-0.0103)

续表

变量	(1)	(2)	(3)	(4)	(5)	(6)
常数项	-0.0074** (-2.1453)	-0.0599** (-2.1040)	0.1099 (1.1495)	0.1143 (1.1938)	0.1318 (1.0523)	0.1298 (1.3619)
省份固定效应	Control	Control	Control	Control	Control	Control
χ^2	21.1866***	34.5759***	48.0473***	57.6755***	68.8507***	32.5772***
N	423	423	423	423	423	423

注：*、**、***分别表示10%、5%、1%的显著性水平，括号内的值为z值。

(2) 东道国所得税制度与中国企业OFDI规模布局

本部分逐步引入不同层面的控制变量进行检验。同时，根据Hausman检验结果，采用固定效应模型检验东道国所得税制度对中国企业OFDI规模布局的影响。

①OFDI存量。

表7-9是对模型(7-3)进行检验的结果。由表7-9可知，东道国所得税制度的第一个核心解释变量所得税税率($dmtax$)与中国企业OFDI存量($ofdiscale$)的影响系数均显著为负，说明东道国的企业所得税税率越低，越容易吸引中国企业扩大OFDI规模；从逐步加入各层面控制变量的结果来看，东道国企业所得税税率依然与中国企业OFDI规模显著负相关，且企业所得税税率每降低1%，中国企业OFDI规模会扩大1.33%。这可能是因为东道国企业所得税税率越低，企业的税后收益率越高，从而可能加大对该东道国的投资力度，扩大OFDI规模。这一结论验证了H7.2a。东道国企业所得税税率与中国企业OFDI规模的显著负相关关系，也在一定程度上说明东道国通过降低企业所得税税率的方式进行减税，可能更易吸引中国企业扩大OFDI规模。这也在一定程度上验证了H7.3。

东道国所得税制度的第二个核心解释变量避免双重征税协定($ttreaty$)与中国企业OFDI存量($ofdiscale$)的影响系数显著为正。在未引入控制变量时，避免双重征税协定($ttreaty$)对中国企业OFDI存量($ofdiscale$)具有显著正向影响，这初步说明东道国与中国签订避免双重征税协定能够有力地吸引中国企业扩大OFDI规模；而在同时加入企业控制变量、东道国控制变量时，二者的显著性水平有明显下降，但仍存在显著的正相关关系，且与未同中国签订避免双重征税协定的东道国相比，中国企业在签订协定的东道国的OFDI规模更大，后者比前者高出72.17%。这可能是因为签订避免双重征税协定一方面能够降低 OFDI 企业面临的税收不确定性风险，另一方面能够减轻 OFDI 企业跨国经营的税收成本，提高其税后收益率，进而有助于激励 OFDI 企业扩大投资规模。这一结论验证了 H7.2b。避免双重征税协定与中国企业 OFDI 存量的显著正相关关系也在一定程度上说明，东道国通过与中国签订避免双重征税协定的方式实施减税，更易吸引中国企业扩大 OFDI 规模。这也在一定程度上验证了 H7.3。

东道国所得税制度的第三个核心解释变量税收饶让（$taxallow$）与中国企业 OFDI 存量（$ofdiscale$）并不存在显著的正相关关系，H7.2c 未得到验证。这可能是因为税收饶让是否具有激励效果与东道国的所得税优惠政策有关，而全球减税背景下东道国所得税制度变化更复杂，且优惠政策具有不确定性，签订税收饶让条款能否为 OFDI 企业带来税收抵免也具有较大的不确定性，这提高了 OFDI 企业预期投资收益的风险。因此，税收饶让对中国企业 OFDI 规模的影响不显著。

东道国所得税制度的第四个核心解释变量税收征管效率（$taxtime$）与中国企业 OFDI 存量（$ofdiscale$）的影响系数显著为负，说明东道国的筹纳税时间越短、税收征管效率越高，中国企业在该东道国扩大 OFDI 规模的可能性越高；从逐步加入各层面控制变量的结果来看，东道国税收征管效率的显著性虽然略有下降，但仍存在显著负相关关系，且东道国的筹纳税时间每缩短 1%，税收征管效率每提高 1%，中国企业 OFDI 规模就会扩大 1.77%。这可能是因为东道国较高的税收征管效率可以简化 OFDI 企业的纳税流程、缩短 OFDI 企业的纳税时间、优化 OFDI 企业的人力物力配置等，从而降低 OFDI 企业的行政成本，提高 OFDI 企业的税后收益。这一结论验证了 H7.2d。东道国税收征管效率与中国企业 OFDI 存量的显著负相关关系，也在一定程度上说明东道国通过缩短筹纳税时间、提高税收征管效率的方式实施减税，可能更易吸引中国企业扩大 OFDI 规模。这一结论在一定程度上验证了 H7.3。

从微观控制变量来看，生产率水平（tfp）、负债规模（lev）、资本密度（kl）、所得税税负（$qysflr$）均对中国企业 OFDI 存量（$ofdiscale$）具有显著正向影响，说明企业生产率水平越高、负债规模越大、资本密度越大、在母国的所得税税负越重，越有可能促使中国企业扩大 OFDI 规模。股权结构（$crio$）与中国企业 OFDI 存量（$ofdiscale$）存在显著负相关关系，说明 OFDI 企业的股权集中度越高，越可能阻碍中国企业扩大 OFDI 规模。

从宏观控制变量来看，市场规模（$pgdp$）与中国企业 OFDI 存量（$ofdiscale$）

的影响系数显著为正,说明东道国市场规模越大,越容易吸引中国企业扩大OFDI规模;而经济自由度(efree)、贸易开放度(ptrade)、政治稳定性(politic)、资源禀赋(penergy)与中国企业OFDI存量(ofdiscale)的影响系数显著为负,说明在"一带一路"倡议等的影响下,经济自由度指数较低、贸易开放程度较低、政治稳定性较弱、资源禀赋不丰富的东道国,也可能吸引中国企业扩大OFDI规模,基础设施水平(air)对企业扩大OFDI规模的影响并不显著。

表7-9 东道国所得税制度对中国企业OFDI存量规模布局的影响

变量	(1)	(2)	(3)	(4)
$dmtax$	-5.0866*** (-25.9231)	-3.0410*** (-13.0906)	-2.3710*** (-11.3100)	-1.3259*** (-5.2758)
$ttreaty$	2.7304*** (10.3047)	2.0493*** (6.8167)	0.7285*** (2.6527)	0.7217** (2.2671)
$taxallow$	-0.7013*** (-3.5015)	-0.4097* (-1.7283)	-0.6212*** (-3.0335)	-0.2826 (-1.1436)
$taxtime$	-8.7238*** (-60.3694)	-5.6111*** (-30.7256)	-2.0378*** (-11.8850)	-1.7717*** (-8.2568)
tfp		0.5755*** (11.9544)		0.2455*** (4.9178)
$crio$		-0.0524*** (-20.3740)		-0.0406*** (-15.4088)
lev		0.3370*** (7.5662)		0.3064*** (6.9010)
kl		0.4136*** (10.7311)		0.2998*** (7.6379)
$qysflr$		0.2106*** (7.6810)		0.1902*** (6.8673)
$pgdp$			16.5568*** (54.1958)	11.6021*** (28.7173)
$efree$			-5.9299*** (-7.3347)	-3.4790*** (-3.5773)
$politic$			-1.6959*** (-19.3102)	-0.7165*** (-6.9580)
$ptrade$			-1.2731*** (-6.9906)	-1.8847*** (-8.1550)

续表

变量	(1)	(2)	(3)	(4)
penergy			-1.1467*** (-21.1591)	-0.7263*** (-11.2389)
air			-0.1519** (-2.1345)	0.0168 (0.1880)
常数项	58.9794*** (65.3047)	28.8426*** (20.1775)	-106.2381*** (-24.8164)	-77.1501*** (-14.3778)
企业固定效应	Control	Control	Control	Control
国家固定效应	Control	Control	Control	Control
R^2	0.0656	0.0552	0.1372	0.0867
F 值	1279.75	330.48	1108.96	306.62
N	80508	58466	77123	55825

注：*、**、***分别表示10%、5%、1%的显著性水平，括号内的值为 t 值。

②OFDI 次数。

表 7-10 为对模型（7-4）进行检验的结果。从表 7-10 中可以看出：所得税税率（dmtax）与中国企业 OFDI 次数（ofditime）的影响系数显著为负，说明东道国的企业所得税税率越低，越容易吸引中国企业增加 OFDI 次数，不断扩大 OFDI 规模；从逐步加入各层面控制变量的结果来看，二者仍显著负相关，且东道国企业所得税税率每降低 1%，中国企业的 OFDI 次数就会增加 0.8109 次。这一结论表明，东道国企业所得税税率越低，中国企业越有可能不断扩大 OFDI 规模，验证了 H7.2a。东道国企业所得税税率与中国企业 OFDI 次数的显著负相关关系，也在一定程度上说明东道国通过降低企业所得税税率的方式实施减税，可能有利于吸引中国企业扩大 OFDI 规模，这也在一定程度上验证了 H7.3。

东道国和中国签订避免双重征税协定（ttreaty）与中国企业 OFDI 次数（ofditime）的影响系数显著为正，且与未同中国签订避免双重征税协定的东道国相比，中国企业更倾向于选择签订协定的东道国扩大 OFDI 规模，后者比前者的 OFDI 次数增加了 0.9100 次。这可能是因为东道国和中国签订避免双重征税协定有助于降低 OFDI 企业在东道国和中国重复征税带来的税负成本，从而有助于吸引中国企业不断扩大 OFDI 规模。这一结论进一步验证了 H7.2b。这一结论也在一定程度上说明，东道国通过与中国签订避免双重征税协定的方式实施减税，有助于吸引中国企业扩大OFDI规模，这也进一步验证了H7.3。

与避免双重征税协定不同，在逐步加入企业微观控制变量、东道国宏观控制变量的情况下，东道国和中国签订的税收饶让（$taxallow$）条款与中国企业OFDI次数（$ofditime$）依然不存在显著相关关系，与前文结论相同，H7.2c未得到验证。

不论是否纳入宏微观控制变量，税收征管效率（$taxtime$）都与中国企业OFDI次数（$ofditime$）显著负相关，且东道国筹纳税时间每缩短1%、税收征管效率每提高1%，中国企业OFDI次数就会增加0.4804次。这一结论说明东道国的筹纳税时间越短、税收征管效率越高，中国企业向其扩大OFDI规模的可能性越高。这进一步验证了H7.2d。东道国税收征管效率与中国企业OFDI次数的显著负相关关系，也在一定程度上说明东道国通过缩短筹纳税时间、提高税收征管效率的方式实施减税，有助于吸引中国企业不断扩大OFDI规模。这一结论在一定程度上验证了H7.3。

表7-10　东道国所得税制度对中国企业OFDI次数规模布局的影响

变量	(1)	(2)	(3)	(4)
$dmtax$	-0.7085*** (-7.5922)	-0.4914*** (-4.7753)	-1.2481*** (-12.4067)	-0.8109*** (-7.2045)
$ttreaty$	0.7889*** (5.4035)	0.8100*** (5.1560)	0.8808*** (5.0537)	0.9100*** (4.8639)
$taxallow$	-0.2102** (-2.0950)	-0.1920* (-1.7466)	0.0385 (0.3389)	-0.0438 (-0.3541)
$taxtime$	-0.5439*** (-10.6644)	-0.2925*** (-5.4911)	-0.9679*** (-12.0053)	-0.4804*** (-5.5905)
tfp		0.2830*** (12.0675)		0.2572*** (10.5663)
$crio$		0.0028** (2.1575)		0.0042*** (3.1669)
lev		0.0503 (1.1713)		0.0780* (1.7339)
kl		-0.0427** (-2.3881)		-0.0477** (-2.5628)
$qysflr$		0.0932*** (5.6801)		0.0898*** (5.3872)

续表

变量	(1)	(2)	(3)	(4)
pgdp			−0.0919 (−1.2375)	−0.3088*** (−3.8744)
efree			0.8590** (2.0188)	1.1953** (2.5353)
politic			−0.0021 (−0.0461)	0.1701*** (3.3191)
ptrade			−0.7777*** (−14.0659)	−0.4944*** (−8.1489)
penergy			−0.2471*** (−9.0572)	−0.1399*** (−4.7621)
air			0.0266 (1.0368)	0.1176*** (4.2360)
常数项	2.3422*** (6.7696)	−3.1701*** (−6.1609)	7.8701*** (4.1113)	−1.1245 (−0.5207)
企业固定效应	Control	Control	Control	Control
国家固定效应	Control	Control	Control	Control
χ^2	359.75***	380.28***	819.49***	487.12***
N	63309	45849	60033	43350

注：*、**、***分别表示10％、5％、1％的显著性水平，括号内的值为z值。

（3）全球减税背景下所得税制度与中国企业OFDI规模布局

根据Hausman检验结果，本部分依然采用固定效应模型检验全球减税背景下所得税制度对中国企业OFDI规模布局的影响。

①OFDI存量。

本部分分别以实际税差、所得税减税程度为核心解释变量进行检验，检验结果见表7-11。

表7-11中的(1)~(4)列是对模型(7-5)进行检验的结果。不论是否加入控制变量，实际税差(sjdiff)对中国企业OFDI存量(ofdiscale)都不存在显著的负向影响，H7.3未得到验证。

表7-11中的(5)~(8)列是对模型(7-6)进行检验的结果。在不加入任何控制变量时，所得税减税程度(taxredu)与中国企业OFDI存量(ofdiscale)存在显著正相关关系，说明东道国所得税减税程度越高，越有助于吸引中国企业扩大OFDI规模；而企业控制变量与东道国控制变量的加入，也并未改变二者

的显著正相关关系，并且东道国所得税减税程度每提高1%，中国企业OFDI规模就会扩大5.89%。这可能是因为东道国实施的所得税减税政策给OFDI企业带来的投资效益超过其风险和成本，提升了企业的税后收益率，从而激励已开展OFDI的企业选择追加投资，扩大企业的OFDI规模。这进一步表明，东道国实施所得税减税政策，其所得税减税程度越高，越会吸引中国企业扩大OFDI规模。这验证了H7.3。

表7-11 全球减税背景下所得税制度对中国企业OFDI存量规模布局的影响

变量	模型(7-5)				模型(7-6)			
	(1)	(2)	(3)	(4)	(5)	(6)	(7)	(8)
$sjdiff$	0.0693*** (5.8476)	0.0226* (1.8440)	-0.0074 (-0.5979)	-0.0126 (-0.9513)				
$taxredu$					0.0297*** (2.7893)	0.0442*** (3.6509)	0.0537*** (5.1353)	0.0589*** (4.7983)
tfp		0.9493*** (14.7532)		0.3276*** (4.8444)		0.8321*** (19.7484)		0.2838*** (6.1685)
$crio$		-0.0488*** (-14.0640)		-0.0326*** (-9.1906)		-0.0635*** (-27.6727)		-0.0445*** (-18.2970)
lev		1.5491*** (10.0597)		1.1858*** (7.6158)		0.1508*** (4.4320)		0.1171*** (3.4942)
kl		0.3255*** (6.4139)		0.1884*** (3.6552)		0.4667*** (13.5234)		0.2895*** (7.9289)
$qysflr$		0.1084*** (3.4462)		0.1385*** (4.3765)		0.2114*** (8.3442)		0.1957*** (7.4344)
$pgdp$			17.9484*** (34.3009)	12.1622*** (20.1464)			18.6954*** (81.3558)	12.9186*** (39.8776)
$efree$			0.3409 (0.3190)	0.1714 (0.1468)			-10.3972*** (-15.6054)	-6.3739*** (-7.6170)
$politic$			-1.4352*** (-13.7785)	-0.5928*** (-5.2371)			-2.4711*** (-30.5536)	-1.1914*** (-12.3256)
$ptrade$			-3.3752*** (-12.1900)	-3.1205*** (-10.0126)			-1.5420*** (-9.4365)	-1.9920*** (-9.4678)
$penergy$			-0.8958*** (-13.4167)	-0.5265*** (-7.0908)			-0.4599*** (-11.4974)	-0.3513*** (-7.3737)

续表

变量	模型(7-5)				模型(7-6)			
	(1)	(2)	(3)	(4)	(5)	(6)	(7)	(8)
air			1.0363*** (7.5041)	0.9393*** (6.1448)			0.0852 (1.3489)	0.1245 (1.5567)
常数项	4.4968*** (48.7167)	-9.8406*** (-10.1812)	-165.1404*** (-28.0856)	-113.9031*** (-17.2315)	3.6241*** (210.0797)	-9.4860*** (-15.7462)	-129.4877*** (-39.8721)	-92.6014*** (-22.0625)
企业固定效应	Control	Control	Control	Control	Control	Control	Control	Control
国家固定效应	Control	Control	Control	Control	Control	Control	Control	Control
R^2	0.0007	0.0195	0.0942	0.0590	0.0001	0.0289	0.1233	0.0792
F值	34.19	117.69	652.24	176.53	7.78	311.03	1623.26	394.57
N	53692	43175	51384	41183	99433	70988	88366	62560

注：*、***分别表示10%、1%的显著性水平，括号内的值为t值。

②OFDI次数。

表7-12中的(1)~(4)列是以实际税差($sjdiff$)为核心解释变量进行的检验。由检验结果可知，在未纳入任何控制变量时，实际税差($sjdiff$)与中国企业OFDI次数($ofditime$)显著负相关，说明实际税差越小，越有助于吸引中国企业增加OFDI次数，不断扩大OFDI规模。在东道国控制变量、企业与东道国控制变量同时加入后，实际税差依然对中国企业OFDI次数具有显著负向影响，且实际税差每降低1%，中国企业的OFDI次数就会增加0.0183次。这一结论表明，东道国实施所得税减税政策、降低实际税率、缩小实际税差，均有助于吸引中国企业不断扩大OFDI规模。该结论进一步验证了H7.3。

表7-12中的(5)~(8)列是以所得税减税程度($taxredu$)为核心解释变量进行的检验。由检验结果可知，在未纳入任何控制变量时，所得税减税程度($taxredu$)对中国企业OFDI次数($ofditime$)具有显著的正向影响。这说明东道国所得税减税程度越高，越有助于吸引中国企业不断增加OFDI次数、扩大规模。而随着控制变量的逐步加入，所得税减税程度依然与中国企业OFDI次数显著正相关，且东道国所得税减税程度每提高1%，中国企业OFDI次数就会增加0.0196次。这一结论表明，东道国实施所得税减税政策，其所得税减税幅度越大，越有助于吸引中国企业不断扩大OFDI规模。这进一步验证了H7.3。

表 7-12　全球减税背景下所得税制度对中国企业 OFDI 次数规模布局的影响

变量	(1)	(2)	(3)	(4)	(5)	(6)	(7)	(8)
$sjdiff$	-0.0109** (-2.4765)	-0.0075 (-1.6071)	-0.0282*** (-5.1760)	-0.0183*** (-3.1624)				
$taxredu$					0.0176*** (2.8791)	0.0189*** (3.1777)	0.0194*** (3.1824)	0.0196*** (3.2537)
tfp		0.2130*** (7.3613)		0.1956*** (6.4127)		0.2979*** (14.2831)		0.3039*** (13.3054)
$crio$		0.0050*** (3.0290)		0.0054*** (3.2164)		0.0014 (1.2325)		0.0024* (1.9170)
lev		0.5190*** (5.9430)		0.5131*** (5.5656)		0.0672* (1.7634)		0.0812** (1.9664)
kl		-0.1223*** (-5.5447)		-0.1026*** (-4.3472)		-0.0255 (-1.5766)		-0.0282 (-1.5935)
$qysflr$		0.0519*** (2.8930)		0.0457** (2.4999)		0.1045*** (6.8926)		0.1037*** (6.4291)
$pgdp$			-0.3885*** (-4.6838)	-0.4452*** (-4.9421)			0.5759*** (8.6034)	0.0595 (0.8450)
$efree$			3.8329*** (8.1095)	2.8284*** (5.5189)			0.7941** (2.3127)	1.2003*** (3.0929)
$politic$			-0.0270 (-0.5282)	0.1271** (2.2581)			-0.2271*** (-5.2022)	0.0738 (1.5121)
$ptrade$			-0.3042*** (-5.4056)	-0.1991*** (-3.2413)			0.0404 (1.0105)	-0.0340 (-0.7539)
$penergy$			-0.1405*** (-4.7157)	-0.0470 (-1.4417)			-0.2166*** (-9.7047)	-0.1240*** (-5.1781)
air			0.1774*** (5.7368)	0.2019*** (6.0377)			0.0356 (1.5185)	0.1034*** (4.0953)
常数项	-1.1106*** (-20.0855)	-3.1772*** (-7.1488)	-12.9259*** (-8.7472)	-11.4032*** (-6.9618)	-1.6914*** (-53.0009)	-5.7214*** (-19.1372)	-10.1666*** (-9.0870)	-11.6852*** (-9.1672)
企业固定效应	Control	Control	Control	Control	Control	Control	Control	Control
国家固定效应	Control	Control	Control	Control	Control	Control	Control	Control
χ^2	6.13**	196.62***	186.60***	283.35***	8.29***	825.20***	439.81***	864.72***
N	37982	30002	36116	28451	79585	56694	70123	49644

注：*、**、***分别表示10%、5%、1%的显著性水平，括号内的值为 z 值。

7.2.3.3　规模布局的减税效应

(1) PSM-DID 方法检验

本部分采用双重差分倾向得分匹配方法（PSM-DID）进一步检验全球减税背景下所得税制度对中国企业 OFDI 规模布局的影响。检验时，以中国企业

2008—2019年投资在中国OFDI存量排名前185位的国家(地区)为研究样本,剔除了开曼群岛、英属维尔京群岛、百慕大群岛等"避税天堂"及数据缺失或异常的样本,共得到中国企业在138个国家(地区)投资的1284个观测值。

①模型构建。

为进一步检验所得税减税政策对中国企业OFDI规模布局的政策效应,本部分建立以下双重差分模型,并将个体效应纳入模型:

$$ofdicl_{it} = \rho_0 + \rho_1 tax_i \times time_t + \rho_2 tax_i + \rho_3 time_t + \beta \times Z_{it} + \mu_i + \varepsilon_{it} \quad (7-11)$$

其中,$ofdicl$为OFDI存量;$tax \times time$为减税政策变量与减税时间变量的交叉项;根据双重差分原理,ρ_1为我们要重点关注的政策效应,即东道国实施减税政策对中国企业OFDI规模布局产生的净效应;Z为其他控制变量;μ为控制个体固定效应;ρ_0为常数项,ρ_2、ρ_3、β为相应变量的待估计参数;ε为随机扰动项。

相关变量说明及数据来源见表7-13。

表7-13 减税效应的变量说明及数据来源

变量属性	变量名称	变量符号	变量说明	数据来源
被解释变量	OFDI存量	$ofdicl$	中国企业在东道国的OFDI存量	商务部中国对外直接投资统计公报
核心解释变量	减税政策虚拟变量	$tax1$	第一阶段东道国实施所得减税政策取值为1,否则取值为0	安永、毕马威、德勤等会计师事务所网站
	减税政策虚拟变量	$tax2$	第二阶段东道国实施所得减税政策取值为1,否则取值为0	
	减税时间虚拟变量	$time$	减税前的年份取值为0,减税当年及之后的年份取值为1	
控制变量	市场规模	$pgdp$	东道国人均GDP	世界银行数据库
	营商环境	$concor$	东道国腐败控制指数	
	资源禀赋	$penergy$	东道国矿石和金属出口占商品出口的比重	
	基础设施条件	$hycs$	东道国航空运输次数	
	贸易开放度	$ptrade$	东道国商品贸易占GDP的比重	
	通货膨胀程度	$inflation$	东道国GDP平减指数衡量的年通货膨胀率	
	经济自由度	$efree$	东道国经济自由度指数	美国传统基金会网站

与前一章区位布局相同,本部分依然选取金融危机以来东道国实施所得税减税政策相对较为集中的年度——2009 年与 2015 年作为关键时间节点,将样本的数据期间划分为两个阶段,即 2008—2013 年和 2014—2019 年,进而将样本划分为样本组Ⅰ和样本组Ⅱ。其中:样本组Ⅰ是 2008—2013 年的样本数据,以 2008 年为基期,以 2009 年实施所得税减税政策的东道国为实验组,以 2008—2013 年从未实施过所得税减税政策的东道国为控制组;样本组Ⅱ是 2014—2019 年的样本数据,以 2014 年为基期,以 2015 年实施所得税减税政策的东道国为实验组,以 2014—2019 年从未实施所得税减税政策的东道国为控制组。

两阶段主要变量的描述性统计见表 7-14。从表 7-14 中可以看出,第一阶段中国企业 OFDI 存量的均值明显小于第二阶段 OFDI 存量的均值,这说明中国企业 OFDI 存量呈逐步上升态势。中国企业 OFDI 规模的扩大是否会受全球所得税减税政策的影响,减税政策对其影响如何,是本部分重点关注的问题。

表 7-14 减税效应主要变量的描述性统计

变量	2008—2013 年		2014—2019 年	
	均值	标准差	均值	标准差
ofdicl	9.1246	2.7340	10.2360	2.8089
tax	0.2533	0.4354	0.1771	0.3821
concor	0.2968	0.9898	0.1239	0.972
ptrade	4.1719	0.5179	4.0207	0.4614
pgdp	9.1019	1.4409	9.0002	1.3021
efree	4.1660	0.1334	4.1560	0.1487
penergy	1.4961	0.7861	1.4790	0.9507
hycs	10.9686	2.0310	10.7542	2.1483
inflation	5.4194	7.3090	3.0825	5.6906

③PSM 处理结果分析。

与前文第 6 章的匹配方法一致,在经过 PSM 处理之后,第一阶段得到中国企业在 75 个东道国投资的 450 个观测值,第二阶段得到中国企业在 96 个东道国投资的 576 个观测值。各协变量标准化偏差的绝对值最大值为 8.6%,均小于 10.0%,且 t 统计量均不显著,说明两阶段样本组Ⅰ、样本组Ⅱ进行 PSM 选取的协变量和匹配方法较为合理。

④DID 估计结果分析。

表 7-15 为样本组Ⅰ所得税减税的政策效应。2008—2013 年，减税政策变量（*tax*）和减税时间变量（*time*）的交互项（*tax×time*）与中国企业 OFDI 存量（*ofdicl*）显著正相关。这说明在此阶段，东道国实施所得税减税政策能够有效吸引中国企业扩大 OFDI 规模。该结论对 H7.3 进行了验证。

除受东道国所得税减税政策的影响外，中国企业 OFDI 还受东道国的市场规模、贸易开放度、营商环境与经济自由度等因素的影响。市场规模（*pgdp*）对中国企业 OFDI 存量（*ofdicl*）具有显著正向影响，说明东道国市场规模越大，越容易吸引中国企业扩大 OFDI 规模，同时也在一定程度上说明中国企业 OFDI 有寻求广阔海外市场的动机；贸易开放度（*ptrade*）与中国企业 OFDI 存量（*ofdicl*）存在显著正相关关系，说明贸易开放程度越高的东道国，越有利于吸引中国企业扩大 OFDI 规模；营商环境（*concor*）对中国企业 OFDI 存量（*ofdicl*）具有显著正向影响，说明东道国的腐败控制越好、营商环境越优良，越有助于企业开展公平竞争，进而越容易吸引中国企业扩大 OFDI 规模；经济自由度（*efree*）与中国企业 OFDI 存量（*ofdicl*）存在显著负相关关系，这在一定程度上验证了本阶段中国企业偏好向新兴经济体投资的事实。

表 7-15 所得税减税的政策效应（样本组Ⅰ）

变量	(1)	(2)	(3)	(4)	(5)	(6)	(7)	(8)
$tax1 \times time$	3.386*** (9.500)	3.432*** (9.887)	3.432*** (9.874)	3.457*** (9.223)	3.499*** (9.414)	3.463*** (9.221)	3.452*** (9.210)	3.571*** (9.518)
$time$	0.387** (2.142)	0.295* (1.667)	0.301 (1.644)	0.273 (1.315)	0.402* (1.904)	0.398* (1.867)	0.472** (2.163)	0.452** (2.089)
$pgdp$		5.425*** (4.658)	5.412*** (4.626)	5.999*** (4.514)	5.410*** (4.052)	5.536*** (4.107)	5.153*** (3.764)	5.525*** (4.041)
$inflation$			0.001 (0.131)	0.003 (0.281)	0.001 (0.119)	0.000 (0.003)	0.002 (0.159)	0.003 (0.254)
$hycs$				0.040 (0.460)	0.035 (0.405)	0.035 (0.403)	0.026 (0.298)	0.022 (0.252)
$ptrade$					1.813*** (2.682)	1.773** (2.575)	1.925*** (2.772)	1.928*** (2.797)
$penergy$						0.075 (0.276)	0.084 (0.312)	0.195 (0.718)

续表

变量	(1)	(2)	(3)	(4)	(5)	(6)	(7)	(8)
concor							1.064 (1.512)	1.250* (1.780)
efree								-6.955** (-2.431)
常数项	9.349*** (65.704)	-39.962*** (-3.774)	-39.862*** (-3.750)	-44.821*** (-3.767)	-47.102*** (-3.986)	-48.078*** (-4.025)	-45.444*** (-3.772)	-20.047 (-1.263)
个体固定效应	Control	Control	Control	Control	Control	Control	Control	Control
N	449	449	449	405	405	399	399	399
R^2	0.2946	0.3336	0.3336	0.3395	0.3537	0.3532	0.3577	0.3694

注：*、**、***分别表示10%、5%、1%的显著性水平；括号内的值为 t 值；变量 $tax1$ 因具有时间不变性，回归时被自动删除。

表7-16为样本组Ⅱ所得税减税的政策效应。在2014—2019年未纳入控制变量时，所得税减税的交互项（$tax×time$）与中国企业OFDI存量（$ofdicl$）显著正相关，随着控制变量的逐步纳入，其显著性水平有所增强。这说明东道国实施所得税减税政策能够促进中国企业扩大OFDI规模。这一结论与第一阶段得出的结论及H7.3一致。

与第一阶段不同的是，中国企业OFDI除受东道国所得税减税政策与东道国市场规模的影响外，在第二阶段受东道国的营商环境、基础设施条件等因素的影响逐渐加深，而东道国贸易开放度、经济自由度等因素对中国企业OFDI规模的影响不再显著。可能的原因是自2013年"一带一路"倡议提出以来，中国企业对"一带一路"沿线新兴经济体的投资逐年增加，而新兴经济体的基础设施还存在不完善的情况，从而导致中国企业OFDI规模与东道国基础设施条件负相关。

表7-16 所得税减税的政策效应（样本组Ⅱ）

变量	(1)	(2)	(3)	(4)	(5)	(6)	(7)	(8)
$tax2×time$	1.0905** (2.5294)	1.0983** (2.5442)	1.0909** (2.5225)	1.4437*** (3.6842)	1.4393*** (3.6631)	1.5144*** (3.7310)	1.5508*** (3.8657)	1.5290*** (3.8033)
$time$	0.1277 (0.7040)	0.0786 (0.4165)	0.0694 (0.3664)	0.0397 (0.2242)	0.0685 (0.3595)	-0.0262 (-0.1297)	-0.0395 (-0.1979)	-0.0517 (-0.2585)
$pgdp$		0.9888 (0.9681)	1.0746 (1.0448)	3.0536*** (3.0401)	3.0077*** (2.9710)	4.1815*** (3.5591)	3.9992*** (3.4409)	4.1397*** (3.4232)

续表

变量	(1)	(2)	(3)	(4)	(5)	(6)	(7)	(8)
inflation			0.0112 (0.7973)	0.0163 (1.2651)	0.0163 (1.2073)	0.0250 (1.5375)	0.0212 (1.3190)	0.0219 (1.3574)
hycs				-0.6451*** (-6.0880)	-0.6486*** (-6.0841)	-0.6136*** (-5.5387)	-0.6461*** (-5.8763)	-0.6452*** (-5.8611)
ptrade					0.2829 (0.4101)	0.2930 (0.3783)	0.3093 (0.4043)	0.1754 (0.2253)
penergy						0.4428 (1.4759)	0.4847 (1.6334)	0.4778 (1.6072)
concor							2.0932*** (3.1304)	2.0477*** (3.0433)
efree								-0.7925 (-0.3433)
常数项	9.9793*** (66.4851)	1.1288 (0.1233)	0.3439 (0.0373)	-10.0872 (-1.1273)	-10.7832 (-1.1779)	-22.7843** (-2.1282)	-21.2615** (-2.0079)	-18.6833 (-1.4706)
个体固定效应	Control	Control	Control	Control	Control	Control	Control	Control
N	572	571	570	498	497	455	455	454
R^2	0.0211	0.0230	0.0243	0.1369	0.1373	0.1510	0.1735	0.1722

注：**、***分别表示5%、1%的显著性水平；括号内的值为 t 值；变量 $tax2$ 因具有时间不变性，回归时被自动删除。

(2) PSM-DDD 方法检验

本部分采用三重差分倾向得分匹配方法（Propensity Score Matching-Difference In Difference In Difference，PSM-DDD）进一步检验全球减税背景下所得税制度对中国企业 OFDI 规模布局的影响。"一带一路"倡议为2013年提出，考虑到其产生影响的滞后性，本部分选取中国上市公司2014—2019年中国 OFDI 存量排名前185位国家（地区）的相关数据进行检验，并在此基础上剔除开曼群岛、英属维尔京群岛、百慕大群岛等"避税天堂"样本及变量缺失与异常的样本，共得到中国企业在158个国家（地区）投资的17975个观测值。

①变量选取。

被解释变量：依然以中国企业相应年度在各东道国的 OFDI 存量（$ofdiscale$）为被解释变量，检验不同东道国实施的所得税减税政策对中国企业 OFDI 规模布局的政策效应。

核心解释变量有三个：第一个是减税政策变量 tax，取值为 1、0，分别对应实行所得税减税政策和未实行减税政策的国家（地区）；第二个是减税时间变量 $time$，取值为 0，代表国家（地区）实施所得税减税政策前，否则取值为 1；第三个是"一带一路"倡议变量 $ydyl$，取值为 1，代表为"一带一路"国家（地区），否则取值为 0。上述三者的交互项 $tax \times time \times ydyl$ 为 DDD 模型中考察"一带一路"倡议下所得税减税政策实施效果的核心解释变量。

控制变量包括企业层面微观控制变量和国家层面宏观控制变量，具体见表 7-2。

②倾向得分匹配。

为保证实验组和控制组的东道国所得税减税政策对中国企业 OFDI 规模布局影响的一致性，本部分依然以 2014 年各东道国的资源禀赋（$penergy$）、营商环境（$concor$）、贸易开放度（$ptrade$）、市场规模（$pgdp$）、经济自由度（$efree$）、通货膨胀程度（$inflation$）等为协变量，并采用核匹配方法进行匹配。匹配结果见表 6-13、表 6-14、图 6-1、图 6-2。

③三重差分方法。

在一般双重差分模型的基础上，将"一带一路"倡议虚拟变量纳入模型，可得到以下三重差分模型：

$$ofdiscale_{ijt} = \alpha_0 + \delta_1 tax \times time \times ydyl + \delta_2 tax \times time + \delta_3 tax \times ydyl + \delta_4 time \times ydyl + \delta_5 tax + \delta_6 time + \delta_7 ydyl + \beta X_{ijt} + \gamma Y_{ijt} + \varepsilon_{ijt} \qquad (7-12)$$

其中，$tax \times time \times ydyl$ 为减税政策变量、减税时间变量与"一带一路"倡议的交叉项，根据三重差分原理，δ_1 为需要重点关注的政策效应，即剔除"一带一路"倡议影响后，东道国实施减税政策对中国企业 OFDI 规模布局产生的净效应；X 表示企业微观控制变量，Y 表示东道国宏观控制变量；α_0 为常数项；δ_2、δ_3、δ_4、δ_5、δ_6、δ_7、β、γ 为相应变量的待估计参数；ε 为随机误差项。

将固定效应纳入模型，可得

$$ofdiscale_{ijt} = \delta_1 tax \times time \times ydyl + \delta_2 tax \times time + \delta_3 tax \times ydyl + \delta_4 time \times ydyl + \delta_5 tax + \delta_6 time + \delta_7 ydyl + \mu_i + \eta_j + \lambda_t + \beta X_{ijt} + \gamma Y_{ijt} + \varepsilon_{ijt} \qquad (7-13)$$

其中，μ_i 为企业个体固定效应，η_j 为东道国固定效应，λ_t 为时间固定效应。

④PSM-DDD 回归分析结果。

表 7-17 呈现了剔除"一带一路"倡议影响后，不同东道国实施所得税减税

政策对中国企业 OFDI 规模布局影响的检验结果。从表 7-17 中可以看出：在 2014—2019 年，控制个体及时间固定效应，未纳入企业微观控制变量与东道国宏观控制变量时，交叉项与中国企业 OFDI 存量（*ofdiscale*）显著正相关，而随着宏观控制变量与微观控制变量的同时纳入，交叉项与中国企业 OFDI 存量（*ofdiscale*）的显著正相关关系并未发生变化。这一结论说明，剔除"一带一路"倡议的影响后，东道国实施的所得税减税政策依然能够显著促进中国企业扩大 OFDI 规模。这一结论验证了 H7.3。

表 7-17 所得税减税对中国企业 OFDI 规模布局政策效应的 PSM-DDD 检验

变量	(1)	(2)	(3)	(4)
tax×*time*×*ydyl*	0.6232** (2.2473)	0.5010 (1.5854)	0.8841*** (2.9719)	0.8275** (2.4585)
time×*ydyl*	−0.3846 (−0.5572)	−0.6144 (−0.7988)	−0.8591 (−1.2231)	−1.2468 (−1.5886)
time	2.0228*** (8.5876)	1.7645*** (6.4613)	2.1772*** (6.0404)	1.9936*** (4.9200)
ydyl	0.2790 (0.4051)	0.5017 (0.6542)	0.7474 (1.0683)	1.0796 (1.3839)
tfp		−0.1201 (−0.5833)		−0.1129 (−0.5472)
crio		−0.0227** (−2.1676)		−0.0228** (−2.1801)
lev		0.8655 (1.2503)		1.1167 (1.6123)
kl		0.5388*** (3.2367)		0.4872*** (2.9325)
qysflr		0.0402 (0.4620)		0.0370 (0.4248)
pgdp			−2.0450 (−0.8826)	−2.6239 (−1.0099)
efree			−3.1044 (−1.2057)	−4.7002 (−1.6190)
politic			0.6769 (1.5741)	0.5915 (1.2128)
ptrade			−2.3627*** (−2.6477)	−3.4946*** (−3.1763)

续表

变量	(1)	(2)	(3)	(4)
penergy			0.2277 (0.9706)	0.5726** (2.1174)
air			0.3606 (1.3390)	0.4390 (1.4300)
常数项	2.2788*** (20.3391)	−1.4739 (−0.5081)	40.4812* (1.8101)	51.4906** (2.0439)
企业固定效应	Yes	Yes	Yes	Yes
国家固定效应	Yes	Yes	Yes	Yes
时间固定效应	Yes	Yes	Yes	Yes
N	6435	5356	6318	5248
R^2	0.043	0.038	0.047	0.044

注：*、**、***分别表示10%、5%、1%的显著性水平；括号内的值为 t 值；因具有时间不变性，变量 tax、tax×time、tax×ydyl 在回归时被自动剔除。

(3) 合成控制法检验

本部分借鉴相关学者做法，采用合成控制法（Synthetic Control Method）检验东道国所得税减税政策对中国企业 OFDI 规模布局的影响。

①模型设计。

在研究所得税减税政策对中国企业 OFDI 规模布局的影响时，合成控制法结合未实施所得税减税政策国家（地区）的加权平均值构造每个实施所得税减税政策国家（地区）的合成控制对象，模拟实施所得税减税政策国家在不实施所得税减税政策下，对中国企业 OFDI 规模布局的影响。

假设有 $M+1$ 个东道国，东道国 1 在 t 期实施所得税减税政策，其余 M 个东道国未实施所得税减税政策。本部分用 Y_{it}^1 表示东道国 i 在 t 期实施所得税减税政策对中国企业 OFDI 规模布局影响的潜在结果，用 Y_{it}^0 表示东道国 i 在 t 期未实施所得税减税政策对中国企业 OFDI 规模布局影响的潜在结果，则东道国实施所得税减税政策对中国企业 OFDI 规模布局影响的因果效应为 $\tau_{it}=Y_{it}^1-Y_{it}^0$，其中，$i=1,\cdots,M+1$，$t=1,\cdots,T$。

假设中国企业在第 1 个东道国的 OFDI 规模布局在 t_0 期后受到该东道国实施所得税减税政策的影响，而中国企业在其他 M 个东道国的 OFDI 规模布局所有时期都没有受到所得税减税政策的影响，那么对于 $t>t_0$，东道国实施所得税减税政策的效应可以表示为 $\tau_{it}^1 = Y_{it}^1 - Y_{it}^0$。由于第 1 个东道国实施了所得税减税政策，在 $t>t_0$ 期，可以观测到 Y_{it}^1，但无法观测到 Y_{it}^0。为了估计东道国 1 的反事实结果，借鉴 Abadie 等（2010）的做法，Y_{it}^0 用下列因子模型表示：

$$Y_{it}^0 = \delta_t + \theta_t Z_i + \lambda_t \mu_i + \varepsilon_{it} \tag{7-14}$$

模型（7-14）中的 δ_t 为影响中国企业在东道国 OFDI 发展的时间固定效应；Z_i 为东道国层面的控制变量，是可以观测到的不受所得税减税政策影响的 $(N \times 1)$ 维协变量；θ_t 为未知参数向量，该向量为 $(1 \times N)$ 维；λ_t 为公共因子向量，该向量为 $(1 \times K)$ 维，并且无法观测到；μ_i 是 $(K \times 1)$ 维系数向量；ε_{it} 是不能观测到的每个东道国的短期冲击，假设在东道国层面满足均值为 0。

假设东道国 1 实施了所得税减税政策，余下 $M(i=2,\cdots,M+1)$ 个东道国未实施。为求出 Y_{it}^0，可以考虑一个 $(N \times 1)$ 维的权重向量 $W=(w_2,\cdots,w_{N+1})$，满足 $w_n \geq 0$，$n=2,\cdots,N+1$，并且 $w_2+\cdots+w_{N+1}=1$。对于每一个权重向量 W，其特定值表示第 i 个实施所得税减税政策东道国的合成控制组合。对每个未实施所得税减税政策东道国的结果变量值进行加权，可以得到以下模型：

$$\sum_{n=2}^{N+1} W_n Y_{it}^0 = \delta_t + \theta_t \sum_{n=2}^{N+1} W_n Z_i + \lambda_t \sum_{n=2}^{N+1} W_n \mu_i + \sum_{n=2}^{N+1} W_n \varepsilon_{it} \tag{7-15}$$

此时，假定存在权重向量 $(W_2^*,\cdots,W_{N+1}^*)$ 能够使

$$\sum_{n=2}^{N+1} W_n^* Y_{n1} = Y_{11},\ \sum_{n=2}^{N+1} W_n^* Y_{n2} = Y_{12},\ \cdots,\ \sum_{n=2}^{N+1} W_n^* Y_{jt_0} = Y_{1t_0},$$

$$\sum_{n=2}^{N+1} W_n^* Z_j = Z_1 \tag{7-16}$$

在 $\sum_{t=1}^{t_0} \lambda_t' \lambda_t$ 为非奇异矩阵（Abadie et al.，2010）时，有

$$Y_{it}^0 - \sum_{n=2}^{N+1} W_n^* Y_{it}^0 = \sum_{n=2}^{N+1} W_n^* \sum_{n=2}^{N+1} \lambda_t \left(\sum_{t=1}^{t_0} \lambda_t' \lambda_t\right)^{-1} \lambda_t' (\varepsilon_{ns} - \varepsilon_{1s}) - \sum_{n=2}^{N+1} W_n^* (\varepsilon_{jt} - \varepsilon_{it})$$

$$\tag{7-17}$$

在一般条件下，此时模型（7-17）的结果趋近于 0。当 $t \in (t_0, T]$，合成控制组近似可以用来表示东道国 1 的反事实结果，即 $= \sum_{n=2}^{N+1} W_n^* Y_{nt}$，由此可以得到中国企业在东道国 1 实施所得税减税政策对其 OFDI 规模布局影响的估计值：

$$\hat{\tau}_{1t} = Y_{1t} - \sum_{n=2}^{N+1} W_n^* Y_{nt},\ t \in [t_0+1, \cdots, T] \tag{7-18}$$

此时，求 $\hat{\tau}_{1t}$ 的关键是找到使模型(7-16)结果成立的权重 W^*。本部分采用 Abadie 等(2010)设计的程序计算。

②数据来源与变量选取。

第一，数据来源。本部分使用 2008—2019 年中国对外直接投资存量排名前 185 个国家(地区)的相关数据。鉴于这一时期东道国实施所得税减税政策的时间并不一致，本部分选取东道国实施减税政策较为集中的 2013 年为政策开始的年度。同时，由于采用合成控制法需要使用平衡面板数据，剔除变量缺失的样本后，共得到中国企业在 42 个东道国的投资数据。其中：2013 年实施所得税减税政策的东道国有 7 个，包括瑞士、哥伦比亚、厄瓜多尔、斐济、英国、马达加斯加、泰国；2013 年未实施所得税减税政策的国家有 35 个，见表 7-18。

第二，变量说明。本部分选取中国企业 OFDI 相对投资存量值与相对投资流量值进行衡量。相对投资存量值和相对投资流量值，分别选用中国企业当年在东道国的投资存量、投资流量与中国企业当年在所有东道国的投资存量均值、投资流量均值的比来代替。与前文一致，本部分纳入影响中国企业 OFDI 规模布局的重要因素作为预测控制变量，主要包括所得税税率、避免双重征税协定、税收饶让、税收征管效率、市场规模、基础设施水平、贸易开放度、资源禀赋、政治稳定性、经济自由度等。

③实证结果。

第一，东道国所得税减税政策对中国企业 OFDI 存量规模布局的影响。

采用合成控制法检验东道国所得税减税政策对中国企业 OFDI 存量规模布局的影响时，需要使用合成权重。表 7-18 列示了采用合成控制法所用到的合成权重。其中，第(2)列为 2013 年未实施所得税减税政策的东道国，实施所得税减税政策的东道国包括瑞士、哥伦比亚、厄瓜多尔、斐济、英国、马达加斯加、泰国。以瑞士为例，瑞士这一列的权重表明：瑞士的合成未减税国包括了 0.2%的白俄罗斯、0.1%的智利、0.1%的捷克、0.1%的埃及、70.1%的芬兰、0.5%的法国、0.1%的格鲁吉亚、0.1%的爱尔兰、0.1%的意大利、0.1%的约旦、23.9%的科威特、0.1%的摩洛哥、0.1%的秘鲁、0.1%的菲律宾、0.1%的波兰、0.1%的卡塔尔、0.1%的罗马尼亚、0.1%的塞内加尔、3.8%的土耳其和 0.1%的卢森堡。

表 7-18　减税国在各个合成未减税国的对外投资存量权重　　　　　　单位:%

id	国家名称	瑞士	哥伦比亚	厄瓜多尔	斐济	英国	马达加斯加	泰国
4	阿联酋	0	0	0	0	0	0	0
5	阿根廷	0	0.092	0	0.075	0	0	0.799
8	澳大利亚	0	0	0	0	0	0	0
19	白俄罗斯	0.002	0.573	0	0.212	0	0	0
27	加拿大	0	0	0	0	0	0	0
29	智利	0.001	0	0	0	0	0	0
40	捷克	0.001	0.323	0.961	0.363	0	0	0
41	德国	0	0	0	0	0	0	0
46	埃及	0.001	0	0	0	0	0	0
51	芬兰	0.701	0	0	0	0	0	0
53	法国	0.005	0.012	0	0	0.105	0	0.019
57	格鲁吉亚	0.001	0	0	0	0	0	0
69	爱尔兰	0.001	0	0	0	0	0	0
73	意大利	0.001	0	0	0	0	0	0
74	约旦	0.001	0	0	0.35	0	0	0
76	哈萨克斯坦	0	0	0.025	0	0.825	0	0.02
80	韩国	0	0	0	0	0	0	0
81	科威特	0.239	0	0	0	0	0	0
91	摩洛哥	0.001	0	0	0	0	0	0
103	毛里求斯	0	0	0	0	0	0	0
105	马来西亚	0	0	0	0	0	0	0
109	荷兰	0	0	0	0	0	0	0
111	新西兰	0	0	0	0	0	0	0
115	秘鲁	0.001	0	0	0	0	0	0
116	菲律宾	0.001	0	0	0	0	0	0
119	波兰	0.001	0	0	0	0	0.242	0
122	卡塔尔	0.001	0	0	0	0	0	0
123	罗马尼亚	0.001	0	0	0	0	0.582	0
126	沙特阿拉伯	0	0	0.01	0	0	0.076	0

续表

id	国家名称	瑞士	哥伦比亚	厄瓜多尔	斐济	英国	马达加斯加	泰国
128	塞内加尔	0.001	0	0	0	0	0	0
129	新加坡	0	0	0	0	0	0	0
145	土耳其	0.038	0	0	0	0	0.093	0
154	越南	0	0	0	0	0	0	0
158	南非	0	0	0.004	0	0	0.006	0.08
162	卢森堡	0.001	0	0	0	0.07	0	0.082

为考察每一实施所得税减税政策的东道国的减税政策对中国企业OFDI存量规模布局的影响，本部分在检验时，剔除了其他实施所得税减税政策的东道国。各东道国实施所得税减税政策对中国企业OFDI存量规模布局影响的政策效应如图7-5所示。

图7-5(a)为瑞士与合成瑞士在2008—2019年的相对投资存量变化情况，垂直虚线为瑞士实施所得税减税政策的年份。在虚线左侧，瑞士与合成瑞士的OFDI相对投资存量非常接近，差异极小，这说明合成瑞士很好地拟合了中国企业在瑞士的OFDI规模布局的变化情况。而在虚线右侧，瑞士与合成瑞士的曲线逐渐偏离，实施所得税减税政策后瑞士OFDI相对投资存量明显高于合成瑞士，且差距越来越大，这说明在瑞士实施所得税减税政策以后，其减税政策对中国企业OFDI规模布局具有显著的促进作用，两条曲线的距离即为瑞士实施所得税减税政策对中国企业OFDI规模布局影响的政策效果。

图7-5(b)为哥伦比亚与合成哥伦比亚在2008—2019年的相对投资存量变化情况。在虚线左侧，哥伦比亚与合成哥伦比亚的OFDI相对投资存量变化趋势相近，这说明合成哥伦比亚在一定程度上拟合了中国企业在哥伦比亚的OFDI规模布局的变化情况。而在虚线右侧，哥伦比亚与合成哥伦比亚的曲线逐渐偏离，相交后又继续偏离，且差距越来越大，这说明在哥伦比亚实施所得税减税政策后，短期内对中国企业OFDI规模布局具有明显的影响，但从长期来看，中国企业在哥伦比亚的OFDI规模布局受其他因素的影响较大。

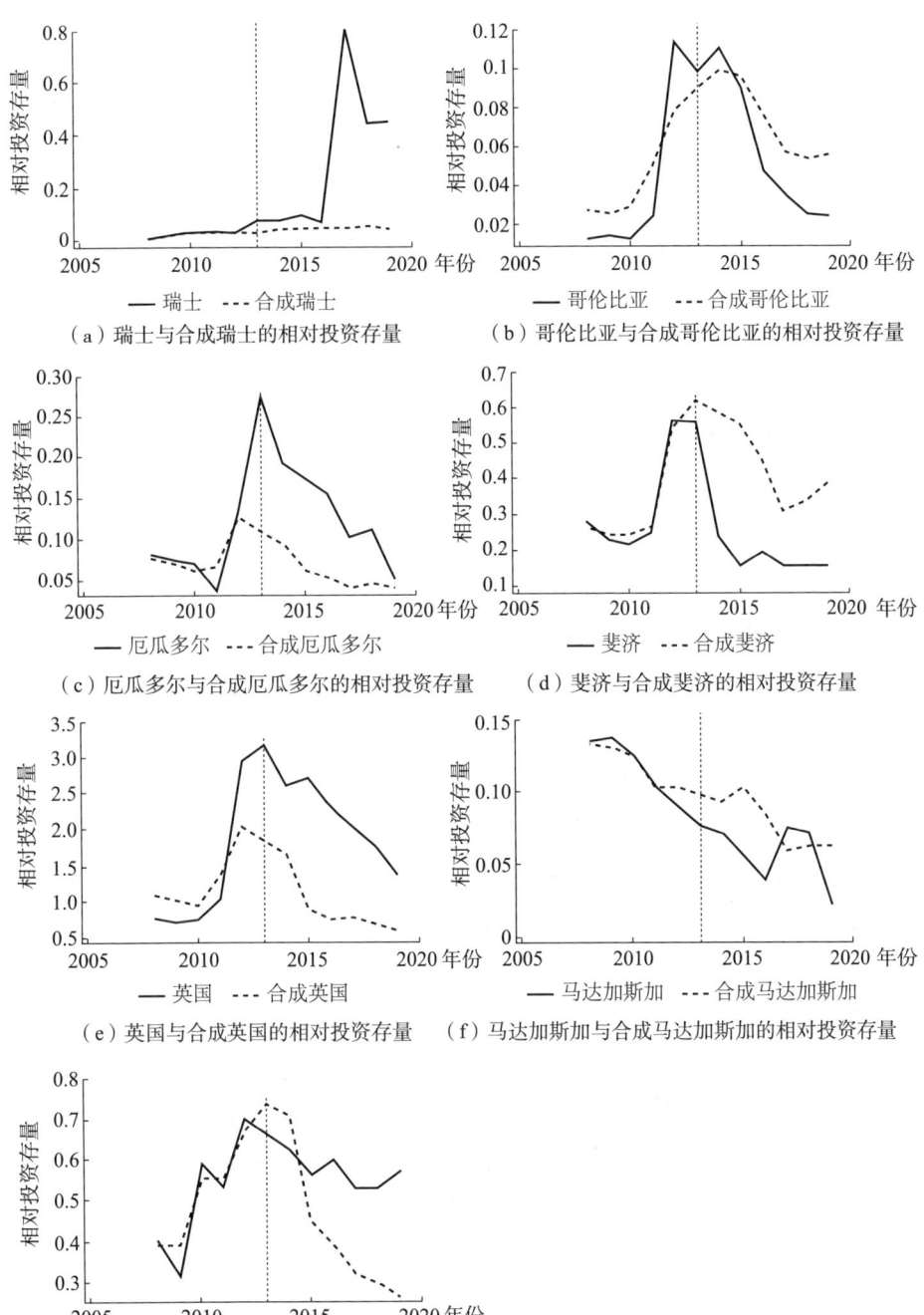

图 7-5 东道国所得税减税政策对中国企业 OFDI 存量规模布局的影响

图7-5(c)为厄瓜多尔与合成厄瓜多尔在2008—2019年的相对投资存量变化情况。在虚线左侧，厄瓜多尔与合成厄瓜多尔的OFDI相对投资存量较为接近，差异度较小，这说明合成厄瓜多尔较好地拟合了中国企业在厄瓜多尔的OFDI规模布局的变化情况。而在虚线右侧，厄瓜多尔与合成厄瓜多尔的曲线逐渐偏离，实施所得税减税政策后的厄瓜多尔OFDI相对投资存量明显高于合成厄瓜多尔，且差距越来越大，这说明在厄瓜多尔实施所得税减税政策后，对中国企业OFDI规模布局具有显著的促进作用，两条曲线的距离为厄瓜多尔实施所得税减税政策对中国企业OFDI规模布局影响的政策效果。

图7-5(d)为斐济与合成斐济在2008—2019年的相对投资存量变化情况。在虚线左侧，斐济与合成斐济的OFDI相对投资存量拟合度较高，说明合成斐济较好地拟合了中国企业在斐济的OFDI规模布局的变化情况。而在虚线右侧，斐济与合成斐济的曲线逐渐偏离，合成斐济的OFDI相对投资存量高于实施所得税减税政策的斐济，这可能说明斐济其他因素对中国企业OFDI规模布局的制约作用大于其实施所得税减税政策对中国企业OFDI规模布局的激励作用。

图7-5(e)为英国与合成英国在2008—2019年的相对投资存量变化情况。在虚线左侧，英国与合成英国的OFDI相对投资存量变化趋势相近，这说明合成英国在一定程度上拟合了中国企业在英国的OFDI规模布局的变化情况。而在虚线右侧，英国与合成英国的曲线逐渐偏离，且实施所得税减税政策的英国对中国企业OFDI规模布局的影响远大于合成英国，这说明在英国实施所得税减税政策后，能够在一定程度上对中国企业OFDI规模布局产生促进作用。

图7-5(f)为马达加斯加与合成马达加斯加在2008—2019年的相对投资存量变化情况。在虚线左侧，马达加斯加与合成马达加斯加的OFDI相对投资存量变化趋势相近，这说明合成马达加斯加较好地拟合了中国企业在马达加斯加的OFDI规模布局的变化情况。而在虚线右侧，马达加斯加与合成马达加斯加的曲线逐渐偏离，在一定时间后产生了交集，这说明马达加斯加实施所得税减税政策对中国企业OFDI规模布局的影响具有一定的滞后性，在政策实施后的一定时间内能够吸引中国企业扩大OFDI规模。

图7-5(g)为泰国与合成泰国在2008—2019年的相对投资存量变化情况。

在虚线左侧，泰国与合成泰国的 OFDI 相对投资存量变化趋势相近，这说明合成泰国较好地拟合了中国企业在泰国的 OFDI 规模布局的变化情况。而在虚线右侧，短期内，合成泰国的 OFDI 相对投资存量曲线高于泰国，但在 2015 年左右，泰国的 OFDI 相对投资存量曲线开始高于合成泰国，并且差距越来越大，这说明泰国实施所得税减税政策对中国企业 OFDI 规模布局的影响具有一定的滞后性，在政策实施一段时间后，政策效果开始凸显。

第二，东道国所得税减税政策对中国企业 OFDI 流量规模布局的影响。

表 7-19 列示了采用合成控制法检验东道国所得税减税政策对中国企业 OFDI 流量规模布局影响用到的合成权重。权重释义与上文相同。瑞士这一列的权重表明：瑞士的合成未减税国包括芬兰（34.9%）、约旦（36.2%）、科威特（25.3%）、土耳其（3.1%）和卢森堡（0.5%）。

表 7-19　减税国在各个合成未减税国的对外投资流量权重　　　单位:%

id	国家名称	瑞士	哥伦比亚	厄瓜多尔	斐济	英国	马达加斯加	泰国
4	阿联酋	0	0.2	0	0.001	0	0.002	0
5	阿根廷	0	0.076	0.252	0.043	0	0	0.027
8	澳大利亚	0	0	0	0	0	0	0
19	白俄罗斯	0	0.006	0	0.003	0	0.002	0
27	加拿大	0	0.001	0	0	0	0.001	0.294
29	智利	0	0.004	0	0.002	0	0.003	0
40	捷克	0	0.004	0	0.002	0	0.006	0
41	德国	0	0.001	0	0.001	0	0.001	0
46	埃及	0	0.002	0	0.001	0	0.002	0
51	芬兰	0.349	0.01	0	0.005	0	0.13	0
53	法国	0	0.002	0	0.001	0.189	0.001	0
57	格鲁吉亚	0	0.004	0.673	0.002	0	0.002	0
69	爱尔兰	0	0.004	0	0.003	0	0.002	0
73	意大利	0	0.003	0	0	0	0	0
74	约旦	0.362	0.826	0	0.91	0	0.113	0

续表

id	国家名称	瑞士	哥伦比亚	厄瓜多尔	斐济	英国	马达加斯加	泰国
76	哈萨克斯坦	0	0.001	0.013	0.008	0.742	0	0
80	韩国	0	0.005	0	0	0	0	0
81	科威特	0.253	0.003	0	0	0	0	0
91	摩洛哥	0	0.003	0	0	0	0	0
103	毛里求斯	0	0.003	0	0	0	0	0
105	马来西亚	0	0.002	0	0	0	0	0
109	荷兰	0	0.002	0	0.001	0	0.001	0
111	新西兰	0	0.004	0	0.002	0	0.001	0
115	秘鲁	0	0.002	0	0.001	0	0.06	0
116	菲律宾	0	0.002	0	0.001	0	0.002	0.162
119	波兰	0	0.003	0	0.002	0	0.005	0
122	卡塔尔	0	0.008	0	0.004	0	0.001	0
123	罗马尼亚	0	0.005	0	0.004	0	0.004	0
126	沙特阿拉伯	0	0.002	0	0	0	0	0
128	塞内加尔	0	0.004	0	0.002	0	0.557	0
129	新加坡	0	0.001	0	0	0	0	0
145	土耳其	0.031	0.001	0.063	0.001	0	0.092	0
154	越南	0	0.002	0	0	0	0	0.517
158	南非	0	0.001	0	0.001	0	0.011	0
162	卢森堡	0.005	0	0	0	0.069	0.001	0

为考察每一实施所得税减税政策的东道国的减税政策对中国企业OFDI流量规模布局的影响，本部分在检验时依然剔除其他年份实施所得税减税政策的东道国。各东道国实施所得税减税政策对中国企业OFDI流量规模布局影响的政策效应如图7-6所示。

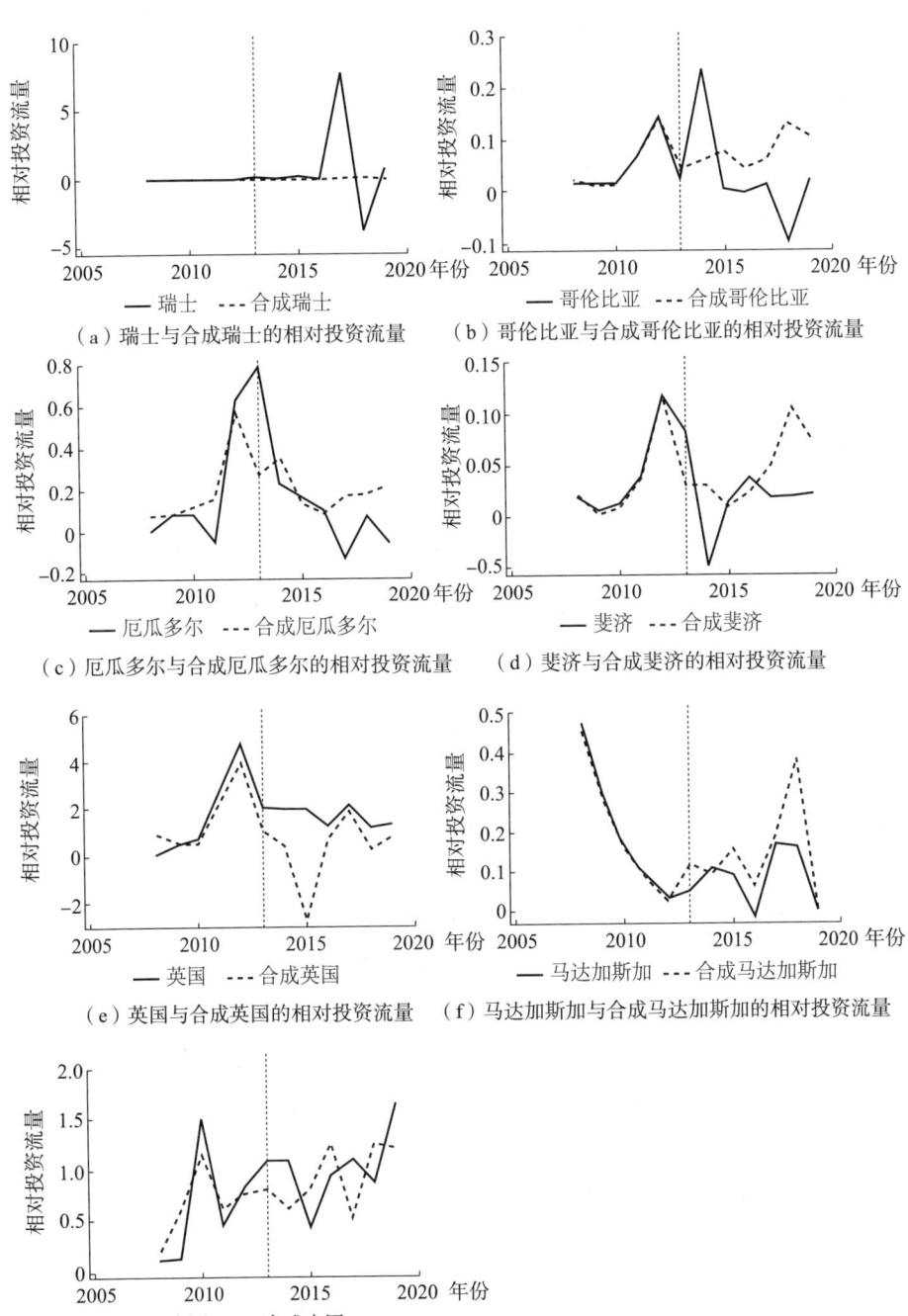

图 7-6 东道国所得税减税政策对中国企业 OFDI 流量规模布局的影响

图 7-6(a)为瑞士与合成瑞士在 2008—2019 年的相对投资流量变化情况，垂直虚线为瑞士实施所得税减税政策的年份。在虚线左侧，瑞士与合成瑞士的 OFDI 相对投资流量非常接近，差异极小，这说明合成瑞士很好地拟合了中国企业在瑞士的 OFDI 规模布局的变化情况。而在虚线右侧，瑞士与合成瑞士的曲线一开始重合，在 2016 年左右开始逐渐偏离，瑞士的 OFDI 相对投资流量明显高于合成瑞士，这说明瑞士实施所得税减税政策对中国企业 OFDI 规模布局的影响虽然具有一定的滞后性，但实施所得税减税政策对中国企业 OFDI 规模布局具有显著的促进作用。

图 7-6(b)为哥伦比亚与合成哥伦比亚在 2008—2019 年的相对投资流量变化情况。在虚线左侧，哥伦比亚与合成哥伦比亚的 OFDI 相对投资流量非常接近，差异极小，这说明合成哥伦比亚很好地拟合了中国企业在哥伦比亚的 OFDI 规模布局的变化情况。而在虚线右侧，2015 年之前，哥伦比亚与合成哥伦比亚的曲线逐渐偏离，并且差距较大，但之后哥伦比亚的 OFDI 相对投资流量开始低于合成哥伦比亚，这可能是受到哥伦比亚后期所得税税率提高的影响。

图 7-6(c)为厄瓜多尔与合成厄瓜多尔在 2008—2019 年的相对投资流量变化情况。在虚线左侧，厄瓜多尔与合成厄瓜多尔的 OFDI 相对投资流量较为接近，差异较小，这说明合成厄瓜多尔较好地拟合了中国企业在厄瓜多尔的 OFDI 规模布局的变化情况。而在虚线右侧，短期内厄瓜多尔与合成厄瓜多尔的曲线逐渐偏离，实施所得税减税政策后的厄瓜多尔 OFDI 相对投资流量明显高于合成厄瓜多尔，这说明在厄瓜多尔实施所得税减税政策后，短期内对中国企业 OFDI 规模布局的激励作用较为显著。

图 7-6(d)为斐济与合成斐济在 2008—2019 年的相对投资流量变化情况。在虚线左侧，斐济与合成斐济的 OFDI 相对投资流量拟合度较高，说明合成斐济很好地拟合了中国企业在斐济的 OFDI 规模布局的变化情况。而在虚线右侧，短期内实施所得税减税政策的斐济 OFDI 相对投资流量高于合成斐济，但之后开始有明显的下降，这说明斐济的所得税减税政策短期内对中国企业 OFDI 规模布局具有一定影响，但斐济可能存在其他制约中国企业 OFDI 规模布局的因素，并且该因素的制约作用大于斐济实施所得税减税政策对中国企业 OFDI 规模布局的促进作用。

图 7-6(e)为英国与合成英国在 2008—2019 年的相对投资流量变化情况。在虚线左侧，英国与合成英国的 OFDI 相对投资流量变化趋势较为接近，这说

明合成英国在一定程度上拟合了中国企业在英国的 OFDI 规模布局的变化情况。而在虚线右侧，英国与合成英国的曲线逐渐偏离，实施所得税减税政策的英国对中国企业 OFDI 规模布局的影响远大于合成英国，这个影响在 2015 年左右达到峰值，这说明英国实施所得税减税政策后，能在一定程度上对中国企业 OFDI 规模布局产生促进作用。

图 7-6(f) 为马达加斯加与合成马达加斯加在 2008—2019 年的相对投资流量变化情况。在虚线左侧，马达加斯加与合成马达加斯加的 OFDI 相对投资流量变化趋势非常接近，这说明合成马达加斯加很好地拟合了中国企业在马达加斯加的 OFDI 规模布局的变化情况。而在虚线右侧，马达加斯加与合成马达加斯加的曲线逐渐偏离，这说明短时期内马达加斯加实施所得税减税政策虽然对中国企业 OFDI 规模布局产生了一定的促进作用，但其他因素对中国企业 OFDI 规模布局的制约作用较大。

图 7-6(g) 为泰国与合成泰国在 2008—2019 年的相对投资流量变化情况。在虚线左侧，泰国与合成泰国的 OFDI 相对投资存量变化趋势较为接近，这说明合成泰国较好地拟合了中国企业在泰国的 OFDI 规模布局的变化情况。而在虚线右侧，短期内，实施所得税减税政策的泰国的 OFDI 相对投资流量曲线高于合成泰国，这说明泰国实施所得税减税政策短期内对中国企业 OFDI 规模布局会产生一定的促进作用。

7.2.3.4　稳健性检验

(1) 母国所得税制度与中国企业 OFDI 规模布局

本部分采用最小二乘法，建立固定效应模型对母国所得税制度对中国企业 OFDI 规模布局的影响进行稳健性检验。样本中剔除了港、澳、台等投资数据异常的区域，检验结果见表 7-20 和表 7-21。

①OFDI 存量。

表 7-20 为母国所得税制度对中国企业 OFDI 存量规模布局影响的稳健性检验结果，被解释变量依旧为各省、自治区、直辖市每年的 OFDI 存量规模。在不加入控制变量的情况下，所得税税负($qytax$)与中国企业 OFDI 存量($ofdigm$)规模显著正相关。这说明母国的所得税税负越高，越会促使企业扩大 OFDI 规模。

在逐步加入控制变量后，可以发现所得税税负($qytax$)与中国企业 OFDI 存量($ofdigm$)规模依旧保持显著正相关关系，这一结论并未改变母国所得税税负越高、越会促使企业扩大 OFDI 规模的结论,进一步验证了 H7.1。

工资水平(wage)与中国企业 OFDI 存量(ofdigm)显著正相关,市场规模(qygdp)、居民消费水平(cpi)与中国企业 OFDI 存量(ofdigm)显著负相关,即母国的工资水平越高、市场规模越小、居民消费水平越低,越有助于促使企业扩大 OFDI 规模。

表 7-20 母国所得税制度对中国企业 OFDI 存量规模布局影响的稳健性检验

变量	(1)	(2)	(3)	(4)	(5)	(6)
qytax	0.0486*** (17.5849)	0.0379*** (9.7771)	0.0275*** (6.9965)	0.0309*** (7.7316)	0.0297*** (7.2216)	0.0300*** (7.2036)
wage		0.0141*** (3.8879)	0.1448*** (8.1078)	0.1433*** (8.1254)	0.1396*** (7.7989)	0.1376*** (7.4238)
qygdp			−0.1563*** (−7.4575)	−0.1598*** (−7.7110)	−0.1697*** (−7.6307)	−0.1682*** (−7.4640)
cpi				−0.2886*** (−3.5384)	−0.2816*** (−3.4468)	−0.2852*** (−3.4689)
rd					0.0091 (1.2211)	0.0101 (1.2903)
security						0.0862 (0.4221)
常数项	−0.0439*** (−10.5185)	−0.1780*** (−5.1224)	0.0373 (0.8518)	1.4226*** (3.6117)	1.4884*** (3.7458)	1.5011*** (3.7636)
个体固定效应(F值)	6.24	5.10	7.55	8.05	8.04	7.92
R^2	0.3999	0.4189	0.4813	0.4950	0.3999	0.4189
N	496	496	496	496	496	496

注:*** 表示 1% 的显著性水平,括号内的值为 t 值。

②OFDI 流量。

表 7-21 为母国所得税制度对中国企业 OFDI 流量规模布局影响的稳健性检验结果。被解释变量依旧为各省、自治区、直辖市每年的 OFDI 流量规模。经检验可得,所得税税负(qytax)与中国企业 OFDI 流量(ofdill)规模显著正相关;在逐步加入控制变量后,所得税税负与中国企业 OFDI 流量规模的显著正相关关系并未发生变化。这依然未改变母国所得税税负越高、越会促使企业扩大 OFDI 规模的结论,进一步验证了 H7.1。

母国其他因素对中国企业 OFDI 流量规模的影响如下：工资水平（wage）与中国企业 OFDI 流量（ofdill）显著正相关，市场规模（qygdp）、居民消费水平（cpi）与中国企业 OFDI 流量（ofdill）显著负相关，即母国的工资水平越高、市场规模越小、居民消费水平越低，越有助于促使企业扩大 OFDI 规模。

表 7-21　母国所得税制度对中国企业 OFDI 流量规模布局影响的稳健性检验

变量	(1)	(2)	(3)	(4)	(5)	(6)
qytax	0.0090*** (13.3055)	0.0073*** (7.8394)	0.0058*** (5.8242)	0.0064*** (6.2388)	0.0059*** (5.4663)	0.0055*** (5.0270)
wage		0.0022** (2.5742)	0.0192*** (4.1672)	0.0189*** (4.1289)	0.0184*** (4.0030)	0.0213*** (4.4586)
qygdp			-0.0203*** (-3.7492)	-0.0209*** (-3.8681)	-0.0246*** (-4.0683)	-0.0272*** (-4.4296)
cpi				-0.0475** (-2.3161)	-0.0456** (-2.2228)	-0.0412** (-2.0060)
rd					0.0027 (1.3556)	0.0017 (0.8116)
security						-0.1130** (-2.1493)
常数项	-0.0076*** (-7.3964)	-0.0288*** (-3.4715)	-0.0000 (-0.0001)	0.2282** (2.3013)	0.2500** (2.4910)	0.2382** (2.3790)
个体固定效应（F 值）	4.92	4.19	4.77	4.96	4.68	4.86
R^2	485	485	485	485	485	485
N	0.2810	0.2914	0.3128	0.3209	0.3237	0.3306

注：**、***分别表示 5%、1%的显著性水平，括号内的值为 t 值。

(2) 东道国所得税制度与中国企业 OFDI 规模布局

① OFDI 存量。

表 7-22 是以中国企业海外投资公司存量为被解释变量 OFDI 存量（ofdiscale）的替代变量进行的稳健性检验结果。由检验结果可知，在未纳入控制变量的情况下，所得税税率（dmtax）、税收征管效率（taxtime）与中国企业 OFDI 存量规模显著负相关，东道国和中国签订的避免双重征税协定（ttreaty）与中国企业 OFDI 存量规模显著正相关，东道国和中国签订的税收饶让条款（taxallow）与中国企业 OFDI 存量规模显著负相关，初步验证了 H7.2a、

H7.2b、H7.2d，H7.2c 未得到验证。

逐步纳入企业微观控制变量、东道国宏观控制变量，可以发现所得税税率（dmtax）与中国企业 OFDI 存量规模存在显著负相关关系，即东道国企业所得税税率越低，越易吸引中国企业扩大 OFDI 规模，进一步验证了 H7.2a；东道国和中国签订避免双重征税协定（ttreaty）依然与中国企业 OFDI 存量规模存在显著正相关关系，其影响系数为 0.7354，即东道国与中国签订避免双重征税协定，会更易吸引中国企业扩大 OFDI 规模，进一步验证了 H7.2b；东道国和中国签订的税收饶让条款（taxallow）与中国企业 OFDI 存量显著负相关，H7.2c 依然未得到验证；税收征管效率（taxtime）与中国企业 OFDI 存量规模显著负相关，即东道国筹纳税时间越短、税收征管效率越高，越有助于吸引中国企业扩大 OFDI 规模，H7.2d 得到验证。

上述结论也在一定程度上说明，当东道国通过降低企业所得税税率、与中国签订避免双重征税协定、提高税收征管效率的方式实施减税时，可能更易吸引中国企业扩大 OFDI 规模。这进一步验证了 H7.3。

表 7-22　东道国所得税制度对中国企业 OFDI 存量规模布局影响的稳健性检验

变量	(1)	(2)	(3)	(4)
dmtax	−1.7654*** (−41.7416)	−1.2482*** (−26.3082)	−0.6432*** (−13.7238)	−0.4622*** (−8.8957)
ttreaty	1.7299*** (19.4292)	1.3596*** (14.4767)	0.8330*** (7.5879)	0.7354*** (6.5291)
taxallow	−0.8003*** (−11.0592)	−0.6210*** (−7.9346)	−0.6989*** (−8.0022)	−0.5329*** (−5.9266)
taxtime	−3.1486*** (−89.8537)	−2.0527*** (−51.5161)	−0.4519*** (−8.8491)	−0.2131*** (−3.8160)
tfp		0.2350*** (21.7223)		0.1595*** (13.7404)
lnage		−0.0072*** (−11.8524)		−0.0046*** (−7.0169)
crio		0.2515*** (13.6396)		0.2211*** (11.4791)
lev		0.0329*** (3.7700)		−0.0040 (−0.4342)

续表

变量	(1)	(2)	(3)	(4)
kl		0.0590*** (9.3575)		0.0485*** (7.4901)
$qysflr$			8.2850*** (77.4691)	6.2448*** (53.1827)
$pgdp$			-2.7982*** (-11.1140)	-2.0375*** (-7.3631)
$efree$			-0.1986*** (-11.3423)	-0.1026*** (-5.3743)
$politic$			-0.1906*** (-3.1408)	-0.3905*** (-5.9327)
$ptrade$			-0.0060 (-0.4314)	0.0027 (0.1832)
$penergy$			0.0020 (0.0808)	0.0180 (0.6157)
air	-1.7654*** (-41.7416)	-1.2482*** (-26.3082)	-0.6432*** (-13.7238)	-0.4622*** (-8.8957)
企业固定效应	Control	Control	Control	Control
国家固定效应	Control	Control	Control	Control
χ^2	10641.72***	5950.74***	15897.50***	8609.11***
N	80174	57242	76411	54367

注：***表示1%的显著性水平，括号内的值为z值。

②OFDI次数。

表7-23是以中国企业新增海外子公司数量为被解释变量OFDI次数(ofditime)的替代变量进行的稳健性检验。

由表7-23可知，不论是否加入控制变量，所得税税率(dmtax)、税收征管效率(taxtime)都与中国企业OFDI次数显著负相关，东道国和中国签订的避免双重征税协定(ttreaty)与中国企业OFDI次数显著正相关，而东道国与中国签订的税收饶让条款(taxallow)与中国企业OFDI次数的关系并不显著。

这一结论表明，东道国所得税税率越低、与中国签订避免双重征税协定、税收征管效率越高，越能有效吸引中国企业不断扩大OFDI规模。这进一步验证了H7.2a、H7.2b和H7.2d，H7.2c依然未得到验证。

表 7-23　东道国所得税制度对中国企业 OFDI 次数规模布局影响的稳健性检验

变量	(1)	(2)	(3)	(4)
$dmtax$	-0.6892*** (-7.0601)	-0.4783*** (-4.4385)	-1.2172*** (-11.5877)	-0.7766*** (-6.5875)
$ttreaty$	0.7961*** (5.1118)	0.8330*** (4.9915)	0.8256*** (4.5160)	0.8676*** (4.4248)
$taxallow$	-0.1242 (-1.1552)	-0.1040 (-0.8825)	0.1451 (1.1940)	0.0587 (0.4443)
$taxtime$	-0.5729*** (-10.7973)	-0.2956*** (-5.3523)	-0.9744*** (-11.5990)	-0.4542*** (-5.0789)
tfp		0.2797*** (11.5656)		0.2574*** (10.2620)
$lnage$		0.0032** (2.3983)		0.0046*** (3.3208)
$crio$		0.0431 (0.9722)		0.0736 (1.5928)
lev		-0.0443** (-2.4042)		-0.0481** (-2.5101)
kl		0.0964*** (5.6794)		0.0926*** (5.3676)
$qysflr$			-0.0291 (-0.3682)	-0.2535*** (-3.0159)
$pgdp$			0.6708 (1.4923)	1.0095** (2.0186)
$efree$			0.0067 (0.1404)	0.1770*** (3.3206)
$politic$			-0.7477*** (-12.9025)	-0.4478*** (-7.0545)
$ptrade$			-0.2404*** (-8.4888)	-0.1288*** (-4.2287)
$penergy$			0.0199 (0.7446)	0.1120*** (3.8727)
air	-0.6892*** (-7.0601)	-0.4783*** (-4.4385)	-1.2172*** (-11.5877)	-1.4042 (-0.6168)
常数项	2.3361*** (6.4603)	-3.2591*** (-6.0980)	7.8365*** (3.8846)	-1.4042 (-0.6168)
企业固定效应	Control	Control	Control	Control
国家固定效应	Control	Control	Control	Control

续表

变量	(1)	(2)	(3)	(4)
χ^2	333.23***	345.63***	735.62***	426.20***
N	59617	43100	56661	40860

注：**、***分别表示5%、1%的显著性水平，括号内的值为z值。

(3) 全球减税背景下所得税制度与中国企业OFDI规模布局

①OFDI存量。

为进一步检验全球减税背景下所得税制度对中国企业OFDI存量规模布局影响结论的稳健性，本部分以中国上市公司在东道国设立的海外投资公司存量为被解释变量OFDI存量（ofdiscale）的替代变量，检验结果见表7-24。

实证结果表明，不论是否加入控制变量，东道国企业所得税减税程度（taxredu）都与中国企业OFDI存量显著正相关，这说明东道国所得税减税程度越高，越易吸引中国企业扩大OFDI规模。该结论进一步验证了H7.3。

表7-24 全球减税背景下所得税制度对中国企业OFDI存量规模布局影响的稳健性检验

变量	(1)	(2)	(3)	(4)
taxredu	0.0206*** (8.7221)	0.0160*** (6.7974)	0.0090*** (4.2069)	0.0104*** (4.5638)
tfp		0.3657*** (38.0136)		0.1953*** (17.4108)
crio		-0.0123*** (-22.7379)		-0.0057*** (-9.2663)
lev		0.1081*** (6.0224)		0.0446*** (5.3597)
kl		0.0519*** (6.6767)		-0.0064 (-0.7216)
qysflr		0.0657*** (11.1825)		0.0469*** (7.5004)
pgdp			9.3063*** (107.7318)	6.7178*** (70.4534)
efree			-4.2982*** (-20.1073)	-2.8523*** (-11.9138)
politic			-0.3037*** (-18.5281)	-0.1640*** (-9.2252)
ptrade			-0.3408*** (-6.0701)	-0.4937*** (-8.1314)

续表

变量	(1)	(2)	(3)	(4)
penergy			0.0737*** (7.1900)	0.0570*** (5.1629)
air			0.1661*** (6.9818)	0.1175*** (4.4093)
企业固定效应	Control	Control	Control	Control
国家固定效应	Control	Control	Control	Control
χ^2	76.07***	2911.60***	18064.73***	9744.02***
N	99384	69702	87854	61126

注：***表示1%的显著性水平，括号内的值为 z 值。

②OFDI次数。

本部分以中国上市公司当年在东道国新增的海外子公司数量为被解释变量投资次数(ofditime)的替代变量，采用负二项回归对全球减税背景下所得税制度对中国企业OFDI规模布局影响结论的稳健性进行检验，检验结果见表7-25。

表7-25中的(1)~(4)列是以实际税差(sjdiff)为核心解释变量进行的中国企业OFDI规模布局影响的稳健性检验结果，从中可见，在同时加入企业微观层面控制变量与东道国宏观层面控制变量后，实际税差(sjdiff)与中国企业OFDI规模布局显著负相关。这说明东道国实施所得税减税政策、降低所得税税率、缩小与中国的实际税差，容易吸引中国企业不断扩大OFDI规模。这进一步验证了H7.3。

表7-25中的(5)~(8)列是以所得税减税程度(taxredu)为核心解释变量进行的中国企业OFDI规模布局影响的稳健性检验结果，从中可见，不论是否加入控制变量，所得税减税程度(taxredu)都与中国企业OFDI次数显著正相关。这说明东道国减税程度越高，越有助于吸引中国企业不断扩大OFDI规模。这进一步验证了H7.3。

表7-25 全球减税背景下所得税制度对中国企业OFDI次数规模布局影响的稳健性检验

变量	(1)	(2)	(3)	(4)	(5)	(6)	(7)	(8)
sjdiff	-0.0107** (-2.3566)	-0.0075 (-1.5433)	-0.0264*** (-4.6503)	-0.0164*** (-2.7376)				
taxredu					0.0123* (1.8830)	0.0137** (2.1569)	0.0118* (1.7974)	0.0121* (1.8644)

续表

变量	(1)	(2)	(3)	(4)	(5)	(6)	(7)	(8)
tfp		0.1942*** (6.5238)		0.1804*** (5.7592)		0.2980*** (13.7582)		0.3058*** (12.9130)
crio		0.0052*** (3.0323)		0.0057*** (3.2280)		0.0020* (1.7042)		0.0028** (2.1771)
lev		0.5274*** (5.8462)		0.5354*** (5.5857)		0.0547 (1.3869)		0.0718* (1.6883)
kl		−0.1276*** (−5.5962)		−0.1072*** (−4.4042)		−0.0303* (−1.8122)		−0.0319* (−1.7439)
qysflr		0.0572*** (3.0716)		0.0496*** (2.6162)		0.1072*** (6.8028)		0.1066*** (6.3828)
pgdp			−0.3585*** (−4.0978)	−0.4062*** (−4.2859)			0.6625*** (9.0942)	0.1082 (1.4433)
efree			3.5473*** (7.1388)	2.4477*** (4.5268)			0.4006 (1.0938)	0.7962* (1.9229)
politic			−0.0211 (−0.3972)	0.1365** (2.3332)			−0.2166*** (−4.7668)	0.0885* (1.7394)
ptrade			−0.2716*** (−4.6128)	−0.1581** (−2.4608)			0.0836** (1.9738)	0.0054 (0.1131)
penergy			−0.1330*** (−4.3246)	−0.0328 (−0.9728)			−0.2170*** (−9.2771)	−0.1177*** (−4.6984)
air			0.1702*** (5.2718)	0.1940*** (5.5719)			0.0338 (1.3644)	0.1012*** (3.8158)
常数项	−1.1575*** (−20.2694)	−2.9359*** (−6.3769)	−12.1918*** (−7.8498)	−10.1951*** (−5.9074)	−1.7531*** (−52.5029)	−5.7722*** (−18.4752)	−9.5974*** (−8.0397)	−10.7056*** (−7.9090)
企业固定效应	Control	Control	Control	Control	Control	Control	Control	Control
国家固定效应	Control	Control	Control	Control	Control	Control	Control	Control
χ^2	5.55**	110.82***	155.58***	180.84***	3.55*	288.04***	398.41***	387.06***
N	35721	28202	34051	26822	74564	53015	66095	46722

注：*、**、***分别表示10%、5%、1%的显著性水平，括号内的值为z值。

图 7-7 对全球减税背景下所得税制度对中国企业 OFDI 规模布局影响的结论进行了总结。从图 7-7 中可以看出，本章提出的大多数假设得到了验证：母国所得税税负越重，越会促使企业扩大 OFDI 规模；东道国所得税税率越低、税收征管效率越高、与中国签订避免双重征税协定，均会吸引中国企业扩大 OFDI 规模；在全球减税背景下，东道国实施所得税减税政策能够有效吸

引中国企业扩大 OFDI 规模。税收饶让对中国企业 OFDI 规模布局的影响并不显著，未得到验证。以实际税差检验全球减税背景下所得税制度对中国企业 OFDI 规模布局的影响时，得到部分验证。

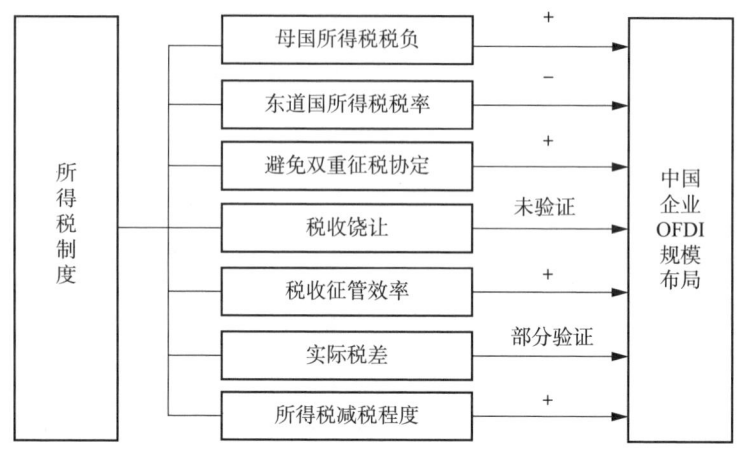

图 7-7　全球减税背景下所得税制度对中国企业 OFDI 规模布局的影响

7.3　小结

为考察全球减税背景下所得税制度对中国企业 OFDI 规模布局的影响，本章采用 2004—2019 年中国 31 个省份的 OFDI 存量、流量数据，以及 2008—2019 年中国上市公司的 OFDI 存量和投资次数数据，运用 GMM、计数、固定效应、双重差分、三重差分、因子等模型，采用系统 GMM 估计方法、PSM-DID 方法、PSM-DDD 方法以及合成控制法进行实证分析，实证结果如下：

第一，母国所得税制度显著影响中国企业 OFDI 规模布局。母国所得税税负（$qytax$）每提高 1%，中国企业 OFDI 存量规模就会增加 0.72%，OFDI 流量规模就会增加 0.66%。这可能是因为企业在母国的所得税税负越高，企业的税后利润越少，OFDI 企业为获取更高的税后收益，越会选择将投资转移到低税负的东道国。如果母国所得税税负始终处于较高水平，则会促使企业不断开展 OFDI，以确保企业的 OFDI 都能带来最大收益。

第二，东道国所得税制度对中国企业 OFDI 规模布局具有显著影响。东道国所得税税率（$dmtax$）、避免双重征税协定（$ttreaty$）、税收征管效率（$taxtime$）对中国企业 OFDI 规模的影响得到了验证，但税收饶让（$taxallow$）对中国企业

OFDI 规模的影响未得到验证。

首先,东道国所得税税率越低,越有助于吸引中国企业扩大 OFDI 规模。东道国所得税税率($dmtax$)每降低 1%,中国企业 OFDI 存量规模就会扩大 1.33%,OFDI 次数就会增加 0.8109 次。这可能是因为东道国企业所得税税率越低,企业的税后收益率越高,越会吸引企业加大对该东道国的投资力度。

其次,中国与东道国签订避免双重征税协定,能够有效吸引中国企业扩大 OFDI 规模。与未签订避免双重征税协定的东道国相比,中国与东道国签订避免双重征税协定($ttreaty$),可以使流入该东道国的中国企业 OFDI 存量规模增加 72.17%,OFDI 次数增加 0.9100 次。这可能是因为签订避免双重征税协定一方面降低了 OFDI 企业面临的税收不确定性风险;另一方面降低了跨国经营的税收成本,提高了企业的税后收益率,进而有助于激励 OFDI 企业扩大投资规模。

最后,东道国的税收征管效率越高,越有助于吸引中国企业扩大 OFDI 规模。税收征管效率($taxtime$)每提高 1%,中国企业 OFDI 存量规模就会增加 1.77%,OFDI 次数就会增加 0.4804 次。这可能是因为东道国较高的税收征管效率可以简化 OFDI 企业的纳税流程、缩短企业的纳税时间、优化企业的人力物力配置等,降低 OFDI 企业的成本,从而提高企业的税后收益,激励企业投入更多的资金扩大 OFDI 规模。

税收饶让($taxallow$)同中国企业 OFDI 规模的关系未得到验证。这可能是因为税收饶让是否具有激励效果与东道国的所得税优惠政策有关,而全球减税背景下东道国所得税制度变化较为复杂,且优惠政策具有不确定性,签订税收饶让条款能否为 OFDI 企业带来税收抵免具有较大的不确定性,这提高了 OFDI 企业预期投资收益的风险。

第三,所得税制度对中国企业 OFDI 规模布局具有显著影响。实际税差($sjdiff$)对中国企业 OFDI 规模的影响得到部分验证,所得税减税程度($taxredu$)对中国企业 OFDI 规模的影响得到完全验证。实际税差($sjdiff$)每降低 1%,中国企业的 OFDI 次数就会增加 0.0183 次,但对 OFDI 存量规模的影响并不显著;所得税减税程度($taxredu$)每增加 1%,中国企业 OFDI 存量规模就会增加 5.89%,OFDI 次数就会增加 0.0196 次。这可能是因为东道国实施的所得税减税政策给 OFDI 企业带来的投资效益超过其风险和成本,提升了企业的税后收益率,从而激励已开展 OFDI 的企业选择追加投资。

第8章

中国企业OFDI合理布局策略

8.1 研究结论

近年来,世界主要经济体为了吸引投资、刺激经济增长和拉动本国就业,纷纷进行所得税制度改革,进而演变为世界性的减税浪潮。全球减税浪潮促进了全球资本流动,改变了世界投资格局,也深刻影响着中国企业OFDI布局。纵观全球减税浪潮和中国企业OFDI的发展历程,所得税制度在其中发挥了重要作用。在国际资本流动频繁的情况下,中国企业OFDI布局受到东道国、母国所得税制度的影响。基于此,本书从全球减税背景下所得税制度和中国企业OFDI布局的演进态势、作用机理、实证检验、对策建议等方面进行了系统研究。总体来看,本书拓展了所得税制度理论和OFDI相关研究,有助于所得税制度和OFDI理论研究的进一步完善;同时,为国家和政府部门制定引导中国企业OFDI合理布局与高质量发展的所得税政策提供了参考,为OFDI企业做出合理的投资布局决策提供了借鉴。

本书对全球减税背景下所得税制度对中国企业OFDI布局的影响,主要从是否OFDI、OFDI区位布局、OFDI规模布局三个方面进行了实证检验,得出以下结论。

8.1.1 所得税制度对中国企业是否OFDI的影响

为考察全球减税背景下所得税制度对中国企业是否OFDI的影响,本书采用2008—2019年中国上市公司投资次数数据,再按是否制造业分组,使用

Logit 模型、固定效应模型进行检验,结论如下:

第一,母国所得税制度显著影响中国企业是否 OFDI。母国所得税税负($qysflr$)每提高 1%,企业开展 OFDI 的概率就会增加 0.79%。这可能是因为母国的企业所得税税负越高,越会增加企业在母国经营的税收成本,从而降低企业的税后收益,导致企业倾向于选择在东道国开展 OFDI。

第二,东道国所得税制度深刻影响中国企业是否 OFDI。东道国的所得税税率($dmtax$)、避免双重征税协定($ttreaty$)、税收征管效率($taxtime$)对中国企业是否 OFDI 影响的假设得到了验证,而税收饶让($taxallow$)对中国企业是否 OFDI 影响的假设未得到验证。

首先,东道国所得税税率与中国企业是否 OFDI 呈负相关关系。东道国所得税税率($dmtax$)每降低 1%,中国企业 OFDI 的概率就会提高 2.35%。原因可能是东道国的所得税税率越低,越能在一定程度上减少企业的税收成本,降低企业的税收负担,从而对中国企业 OFDI 具有更大的吸引力。

其次,中国与东道国签订避免双重征税协定,可以显著促进中国企业进行 OFDI。与未签订避免双重征税协定的东道国相比,中国企业在签订避免双重征税协定的东道国进行 OFDI 的概率会提高 5.02%。其原因可能是避免双重征税协定的签订一方面能够为企业在 OFDI 过程中面临的税收问题提供法律依据,降低企业跨国经营面临的税收不确定性风险;另一方面能够有效解决企业在开展 OFDI 过程中的双重征税问题,降低企业纳税成本。

最后,税收征管效率能够显著促进中国企业 OFDI。税收征管效率($taxtime$)每提高 1%,中国企业 OFDI 的概率就会提高 1.16%。这可能是因为当东道国税收征管效率较高时,简化高效的纳税流程和人力物力配置等,可以缩短 OFDI 企业的纳税时间,降低其与东道国政府部门沟通的成本及隐性纳税成本,进而提高收益,提升 OFDI 企业开展海外投资的积极性。

税收饶让($taxallow$)与中国企业是否 OFDI 的关系未得到验证。这可能是因为与所得税税率、避免双重征税协定等所得税制度要素相比,税收饶让的优惠力度较小,且 OFDI 企业通过税收饶让条款享受的抵免额与东道国的税收优惠政策相关,在东道国所得税政策变动频繁的情况下具有较大的不确定性,因此在东道国吸引中国企业 OFDI 方面并不十分有效。

第三，全球减税背景下所得税制度对中国企业是否 OFDI 的影响显著。双边税差（$mydiff$）每降低 1%，中国企业开展 OFDI 的概率就会提高 0.64%；所得税减税程度（$taxredu$）每增加 1%，中国企业开展 OFDI 的概率就会提高 0.44%。这可能是因为东道国通过实施企业所得税减税政策，一方面能够切实缩减企业的海外投资成本，使企业获得更高的投资回报率；另一方面将有利的投资信号释放给 OFDI 企业，在一定程度上可以抵消东道国较差制度环境的不利影响，提升本国经济活力，集聚的海外投资者还能产生空间关联效应，进而增强东道国对中国企业 OFDI 的吸引力。

8.1.2 所得税制度对中国企业 OFDI 区位布局的影响

本书采用 2008—2019 年中国上市公司在不同税负国家（地区）的 OFDI 次数数据和不同收入国家（地区）的 OFDI 次数数据，以及 2014—2019 年中国上市公司在"一带一路"与非"一带一路"国家（地区）的 OFDI 次数数据，再按是否制造业分组，运用 Logit、固定效应、双重差分、计数等模型，对全球减税背景下所得税制度对中国企业 OFDI 区位布局的影响进行实证检验，结论如下：

第一，当不同税负的东道国实施减税政策时，中国企业 OFDI 偏好流入低税负国家（地区）。实际税差（$sjdiff$）、所得税减税程度（$taxredu$）对中国企业选择低税负国家（地区）（$dtax$）开展 OFDI 影响显著，所得税税负（$dsjtax$）的影响得到部分验证。具体而言，所得税税负（$dsjtax$）每降低 1%，中国企业 OFDI 流向低税负国家（地区）的概率就会增加 3.68%，这说明所得税税负的降低有助于 OFDI 企业降低纳税成本、提高税后利润，从而会提升中国企业在低税负国家（地区）开展 OFDI 的概率；所得税税负（$dsjtax$）对中国企业在低税负国家（地区）开展 OFDI 次数具有负向影响，但这种影响并不显著，这可能是因为 OFDI 企业在决定增加投资时，更加注重东道国的贸易开放度、市场规模、资源禀赋、经济自由度等因素，使所得税税负对其投资次数的影响较小。实际税差每降低 1%，中国企业 OFDI 流向低税负国家（地区）的概率就会提高 1.22%，OFDI 次数就会增加 0.0144 次；所得税减税程度（$taxredu$）每提高 1%，中国企业 OFDI 流入低税负国家（地区）的概率就会增加 2.67%，OFDI 次数就会增加 0.0399 次。原因可能是低税负国家（地区)实施的减税政策能够进一步降低 OFDI 企业的税收负担,提高其税后收益率和投资报酬率,使其获得更多的税后收益。因此,当不同所得税税负水平的国家(地区)同时实施所得税减税政策时,中国企业 OFDI 更偏好流向低税负国家(地区)。

第二,当不同收入的东道国实施减税政策时,中国企业 OFDI 偏好选择高收入国家(地区)。所得税税负($dsjtax$)、实际税差($sjdiff$)、所得税减税程度($taxredu$)对中国企业 OFDI 选择高收入国家(地区)(gsr)开展 OFDI 均具有显著影响。具体表现为:所得税税负($dsjtax$)每降低 1%,中国企业 OFDI 流向高收入国家(地区)的概率就会提高 3.77%,OFDI 次数就会增加 0.1410 次;实际税差($sjdiff$)每降低 1%,中国企业 OFDI 流向高收入国家(地区)的概率就会提高 0.40%,OFDI 次数就会增加 0.0214 次;所得税减税程度($taxredu$)每提高 1%,中国企业 OFDI 流入高收入国家(地区)的概率就会提高 0.72%,OFDI 次数就会增加 0.0204 次。这可能是因为高收入水平国家(地区)往往拥有较高的技术创新水平、先进的管理经验和较好的营商环境与所得税制度环境等,OFDI 企业可以获得较高的逆向技术溢出效应,且较好的营商环境和所得税制度环境有助于降低行政成本。因此,在不同收入国家(地区)均实施所得税减税政策时,中国企业更倾向于选择在高收入国家(地区)开展 OFDI。

第三,中国企业偏好流入实施减税的"一带一路"国家(地区)。实际税差($sjdiff$)、所得税减税程度($taxredu$)对中国企业选择"一带一路"国家(地区)开展 OFDI 影响显著,所得税税负($dsjtax$)的影响得到了部分验证。具体而言,所得税税负($dsjtax$)每降低 1%,中国企业 OFDI 流向"一带一路"国家(地区)的概率就会提高 5.28%。这可能是因为"一带一路"倡议的实施,对中国企业 OFDI 具有较强的政策引导作用,与东道国所得税税负的降低形成了叠加效应。所得税税负($dsjtax$)对流向"一带一路"国家(地区)的次数影响方向与假设一致,但并不显著。这可能是因为 OFDI 企业在考虑再次投资时,更多考虑"一带一路"国家(地区)的贸易开放度、资源禀赋等因素,使所得税税负对其投资次数的影响较小。实际税差($sjdiff$)每降低 1%,中国企业 OFDI 流向"一带一路"国家(地区)的概率就会提高 0.24%,OFDI 次数就会增加 0.0519 次;

所得税减税程度（taxredu）每提高 1%，中国企业 OFDI 流向"一带一路"国家（地区）的概率就会提高 16.58%，OFDI 次数就会增加 0.5867 次。这可能是因为中国自提出"一带一路"倡议以来，国家政策引导不断增强，陆续颁布了多个优惠投资政策和所得税优惠政策，这使所得税制度对中国企业在"一带一路"国家（地区）投资的影响进一步加大。因此，在采取相同减税政策的情况下，"一带一路"倡议和所得税制度的叠加效应进一步激励了中国企业 OFDI 流向"一带一路"国家（地区）。

8.1.3 所得税制度对中国企业 OFDI 规模布局的影响

为考察全球减税背景下所得税制度对中国企业 OFDI 规模布局的影响，本书采用 2004—2019 年中国 31 个省份的 OFDI 存量、流量数据，以及 2008—2019 年中国上市公司的 OFDI 存量和投资次数数据，运用 GMM、计数、固定效应、双重差分、三重差分、因子等模型，采用系统 GMM 估计方法、PSM-DID 方法、PSM-DDD 方法以及合成控制法进行实证分析，实证结果如下：

第一，母国所得税制度对中国企业 OFDI 规模布局具有显著影响。母国所得税税负（qytax）每提高 1%，中国企业 OFDI 存量规模就会扩大 0.72%，OFDI 流量规模就会扩大 0.66%。这可能是因为企业在母国的所得税税负越高，企业的税后利润越低，OFDI 企业为获取更高的税后收益，越会选择将投资转移到低税负的东道国。如果母国所得税税负始终处于较高水平，则会促使企业不断 OFDI，以确保企业的 OFDI 都能带来最大收益，从而促使企业的 OFDI 规模不断扩大。

第二，东道国所得税制度对中国企业 OFDI 规模布局具有显著影响。东道国所得税税率（dmtax）、避免双重征税协定（ttreaty）、税收征管效率（taxtime）对中国企业 OFDI 规模的影响得到了验证，但税收饶让（taxallow）对中国企业 OFDI 规模的影响未得到验证。

首先，东道国所得税税率越低，越有助于吸引中国企业扩大 OFDI 规模。东道国所得税税率（dmtax）每降低 1%，中国企业 OFDI 存量规模就会扩大 1.33%，OFDI 次数就会增加 0.8109 次。这可能是因为东道国企业所得税税率越低，企业的税后收益率越高，从而可能会吸引企业加大对该东道国的投资力度，扩大OFDI规模。

其次，中国与东道国签订避免双重征税协定，可以有效吸引中国企业扩大OFDI规模。与未签订协定的东道国相比，中国与东道国签订避免双重征税协定（$ttreaty$），可以使流入该东道国的中国企业OFDI存量规模扩大72.17%，OFDI次数增加0.9100次。这可能是因为签订避免双重征税协定一方面降低了OFDI企业面临的税收不确定性风险，另一方面有助于减轻跨国经营的税收成本、提高税后收益率。

最后，东道国的税收征管效率越高，越有助于吸引中国企业扩大OFDI规模。税收征管效率（$taxtime$）每提高1%，中国企业OFDI存量规模就会扩大1.77%，OFDI次数就会增加0.4804次。这可能是因为东道国较高的税收征管效率有助于OFDI企业简化纳税流程、缩短纳税时间、优化人力物力配置等，从而降低行政成本、提高税后收益。

税收饶让（$taxallow$）与中国企业OFDI规模的关系未得到验证。这可能是因为税收饶让是否具有激励效果与东道国的所得税优惠政策有关，而全球减税背景下东道国所得税制度变化更复杂，且优惠政策具有不确定性，签订税收饶让条款能否为OFDI企业带来税收抵免具有较大的不确定性，这提高了OFDI企业预期投资收益的风险。

第三，全球减税背景下所得税制度对中国企业OFDI规模布局具有显著影响。实际税差（$sjdiff$）对中国企业OFDI规模的影响得到部分验证，所得税减税程度（$taxredu$）对中国企业OFDI规模的影响得到完全验证。实际税差（$sjdiff$）每降低1%，中国企业的OFDI次数就会增加0.0183次，但对OFDI存量规模的影响并不显著；所得税减税程度（$taxredu$）每提高1%，中国企业OFDI存量规模就会扩大5.89%，OFDI次数就会增加0.0196次。这可能是因为东道国实施的所得税减税政策给OFDI企业带来的投资收益超过了其风险和成本，提升了企业的税后收益率，从而激励已开展OFDI的企业追加投资。

所得税制度对中国企业OFDI布局的影响如图8-1所示。

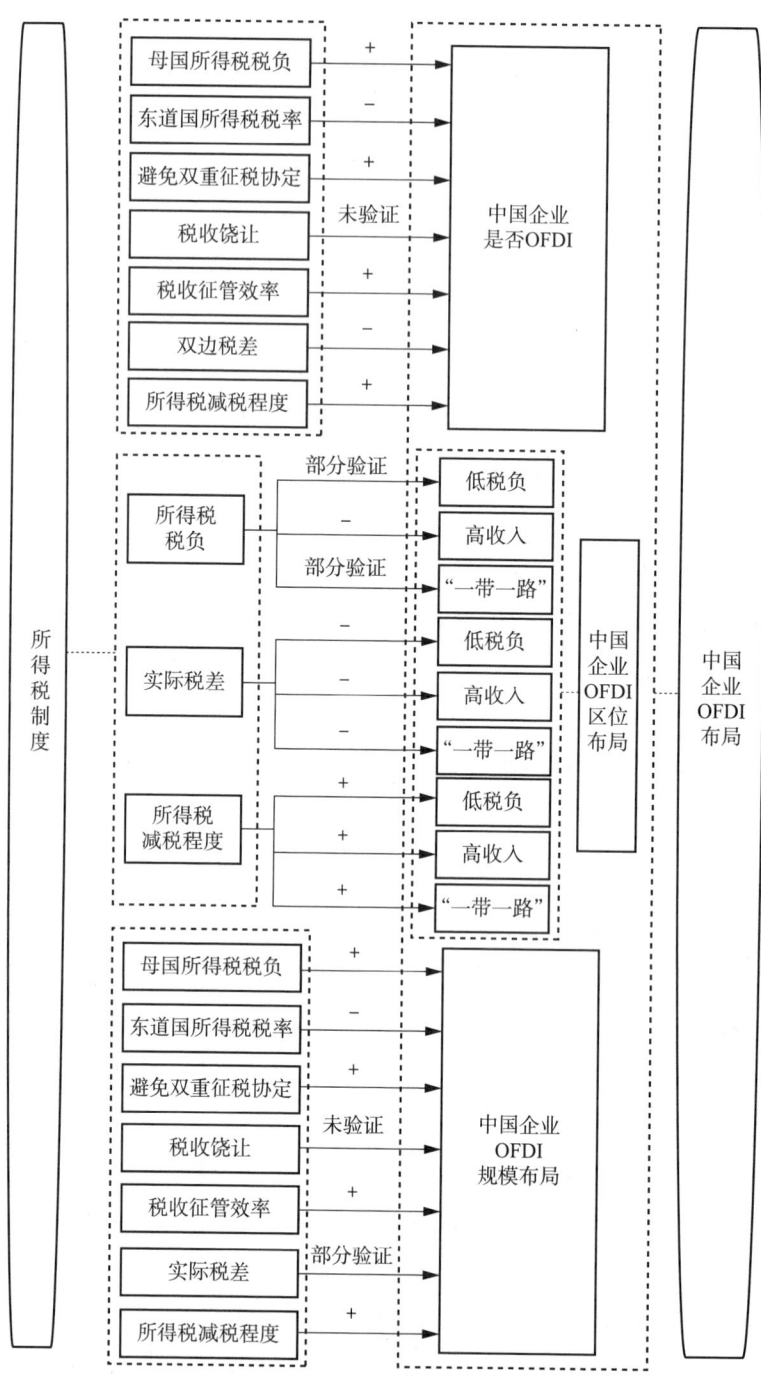

图 8-1 所得税制度对中国企业 OFDI 布局的影响

8.2 应对策略

前文的影响机理分析和实证研究表明，在全球减税背景下，所得税制度对中国企业是否 OFDI、OFDI 区位布局以及 OFDI 规模布局影响显著。中国及政府相关部门作为国际所得税征收秩序的参与者、推动者以及国内所得税制度的制定者，有义务也有能力为中国企业 OFDI 营造良好的国际税收制度环境，提供更高水平的国内税收服务。同时，中国企业作为 OFDI 的实施者和最终利益获得者，要充分发挥主动性和积极性。为了实现中国企业 OFDI 的合理布局，本书对中国企业是否 OFDI、OFDI 区位布局、OFDI 规模布局，从国家、税务等相关政府部门及 OFDI 企业三方面提出应对策略。具体对策建议如下。

8.2.1 国家积极参与国际税收事务，引导企业 OFDI 合理布局

8.2.1.1 深化国际税收合作，为企业开展 OFDI 营造良好的制度环境

本书实证结果表明，避免双重征税协定与中国企业是否 OFDI、OFDI 规模显著正相关，即中国与东道国签订避免双重征税协定，有助于促进中国企业 OFDI。因此，作为税收协定签订主体的国家应积极发挥在国际税收事务中的协调作用，为企业开展 OFDI 营造良好的国际税收制度环境。

(1) 拓展升级跨国（境）税收协定

鉴于不同国家（地区）在所得税制度、营商环境、经济水平等方面差别较大，国家需要通过跨国（境）的避免双重征税协定提高税收制度的连续性，降低不确定性，减少税收争议，填补东道国税收制度的缺口，为企业 OFDI 营造更加稳定、透明、可期的税收国际环境，进而拓宽企业开展 OFDI 的选择范围。

第一，扩大税收协定的谈签范围。截至 2021 年 7 月 31 日，中国正式签署《对所得避免双重征税和防止偷逃税的协定》107 个，其中，已生效的有 101 个；截至 2019 年底，全球 188 个国家（地区）有中国企业的 OFDI[①]。从以上两组数字可以看出，在中国企业 OFDI 的地域中，还有 80 多个国家（地区）未与中国签订避免双重征税协定，未覆盖率超过 40%。此外，截至 2021 年 6 月

---

① 资料来源：商务部网站（http://hzs.mofcom.gov.cn/article/date/202009/20200903001523.shtml）。

底,与中国签订共建"一带一路"合作文件的国家共计140个①,仍有几十个国家尚未与中国签订合作文件。从国际经验来看,对外直接投资大国都非常注重税收协定的谈签,均拥有广泛的协定网。由此可见,中国谈签税收协定的范围有待进一步扩大,以提升与企业投资目的地的契合度。为切实保障中国OFDI企业的经济利益,营造良好的国际投资环境,更好地推进"一带一路"倡议,中国要积极促成与更多国家(地区)签订双边税收协定;同时,应积极签订有助于发展共赢的多边税收协定,为中国企业在更大范围的直接投资提供所得税税收便利。在谈签的过程中,可以重点谈签未与中国签订税收协定的"一带一路"国家(地区)、中国对外投资聚集的国家(地区)、对外投资迅速增长的国家(地区)以及中国企业已有投资的国家(地区),并关注存在较大投资潜力的国家(地区)。对于某些诉求相似的地域,可以签订多边税收协定,达成税务合作共识,明确税收分配,最大限度地降低中国企业OFDI的所得税纳税成本,扩大企业进行OFDI的选择范围。

第二,修订升级原有税收协定。中国对外已签订的107份税收协定中,大部分签订时间较早,其中,21世纪签订的有57份,2008年《中华人民共和国企业所得税法》修订后签订和修订的税收协定不足30份,因此约有一半税收协定签订时间超过20年,而其内容是依据当时的经济发展状况订立的,不免有当时的历史局限性,甚至个别协定中的部分条款不利于减轻中国OFDI企业的所得税纳税负担。当前,全球经济形势复杂多变、减税盛行,各国家(地区)所得税税收制度也在不断调整变化,很多原有的税收协定已不能适应中国企业OFDI的需要,因此有必要尽快修订升级原有税收协定。

首先,应进一步明确企业所得税的征收范围、居民企业、营业利润、收益和跨境收入等,细化相关条款,尤其应当细化与发展中国家(地区)签订的框架性税收协定,把所得税税收优惠、税收抵免办法等内容具体化,为避免双重征税提供具有操作性和可行性的依据,增强OFDI企业所得税税收的可预测性和确定性。

其次,科学准确地界定常设机构。常设机构用于判断对外投资企业是否与东道国存在紧密联系,是东道国有权就该机构所得征收所得税的重要依据。当前,OECD范本和UN范本均采用了常设机构规则,因此双边协定中对常设机构范围和期限的界定尤为重要。随着中国对外投资的增加,对于建筑工地

---

① 资料来源:中国一带一路网(https://www.yidaiyilu.gov.cn/xwzx/roll/77298.htm)。

和工程活动等连续6个月的限制以及在缔约国提供劳务时间的约定等可以适当延长,以降低投资企业被认定为在东道国设有常设机构的可能性,从而降低所得税纳税成本。

再次,降低预提所得税税率。2019年,中国OFDI流量前20位的国家(地区)向中国支付股息、利息和特许权使用费的预提税税率以10%居多,部分国家(地区)的预提税税率尚有下降空间。比如,在中国与澳大利亚签订的税收协定中,对股息征收15%的预提税税率。另外,在与投资排在前20位的国家(地区)签订的税收协定中,不足一半就持股比例条件约定差异预提税税率。如果中国企业在签约国的直接投资额明显高于其在中国的投资额,则应最大化争取签约国的税收权益,降低股息、利息和特许权使用费的预提税税率,或者先制定差异税率并细化各适用税率的主体和条件,以保证企业所得税税后收益的收回。

最后,充分发挥税收协定在跨国反避税中的威慑作用。各个国家(地区)都很关注利用避税港及滥用协定的避税行为,比如,在避税港设立皮包公司以转移资本,非缔约国居民企业在缔约国设立中介公司以获取不该享有的税收优惠等行为。因此,有必要出台针对避税地的反避税措施,并在税收协定中增加反协定滥用的相关内容。通过修订税收协定内容,引导中国企业正确辨识税收协定,并以此为基础做出是否OFDI的合理选择。

(2)推动构建国际税收新秩序

第一,提升中国在国际税务工作中的影响力。

首先,积极参与国际所得税税收规则的制定。国际所得税税收规则是进行税收利益分配的重要标准,也是反映国际所得税税收事务意见的重要途径,只有纳入规则的意见和建议,才能作为处理国际所得税税收问题的准绳。随着中国企业对外直接投资规模的不断扩大,国际涉税事项日益复杂,涉及的税收利益层面不断增多,只有积极主动地参与国际所得税税收规则的商讨与制定,才能在变革中赢得主导权,增强中国OFDI企业的国际竞争力,进一步推动中国企业开展OFDI。

其次,提升中国在国际所得税税收事务中的影响力。中国不仅要做国际所得税税收事务的参与者,还要做国际税收秩序重构的推动者。可以积极承办或参加税收征管合作论坛、"一带一路"税收征管合作论坛等全球性、区域性的国际税收会议和论坛,主动发表中国关于反避税和所得税税收征管等议题的见解与主张。在《OECD税收协定范本》《联合国税收协定范本》《多边税收征管互助公约》《金融账户涉税信息自动交换标准》等国际所得税税收新规则的制定中，不断创新理念，推介"中国方案"，反映"中国主张"。积极与国外税务主管部门建立良好的双向沟通机制，分享所得税税务管理中的经验，在交流中提高中国在国际所得税税收工作中的影响力。深度参与税基侵蚀和利润转移（BEPS）行动计划，在把握行动计划制订条旨、意义、作用的基础上，结合最新的国际所得税税收变化新动向，适时提出构建合作共赢国际税收新秩序的建议与主张。

最后，持续进行区域性所得税税收协调。以已签署的避免双重征税协定为基础，探索包含税收争议解决等在内的综合性区域税收协调机制，以契合国家新发展格局需要和投资国的异质性与多样性。当前，区域全面经济伙伴关系协定的签署，以及"一带一路"税收征管合作机制的建立，为中国探索区域多边税收安排创造了绝佳时机，有助于推动中国企业合理进行OFDI布局。

第二，拓展国际税务合作的深度和广度。

首先，循序渐进地拓展国际税务合作的国家（地区）。国际所得税税收的深度合作需要世界各国（地区）秉持互利共赢、相互尊重和求同存异的原则，在此基础上，倡导更多的国家（地区）开展国际税收合作。当前，区域经济一体化进程加快，2020年11月15日，全球规模最大的自由贸易协定《区域全面经济伙伴关系协定》（RCEP）正式签订。目前，中国已签署19个自贸协定，涉及26个国家（地区）。以自由贸易协定为基础，中国可以先探索与自贸区成员开展国际所得税税务深度合作，尤其是邻近的"一带一路"国家（地区），继而扩大到"一带一路"其他国家（地区），然后扩大到其他区域。

其次，要拓展所得税税收合作的具体内容。开创全球税收征管合作的新形式和新方法，保障各国税收利益，维护全球税收秩序；探索海外税务争端解决机制，提高争端解决的效率；探索建立税款国际追偿协助机制等。

再次，创新、完善所得税税收合作机制。在完善双边税收协定、信息交换和多边税收条约等传统合作方式的基础上，积极完善双边和多边合作备忘录、所得税税收调解、仲裁等合作机制，为国际所得税税收合作提供有益补充，使国际所得税税务合作更加紧密。

最后，充分发挥税务合作与分享平台的作用。积极参与联合国和OECD等国际税收合作平台的对话交流，充分发挥"一带一路"税收征管合作论坛、金砖国家税务合作平台、上海合作组织（SCO）、中国-东盟"10+1"、亚太经合组织（APEC）、亚欧会议（ASEM）、亚洲合作对话（ACD）、亚信会议

(CICA)、中阿合作论坛等现有多边平台在转让定价、税收征管、加强涉税信息交换等国际所得税税收合作领域的作用,最大限度地保障企业开展OFDI的利益。

第三,探索建立国际税务合作的政府间组织。适度的税收竞争能促进资源的优化配置,但存在部分东道国牺牲税收利益换取跨国企业OFDI的情况,比如,承诺无税或税率极低、缺乏有效的信息交换、所得税制度缺乏透明度等,形成有害税收竞争,这将影响企业的对外投资决策。在这种情况下,构建国际税收新秩序迫切需要一个能够协调各方利益的国际税务组织。世界贸易组织、经合组织和联合国均为国际税收领域影响力较大的国际组织,均有发展为国际税务合作的政府间组织的可能性。但是相比其他国际组织,联合国拥有更广泛的成员,更能平衡发展中国家(地区)与西方国家(地区)之间的利益关系,保障广大发展中国家(地区)广泛参与国际税收改革和税收秩序建立的权利。因此,可以呼吁将联合国国际税收合作专家委员会提升为政府间委员会,确保国际税收新秩序的普适性和合理性。此外,"一带一路"倡议得到区域内国家(地区)以及不少区域外国家(地区)的热烈响应。随着"一带一路"国家(地区)交往的日益频繁,以及相互投资的增加,所得税税收事务日益受到重视。2019年,在中国的倡导下,《"一带一路"税收征管合作机制谅解备忘录》成功签署,"一带一路"税收征管合作机制得以建立。中国应以此为契机,总结经验,进一步探索在更广泛的区域内建立国际税收协调机构,发挥中国在国际税收合作中应有的作用,为中国企业开展OFDI提供组织保障。

第四,协调国际税收征管中各参与方的权益。深化国际税收征管协作需要世界各国和纳税人的共同努力,既要关注发展中国家(地区)的热切期盼、西方国家(地区)的利益追求,又要维护纳税人,尤其是OFDI企业合法的纳税权利。其一,维护广大发展中国家(地区)的根本利益。在国际税收征管规则制定、信息交换和征收互助等方面,主动帮助发展中国家(地区)提升所得税税收征管的参与度,提高所得税税收征管协作水平,争取获得所得税税收利益。其二,了解西方国家(地区)的所得税税收征管协作诉求。深化国际税收征管协作离不开西方国家(地区)的配合,应深入了解西方国家(地区)的急切需求,将其关心的针对OFDI的跨境所得税税收问题列为征管协作的重点,提高西方国家(地区)参与国际所得税税收征管协作的积极性。其三,完善OFDI企业所得税纳税权利保护相关制度。在国际所得税税收征管中,国家(地区)与OFDI企业既存在博弈关系,又存在合作关系,应尊重OFDI企业合法的所得税纳税权益，主动保护OFDI企业的纳税隐私，提高OFDI企业的税收遵从度及所得税征管协作效率。其四，不断优化与投资目的地国家（地区）的所得税税收征管合作机制。合作机制的建立和运行，要注重借助多国力量，推动相关举措以制度的形式固定下来并进行长期建设，同时以此为基础，助推各国家（地区）进行国内税制简化，与各国认可的、中国倡导的所得税税收征管制度趋同。通过协调中国与各东道国在跨境所得税征管中的权益，引导各国家（地区）认可、制定有利于中国企业OFDI合理布局的所得税制度。

8.2.1.2 加强税务互助协作，引导企业提升OFDI布局的合理性

本书实证结果表明，东道国税收征管效率对中国企业是否OFDI有显著正向影响，即东道国提高税收征管效率，能够有效吸引中国企业扩大OFDI规模。因此，中国应积极倡导东道国提升税收征管效率，优化营商环境，为企业OFDI区位布局和规模布局创造条件。

(1) 倡导跨境所得税制度改革

近年来，随着"走出去"战略和"一带一路"倡议的实施与推进，中国具有一定规模的企业开始走出国门，在全球范围内开展投资，寻求广阔的发展市场已经成为一种常态。由于东道国所得税制度差异较大，加之中国企业对国外市场的不熟悉，企业在海外投资过程中遇到所得税税收风险和税收争议的概率不断增大。为有效应对中国企业OFDI的所得税税收风险，妥善化解税收争议，有必要通过倡导跨境所得税制度改革，促使东道国改善所得税税收制度环境，进而消除跨境所得税征收中的误解与分歧，为中国OFDI企业营造更加公平和稳定的国际所得税制度环境。在此基础上，应最大限度地降低对外投资风险，保障中国OFDI企业在东道国的正当权益，提高企业OFDI布局的合理性。

第一，调动企业参与国际税务工作的积极性。一方面，联合"一带一路"国家（地区）主动参与国际税收新秩序的构建。当前，鼓励中国企业到"一带一路"国家（地区）进行OFDI，有助于中国与"一带一路"国家（地区）实现合作共赢。中国应倡导、联合其他"一带一路"国家（地区）在区域性国际组织中发挥好引领作用[1]，主动参与全球所得税税收制度改革，力求在最大范围内探寻符合自身所得税税收利益的新规则，使双重征税和税收逃避问题得到有效控制，

---

[1] 国家税务总局国际税务司. 回首"十三五"展望"十四五"国际税收工作奋进正当时[J]. 国际税收，2021(6)：11-19.

争端处理机制更加完善,国际所得税税收环境不断优化。另一方面,倡导树立国际所得税税收新理念。引导各国(地区)在所得税税制改革过程中坚持互利共赢的理念,既要考虑本国的所得税税收权利,也要尊重和维护来源地国家(地区)与居住地国家(地区)的所得税税收管辖权,杜绝一味降低所得税税率的税制改革;要更加注重共享所得税税源基础和坚持正确逐利观导向,通过完善其国内法中关于反避税、避免双重征税及所得税税收争端解决程序等,健全其国内所得税制度,从而引导东道国逐步形成有利于中国企业 OFDI 合理布局的税收理念。

第二,引导落实国际税收改革成果。近年来,中国在经合组织、亚太经合组织、二十国集团,特别是上海合作组织、中国-东盟自由贸易区、"一带一路"税收征管论坛等平台中的地位逐步提高,影响力也与日俱增。面对国际所得税税收改革的新局面,中国积极参与相关国际税收合作对话机制,基于发展中国家(地区)的实际与国际税收需求,提出了中国主张,签署了《BEPS 多边公约》等多个双边、多边税收协定及公约。这些协定、公约的签订以多个国家(地区)达成的共识为基础,对签署国有一定的约束力。中国应充分利用上述平台,倡导组织内其他成员积极推行所得税制度改革,推动 BEPS 行动计划、自动信息交换(AEOI)等成果的转化落实,助力东道国改善所得税税收制度环境,从而实现各国家(地区)跨境所得税税收政策的融通和一体化,为中国企业 OFDI 合理布局奠定所得税制度基础。

第三,通力合作,逐步降低区域跨境投资所得税税负。本书实证结果表明,东道国实施所得税减税政策,能有效吸引中国企业 OFDI 的流入和规模的扩大。因此,如果多个国家(地区)共同参与,协力在整个区域降低所得税税负,必将提升中国企业在合作区域进行 OFDI 区位布局和规模布局的积极性。当前,"一带一路"倡议为企业 OFDI 指明了发展方向。在中国与"一带一路"国家(地区)的投资往来中,中国企业的 OFDI 投资为主体。基于此,中国可以先与"一带一路"国家(地区)加强政策沟通与协调,采取相对统一的所得税计算标准、预提所得税税率等,逐步降低区域跨境投资所得税税负,为企业 OFDI 布局创设良好的区域投资环境。

(2)助力提高税收征管效率

第一,多渠道提供技术援助。其一,中国可以借助 OECD 税收征管论坛(FTA)、OECD 多边税务中心、"一带一路"税收征管合作论坛等多个平台举办税收业务培训,开展所得税税收征管能力建设援助项目,提供立法咨询、跨境税收培训，分享中国跨境所得税税收征管建设的实践经验。其二，中国可以向东道国派遣税务专家开展现场实时的技术援助，促进东道国，尤其是发展中国家（地区）的跨境所得税税收征管能力建设。其三，鼓励各国家（地区），特别是税制完善、税收改革经验丰富的东道国，积极加入和建立各种形式的跨境所得税税收管理能力建设项目，形成多层次、全方位的帮扶体系，通过向东道国提供跨境所得税税收技术援助和税收培训，分享改革经验，帮助东道国提高跨境所得税税收征管能力，提升跨境所得税税收征管效率。

第二，健全税收信息交换机制。完备的税收信息，是提高税收管理效率的基础。但是，企业OFDI行为涉及多个国家（地区）、多个政府部门、多个OFDI企业，时间跨度较大，严重影响了中国与东道国对中国企业OFDI跨境所得税税收信息收集的完整性。因此，应进一步健全所得税税收信息交换机制。首先，进一步拓宽所得税税收信息交换网络。多年来，中国先后与10个避税地签署协议，进行所得税税收信息交换方面的合作，也与多个国家（地区）一并加入并实施《多边税收征管互助公约》和《金融账户涉税信息自动交换多边主管当局间协议》，但未加入的避税地仍占有相当比例，因此，中国并未建立起税收信息交换的有效网络。可见，中国应加快与这些国际避税地进行谈判，尽快签署所得税税收信息交换协议。在拓宽所得税税收信息交换网络的同时，中国也应引导东道国织密所得税税收信息网络。其次，进一步拓展跨境所得税税收信息交换范围。税收信息有"必需的"和"可预见的相关"两个标准，很显然，后者覆盖的信息范围比前者大很多。中国在最新修订的中俄税收协定中明确采用了"可预见的相关"标准。但中国已签署的绝大多数税收协定执行的是"必需的"标准，不利于实现中国与东道国税务部门全面掌握OFDI企业所得税税收信息。未来中国应通过扩大"可预见的相关"标准的使用范围拓展所得税税收信息交换的广度，同时将符合标准的所得税税收信息及时提供给东道国，奠定东道国有效开展所得税税收管理的基础。通过引导东道国织密所得税税收信息网络、拓宽跨境所得税税收信息范围，引导东道国健全所得税税收信息交换机制，进而引导其制定有利于中国企业OFDI的所得税税收制度，助推中国企业OFDI合理布局。

第三，健全税收争议解决机制。由于国家（地区）之间在政治、经济、文化、税收制度，甚至是对双边或多边税收协定条款的解释等方面都存在着一定差异，OFDI企业面临的国际所得税税收环境错综复杂，不可避免地会出现所得税税收争议。在中国企业OFDI过程中，所得税税收争议的解决与两国约定的或共同认可的所得税税收争议解决机制息息相关。当前，全球互联互通、联系日益密切的大趋势与贸易保护、单边主义抬头并存，国际税收秩序面临严峻挑战与广大发展中国家（地区）参与国际投资增多、对税收新秩序的出台要求迫切并存，中国作为秉持"共商共建共享"理念的负责任大国，应在国际税收治理新秩序的制定方面做出贡献。本书认为，要解决国际所得税税收争议，提高东道国、中国以及中国OFDI企业的接受度，可从以下几方面进行深入思考：一是所得税税收争议的解决机制应是一种柔性的制度设计，以达到既解决具体税收争议，又避免新争议产生为目的。在这种机制下，国际税务专家以中立身份参与解决争议案件，提出建议或提供咨询，但建议对各争议方不具有约束效力。如果专家建议能被争议各方接受，则所得税税收争议得以解决。专家提出的国际所得税税收争议解决方案并不具有法律性质，此种机制注重通过母国与东道国税务部门之间的"实质合作"来解决争议，并为之后类似争议的解决提供借鉴。二是国际所得税税收争议解决机制应具有弹性。国际所得税税收争议可分为短期、中期、长期三类，争议各方可以根据需要和发展水平，有选择地参与其解决。通过争议方的逐步参与，逐渐凝聚共识，以共识推进共建，扩大争议解决机制的受众面。三是所得税税收争议解决机制应具有多边性。当前，中国企业以多层架构的方式进行OFDI，范围往往不限定在某一个国家（地区），而是涉及多个国家（地区）。一旦产生所得税税收争议，中国企业OFDI的多个公司都将涉及，相应地多个国家（地区）也会牵扯其中。由此可见，事实上所得税税收争议具有多边性。跨境所得税税收争议的解决最好采用多边机制，这样既可以避免双重机制的限定，也有助于覆盖未签订税收协定的国家（地区）扩大所得税税收争议机制的覆盖范围。四是所得税税收争议的解决应重视争议的前期预防。解决争议是一种后期解决方式，可以提前采取措施进行预防，避免争议出现。所得税税收争议发生的原因主要是协定适用或解释不一致、制度或规则不明确、执法不符合税收协定等。为此，可以探索建立所得税税收争议定期信息交换和案例研讨机制，交流实践经验，交换争议解决见解，探讨相对统一的争议解决方式，讨论形成典型案例裁定样本并予以发布，发挥对后续所得税税收争议解决的指导作用。建立、健全跨境所得税税收争议解决机制，可为中国企业OFDI合理布局提供机制保障。

8.2.2 政府部门优化税收征管服务,保障企业 OFDI 合理布局

8.2.2.1 提升 OFDI 税收征管效能,指引企业 OFDI 抉择

本书实证结果表明,企业是否 OFDI、OFDI 的规模布局受所得税征管效率的影响。因此,政府部门应多向发力,持续优化税收征管服务,提升 OFDI 企业的竞争力,为中国企业 OFDI 合理布局提供全方位保障。对此,本书提出以下对策建议。

(1)健全指导文件,引导规范企业海外投资

近年来,中国企业投资步伐加快,规模效益双丰收。但当前,国际国内所得税税收制度环境加速变化,中国企业对外直接投资"危"与"机"并存。一些企业在投资决策过程中对所得税纳税风险评估不足,导致经营困难;一些企业忽略了投资国的所得税制度、所得税征管要求等,导致产生所得税纳税纠纷,难以维持境外投资的持续健康发展。因此,国家税务总局、国家发展改革委、商务部、人民银行等相关部门应着眼新发展阶段,坚持新发展理念,服务新发展格局,加强沟通协调,不断完善所得税税收政策,加强对企业境外直接投资的指导。比如,结合当前国内外形势、中国对外经济合作战略需求,明确鼓励、限制、禁止开展 OFDI 的范围,并在项目所得税税收优惠、税收处罚等方面出台更精准的配套规定,推动企业更好地融入全球价值链、供应链,实现对企业是否 OFDI 的引导和规范。

(2)完善体制机制,促进跨境所得税税收一体化管理

首先,设立跨境所得税税收服务的一体化专门机构,并完善其职能。从中国现有政策来看,企业在 OFDI 过程中会涉及多个部门,仅就跨境所得税而言,会涉及国家税务总局国际税务司、商务部外商投资管理司、财政部税政司等多个部门。这种多归口、分散的管理方式不利于企业的所得税纳税遵从,增加了企业的所得税纳税遵从成本,也降低了税务主管部门的管理质量和效率。因此,中国政府部门可以对国际税收业务实施统一管理,调整现有跨境所得税的征管模式。一方面,按照 OFDI 企业主体设置机构,在税务机构合并的基础上,由地方各级税务机关根据需要在内部设立专门的国际税收管理机构,将目前分散于各税种管理机构的跨境税收管理职责集中到国际税收管理机构统一行使;另一方面,完善机构管理、服务、协调、监督等职责,发挥专门机构在企业 OFDI 合理布局中的保障作用。其次,持续优化并创新 OFDI

企业跨境所得税办理流程和服务方式。进一步优化、简化消除所得税双重征税手续；探索对"走出去"大型跨国企业和中小型企业实行分类服务，提高服务的针对性和有效性；运用大数据、区块链、5G等新一代信息技术，促进国际税收便利化。要按照"一网通办"的理念和要求，进一步减少跨境所得税纳税申报的报备资料，缩短审核时间，提高办税效率，为企业开展OFDI提供保障。

(3) 加强制度研判，提供税收风险应对指导

首先，加强OFDI所得税税收信息收集与研究。建议国家税务机关及相关部门及时更新双边、多边税收协定，并重点针对最新修订内容编制相关条款解读；及时修订国别(地区)税收投资指南，做到投资目的国的全面覆盖，重点解读政策导向区域和中国境外投资集中区域的所得税税收制度，继续组织力量收集和编译境外所得税税收制度，在此基础上，联合编制对外投资税收指南，全面而充分地展示各国家(地区)的所得税税收制度、税收管理重点、税收优惠政策及与中国税收制度的区别等，帮助企业迅速、全面熟悉投资地目的国所得税税收制度，降低由于国内企业对东道国所得税税收制度不熟悉引发的税收风险。其次，及时补充更新国别投资便利化状况报告。报告至少要覆盖各国家(地区)的基本信息、经营便利化状况、所得税征管情况、投资壁垒和当前中国企业投资状况等内容。这不仅能增进OFDI企业对投资目的地的了解，也能有效防范对外投资所得税纳税风险，为投资区域的选择提供更直观的判断依据。最后，加大跨境所得税税收信息的交流力度。建议各级税务机关及相关部门、行业协会广泛组织专题培训和交流研讨等活动，邀请跨境所得税税收研究人员和一些具有对外投资成功经验的企业参加，分享对外投资在所得税税务筹划方面的成功经验，分析可能面临的所得税纳税风险，提出具体的应对策略，为已经开展对外投资的企业和潜在的对外投资企业提供决策参考与有益借鉴。因此，加强对有关国家(地区)所得税制度的研究，能为企业提供更全面的涉税信息，方便其在对外投资前对所得税制度、所得税税后预期收益、所得税纳税风险等进行预判，从而对是否开展OFDI做出理性判断。

(4) 强化政策宣讲，开展跨境所得税制度精准辅导

企业虽然是对外直接投资的主体，但是税务等政府部门不应将自身定位为被动咨询角色，囿于企业咨询的一问一答，应发挥积极性和主动性，在企业进行OFDI之前就提供多样化的涉外所得税税收指导。首先，构建政府引导、多主体参与的多层次所得税税收制度的宣讲、咨询机制。为企业提供避

免 OFDI 所得税纳税风险的多种咨询服务。线上充分利用税务、商务等政府部门，投资商会，涉外事务咨询机构等网站平台，12366 咨询热线，微博、微信公众号开辟专题专栏等多种方式，以及大数据、人工智能、区块链、5G 技术等拓宽和升级国内企业对外投资所得税纳税信息获取渠道，就已签订的国际双边、多边税收协定，国内所得税制度、跨境所得税税收征管制度、区域所得税优惠政策及配套规定等展开辅导，帮助企业及时掌握对外直接投资所得税税收制度。线下利用现有对外投资税务信息咨询辅导机构，面向 OFDI 企业开展普及性的或针对重点行业、重点区域的培训，解读对外投资所得税征收的重要举措，进行现场答疑解惑，帮助企业谙熟所得税制度。其次，建立指导框架，在对外直接投资所得税制度咨询、筹划等方面提供个性化服务。区分 OFDI 投资主体，特别是针对不同行业、投资经营组织形式、经营业务种类，由税务等政府部门通过走访、调研等方式，及时准确掌握 OFDI 企业在所得税缴纳过程中遇到的痛点、难点和堵点，并围绕这些问题提供点对点服务，给予精准的办税指引。政府相关部门应侧重提供跨境所得税制度解读、所得税税收优惠讲解和技术指导等方面服务，为企业合理开展 OFDI 提供更完善的跨境所得税咨询辅导。

(5) 壮大专业力量，增强跨境所得税税收智力支持

首先，组建国际所得税税收专业人才队伍。国内要继续加大国际所得税税收专业人才培养力度，建立一支高素质的"走出去"服务管理队伍，为纳税人提供更加优质的所得税征管专业化服务。其一，针对中国企业 OFDI 的区位布局、规模布局特点，向各级税务部门集中培训避税地国家(地区)、投资集聚地国家(地区)以及"一带一路"国家(地区)的所得税税收制度、财务制度、法律制度等方面知识；其二，可以通过开展政策宣讲、培训交流、论坛研讨等，提升一线工作人员为 OFDI 企业提供跨境所得税征收服务的业务能力；其三，进一步打造包括税收协定谈判专家、反避税专家、所得税税收争议处理专家在内的国际所得税税收专业领军人才队伍，并使其在实际工作中充分发挥作用；其四，围绕重点跨境投资项目，整合税务机关和中介机构的国际税收、涉外法律等方面的专业人员，组建工作专班。加大向重点投资目的国派驻税务官员的力度，并逐步延伸驻外网络，扩大地域范围，掌握驻在国所得税税收信息及 OFDI 企业需求，与当地税务机关保持良好沟通，及时帮助 OFDI 企业解决税收争议，维护纳税人的合法权益。其次，积极发挥中介机构在企业 OFDI 涉税事项中的作用。为跨国公司提供所得税税务咨询与筹划的

"一对一"服务是中介机构(如会计师事务所、管理咨询公司等)的优势所在。中介机构,尤其是规模较大的事务所,全球网点众多,且有专门负责所得税税收制度前沿研究的专业部门,以及经验丰富、知识储备充足的专业人员。这些机构既能与税务机关协调互补(比如,发布跨境所得税缴纳的调查分析报告、投资地所得税税收政策的最新动态等),又能为企业进行对外直接投资提供更全面的税收政策信息和税收缴纳等方面的技术援助。因此,应鼓励中介机构先于企业"走出去",利用其对重点投资目的地所得税税收政策的了解,帮助"走出去"企业了解东道国的所得税税收制度与环境;发挥中介机构在投资方式及组织架构、所得税风险应对能力、所得税纳税权益维护等方面对企业进行指导的作用。最后,注重发挥贸易促进会、国际商会等社会组织在企业与投资国之间的桥梁和纽带作用,通过收集企业的所得税纳税反馈信息,与投资国政府部门进行沟通,为企业营造良好的所得税税收环境。通过以上措施,税务等政府部门能够利用专业优势,为中国企业开展OFDI及优化OFDI布局提供智力支撑。

(6)拓宽诉求渠道,化解跨境所得税税收争端

解决涉外税收争端的主要依据是双边税收协定,但税收协定的落地需要国内相关制度与政策的对接。当前,中国已发布涉及跨境税收争端解决的《税收协定相互协商程序实施办法》,并出台了《一般反避税管理办法(试行)》《特别纳税调查调整及相互协商程序管理办法》《关于完善预约定价安排管理有关事项的公告》作为有益补充,取得了一定实效。但囿于传统相互协商程序固有的"有敦促无强制"的不足[①],跨境税收争议的解决没有明显改观。因此,应进一步拓宽涉外税收争端的解决渠道,提高国际税收环境的稳定性,为中国企业OFDI合理布局提供保障。一是有效发挥国际税收仲裁机制的作用,并完善国内衔接制度。比如,在已有上海自贸区仲裁院、"一带一路"(中国)仲裁院的基础上,积极探索,有效发挥仲裁院的作用,并在《中华人民共和国税收征收管理法》中对税收仲裁问题加以规定,明确仲裁决议执行的相关程序、效力等,发挥仲裁决议的约束力,保障OFDI企业的纳税权益。二是探索尝试税收调解制度。税收调解制度可以作为多元化替代性解决机制的一种方案,其他国家有类似的比较成熟的制度,中国可以在跨境所得税税收争议解决中予以学习借鉴。三是参考借鉴预先税收裁定制度。在该制度框架下,东道国税

---

① 朱炎生.完善我国跨境税收争议解决机制的若干对策[J].国际税收,2020(5):20-25.

务机关可以依据其国内法,提前与 OFDI 企业就涉及所得税缴纳的相关问题(比如,将来发生的交易、投资、公司架构等涉及企业所得税的事项)进行协商,达成有约束力的协议。依据达成的协议,OFDI 企业在东道国面临的所得税税收环境的确定性将得以提高。以上多个渠道可以保障中国企业对外直接投资所得税缴纳的合法权益,为企业 OFDI 合理布局提供坚强后盾。

8.2.2.2 加强 OFDI 税收监督管理,规范企业 OFDI 布局

本书实证结果表明,中国企业 OFDI 更倾向于流入实施所得税减税政策的低税负国家(地区)、高收入国家(地区),说明企业在 OFDI 布局方面有自身的选择倾向。中国企业开展 OFDI 与政府政策的支持密不可分。当前,中国正处于产业结构转型升级、国内国际双循环相互促进的新发展格局构建关键期,对于政府部门如何加强对 OFDI 企业所得税税收的监督与管理,进一步规范企业 OFDI 布局,本书提出以下建议。

(1)出台导向性所得税激励制度

第一,完善导向性所得税税收制度,对企业 OFDI 区位选择进行合理引导。当前,中国企业 OFDI 地域分布十分广泛,但也相对集中。2019 年,中国企业在亚洲的投资流量在当年对外投资总量中的占比达 80.96%,在香港一地的投资占比更是高达 66.1%。截至 2019 年底,从中国企业对外直接投资的 188 个国家(地区)来看,在发展中经济体的投资存量占 87.3%。发展中国家(地区)在经济基础、社会环境、所处地域等方面缺乏优势,因而在借助外资发展自身经济的过程中,往往会在税收方面对跨国企业提供各种所得税税收优惠政策。中国支持更多企业到"一带一路"国家(地区)投资,可从以下几个方面发力:其一,遵循税收饶让原则,减免中国对外投资企业在东道国的所得税税收优惠,在中国同样予以减免,让 OFDI 企业得到真正的实惠。其二,在制定准备金制度时,出于对企业 OFDI 区位选择引导的需要,对中国支持、鼓励企业加大投资的国家(地区),允许企业在所得税税前提取较高比例的准备金,用于弥补对外投资风险损失。其三,充分发挥对外投资保险制度的作用。若企业向中国鼓励对外投资的国家(地区)进行投资,国家可以通过鼓励企业购买保险或提高赔付比例的方式,实现对企业 OFDI 风险的分担。通过实施以上区位导向性所得税税收政策,对企业 OFDI 区位布局加以引导。

第二,借助产业导向性所得税制度,引导企业合理进行区位选择。企业对外直接投资产业方向的选择,应立足于为国家重大发展战略服务,同时又

要有利于促进国内产业结构转型升级。在当前中国积极构建双循环新发展格局的大环境下，对于着重发展的基础设施建设、自然资源开发、高新技术等重点合作产业、项目，政府相关部门可以在所得税纳税比例、抵免限额、缴纳时限等方面适当放宽，鼓励企业在符合中国发展战略的相关国家（地区）进行投资，从而引导企业在OFDI区位上进行合理布局。

第三，制定所得税延迟纳税制度，鼓励企业利用境外收益扩大OFDI规模。在延迟纳税制度下，OFDI企业可以利用在境外获得的权益性收入进行再投资，这相当于国家为其提供免息支持，有利于企业获得资源、市场，扩大OFDI规模。在对外投资位居前列的国家中，美国、日本、法国、英国等也有此类规定，在鼓励对外投资中发挥了积极作用。在中国企业"走出去"步伐加快、对外直接投资节节攀升的背景下，应结合中国国情，探索制定延迟纳税制度，鼓励OFDI企业利用境外收益实现自供式发展。所得税延迟纳税制度的建立以及该制度作用的发挥，有助于企业利用境外收益实现OFDI规模的合理布局。

（2）构建跨部门联动机制

第一，建立OFDI企业跨境所得税征纳联动机制。完善的跨境所得税征纳信息既是税务主管部门进行所得税征收管理的基础，又是税务等部门为企业提供及时准确的跨境所得税纳税指导的保障。然而，OFDI企业远在海外，税务部门难以及时、全面、准确地获得企业生产经营信息，并且国内其他管理部门也需要掌握OFDI企业的大量涉税信息。因此，实现OFDI企业所得税纳税信息共享的联动机制势在必行。首先，建立多部门共同参与的协调联动机制。在中央以及地方层面建立由税务、商务、市场监管、银保监、外汇管理等部门共同参加的OFDI企业所得税税收管理协调机制。通过联席会议等形式，广泛运用现代信息技术，强化数据交换和信息共享，定期研究和解决跨境所得税税收管理中的疑难问题，并通过网站、微博、公众号等途径广泛发布或精准推送，为OFDI企业优化区位布局、扩大规模提供决策参考，为计划开展对外直接投资的企业提供借鉴和指导。其次，提高对OFDI企业所得税缴纳信息的综合处理能力。提高跨境所得税税收管理水平，利用云计算、大数据等技术对收集到的所得税征纳信息进行纵向对比，帮助、指导中国企业识别OFDI中存在的所得税缴纳风险，从所得税缴纳角度为中国企业OFDI布局提供合理化建议。

第二，构建跨境所得税税收风险动态预警机制。一方面，加强对传统避税地(如开曼群岛、英属维尔京群岛等)的反避税调查风险预警;另一方面,加强对所得税税收制度不健全国家(地区)的风险预警。很多OFDI企业,尤其是能源投资、工程承包企业在发展中国家(地区)开展经营活动。这些国家往往所得税税收制度不健全,所得税税收征管环境不友好,所得税税收自由裁量权大。中国税务、商务等部门应及时更新、发布国别(地区)投资税收指南、对外投资合作国别(地区)指南,动态关注并实时更新东道国所得税征管实际情况,帮助企业充分了解东道国的真实情况,提升OFDI企业应对税收风险的能力。

(3)加大对企业OFDI的监管力度

为规范企业的对外直接投资行为,提高企业的所得税税后收益,国家税务总局、财政部、国家外汇局等部门要厘清责任权属,创新跨境所得税缴纳的监管方式,构建贯穿企业OFDI事前、事中和事后各环节的监督机制,对跨境所得税缴纳的不当行为予以提醒、纠正,从而引导企业OFDI合理布局。

第一,在进行对外直接投资之前,突出真实性和合规性检查。在明确政府各部门之间境外投资监管工作范围、岗位职责的基础上,在对OFDI项目进行核准或备案时,要保证跨境所得税税务登记信息齐全、符合法定形式,着重开展登记信息的真实性和合规性检查;同时,重点关注投资金额大,投资区域、产业敏感,以及快投快出等异常投资可能引起的所得税纳税风险和纠纷,并在事前对企业加以提醒。

第二,在对外直接投资过程中,做好摸底调研,提升风险防控水平。一是进一步完善对OFDI企业所得的监控机制。动态调整中国重点OFDI企业名单,及时采集其股权架构、股权变更信息、境外经营所得以及向避税地支付款项未缴税项目等所得税涉税信息,切实掌握OFDI企业境外所得分布及变化情况,定期进行分析核查,查找境外留存收益疑点,从而倒逼中国企业规范OFDI行为。二是探索建立风险分类管理机制。税务部门应建立所得税纳税风险指标体系,依托国际税收管理信息技术平台、跨国公司利润水平监控系统等进行数据跟踪统计与分析,借助数学模型,及时对中国OFDI企业的收入、负债等指标进行评估,确定税收风险等级并实施分类管理。对所得税税收风险低的OFDI企业,通过即时通信等简易方式予以提醒;对所得税税收风险高的OFDI企业,深入调研,主动提供服务。通过提高中国OFDI企业的纳税遵从度,对企业OFDI布局进行引导。

第三,在对外直接投资退出时,完善对外投资项目绩效评估机制。当中国 OFDI 企业完成对外直接投资项目退出东道国时，或在东道国的子公司发生重组时，税务部门应对企业发生的股权转让的资本利得、非货币资产清偿债务、资产收购等所得税处理进行监管，对可能发生的所得税缴纳风险做出研判，并将其作为对外投资项目绩效评估的重要指标。以此为基础，通过点对点的方式向 OFDI 企业反馈绩效评估结果，从而进一步影响企业未来的 OFDI 布局。

8.2.3　企业全面认知国内外所得税制度，合理确定 OFDI 布局

8.2.3.1　分析比较各国所得税制度，为开展 OFDI 奠定基础

(1) 分析比较企业所得税税率

本书实证结果表明，母国所得税税率与中国企业是否 OFDI 显著正相关，即母国所得税税率越高，越会促使企业开展 OFDI；东道国所得税税率与中国企业是否 OFDI 显著负相关，在一定程度上说明，东道国通过降低所得税税率能够有效吸引中国企业开展 OFDI。鉴于此，对开展 OFDI 的中国企业提出以下建议：

第一，充分了解、比较各东道国和母国的企业所得税名义税率差异，做到知己知彼。虽然现阶段各东道国税率的规定差别较大，但在全球减税背景下，总体而言是逐步降低的。从前文的实证结果中也可以看出，东道国降低税率能够有效吸引中国企业 OFDI，同时在低税负国家(地区)形成一定的投资集聚效应。例如，百慕大群岛、开曼群岛等国家(地区)为零税率区域，瑞士、新加坡和英国等国家(地区)企业所得税税率均低于 20%，美国、哈萨克斯坦、泰国、马来西亚和俄罗斯联邦等国家(地区)企业所得税税率为 20%~25%。企业在开展 OFDI 之前，可以自行查询投资目的国(地区)税率，还可以通过"走出去"公共服务平台、中国"一带一路"网等国家平台或专业机构充分了解各东道国企业所得税名义税率差异，为开展 OFDI 以及合理选择海外投资区位做好政策储备。

第二，充分了解各东道国所得税实际税率水平，精准测算投资成本和税后利润。作为衡量企业实际缴纳所得税税额的指标，实际税率是企业在开展 OFDI 时要考虑的重要因素。企业应充分了解和比较各东道国的所得税实际税负水平，以合理确定纳税成本和税后收益。要准确把握实际税率，需要企业将影响实际税率的所得税优惠政策考虑在内。首先，密切关注发展中国家所得税优惠政策。当前，西方国家对国外投资企业往往实行国民待遇，较少实

施税收优惠政策;而发展中国家往往会借助国外投资发展本国经济,因而会提供税收优惠吸引外国资金和技术,导致实际税率大大低于名义税率。为了降低企业纳税成本,规避投资风险,中国企业通常会选择税收优惠幅度较大的国家(地区)进行OFDI。其次,密切关注行业、地区性所得税优惠政策。为准确选择投资对象国和具体投资地区,中国企业在做出对外投资决策时,需要密切关注并综合比较东道国的行业和地区性税收优惠。其中,区域性税收优惠政策往往包括对企业的纳税抵免、加速折旧等,而行业性税收优惠政策可以作为中国企业拓展海外市场的决策依据之一。此外,需要指出的是,中国企业在进行OFDI时,可以重点考虑的投资区域应包括其他国家(地区)设立的经济特区、与中国共同设立的经贸合作区等。原因在于,这类区域往往针对跨国公司制定了较为优惠的投资政策,企业通过了解和比较各东道国的税收优惠政策,可以选择在低税负国家(地区)进行投资以降低投资成本。

第三,考虑各东道国适用企业所得税税率的特别规定。例如,瑞士的企业所得税税率为8.5%,但在州、市、镇同时规定了一定比例(幅度)的附加税;澳大利亚居民企业的基本税率为30%,但年营业收入累计不超过2500万澳元的小型企业实体适用27.5%的税率。这些东道国关于企业所得税税率的特别规定会影响企业实际承担的企业所得税税负,是企业在OFDI前必须了解的主要内容。

(2)关注跟进税收协定签订及更新

本书实证结果表明,中国与东道国签订避免双重征税协定,有助于促进中国企业OFDI。因此,企业在开展OFDI之前应关注中国与东道国的税收协定签订情况。首先,企业需要知道中国与东道国是否签订了税收协定,如果签订了税收协定,具体内容是什么。具体而言,应包括以下几个方面:第一,是否签订了税收饶让条款。签订此条款有助于企业将投资目标国的所得税收优惠落到实处;如果没有签订此条款,则企业存在被双重征税的风险。第二,是否对常设机构予以明确。在明确规定的情形下,企业不在投资目标国设立常设机构将有助于避免利润在东道国缴纳所得税;反之,企业利润存在被双重征税的风险。第三,是否明确约定税收争议的解决措施。在明确约定的情况下,OFDI企业可以借助国家力量对企业所得税纳税权益予以保护;反之,企业所得税纳税权益存在被侵犯的风险。其次,需要关注东道国与其他国家是否签订税收协定。投资目标国的税收协定网络有助于OFDI企业以此为跳板扩大在全球范围内的投资。借助东道国完善的双边及多边税收协定网络,中国企业可以实现纳税筹划的通盘考虑，进而对 OFDI 进行合理规划和布局。

(3) 熟悉掌握企业所得税征管规则

本书实证结果表明，东道国税收征管效率越高，越有助于吸引中国企业 OFDI 流入。在国际税收实践中，东道国税收征管的宽严程度不一，也会造成各国实际税负的差异。基于此，中国企业应做到以下两点：第一，知晓投资东道国的所得税税收征管流程和相关规定。按时进行纳税申报和税务登记，按规定设置、保管账簿和凭证，熟悉减免税应报送的材料以及工作流程，避免由于不熟悉税收征管政策而被处罚或未享受减免优惠。第二，熟悉各东道国国际税收的反避税规则。一般来说，各国反避税规则包括一般反避税条款、受控外国公司制度、转让定价和限制资本弱化条款等。但是，各国反避税措施的侧重点有所不同。OFDI 企业要重点研究东道国具有特色属性的反避税规则，区分不同反避税措施适用的范围、判定标准和工作程序等，以防遭到反避税调查。企业可以将东道国的所得税征管规则作为是否 OFDI 的决策参考因素。

(4) 充分考虑其他所得税制度要素

企业应充分考虑其他所得税制度要素，如税收管辖权。各国家(地区)行使的税收管辖权大体可以分为两类：一类是基于属人原则确立的居民管辖权，另一类是基于属地原则确立的地域管辖权。总体而言，以接受资本、技术输入为主的国家适用地域管辖权，而以资本、技术输出为主的国家适用居民管辖权。当前，大多数国家为维护本国权益，同时采用两种税收管辖权。如果中国企业选择在实行地域管辖权的目标国进行 OFDI，但不在该国设立常设机构且不发生经营业务，则不需要在该国缴纳企业所得税。如果中国企业选择在实行双重管辖权的目标国投资，则其经营所得可能面临双重征税的情形。因此，明确投资目标国适用何种税收管辖权是中国企业是否 OFDI 需要考虑的重要因素。除上述因素外，中国 OFDI 企业在充分掌握各国家(地区)所得税纳税要求的基础上，还应对其所得税纳税的合规性、纳税成本和争议解决等进行横向比较，注意类似问题的差异规定，选择符合本企业发展规划的目标国(地区)进行投资布局。

8.2.3.2 遵循投资理念与政策指引，增强 OFDI 布局合理性

(1) 遵从理性投资理念

本书的实证结果表明，在全球减税背景下，中国企业偏好在低税负国家

(地区)开展OFDI,而其中一些国家(地区)政治风险较高、社会不稳定,如柬埔寨、泰国等。这些国家(地区)虽然实行较低的企业所得税税率,但存在所得税制度不健全、政策变动频繁、税收征管效率较低等负面因素,从而会增加企业OFDI面临的所得税纳税风险。企业在选择低税负的国家(地区)开展OFDI时,应以中国政府部门发布的《国别(地区)投资税收指南》为依据,精准识别纳税风险,做出合理的投资区位决策。能源类、基建类、港口类OFDI企业,由于所属投资行业与国家(地区)安全密切相关,且具有建设周期较长、资金总额较大、投资回收周期长等特点,在开展OFDI时,应特别关注东道国所得税税收政策的稳定性因素,以增强所得税纳税的稳定性及可预期性,降低纳税风险,保障自身纳税权益。

(2)遵循国际税收协定、公约指引

本书的实证结果表明,避免双重征税协定的签订对中国企业OFDI的规模布局具有显著正向影响。可见,税收协定在中国企业OFDI布局中发挥着重要的指引作用。中国企业在进行OFDI布局时可采取以下两个方面的对策:

第一,重点考虑到与中国签署双边或多边税收协定的国家(地区)进行布局。避免双重征税协定可以为OFDI企业提供所得税税收优惠,化解OFDI企业面临的双重征税问题,所以对外投资较多的国家(地区)的跨国企业非常重视利用本国发达的税收协定网络开展OFDI。现阶段,中国已对外正式签订双边税收协定107个,包括哈萨克斯坦、埃及、新加坡、印度、俄罗斯联邦等"一带一路"国家(地区)。中国企业在选择投资区位、扩大OFDI规模时,可以将与中国签有避免双重征税协定的国家(地区)列入优先考虑范围。在OFDI过程中,中国企业要善于利用税收协定的条款不断探索新的企业跨境合作模式,提升中国企业OFDI的税后收益率和投资绩效,以提高企业OFDI布局的合理性。

第二,跟踪国际公约新动向,调整所得税纳税策略,实现合理布局。当前,多国共同参与的税基侵蚀和利润转移(BEPS)行动计划不断更新与补充,旨在通过股息税率、财产权益、常设机构等所得税制度要素的规定,消除双重征税,减少逃避税款行为。由此可见,该计划的实施必将对跨国公司所得税的税务筹划、缴纳,以及税后收益产生深远影响。中国OFDI企业应密切跟踪税基侵蚀和利润转移(Base Erosion and Profit Shifting,BEPS)行动计划的新变化,及时调整所得税纳税策略,以合理避免双重征税风险,降低所得税税负,实现OFDI的合理布局。首先,OFDI企业应树立国际税收意识,密切关注 BEPS 行动计划的最新规定及发展动向，持续关注各国 BEPS 行动计划实施情况，充分了解东道国缴纳所得税的合规性要求，细致梳理和审视企业现有的商业模式与交易架构，评估潜在的所得税税务风险。其次，OFDI 企业应组建跨境税收团队，应对 BEPS 行动计划新变化带来的纳税影响。OFDI 企业应联合其他机构或组织组建涉税专业团队，以应对国际税收风险。跨境所得税的缴纳事务涉及会计、税法、金融、国际政治等多个领域，因而具有较强的专业性，如果没有涉外税收团队的专业支撑，企业很容易产生国际税务纠纷。当前和今后很长时期，随着中国对外直接投资规模的持续扩大，OFDI 企业对涉税专业服务需求日益迫切，组建跨境税收团队可谓势在必行。跨境税收团队的主要任务包括东道国所得税信息收集、所得税纳税风险识别、所得税税制研究等，通过持续关注并深入研究东道国的所得税纳税政策，有效规避和应对在东道国开展 OFDI 可能遇到的所得税纳税风险。最后，OFDI 企业可以通过第三方机构合作，应对 BEPS 行动计划新变化带来的所得税纳税影响。在企业开展 OFDI 时，可以与谙熟 BEPS 行动计划新变化等国际税收业务的事务所合作，通过咨询深入了解东道国在落实 BEPS 行动计划方面的纳税规定，通过对自身所得税管理情况的综合评估，加强对缴纳所得税的合规性管理，以进一步提升所得税税务管理水平，合理规避所得税纳税风险，优化中国企业 OFDI 布局。

(3) 遵循中国"一带一路"倡议指引

本书的实证结果表明，在全球减税浪潮下，中国企业偏好在"一带一路"国家(地区)开展 OFDI。这表明，在当前中国大力推进"一带一路"倡议的前提下，较之其他国家，中国企业 OFDI 受"一带一路"国家(地区)所得税减税政策的影响更深刻。针对企业 OFDI 布局，本书提出以下建议：

第一，优先选择"一带一路"税收征管合作机制理事会成员进行 OFDI 布局。以前，受保护主义的影响，中国企业在"一带一路"国家(地区)开展 OFDI 面临的投资环境和税收环境较为复杂，表现在以下三个方面：一是投资壁垒加大了企业的纳税风险；二是各国反避税政策的完善进一步压缩了企业所得税的筹划空间；三是由于各个国家(地区)的税收征管存在较大差异，税务争议时有发生。为加强各国(地区)间的税收合作、提升税收征管能力、优化税收环境，中国与多个"一带一路"沿线国家(地区)联合成立了"一带一路"税收征管合作机制，通过积极搭建互联互通、互学互鉴的税务实用平台，及时分享税收实践经验，有力推动了税收法治建设，增强了税收确定性，促进了"一带一路"区域间投资便利化。因此，OFDI 企业在选择投资区位时，可以优先选择"一带一路"税收征管合作机制理事会成员，以降低纳税风险。

第二，优先选择"一带一路"合作园区等开展 OFDI。截至 2019 年 4 月，中国已与"一带一路"沿线国家（地区）共建了 82 个境外合作园区[①]；2021 年 1 月，"一带一路"产业园区联盟成立，该联盟由成都国际铁路港联合中白产业园、泰国产业园、中马产业园等共同组建。中国企业在"一带一路"合作园区、产业园区进行 OFDI 布局，优势体现在以下三个方面：一是 OFDI 企业可以充分利用合作园区、产业园区的地理位置集聚效应，实现东道国所得税制度在企业之间的信息共享，减少所得税税收信息收集成本，降低涉税风险。实践表明，海外经营过程中的信息沟通成本和投资风险远高于国内生产[②]，而空间上的邻近促进了 OFDI 企业间的沟通和交流，企业之间可以交流、分享、互换东道国的所得税税率、所得税税收优惠政策、与母国签订的税收协定等所得税政策信息，形成东道国所得税政策的信息共享机制，从而降低 OFDI 企业的所得税税收信息收集成本和纳税沟通成本，以及所得税税收筹划成本，进一步增强企业抵御海外投资纳税风险的能力。这在一定程度上为 OFDI 企业开展经营活动提供了便利，有助于提升企业的投资绩效和国际竞争力。二是 OFDI 企业可以借助合作园区、产业园区的所得税政策，逐步实现在东道国的本土化发展。为了更好地实现企业海外投资战略，OFDI 企业必须逐步适应东道国的市场需求、所得税税收环境等，加强与东道国所得税税务管理部门的联系和沟通，通过本土化战略的制定，对东道国的所得税税收环境、所得税税收政策等进行调研和学习，主动融入东道国所得税税收环境，避免因为对所得税税收制度的理解差异而产生纠纷。三是 OFDI 企业可以利用合作园区、产业园区的所得税政策充分保护自身纳税权益。中国 OFDI 企业在合作园区、产业园区投资过程中，当自身利益受到侵害时，可以利用掌握的东道国所得税税收制度，以及中国与东道国签署的税收协定、条约等积极应对，保护自己的合法纳税权益。

（4）充分利用东道国的所得税制度

本书的实证结果表明，东道国实施所得税减税政策，有助于吸引中国企业扩大 OFDI 规模。中国 OFDI 企业应运用好东道国的所得税制度，以达到降低所

---

① 数据来源：人民网（http://m.people.cn/n4/2019/0419/c23-12603657.html）。
② 孟寒，严兵. 产业集聚对中国企业对外直接投资的影响[J]. 世界经济研究，2020(4)：95-106, 137.

得税税负的目的,实现企业 OFDI 的合理布局。基于此,本书提出以下建议:

第一,利用资本弱化规定进行税负优化设计,确定中国企业 OFDI 区位布局。各个国家(地区)对债权性投资会加以限制。如果东道国明确了资本弱化的相关规定,比如,对债权股权比例做了明确要求,那么中国 OFDI 企业在东道国融资时必须遵循;如果违反了东道国的相关规定,OFDI 企业不仅要补缴债务利息,还将面临缴纳税收罚款的风险。需要注意的是,因利息税前扣除免征东道国的所得税,相应的利息在汇出东道国时征收的预提税一般会高于股息预提税。如果 OFDI 公司计划进一步降低利息预提税,则可以通过在税收协定网络发达的第三方设立财务公司或控股公司的方式实现。利用此种模式,OFDI 企业可以通过累积汇回利息实现延迟缴纳母国企业所得税,从而达到降低税负的效果。可见,OFDI 企业需要综合考虑东道国资本弱化规定、利息预提税的规定以及母国企业所得税的相关规定,对 OFDI 区位和规模布局做出妥善的设计与安排。

第二,利用所得税制度差异进行股权投资设计,实现中国企业 OFDI 的合理布局。合适的股权架构设计能够有效帮助中国 OFDI 企业减轻在东道国投资的所得税纳税负担,但股权架构的设计需要对各东道国的所得税制度进行比较。首先,OFDI 企业应确定设置一层还是多层中间控股公司。中国 OFDI 企业可以根据拟投资的项目情况、投资目标国的所得税制度差异,通过在不同的国家(地区)采用间接控股的方式达到合理避税的目的。间接控股的优势在于,能充分利用双边或多边税收协定网络降低 OFDI 企业的总体所得税税负,提高资金利用效率,达到递延纳税的效果。此外,在企业重组或退出东道国投资时,借助合理的股权架构还可在一定程度上减少或避免股权转让的资本利得税。因此,对于中间控股公司层次的设计,OFDI 企业需要根据所得税税负(股息预提税、股权转让资本利得税等)在整个盈余回流链条中如何最小化,以及涉及的国家的具体规定来进行细致设计。其次,对中间控股公司所在地的区位进行选择。基于上述分析,中间控股公司所在地将直接影响 OFDI 企业的总体所得税税负,因此中国 OFDI 企业可以寻找第三方,即分别与中国和东道国签订税收协定的国家(地区)设立中间控股公司。在第三方国家(地区)设立中间控股公司的主要目的在于消除或降低股息、红利预提税。中国企业在选定中间控股公司的区位时,应重点考虑以下三点:东道国子公司向控股公司支付股息不征收预提税,控股公司所在地对其境外股息所得不征收公司所得税,控股公司向中国母公司支付股息不征收所得税。通过这种方式,中国

OFDI 企业可以将东道国的股息以较低税率或零税率依次分配给中间控股公司、母公司，从而实现总体所得税税负的降低。

第三，利用转让定价规定，优化中国企业 OFDI 布局。OFDI 企业要树立跨境所得税税收规则意识，尤其是在转让定价方面，应遵循公平交易原则。如果中国 OFDI 企业违背这一原则，则东道国政府有权进行转让定价调查，OFDI 企业将面临较高的所得税税额补缴甚至罚款风险。世界各国（地区）转让定价的规定宽严程度并不一致。东道国对预约定价规定越严，意味着东道国希望征税的税基越大，则 OFDI 企业的所得税税负越重；反之，规定越松，则 OFDI 企业的所得税税负越轻。因此，为了避免转让定价调查风险，企业在进行 OFDI 区位布局及规模布局前，应了解和掌握东道国在转让定价方面的规定，针对缴纳所得税事项加强与东道国税务部门的沟通交流。如果东道国有预约定价规定，在条件具备时，应积极申请预约定价安排，主动将所得税纳税风险控制在最小范围内，以提升企业 OFDI 区位布局及规模布局的合理性。

8.3 研究不足及未来展望

本书试图在全球减税背景下综合检验所得税制度要素对中国企业 OFDI 布局的影响，但由于资料、数据等方面的限制，研究还存在一些不足，这些不足也是未来需要深入研究的主要方向，具体如下：

首先，对中国企业 OFDI 布局的绩效分析。本书基于全球减税背景，综合分析了所得税制度对中国企业 OFDI 布局的影响，但并未涉及所得税制度对中国企业 OFDI 布局的绩效分析，这将是未来的主要研究领域之一。

其次，所得税制度要素的复杂性。所得税制度属于复杂的社会变量，既包括税率、税收饶让、避免双重征税协定、税收征管效率等具体变量，也包括税收环境等难以量化的变量，这给指标的衡量带来了一定难度。本书基于现阶段所得税制度的特征选取了部分指标，但随着所得税制度的发展，未来可能有更合适的变量，有待相关研究者去发掘。

最后，疫情时期所得税制度对中国企业 OFDI 布局的影响。2020 年以来新冠疫情对全球的影响，加速了中国企业 OFDI 在全球布局的调整。本书并未涉及这一点，这也是未来需要深入研究的一个重要领域。

参 考 文 献

[1] ABADIE A, DIAMOND A, HAINMUELLER J. Synthetic control methods for comparative case studies: estimating the effect of California's tobacco control program[J]. Journal of the American Statistical Association, 2010, 105(490): 493-505.

[2] AGODO O. The determinants of U. S. private manufacturing investments in Africa[J]. Journal of international business studies, 1978, 9(3): 95-106.

[3] AHARONI Y. The foreign investment decision process[M]. Boston: Harvard University, 1966.

[4] ALEKSYNSKA M, HAVRYLCHYK O. FDI from the South: the role of institutional distance and natural resources[J]. European journal of political economy, 2013, 29: 38-53.

[5] AMERIGHI O, FEO G D. Tax competition for foreign direct investments and the nature of the incumbent firm[J]. Journal of public economic theory, 2017, 19(4): 811-826.

[6] AMUKA J. Tax incentives and the flow of foreign direct investment to non-oil sector: empirical[J]. Asian journal of social sciences and management studies, 2017, 4(1): 57-64.

[7] ASANO T. Optimal tax policy and foreign direct investment under ambiguity[J]. Journal of macroeconomics, 2010, 32(1): 185-200.

[8] AUERBACH A J. Capital gains taxation and tax reform[J]. National tax journal, 1989, 42(3): 391-401.

[9] AUERBACH A J, HASSETT K. Tax policy and business fixed investment in the United States[J]. Journal of public economics, 1992, 47(2): 141-170.

[10] AZEMAR C, CORCOS G. Multinational firms' heterogeneity in tax responsiveness: the role of transfer pricing[J]. World economy, 2010, 32(9): 1291-1318.

[11] AZEVEDO A, PEREIRA P, RODRIGUEs A. Foreign direct investment with tax holidays and policy uncertainty[J]. International journal of finance and economics, 2018, 24(2): 727-739.

[12] AZÉMAR C, DELIOS A. The tax sparing provision influence: a credit versus exempt investors analysis[J]. University of Glasgow working paper, 2007: 1-38.

[13] AZÉMAR C, DESBORDES R. External financial dependence and FDI responsiveness to corporate tax rates[J]. Applied economics letters, 2013, 20(16): 1472-1476.

[14] AZÉMAR C, DESBORDES R, MUCCHIELLI J. Do tax sparing agreements contribute to the attraction of FDI in developing countries?[J]. International tax and public finance, 2007, 14 (5): 543-562.

[15] AZÉMAR C, DHARMAPALA D. Tax sparing agreements, territorial tax reforms, and foreign direct investment[J]. Journal of public economics, 2019, 169: 89-108.

[16] AZÉMAR C, DHARMAPALA D. Tax sparing, FDI, and foreign aid: evidence from territorial tax reforms[J]. CESifo working paper, 2016: 1-51.

[17] BAKER P. An analysis of double taxation treaties and their effect on foreign direct investment[J]. International journal of the economics of business, 2014, 21(3): 341-377.

[18] BALTAGI B H, EGGER P, Pfaffermayr M. Estimating models of complex FDI: are there third-country effects?[J]. Journal of econometrics, 2007, 140(1): 260-281.

[19] BALTAS N, TSIONAS M G, Baltas K. Foreign direct investment in OECD countries: a special focus in the case of Greece[J]. Applied economics, 2018, 50 (52): 5579-5591.

[20] BARLOW E R, WENDER I T. Foreign investment and taxation[M]. Englewood Cliffs: Prentice Hall, 1955.

[21] BARRIOS S, HUIZINGA H, LAEVEN L, et al. International taxation and multinational firm location decisions[J]. Journal of public economics, 2012, 96 (11-12): 946-958.

[22] BECKER J, FUEST C, RIEDEL N. Corporate tax effects on the quality and

quantity of FDI[J]. European economic review, 2012, 56(8), 1495-1511.

[23] BEER S, MOOIJ R D, LIU L. International corporate tax avoidance: a review of the channels, magnitudes, and blind spots[J]. Journal of economic surveys, 2020, 34(3): 660-688.

[24] BELLAK C, LEIBRECHT M. Do low corporate income tax rates attract FDI? : Evidence from central and east European countries[J]. Applied economics, 2009, 41(21): 2691-2703.

[25] BÉNASSY-QUÉRÉ A, FONTAGNÉ L, LAHRÈCHE-RÉVI A. Tax competition and foreign direct investment[J]. CEPII working paper, 2003(17): 1-39.

[26] BÉNASSY-QUÉRÉ A, FONTAGNÉ L, LAHRÈCHE-RÉVIL A. How does FDI react to corporate taxation? [J]. International tax and public finance, 2005, 12(5): 583-603.

[27] BOADWAY R. Measuring marginal effective tax rates: theory and application to Canada[J]. Annals of economics and statistics, 1988(11): 73-92.

[28] BOND E, GUISINGER S. Investment incentives as tariff substitutes: a comprehensive measure of protection[J]. Review of economics and statistics, 1985, 67(1): 91-97.

[29] BOND E, SAMUELSON L. Strategic behaviour and the rules for international taxation of capital[J]. Economic journal, 1989, 99(398): 1099-1111.

[30] BOSKIN M J, GALE W G. New results on the effects of tax policy on the international location of investment[M]//Effects of taxation on capital accumulation. Chicago: University of Chicago Press, 1987: 201-222.

[31] BRAINARD W, TOBIN J. Pitfalls in financial model building[J]. American economic review, 1968, 58(2): 99-122.

[32] BRAUN J, FUENTES D. A legal and economic analysis of Austria's double tax treaty network with developing countries[J]. WU international taxation research paper series, 2014(13): 1-51.

[33] BRAYMEN C, CHANG Y M, LUO Z J. Tax policies, regional trade agreementsand foreign direct investment: a welfare analysis[J]. Pacific economic review, 2016, 21(2): 123-150.

[34] BROOKS K. Tax sparing: a needed incentive for foreign investment in

low-income countries or an unnecessary revenue sacrifice? [J]. Queen's law journal, 2009, 34(2): 505-564.

[35] BUCKLEY PJ, CLEGG J, CROSS A, et al. The determinants of Chinese outward foreign direct investment[J]. Journal of international business studies, 2007, 38(4): 499-518.

[36] BUETTNER T, RUF M. Tax incentives and the location of FDI: evidence from a panel of German multinationals[J]. International tax and public finance, 2007, 14(2): 151-164.

[37] CASTILLO-MURCIEGO A, LÓPEZ-LABORDA, J. The effect of double taxation treaties and territorial tax systems on foreign direct investment: evidence for Spain[J]. Economics, 2019, 13 (22): 1-33.

[38] CHAI J Q, GOYAL R. Tax concessions and foreign direct investment in the Eastern Caribbean Currency Union[J]. IMF working paper, 2008, 257(8): 1-33.

[39] CHEN F Q, ZHONG F F, CHEN Y. Outward foreign direct investment and sovereign risks in developing host country[J]. Economic modelling, 2014 (41): 166-172.

[40] CHIRINKO R S, FAZZARI S M, MEYER A P. How responsive is business capital formation to its user cost?: an exploration with micro data[J]. Journal of public economics, 1999, 74(1): 53-80.

[41] CHISIK R, DAVIES R B. Gradualism in tax treaties with irreversible foreign direct investment[J]. International economic review, 2004, 45 (1): 113-139.

[42] CÉLINE A, DESBORDES R, MUCCHIELLI J L. Do tax sparing agreements contribute to the attraction of FDI in developing countries? [J]. International tax and public finance, 2007, 14(5): 543-562.

[43] CONCONI P, SAPIR A, ZANARDI M. The internationalization process of firms: from exports to FDI[J]. Journal of international economics, 2016, 99: 16-30.

[44] COUGHLIN C C, TERZA J V, ARROMDEE V. State characteristics and the location of foreign direct investment within the United States[J]. Review of economics and statistics, 1991, 73(4): 675-683.

[45] CUMMINS J G, HASSETT K A, HUBBARD R G. Tax reforms and Investment: a cross-country comparison[J]. Journal of public economics, 1996, 62 (1-2): 237-273.

[46] CUMMINS J, HASSETT K, HUBBARD R G, et al. A reconsideration of investment behavior using tax reforms as natural experiments[J]. Brookings papers on economic activity, 1994, 2: 1-74.

[47] DANIELS J P, O'BRIEN P, RUHR M B. Bilateral tax treaties and US foreign direct investment financing modes[J]. International tax and public finance, 2015, 22 (6): 999-1027.

[48] DAVIES R B, ELLIS C J. Competition in taxes and performance requirements for foreign direct investment[J]. European economic review, 2007, 51 (6): 1423-1442.

[49] DAVIES R B, GRESIK T A. Tax competition and foreign capital[J]. International tax and public finance, 2003, 10(2): 127-145.

[50] DE MOOIJ R A, EDERVEEN S. Taxation and foreign direct investment: a synthesis of empirical research[J]. International tax and public finance, 2003, 10 (6): 673-693.

[51] DE MOOIJ R, EDERVEEN S. Corporate tax elasticities: a reader's guide to empirical findings [J]. Oxford review of economic policy, 2008, 24 (4): 680-697.

[52] DESAI M A, DYCK A, ZINGALES L. Theft and taxes[J]. Journal of financial economics, 2007, 84(3): 591-623.

[53] DEVEREUX M, GRIFFITH R. Taxes and the location of production: evidence from a panel of US multinationals[J]. Journal of public economics, 1998, 68(3): 335-367.

[54] DEVEREUX M P, GRIFFITH R. Evaluating tax policy for location decisions[J]. International tax and public finance, 2003, 10: 107-126.

[55] DEVEREUX M P, GRIFFITH R. The impact of corporate taxation on the location of capital: a review[J]. Swedish economic policy review, 2002, 9(1): 79-102.

[56] DEVEREUX M P, GRIFFITH R. The Taxation of Discrete Investment Choices[J]. IFS working paper, 1999.

[57] DEVEREUX M P, MAFFINI G. The impact of taxation on the location of capital, firms and profit[J]. Oxford university centre for business taxation working paper, 2006.

[58] DEVEREUX M P, RACHEL GRIFFITH. Evaluating Tax Policy for Location Decisions[J]. International tax and public finance, 2003, 10(2): 107-126.

[59] D'HAULTFŒUILLE X, IARIA A A. Convenient method for the estimation of the multinomial logit model with fixed effects[J]. Economics letters, 2016, 141(4): 77-79.

[60] DOYLE C, WIJNBERGEN S V. Taxation of foreign multinationals: a sequential bargaining approach to tax holidays[J]. International tax and public finance, 1994, 1(3): 211-225.

[61] DREßLER D. The Impact of corporate taxes on investment-an explanatory empirical analysis for interested practitioners[J]. ZEW discussion paper, 2012, 12(40): 1-27.

[62] DUNNING J H. Explaining the international direct investment position of countries: towards a dynamic or developmental approach [J]. Weltwirtschaftliches Archiv, 1981, 117(1): 30-64.

[63] DUNNING J H. The determinants of international production[J]. Oxford economic papers, 1973(25): 289-336.

[64] EGGER P, LORETZ S, PFAFFERMAYR M, et al. Corporate taxation and multinational activity[J]. CESifo working paper, 2006, 1773: 1-39.

[65] EGGER P, LORETZ S, PFAFFERMAYR M, et al. Bilateral effective tax rates and foreign direct investment[J]. International tax and public finance, 2009, 16(6): 822-849.

[66] EGGER P, MERLO V. The impact of bilateral investment treaties on FDI dynamics [J]. World economy, 2007, 30(10): 1536-1549.

[67] EGGER P, RAFF H. Tax rate and tax base competition for foreign direct investment[J]. International tax and public finance, 2015, 22(5): 777-810.

[68] FABLING R, GEMMELL N, KNELLER R, et al. Estimating firm-level effective marginal tax rates and the user cost of capital in New Zealand [M]. Wellington: Motu Economic & Public Policy Research, 2013.

[69] FATICA S. Taxation and the quality of institutions: asymmetric effect of

FDI[J]. MPRA working paper, 2010, 8(3): 1-60.

[70] FELDSTEIN M, JUN J. The effects of tax rules on nonresidential fixed investment: some preliminary evidence from the 1980s[J]. NBER working paper, 1987: 101-162.

[71] FERRETT B, WOOTON I. Competing for a duopoly: international trade and tax competition[J]. Canadian journal of economics, 2010, 43(3): 776-794.

[72] GORDON R H, HINES J R. International taxation[J]. Handbook of public economics, 2002, 4: 1935-1995.

[73] GROPP R, KOSTIAL K. The disappearing tax base: is foreign direct investment eroding corporate income taxes? [J]. IMF working paper, 2000: 1-38.

[74] GRUBERT H, MUTTI J. Do taxes influence where U.S. corporations invest? [J]. National tax journal, 2000, 53(4): 825-839.

[75] GRUBERT H. Taxes and the division of foreign operating income among royalties, interest, dividends and retained earnings[J]. Journal of public economics, 1998, 68(2): 269-290.

[76] HAAG M, LYON A. Optimality of the foreign tax credit system: separate vs. overall limitations [J]. SSRN electronic journal, 2004: 1-22.

[77] HALL R E, JORGENSON D W. Tax policy and investment behavior: reply and further results [J]. American economic review, 1969, 57(3): 391-414.

[78] HANLON M, LESTER R, VERDI R. The effect of repatriation tax costs on U.S. multinational investment[J]. Journal of financial economics, 2015, 116(1): 179-196.

[79] HARTMAN D G. Domestic tax policy and foreign investment: some evidence [J]. NBER Working Paper, 1981: 1-35.

[80] HARTMAN D G. Tax policy and foreign direct investment in the United Stated [J]. National tax journal, 1984, 37(4): 475-487.

[81] HARTMAN D G. Tax policy and foreign direct investment[J]. Journal of public economics, 1985, 26(1): 107-121.

[82] HAUFLER A, STÄHLER F. Tax competition in a simple model with heterogeneous firms: how larger markets reduce profit taxes[J]. International economic review, 2013, 54(2): 665-692.

[83] HAUFLER A, WOOTON I. Country size and tax competition for foreign

direct investment[J]. Journal of public economics, 1999, 71(1): 121-139.

[84] HAUFLER A, WOOTON I. The effects of regional tax and subsidy coordination on foreign direct investment[J]. European economic review, 2006, 50(2): 285-305.

[85] HAYASHI F. Tobin's marginal q and average q: a neoclassical interpretation [J]. Econometrica, 1982, 50(1): 213-224.

[86] HECKMAN J J, ICHIMURA H, TODD, P. Matching as an econometric evaluation estimator [J]. The review of economic studies, 1998, 65(2): 261-294.

[87] HERGER N, KOTSOGIANNIS C, MCCORRISTON S. International taxation and FDI strategies: evidencefrom US cross-border acquisitions[J]. University of exeter discussion paper, 2011: 1-38.

[88] HERGER N, KOTSOGIANNIS C, MCCORRISTON S. Multiple taxes and alternative forms of FDI: evidence from cross-border acquisitions[J]. International tax and public finance, 2016, 23(1): 82-113.

[89] HINES J R. Altered states: taxes and the location of foreign direct investment in America[J]. American economic review, 1996, 86(5): 1076-1094.

[90] HINES J R. Credit and deferral as international investment incentives[J]. Journal of public economics, 1994, 55(2): 323-347.

[91] HINES J R. Lessons from behavioral responses to international taxation [J]. National tax journal, 1999, 52(2): 305-322.

[92] HINES J R. "Tax Sparing" and direct investment in developing countries [J]. NBER working paper, 1998: 1-47.

[93] HINES J R. The case against deferral: a deferential reconsideration[J]. National tax journal, 1999, 52(3): 385-404.

[94] HRISTU-VARSAKELIS D, KARAGIANNI S, SARAIDARIS A. Equilibrium conditions in corporate tax competition and foreign direct investment flows[J]. Economic modelling, 2011, 28(1): 13-21.

[95] HSU M, LEE J, LEON-GONZALEZ R, et al. Tax incentives and foreign direct investment in China [J]. Applied economics letters, 2019, 26(9): 777-780.

[96] HUANG L H, WANG J C, HSINGCHIN H. The impact of tax system on capital investment: evidence from Taiwan and Mainland China [J]. Chinese studies,

2015, 4(4): 131-144.

[97] JAMES R H. Tax sparing and direct investment in developing countries [M]//International taxation and multinational activity. Chicago: University of Chicago Press, 2001: 39-72.

[98] JANEBA E. CorporateIncome tax competition, double taxation treaties, and foreign direct investment[J]. Journal of public economics, 1995, 56(2): 311-325.

[99] JANEBA E. Foreign direct investment under oligopoly: profit shifting of profit capturing? [J]. Journal of public economics, 1996, 60(3): 423-445.

[100] JANEBA E. Tax competition in imperfectly competitive markets[J]. Journal of international economics, 1998, 44(1): 135-153.

[101] JONESC, TEMOURI Y. The determinants of tax haven FDI[J]. Journal of world business, 2016, 51(2): 237-250.

[102] JORGENSON D W. Capital theory and investment behavior[J]. American economic review, 1963, 53(2): 247-259.

[103] JUNG J. The circulationof marginal effective corporate tax rates in the 1987 white paper on tax reform[J]. Department of finance Canada working papers, 1989: 1-56.

[104] JUN J. How taxation affects foreign direct investment(country-specific evidence) [J]. World Bank policy research working paper, 1994: 1-29.

[105] KAEWSUMRIT P. Tax sparing credit and foreign direct investment. [D]. Houston : University of Houston, 2004.

[106] KAWACHI K, OGAWA H, SUSA T. Endogenizing government's objectives in tax competition with capital ownership[J]. International tax and public finance, 2018, 26(3): 571-594.

[107] KEMSLEY D. The effect of taxes on production location[J]. Journal of accounting research, 1998, 36(2): 321-341.

[108] KINDA T. The quest for non-resource-based FDI: do taxes matter? [J]. Macroeconomics and finance in emerging market economies, 2016, 11(1): 1-18.

[109] KING M, FULLERTON D. The taxation of income from capital: a comparative study of the U.S., U.K., Sweden, and West Germany[M]. Chicago: University of Chicago Press, 1984.

[110]KNOLL M S. International competitiveness, tax incentives, and a new argument for tax sparing: preventing double taxation by crediting implicit taxes[J]. SSRN electronic journal, 2008.

[111]KOLSTAD I, WIIG A. What determines Chinese outward FDI?[J]. Journal of world business, 2012, 47(1): 26-34.

[112] KRAUTHEIM S, SCHMIDT-EISENLOHR T. Heterogeneous firms, "Profit Shifting" FDI and international tax competition[J]. Journal of public economics, 2011, 95(1): 122-133.

[113]LAUREY D. Reexamining U.S. tax sparing policy with developing countries: The merits of falling in line with international norms[J]. Virginia tax review, 2000, 20(2): 467-497.

[114]LESTER J, PATRY A, ADÉA D. An international comparison of marginal effective tax rates on investment in R&D by large firms[J]. Department of finance Canada working paper, 2007: 1-23.

[115]LOREE, D W, GUISINGER S E. Policy and non-policy determinants of U.S. equity foreign direct investment[J]. Journal of international business studies, 1995, 26(2): 281-299.

[116]MCKENZIE K, MINTZ J, SCHARF J. Measuring effective tax rates in the presence of multiple inputs: a production based approach[J]. International tax and public finance, 1997, 4(3): 337-359.

[117]MELO-BECERRA L, MAHECHA J, RAMOS-FORERO J. The effect of corporate taxes on investment: evidence from the Colombian firms[J]. Geneva graduate institute of international and development studies working paper, 2017: 1-50.

[118]MINTZ J M, TSIOPOULOS T. The effectiveness of corporate tax incentives for foreign investment in the presence of tax crediting[J]. Journal of public economics, 1994, 55(2): 233-255.

[119]MORRISSET J, PIRNIA N. How tax policy and incentives affect foreign direct investment: a review[J]. World Bank police research working paper, 2000: 1-29.

[120]MUNONGO S, AKANBI O, ROBINSON Z. Do tax incentives matter for investment? A literature review [J]. Business and economic horizons, 2017, 13

(2): 152-168.

[121]MUNONGO S, RIBINSON Z. Do tax incentives attract foreign direct investment? The Case of the Southern African Development Community[J]. The journal of accounting and management, 2017, 7(3): 35-59.

[122]NEWLON T S. Tax policy and the multinational firm's financial policy and investment decisions[D]. Princeton: Princeton University, 1987.

[123] OBENG C. Effect of corporate tax on sector specific foreign direct investment in Ghana[J]. MPRA working paper, 2014: 1-23.

[124] OECD. Tax challenges arisingfrom digitalisation–interim report 2018: inclusive framework on BEPS[M]. Paris: OECD Publishing, 2018.

[125]OECD. Tax sparing: a reconsideration[M]. Paris: OECD Publishing, 1998.

[126]OLALEYE M O, RIRO G K, MEMBA F S. Effect of reduced company income tax incentives on foreign direct investment in listed Nigerian manufacturing companies[J]. European journal of business, economics and accountancy, 2016, 4(1): 39-54.

[127]OSCAR A, GIUSEPPE D F. Tax competition for foreign direct investments and the nature of the incumbent firm[J]. Journal of public economic theory. 2017, 19: 811-826.

[128] OTTAVIANO G I P, YPERSELE T. Market size and tax competition[J]. Journal of international economics, 2005, 67(1): 25-46.

[129] PAL R, SHARMA A. Endogenizing governments' objectives in tax competition[J]. Regional science and urban economics, 2013, 43(4): 570-578.

[130]PARYS S, JAMES S. The effectiveness of tax incentives in attracting investment: panel data evidence from the CFA Franc Zone[J]. International tax and public finance, 2010, 17(4): 400-429.

[131]PARYSS V, JAMES S. The effectiveness of tax incentives in attracting FDI: evidence from the tourism sector in the Caribbean[J]. Ghent University working paper, 2010: 1-30.

[132] PETERS G T, KIABEL B D. Tax incentives and foreign direct investment in nigeria[J]. Journal of economics and finance, 2015, 6(5): 10-20.

[133]QIAN H, LAHIRI S. Competition for foreign direct investment: the role

of technology and market structure[J]. International review of economics and finance, 2009, 18(4): 680-690.

[134] RASHMI B. Impact of government policies and investment agreements on FDI inflows PDF logo[J]. ICRIER working papers, 2003.

[135] REUBER G L, CROOKELL H, EMERSON M, et al. Private foreign Investment in development[M]. Oxford: Clarendon Press, 1973.

[136] ROBINSON H J. The motivation and flow of private foreign investment[M]. Menlo Park: International Development Center, Stanford Research Institute, 1961.

[137] ROGER M H, MATTHEW S, MARTIN W. Estimation of random coefficients logit demand models with interactive fixed effects[J]. Journal of econometrics, 2018, 206(2): 613-644.

[138] ROLFE R, RICKS D, POINTER M, et al. Determinants of FDI incentive preferences of MNEs[J]. Journal of international business studies, 1993, 24(2): 335-355.

[139] ROOT FR, AHMED A A. The influence of policy instruments on manufacturing direct foreign investment in developing countries[J]. Journal of international business studies, 1978, 9(3): 81-93.

[140] SALINGER M A, SUMMERS L H. Tax reform and corporate investment: a microeconometric simulation study[J]. NBER working paper, 1981: 1-55.

[141] SANDMO A. Investment incentives and the corporate income tax[J]. Journal of political economy, 1974, 82(2): 287-302.

[142] SHARMA A, PAL R. Nash equilibrium in tax and public investment competition[J]. International review of economics and finance, 2019, 62(7): 106-120.

[143] SIGGELKOW B F. Tax competition and double tax treaties with mergers and acquisitions[J]. MPRA working paper, 2013: 1-33.

[144] SIMMONS R S. Corporate taxation and the investment location decisions of multinational corporations[J]. HKIBS working paper, 2000: 1-26.

[145] SLEMROD J. Tax effects on foreign direct investment in the United States: evidence from a cross-country comparison[J]. NBER working paper, 1990: 1-52.

[146] SLEMROD J, WILSON J D. Tax competition with parasitic tax havens

[J]. Journal of public economics, 2009, 93(11): 1261-1270.

[147] SPENGEL C. Effective marginal tax rates for US investors in germany and europe: an analysis of recent tax reforms in Germany[J]. ZEW discussion paper, 1999: 1-23.

[148] SUDSAWASD S. Taxation, business regulation, and foreign direct investment in East Asia[R]. ERIA Research Project Report, 2007: 239-265.

[149] SUDSAWASD S. Tax policy and foreign direct investment of a home country[C]//Singapore Economic Review Conference, 2007: 2-4.

[150] SUMMERS L H, BOSWORTH B P, TOBIN J, et al. Taxation and corporate investment: a q-theory approach[J]. Brookings papers on economic activity, 1981(1): 67-140.

[151] SWENSON D L. The Impact of U.S. Tax reform on foreign direct investment in the United States[J]. Journal of public economics, 1994, 54(2): 243-266.

[152] TOBIN J. A general equilibrium approachto monetary theory[J]. Journal of money, credit and banking, 1969, 1(1): 15-29.

[153] TRAIN K. Mixed logit with a flexible mixing distribution[J]. Journal of choice modelling, 2016, 19: 40-53.

[154] TUNG S, CHO S. The impact of tax incentives on foreign direct investment in China[J]. Journal of international accounting, auditing and taxation, 2000, 9(2): 105-135.

[155] TUOMI K. The role of the investment climate and tax incentives in the foreign direct investment decision: evidence from South Africa [J]. Journal of African business, 2011, 12(1): 133-147.

[156] WEICHENRIEDER A. Anti-tax-avoidance provisions and the size of foreign direct investment[J]. International taxand public finance, 1996, 3(1): 67-81.

[157] WEYZIG F. Tax treaty shopping: structural determinants of foreign direct investment routed through the Netherlands[J]. International tax and public finance, 2013, 20(6): 910-937.

[158] WHEELER D, MODY A. International investment location decisions: the case of US firms[J]. Journal of international economics, 1992, 33: 57-76.

[159] WIJEWEERA A, DOLLERY B, CLARK D. Corporate tax rates and foreign direct investment in the United States[J]. Applied economics, 2007, 39(1): 109-117.

[160] WUNDER H F. The effect of international tax policy on business location decisions[J]. Tax Notes International, 2001, 24(13): 1331-1355.

[161] YANG J H, WANG W, WANG K L, et al. Capital intensity, natural resources, and institutional risk preferences in Chinese outward foreign direct investment[J]. International review of economics and finance, 2018, 55(5): 259-272.

[162] ZAMBUJAL-OLIVEIRA J. Tax competition for foreign direct investment under information uncertainty[J]. Economic modelling, 2012, 29(6): 2269-2273.

[163] 白思达, 储敏伟. 转让定价与企业国际避税问题研究: 来自中国商品出口贸易的实证检验[J]. 财经研究, 2017, 43(8): 32-42.

[164] 碧珺, 谭语嫣, 余淼杰, 等. 融资约束是否抑制了中国民营企业对外直接投资[J]. 世界经济, 2015, 38(12): 54-78.

[165] 蔡伟毅, 陈珉昊, 孙传旺. 恐怖活动、交通运输与中国对外直接投资[J]. 世界经济, 2021, 44(2): 75-101.

[166] 曹琦欢. 税收协定服务"一带一路"建设的思考与建议[J]. 国际税收, 2020(4): 64-66.

[167] 曹小春, 李宗卉. 税收优惠因抵免制而失效?: 基于美国对华直接投资的研究[J]. 税务与经济, 2008(2): 84-87.

[168] 曹亚军, 杨旭晗. OFDI能否缓解企业的融资约束: 基于A股非金融上市企业数据的实证分析[J]. 中国软科学, 2019(12): 129-136.

[169] 陈斌. 东道国税收激励政策的经济效应研究[D]. 厦门: 厦门大学, 2007.

[170] 陈景华. 行业差异、全要素生产率与服务业对外直接投资: 基于中国服务业行业面板的实证检验[J]. 世界经济研究, 2015(9): 86-93, 128.

[171] 陈景华. 中国OFDI来源的区域差异分解与影响因素: 基于2003~2011年省际面板数据的实证研究[J]. 数量经济技术经济研究, 2014, 31(7): 21-37.

[172] 陈升, 过勇. 东道国营商环境与母国对外直接投资: 基于中国对"一带一路"沿线国家OFDI的实证研究[J]. 世界经济与政治论坛, 2021(3):

78-105.

[173]陈伟光,钟快,郭晴.东道国政府治理、避免双重征税协定对中国OFDI的影响[J].经济与管理评论,2020,36(5):135-146.

[174]陈衍泰.中国企业海外投资态势与布局差异性分析[J].技术经济与管理研究,2011(6):66-69.

[175]陈胤默,孙乾坤,文雯,等.母国税收政策不确定性与企业对外直接投资[J].世界经济研究,2019(11):65-79,135.

[176]陈志勇,夏晶.我国对外直接投资中财税激励政策有效性及其优化研究[J].河北经贸大学学报,2014,35(2):48-53.

[177]程博,宣扬,郝玉贵.儒家文化、税收征管强度与企业避税行为[J].现代财经(天津财经大学学报),2020,40(10):50-64.

[178]程永昌.我国税收效率问题研究[J].财贸经济,1995(3):32-34.

[179]程中海,南楠."一带一路"框架下东道国制度环境与中国对外直接投资潜力[J].软科学,2018,32(1):36-40.

[180]崔晓静.后BEPS时代常设机构定义的新发展[J].法学评论,2017,35(5):43-57.

[181]崔晓静.中国与"一带一路"国家税收协定优惠安排与适用争议研究[J].中国法学,2017(2):194-214.

[182]戴翔.中国企业"走出去"的生产率悖论及其解释:基于行业面板数据的实证分析[J].南开经济研究,2013(2):44-59.

[183]邓力平,马骏,王智烜.双边税收协定与中国企业"一带一路"投资[J].财贸经济,2019,40(11):35-49.

[184]邓新明,许洋.双边投资协定对中国对外直接投资的影响:基于制度环境门槛效应的分析[J].世界经济研究,2015(3):47-55,128.

[185]董晓岩.中国对外直接投资的税收制度与管理研究[D].大连:东北财经大学,2012.

[186]杜莉.世界主要国家税制改革述评:基于近五年OECD税收政策改革报告[J].国际税收,2021(5):11-21.

[187]对外投资税收政策研究课题组.对外投资税收服务与管理的国际借鉴[J].国际税收,2016(3):6-12.

[188]樊丽明.中国外商投资企业税收政策的评价与完善[J].经济学(季刊),2002(2):671-686.

[189]樊增强.中国企业对外直接投资:现状、问题与战略选择[J].中国流通经济,2015,29(8):106-113.

[190]范小军,杨舟.跨国公司直接投资区位选择的博弈分析[J].国际贸易问题,2006(1):96-98.

[191]冯敏."一带一路"倡议背景下自由贸易试验区离岸贸易税收政策的国际借鉴[J].国际税收,2020(4):58-63.

[192]傅元海,林剑威.FDI和OFDI的互动机制与经济增长质量提升:基于狭义技术进步效应和资源配置效应的分析[J].中国软科学,2021(2):133-150.

[193]高波阳,尉翔宇,黄志基,等.企业异质性与中国对外直接投资:基于中国微观企业数据的研究[J].经济地理,2019,39(10):130-138.

[194]高阳.所得税的出现是国际税收制度的逻辑起点:以美国所得税的诞生为例[J].国际税收,2020(4):40-49.

[195]高玉强,周明珠,卢盛峰."一带一路"沿线国家税收竞争力对中国对外直接投资的影响[J].税务研究,2021(2):81-88.

[196]郭慧峰.基于农产品贸易格局变化下的中国农业海外投资区域布局及策略建议[J].对外经贸实务,2020(3):81-84.

[197]郭鸣."一带一路"背景下我国境外税收法律制度的完善[J].税务与经济,2021(4):60-65.

[198]国家税务总局广州市税务局课题组,曾昭孔,何莹,等.适应新形势建立反避税"三位一体"新格局的思考[J].国际税收,2020(5):75-79.

[199]国家税务总局税收科学研究所课题组,付树林,刘馨颖,等.提升中国税收话语权研究[J].国际税收,2016(1):6-12.

[200]国家税务总局税收科学研究所课题组,孙红梅,徐妍,等.构建"一带一路"税收争端解决创新机制的研究[J].国际税收,2020(5):13-19.

[201]韩沈超,徐姗.税收政策、产业结构升级与对外直接投资:基于税收结构异质性的母国驱动力探析[J].西部论坛,2019,29(6):60-72.

[202]郝身永.新冠肺炎疫情冲击与跨国公司全球投资布局调整:基于政治动因与经济动因叠加的分析[J].当代经济管理,2021,43(2):17-23.

[203]何斌锋.引资激励政策对我国地区间FDI引进影响的博弈分析[J].南京财经大学学报,2008(3):50-53.

[204]何杨.经济数字化背景下的国际税收变革:理论框架与影响分析

[J].国际税收,2020(5):48-53.

[205]胡再勇.影响FDI的决定性因素:关于中国的实证[J].外交评论(外交学院学报),2006(3):89-95.

[206]黄远浙,钟昌标,叶劲松,等.跨国投资与创新绩效:基于对外投资广度和深度视角的分析[J].经济研究,2021,56(1):138-154.

[207]霍志远,赵爱民,杨雷东.试析企业境外所得税收抵免政策的完善[J].税务研究,2017(7):70-72.

[208]计金标,应涛.国际经验视阈的我国企业跨境税收管理问题与对策研究[J].华侨大学学报(哲学社会科学版),2017(2):61-74.

[209]计金标,应涛."一带一路"背景下加强我国"走出去"企业税制竞争力研究[J].中央财经大学学报,2017(7):19-27.

[210]冀相豹,王大莉.金融错配、政府补贴与中国对外直接投资[J].经济评论,2017(2):62-75.

[211]蒋殿春,张庆昌.美国在华直接投资的引力模型分析[J].世界经济,2011,34(5):26-41.

[212]蒋冠宏,蒋殿春.中国企业对外直接投资的"出口效应"[J].经济研究,2014,49(5):160-173.

[213]蒋冠宏.企业异质性和对外直接投资:基于中国企业的检验证据[J].金融研究,2015(12):81-96.

[214]金亚萍.探索跨国税源管理新径 提升依法治税绩效[J].国际税收,2015(5):62-67.

[215]蓝相洁,蒙强."一带一路"背景下高新技术产业税收优惠政策的优化[J].税务研究,2017(10):62-65.

[216]乐为,钟意.FDI对我国税收政策敏感性分析[J].国际贸易问题,2008(12):103-109.

[217]黎绍凯,张广来.我国对"一带一路"沿线国家直接投资布局与优化选择:兼顾投资动机与风险规避[J].经济问题探索,2018(9):111-124.

[218]黎绍凯,张广来,张杨勋.东道国投资风险、国家距离与我国OFDI布局选择:基于"一带一路"沿线国家的经验证据[J].商业研究,2018(12):39-48.

[219]李保明.中美贸易摩擦对台商经营及其投资布局影响的实证分析[J].台湾研究,2020(1):23-32.

[220]李勃昕,韩先锋,刘斌.宏观税负是否影响了对外直接投资的创新溢出?[J].财政研究,2019(10):87-99.

[221]李飞.中央企业境外投资风险控制研究[D].北京:财政部财政科学研究所,2012.

[222]李枫.论国际税收的饶让抵免[J].经济纵横,2003(6):40-42.

[223]李广杰,刘晓宁."一带一路"背景下中国对东盟直接投资的布局优化研究[J].东岳论丛,2017,38(9):125-132,2.

[224]李国学.不完全契约、国家权力与对外直接投资保护[J].世界经济与政治,2018(7):122-141,160.

[225]李晖.后BEPS时代我国资本弱化税收管理问题研究[J].税务研究,2020(2):129-132.

[226]李嘉明,闫彦彦.税收征管效率研究述评[J].重庆大学学报(社会科学版),2014,20(2):39-45.

[227]李金艳,包晋,胡尚华,等.国际税务仲裁与"一带一路":棒球游戏的局限性[J].国际税收,2020(5):3-12.

[228]李敬,雷俐,林黎,等.特朗普税改的世界影响及我国对策[J].管理世界,2018,34(2):59-67,79.

[229]李俊久,蔡琬琳.对外直接投资与中国全球价值链分工地位升级:基于"一带一路"的视角[J].四川大学学报(哲学社会科学版),2018(3):157-168.

[230]李俊.我国对外直接投资财税政策优化研究[J].税务研究,2020(9):90-94.

[231]李俊.我国对外直接投资相关税收政策演进分析和优化路径[J].国际税收,2020(11):55-60.

[232]李磊,包群.融资约束制约了中国工业企业的对外直接投资吗?[J].财经研究,2015,41(6):120-131.

[233]李磊,冼国明,包群."引进来"是否促进了"走出去"?:外商投资对中国企业对外直接投资的影响[J].经济研究,2018,53(3):142-156.

[234]李明,李德刚,冯强.中国减税的经济效应评估:基于所得税分享改革"准自然试验"[J].经济研究,2018,53(7):121-135.

[235]李娜.《多边公约》的挑战:如何确定双重居民实体的居民国[J].国际税收,2019(8):25-28.

[236] 李娜. 税收饶让制度与推动对外投资[J]. 国际税收, 2016(7): 32-35.

[237] 李平, 孟寒, 黎艳. 双边投资协定对中国对外直接投资的实证分析: 基于制度距离的视角[J]. 世界经济研究, 2014(12): 53-58, 85-86.

[238] 李勤昌, 许唯聪. 中国对"一带一路"全域OFDI的区位选择: 基于空间效应视角[J]. 宏观经济研究, 2017(8): 3-18, 102.

[239] 李童, 皮建才. 中国逆向与顺向OFDI的动因研究: 一个文献综述[J]. 经济学家, 2019(3): 43-51.

[240] 李潇, 邓力平, 王智烜. 税收竞争与中国对"一带一路"沿线国家直接投资[J]. 税务研究, 2019(3): 79-85.

[241] 李笑, 华桂宏. 东道国政治风险、投资动机与企业OFDI速度[J]. 现代财经(天津财经大学学报), 2020, 40(2): 100-113.

[242] 李新春, 肖宵. 制度逃离还是创新驱动?: 制度约束与民营企业的对外直接投资[J]. 管理世界, 2017(10): 99-112, 129, 188.

[243] 李杏, 钟亮. 对外直接投资的逆向技术溢出效应研究: 基于中国行业异质性的门槛回归分析[J]. 山西财经大学学报, 2016, 38(11): 1-12.

[244] 李雪松, 赵宸宇, 聂菁. 对外投资与企业异质性产能利用率[J]. 世界经济, 2017, 40(5): 73-97.

[245] 李宗卉, 鲁明泓. 中国外商投资企业税收优惠政策的有效性分析[J]. 世界经济, 2004(10): 15-21.

[246] 林敢, 陈廷贵. 对外直接投资对行业资源配置效率的影响: 以农业加工产业为例[J]. 世界经济研究, 2020(7): 46-59, 136.

[247] 刘超. 国际税收竞争与FDI区位选择[D]. 北京: 对外经济贸易大学, 2020.

[248] 刘芳雄, 陈虎. 全球反避税形势及中国反避税制度的完善之道[J]. 税务研究, 2019(4): 60-64.

[249] 刘海云, 毛海欧. 制造业OFDI对出口增加值的影响[J]. 中国工业经济, 2016(7): 91-108.

[250] 刘海云, 聂飞. 中国制造业对外直接投资的空心化效应研究[J]. 中国工业经济, 2015(4): 83-96.

[251] 刘建民. 外商投资税收激励与中国涉外税收政策调整[D]. 长沙: 湖南大学, 2006.

[252] 刘凯, 邓宜宝. 制度环境、行业差异与对外直接投资区位选择: 来自中国 2003—2012 年的经验证据[J]. 世界经济研究, 2014(10): 73-79, 89.

[253] 刘琨, 许建伟. 估值视角下中美日对东盟投资布局之比较[J]. 财会月刊, 2020(4): 144-152.

[254] 刘莉亚, 何彦林, 王照飞, 等. 融资约束会影响中国企业对外直接投资吗?: 基于微观视角的理论和实证分析[J]. 金融研究, 2015(8): 124-140.

[255] 刘蓉, 王鑫, 毛锐. "一带一路"沿线国家税收征管竞争力比较[J]. 税务研究, 2017(2): 3-8.

[256] 刘书明, 余燕. RCEP 国家区域性国际税收协调机制研究[J]. 税务研究, 2021(5): 70-76.

[257] 刘文勇. 对外直接投资研究新进展[J]. 经济学动态, 2020(8): 146-160.

[258] 刘晓宁. 企业对外直接投资区位选择: 东道国因素与企业异质性因素的共同考察[J]. 经济经纬, 2018, 35(3): 59-66.

[259] 卢进勇, 李秀娥. 中国双边及区域投资制度安排: 特点、作用及建议[J]. 亚太经济, 2013(1): 99-104.

[260] 鲁明泓. 制度因素与国际直接投资区位分布: 一项实证研究[J]. 经济研究, 1999(7): 57-66.

[261] 陆秋丹, 丁海峰, 丁治浩. 数字经济对跨境税收征管带来的挑战及相关建议: 基于江苏税务部门的实践探索[J]. 国际税收, 2020(6): 78-81.

[262] 马拴友. 税收优惠与投资的实证分析: 兼论促进我国投资的税收政策选择[J]. 税务研究, 2001(10): 39-44.

[263] 马衍伟, 费媛. 统一内外资企业所得税的战略思考[M]. 北京: 中国时代经济出版社, 2007.

[264] 孟寒, 严兵. 产业集聚对中国企业对外直接投资的影响[J]. 世界经济研究, 2020(4): 95-106, 137.

[265] 那力, 叶莉娜. 资本弱化税制改革的两种主要方式: ACE 与 CBIT[J]. 东北大学学报(社会科学版), 2013, 15(4): 403-408.

[266] 牛晓健, 郑祖玄. 资本管制、外商投资与最优税差: 对中国转型时期过渡性资本外逃的研究[J]. 经济研究, 2005(4): 108-115.

[267] 潘春阳, 袁从帅. 税收协定与中国对外直接投资: 来自"一带一路"

沿线国家的经验证据[J].国际税收,2018(10):70-74.

[268]潘一鸣.我国外商直接投资税收敏感性分析[J].税务与经济(长春税务学院学报),2006(2):52-54.

[269]庞淑芬,王文静,黄静涵."一带一路"下我国企业"走出去"的税收风险解析[J].国际税收,2017(1):56-61.

[270]彭继增,柳媛,范艺君.我国对"一带一路"沿线国家直接投资区位选择的决定因素分析[J].江西社会科学,2017(4):43-51.

[271]齐晓飞,关鑫.中国企业对外直接投资的母国制度解释:基于OFDI-S模型的理论分析[J].经济与管理研究,2017,38(8):115-123.

[272]乔晶,胡兵.对外直接投资如何影响出口:基于制造业企业的匹配倍差检验[J].国际贸易问题,2015(4):126-136.

[273]邱晓明.地方政府利用外商投资中的博弈分析[D].苏州:苏州大学,2004.

[274]汝毅,郭晨曦,吕萍.高管股权激励、约束机制与对外直接投资速率[J].财经研究,2016,42(3):4-15.

[275]沈小燕,王跃堂,杨志进.企业所得税改革对外商直接投资区位选择的影响:来自地级城市的经验数据[J].当代财经,2011(12):81-93.

[276]史本叶,张超磊.中国对东盟直接投资:区位选择、影响因素及投资效应[J].武汉大学学报(哲学社会科学版),2015,68(3):66-72.

[277]史振华,李树.税收优惠、财政支出对FDI流入的影响:基于38个工业行业面板数据的分析[J].制度经济学研究,2015(2):97-109.

[278]宋敏,丁浩.东道国政府与跨国公司的撤资动态博弈分析[J].世界经济与政治论坛,2008(2):7-12.

[279]宋小宁,葛锐."走出去"企业境外投资所得税制:抵免法与免税法适用比较[J].东北师大学报(哲学社会科学版),2014(1):14-18.

[280]苏建华.FDI对税收优惠的敏感分析[J].西部论坛(重庆工商大学学报),2006(2):81-85.

[281]孙俊.跨国投资与服务贸易比较优势[J].国际贸易问题,2002(9):45-53.

[282]孙俊.中国FDI地点选择的因素分析[J].经济学(季刊),2002(2):687-698.

[283]孙丽.关于完善现行境外所得抵免税制的思考[J].税务研究,

2018(12):122-126.

[284] 孙宇,刘海滨. 中国区域对外直接投资空间效应及影响因素研究:基于空间计量模型的实证考察[J]. 宏观经济研究,2020(7):138-152,164.

[285] 汤凤林,陈涵. "一带一路"背景下我国双边税收协定的现状、问题与完善建议[J]. 国际税收,2020(5):54-58.

[286] 汤贡亮,王越. 国际税制竞争力对对外直接投资的影响:基于边际有效税率的研究[J]. 经济与管理评论,2019,35(5):138-148.

[287] 陶攀,荆逢春. 中国企业对外直接投资的区位选择:基于企业异质性理论的实证研究[J]. 世界经济研究,2013(9):74-80,89.

[288] 田巍,余淼杰. 企业生产率和企业"走出去"对外直接投资:基于企业层面数据的实证研究[J]. 经济学(季刊),2012,11(2):383-408.

[289] 汪德华,李琼. 宏观税负与企业税负地区间差异之比较:基于工业企业数据计量分解的分析[J]. 财贸经济,2015(3):17-29.

[290] 王宝顺,梅思雨. 税率变动与FDI空间分布——基于我国"两税合并"改革的准自然实验[J]. 贵州财经大学学报,2021(1):1-9.

[291] 王晨旭,苏婷婷. 英国对外投资税收政策分析[J]. 国际税收,2016(3):12-16.

[292] 王广宇,张倩肖. 中国OFDI企业存在学习效应吗:基于企业异质性的研究[J]. 财贸研究,2016,27(6):102-112.

[293] 王晖,仲鑫. 基于空间视角的中国制造业OFDI的东道国影响因素实证研究:以"一带一路"沿线国家为例[J]. 经济问题探索,2020(11):105-120.

[294] 王辉耀,苗绿. 中国企业全球化报告(2018)[M]. 北京:社会科学文献出版社,2018.

[295] 王敏. "一带一路"背景下中国文化产业对外贸易投资的区位选择与领域布局[J]. 对外经贸实务,2020(11):77-80.

[296] 王素荣,付博. "一带一路"沿线国家公司所得税政策及税务筹划[J]. 财经问题研究,2017(1):84-92.

[297] 王伟域. "一带一路"国际税收争端解决机制的中国策略[J]. 税务研究,2019(12):65-68.

[298] 王鑫,刘楠楠. 减税对国家投资吸引力的影响——来自157个国家面板数据的证据[J]. 四川师范大学学报(社会科学版),2017,44(6):

54-61.

[299]王逸.跨国直接投资公司所得税激励机制优化研究[D].成都:西南财经大学,2008.

[300]王逸,姚涛.FDI税收激励的两难选择[J].特区经济,2007(5):30-31.

[301]王永培,晏维龙.产业集聚的避税效应:来自中国制造业企业的经验证据[J].中国工业经济,2014(12):57-69.

[302]王永钦,杜巨澜,王凯.中国对外直接投资区位选择的决定因素:制度、税负和资源禀赋[J].经济研究,2014,49(12):126-142.

[303]魏凡,黄远浙,钟昌标.对外直接投资速度与母公司绩效:基于吸收能力视角分析[J].世界经济研究,2017(12):94-103,134.

[304]魏后凯,贺灿飞,王新.外商在华直接投资动机与区位因素分析:对秦皇岛市外商直接投资的实证研究[J].经济研究,2001(2):67-76,94.

[305]吴信坤.高级生产要素积累与对外直接投资规模[J].世界经济研究,2018(11):78-88,136-137.

[306]吴毓壮.税收助力"走出去"企业防范化解涉税风险的几点思考[J].税务研究,2017(11):109-110.

[307]厦门市地税局课题组,吴振坤,张毅,等."一带一路"战略发展与税收利益国际协调研究[J].福建论坛(人文社会科学版),2016(2):43-51.

[308]肖文,韩沈超.地区企业所得税收入比重对OFDI的影响:基于全国总样本和分样本的回归检验[J].社会科学战线,2018(3):50-55.

[309]肖学旺,赵军,袁保生.税收因素对我国企业境外直接投资的影响:基于"一带一路"沿线国家的实证研究[J].税收经济研究,2019,24(2):29-38.

[310]协天紫光,樊秀峰.中国对外直接投资能否提高东道国居民幸福感:来自"一带一路"沿线微观个体的经验证据[J].国际经贸探索,2021,37(4):81-97.

[311]谢贞发,范子英.中国式分税制、中央税收征管权集中与税收竞争[J].经济研究,2015,50(4):92-106.

[312]邢天添,于杨.借鉴日本经验完善我国对外直接投资税收激励政策[J].税务研究,2017(1):83-86.

[313]徐世腾,陈有志.政治风险、自由贸易环境与我国企业OFDI地理

布局：基于央企与地方企业的比较研究[J].华东师范大学学报(哲学社会科学版)，2017，49(2)：155-162，185.

[314]徐妍."一带一路"税收争端解决机制法律问题研究[J].社会科学战线，2018(8)：207-216.

[315]许培源，刘雅芳.国际贸易投资新规则对国际生产投资布局的影响[J].经济学动态，2019(8)：56-69.

[316]许唯聪.制度差异对中国OFDI空间布局的影响：基于双重差分空间滞后模型的分析[J].经济经纬，2021，38(3)：44-54.

[317]严兵，肖琬君.市场分割、异质性与对外直接投资：基于企业层面的考察[J].国际贸易问题，2018(10)：132-146.

[318]严兵，张禹，韩剑.企业异质性与对外直接投资：基于江苏省企业的检验[J].南开经济研究，2014(4)：50-63.

[319]杨果，郑强.中国对外直接投资对母国环境污染的影响[J].中国人口·资源与环境，2021，31(6)：57-66.

[320]杨宏恩，孟庆强，王晶，等.双边投资协定对中国对外直接投资的影响：基于投资协定异质性的视角[J].管理世界，2016(4)：24-36.

[321]杨娇辉，王伟，谭娜.破解中国对外直接投资区位分布的"制度风险偏好"之谜[J].世界经济，2016，39(11)：3-27.

[322]杨瑞瑞，刘永旺，古丽娜尔·玉素甫."一带一路"倡议下中国制造业OFDI的区位选择[J].统计与决策，2020，36(7)：99-102.

[323]杨武，李升.税收征管不确定性与外商直接投资：促进还是抑制[J].财贸经济，2019，40(11)：50-65.

[324]杨玉明.跨国公司投资动机和东道国引资目标的冲突与协调[D].成都：西南交通大学，2013.

[325]杨志勇.实施"一带一路"战略的财税政策研究[J].税务研究，2015(6)：16-21.

[326]姚杰，李好好.国际直接投资中跨国公司与东道国政府间的博弈模型[J].经济管理，2002(20)：80-85.

[327]叶娇，赵云鹏.对外直接投资与逆向技术溢出：基于企业微观特征的分析[J].国际贸易问题，2016(1)：134-144.

[328]衣长军，赵晓阳，余杰.心理距离与中国企业OFDI：基于高管海外背景和华人移民网络的调节视角[J].社会科学战线，2021(7)：74-83.

[329]尹飞霄,朱英明.宏观税负与中国对外直接投资:基于中国省际动态面板数据系统GMM方法[J].工业技术经济,2017,36(8):144-150.

[330]尹淑平,尹超."一带一路"背景下对我国税收饶让制度的审视[J].税务研究,2018(11):86-89.

[331]应涛,计金标.对税收促进国际双向直接投资、推进"一带一路"建设的思考[J].税务研究,2020(1):74-81.

[332]应涛."一带一路"背景下加强我国"走出去"企业税务管理问题研究[D].北京:中央财经大学,2017.

[333]余官胜.东道国金融发展和我国企业对外直接投资:基于动机异质性视角的实证研究[J].国际贸易问题,2015(3):138-145.

[334]余官胜,田菊芳,曹灿.税收优惠与企业对外直接投资:基于上市公司微观样本的实证研究[J].世界经济研究,2023(1):58-69,135.

[335]余振,陈鸣,程垒.税收环境对吸引FDI的影响:基于中国及OECD成员国面板数据的实证研究[J].亚太经济,2019(6):80-89,146.

[336]余壮雄,付利.中国企业对外投资的区位选择:制度障碍与先行贸易[J].国际贸易问题,2017(11):115-126.

[337]俞晓凡.依托"一带一路"税收分析 促进税收服务"一带一路"建设[J].国际税收,2020(9):67-70.

[338]袁保生,王林彬,邓峰.异质性国际投资争端与中国对外直接投资[J].世界经济研究,2021(4):88-103,136.

[339]苑新丽.公司税的外国直接投资效应研究[D].大连:东北财经大学,2007.

[340]苑新丽,王春雷,朱晓波.新《企业所得税法》对外商直接投资规模的影响[J].税务研究,2008(2):31-35.

[341]曾文革,白玉.论"一带一路"战略下我国对外投资的税收制度安排[J].江西社会科学,2017,37(5):13-24.

[342]詹正华,陈星汝.税收饶让与延期纳税对ODI作用的比较研究[J].税务与经济,2012(5):100-105.

[343]湛泳,薛毅.资源禀赋、技术创新与中国对美直接投资的空间布局[J].湘潭大学学报(哲学社会科学版),2016,40(3):71-75.

[344]张慧.我国对外直接投资的行业内和行业间地理集聚效应[J].国际经贸探索,2014,30(7):84-97.

[345] 张京萍, 李敏. 对外投资税收政策的国际比较[J]. 税务研究, 2006(4): 87-91.

[346] 张玲, 朱婷婷. 税收征管、企业避税与企业投资效率[J]. 审计与经济研究, 2015, 30(2): 83-92.

[347] 张凌霄. 政府参与对我国企业OFDI绩效影响研究[J]. 经济评论, 2016(5): 124-136.

[348] 张少峰, 江河, 李海, 等. "走出去"企业利用税收协定情况分析及建议[J]. 国际税收, 2020(10): 64-68.

[349] 张述存, 刘晓宁. 中国对"一带一路"新兴经济体投资布局优化研究[J]. 中共中央党校(国家行政学院)学报, 2019, 23(5): 128-135.

[350] 张述存. "一带一路"战略下优化中国对外直接投资布局的思路与对策[J]. 管理世界, 2017(4): 1-9.

[351] 张晓涛, 刘亿, 刘笑萍. "一带一路"倡议背景下我国企业海外投资金融支持体系研究: 日本的经验与启示[J]. 国际贸易, 2019(3): 57-64.

[352] 张晓涛, 郑雅洁, 岳云嵩. 东道国政府行为对我国企业海外投资决策影响的异质性: 基于企业规模视角的研究[J]. 学术论坛, 2014, 37(5): 30-36.

[353] 张晓瑜, 陈胤默, 文雯, 等. 避免双重征税协定与企业对外直接投资: 基于"一带一路"沿线国家面板数据的分析[J]. 国际经贸探索, 2018, 34(1): 51-67.

[354] 张亚斌. "一带一路"投资便利化与中国对外直接投资选择: 基于跨国面板数据及投资引力模型的实证研究[J]. 国际贸易问题, 2016(9): 165-176.

[355] 张阳, 刘慧. 税收因素对外国直接投资的影响分析[J]. 税务研究, 2006(4): 38-41.

[356] 张友棠, 杨柳. "一带一路"国家税收竞争力与中国对外直接投资[J]. 国际贸易问题, 2018(3): 85-99.

[357] 张羽. 东道国制度环境对中国对外直接投资偏好的影响研究[D]. 上海: 上海交通大学, 2017.

[358] 张泽平. 全球治理背景下国际税收秩序的挑战与变革[J]. 中国法学, 2017(3): 184-201.

[359] 赵书博, 胡江云. "一带一路"战略构想下完善我国企业境外投资所

得税制的思考[J]. 管理世界, 2016(11): 11-19.

[360] 赵书博. 我国与"一带一路"沿线国家税收协定问题研究[J]. 税务研究, 2018(2): 74-77.

[361] 赵云辉, 陶克涛, 李亚慧, 等. 中国企业对外直接投资区位选择: 基于QCA方法的联动效应研究[J]. 中国工业经济, 2020(11): 118-136.

[362] 中国国际税收研究会课题组, 龚辉文. 服务"一带一路"战略税收政策及征管研究[J]. 国际税收, 2015(12): 9-14.

[363] 钟炜. 税收优惠与FDI的时空分析: 基于税收优惠信号理论的实证研究[J]. 财经研究, 2006, 32(8): 124-134.

[364] 周经, 刘厚俊. 制度环境、公司战略导向与中国OFDI模式选择: 基于中国微观企业数据的研究[J]. 世界经济与政治论坛, 2017(6): 23-38.

[365] 周立群, 李京晓. 海外投资整体战略布局亟待调整[J]. 经济研究参考, 2011(66): 4-7.

[366] 周梅锋, 杨昌睿. 关于完善我国企业境外所得税收抵免政策的探析[J]. 税收经济研究, 2021, 26(2): 16-20.

[367] 朱倩渝, 隋广军. 友好城市促进了中国OFDI吗: 基于与中国建立友好城市的115个国家的数据分析[J]. 国际经贸探索, 2021, 37(6): 37-52.

[368] 朱青. 鼓励企业"走出去"与改革我国避免双重征税方法[J]. 国际税收, 2015(4): 6-10.

[369] 祝继高, 王谊, 汤谷良. "一带一路"倡议下的对外投资: 研究述评与展望[J]. 外国经济与管理, 2021, 43(3): 119-134.

[370] 祝继高, 王谊, 汤谷良. "一带一路"倡议下中央企业履行社会责任研究: 基于战略性社会责任和反应性社会责任的视角[J]. 中国工业经济, 2019(9): 174-192.

[371] 庄序莹, 唐煌, 林海波. 东道国税收环境与中国企业对外直接投资区位选择[J]. 财政研究, 2020(5): 103-116, 129.

[372] 邹忠全, 谢廷宇, 李琪. 税负对我国在东盟国家直接投资的影响研究[J]. 税务研究, 2020(10): 113-119.

[373] 左大培. 外资企业税收优惠的非效率性[J]. 经济研究, 2000(5): 21-30, 79-80.